이렇게 시작되었다

이렇게 시작되었다
―박근혜-최순실, 스캔들에서 게이트까지

2018년 2월 23일 초판 1쇄
2022년 2월 3일 초판 2쇄

지은이 이진동

편 집 김희중
디자인 씨디자인

펴낸이 장의덕
펴낸곳 도서출판 개마고원
등 록 제2-877호(1989년 9월 4일)
주 소 강원도 원주시 로아노크로 15, 105동 604호
전 화 033-747-1012
팩 스 0303-3445-1044
이메일 webmaster@kaema.co.kr

ISBN 978-89-5769-448-0 03300

이렇게 시작되었다

박근혜-최순실, 스캔들에서 게이트까지

이진동 지음

개마고원

촛불 혁명의 불씨

아무리 생각해도 숙명이었다.

최순실이 박근혜 대통령의 의상을 챙기는 CCTV영상이 내 손안에 들어온 일. 그로부터 1년 5개월 뒤, 쉬쉬하며 추진됐던 미르·K스포츠 재단이 하필 내 귀에 들어온 일. 그리고 최순실과 미르·K스포츠 재단을 연결지어 볼 수 있는 기자적 직관이 생겨난 일. 이 모든 일을 돌이켜봐도, 그건 숙명이었다.

이 책은 '촛불 혁명'의 불이 어떻게 댕겨졌는지에 대한 기록이다. 국정농단 사건 취재의 문을 어떻게 열어갔고, 그 보도들이 어떻게 이어졌는지에 대한 이야기다. 팩트를 발굴하고 확인해가는 기자 한 명 한 명의 '땀의 흔적'에 대한 얘기이기도 하다. 펭귄 무리가 사냥을 하러 바다에 나갈 때 처음엔 바다 속의 포식자를 두려워해 다 주저한다. 그러다 용감한 한 마리가 먼저 뛰어들면 다 뛰어든다. 맨 먼저 뛰어드는 펭귄을 '퍼스트 펭귄'이라고 한다.

최고권력에 대한 취재라는 걸 알고도 처음에 뛰어든 기자들은 국정농단 사건을 알리는 '퍼스트 펭귄'이었다고 자부한다. 나중에 내가 어느 인터뷰에서 TV조선의 초기 보도를 '퍼스트 펭귄'으로 규정한 뒤, 취재기자들은 스스로를 '펭귄팀'으로 불렀다. 이 책에선 취재팀을 펭귄팀으로 통일했다. 펭귄팀은 초기 취재기자 7명(정동권·서주민·송지욱·이상배·이재중·박성제·민봉기)과, 사회부장으로 발령받은 뒤 직할 부대로 데리고 있던 기자 3명(하누리·김태훈·박경준), 그리고 나까지 모두 11명이다.

처음 취재에 나설 때만 하더라도, 박근혜 대통령의 권력은 서슬이 퍼랬다. 반대 세력을 향한 칼날도 예리하게 서 있었다. 이 사건의 취재가 대통령에게 치명타가 될 것이라 예상할 수 있었던 만큼, 앞날이 어떻게 될지 한치 앞도 내다보기 어려웠다. 당시의 순간은 글로 표현하는 것보다 훨씬 역동적이었고 또 두려웠다. 들어가는 문은 넓어도 나오는 문은 예측 불허의 안개 속이었다. 당연히 취재를 결심하는 것도 쉬운 일은 아니었다.

그러나 사람들은 보도 과정과 이후에 대해 'TV조선은 왜 이 사건을 보도했을까?' '또 왜 중간에 멈췄을까?' '왜 2014년 말에 입수한 CCTV영상을 뒤늦게 보도했을까'라는 궁금증이 더 큰 것 같다.

국정농단 세력을 한 사람씩 끄집어내 고발하는 '그물치기'의 마무리 즈음에 청와대가 TV조선의 모회사인 『조선일보』를 향해 칼을 휘둘렀고, TV조선은 숨고르기에 들어가 보도가 일시 중단되었다. 권력에 대한 언론의 감시와 견제로 인해 형성된 갈등 국면에서 언론이 당당하게 역할을 해야 하는 건 맞다. 그런 점에서 TV조선이 중도에 멈춰선 부분에 대해선 비판받을 소지도 충분하다.

이 책에는 그런 의문을 풀어갈 실마리도 담았다. 이 거대한 사건의 취재와 보도를 시작하게 된 일련의 과정, 『조선일보』가 청와대로부터 공격받을 때의 내부 상황, 그리고 보도 의지를 가진 기자들과 회사와의 갈등, '고영태 녹음파일' 등장 후 나에 대한 내부 조사 과정 등을 가감 없이 녹여내려고 했다. 『조선일보』와 TV조선 상층부에서 돌아간 내밀한 부분까지도 얼마간 유추 가능하지 싶다. 특히 나 자신에 대한 이야기들은 생각한 그대로, 있는 그대로 책에 썼다.

어떻든 그런 일들이 최고권력이 무슨 수를 써서라도 숨기고 싶어했던 아킬레스건을 드러낸 데서 비롯됐다면, 더 중요한 건 이 '시작'에 대한 정당한 평가라고 생각한다. '고발'을 하지 않았다면, '중단'도 없었을 것이기 때문이다. 어느 언론도 관심을 두지 않았거나 주저할 때 용감하게 뛰어든 '퍼스트 펭귄'이었다는 건 변함없는 사실이다.

당연하게도 대다수 국민은 『한겨레』가 등장시킨 '최순실' 이름에 반응했고, JTBC의 태블릿PC 보도에 폭발했다. 『한겨레』와 『경향신문』은 민심을 99도까지 가열하고, JTBC는 태블릿PC 보도로써 100도로 끓어오르게 만들었다. 하지만 최초로 불을 지핀 건, 제로에서 1을 창출해낸 건 바로 TV조선의 펭귄팀이었다. 0에서 1을, 무(無)에서 유(有)를 만들어내는 시원(始原)은 이후 과정과는 다른 차원이다. 그 일은 어쩌면 물속에 잠겨 있는 빙산의 9할에 비교될 수도 있을 것이다.

국정농단 사건이 진행되는 동안 일반인, 심지어 언론학자들도 수면 위 1할의 빙산에만 집중했다. 이 책은 바로 그래서 눈에 보이지 않았던 빙산의 전모에 대한 얘기일 수 있다. 탄핵 후 1년 가까이 된 지금은 물밑 빙산에 대해서도 합당한 평가를 받아볼 때가 됐다는 생각이다.

그럼에도 불구하고 박근혜 전 대통령의 탄핵에 반대하는 세력들은 "탄핵이 기획됐다"는 '억지 음모론'을 펴며 나를 공격하기도 한다. 기사를 통해 국정농단의 실체를 낱낱이 드러내고 그에 대한 법적 책임으로 이어지도록 만드는 게 나와 펭귄팀의 방향 설정이었던 건 맞다. 애초부터 청문회와 특검을 내다보고 있었다. 그것이 기자들이, 그리고 언론이 해야 할 일이라고 봤다. 서울대 공대 교수들이 함께 쓴 『축적의 시간』엔 '개념 설계 역량'이라는 용어가 나온다. 실행 전(前) 단계에서 문제의 속성 자체를 새롭게 정의해, 이를 실행하고 실현할 최초의 설계도를 그려내는 역량을 가리키는 말이다. 마찬가지로 내가 한 일은 국정농단의 실체와 배후에 다가설 수 있도록 '개념 설계'를 한 것이다. 나는 기자로서 밑그림을 그려 치밀하게 탐사보도를 했고, 이어진 언론의 보도로 그 실체가 드러나면서 촛불이 만들어지고 탄핵에 이른 것이지, 탄핵을 기획했다는 건 어불성설이다.

내가 로드맵을 짤 때 심중에 갖고 있던 생각은 '눈길 끄는 한 방'보다는 탐사보도로 국정농단의 실체를 한꺼풀씩 벗겨내자는 것이었다. 그래서 의상실 CCTV영상은 보도의 후순위였다. CCTV영상을 처음 입수했을 때나 국정농단 보도를 시작하면서 먼저 꺼내들었다면, 기사들은 박근혜-최순실의 스캔들에 머물렀을지도 모른다. 하지만 종막은 촛불시위를 거쳐 박근혜정권의 사망선고와 박정희체제의 종언을 고하는 것이었다. 이는 덜컥 CCTV영상을 앞세우기보다, 국정농단의 실체를 먼저 드러내는 밑그림과 로드맵이 맞았기 때문에 가능했던 일이라고 생각한다.

책을 읽다보면 알게 되지만, 취재원 가운데는 큰 도움을 준 우호적 취재원도 있고, 훼방을 놓는 비우호적 취재원도 있었다. 물론 양쪽을 오간 인물도 있다. 존중받아야 할 인물이 있는 반면, 이해관계에 따라 춤췄다가 뒤늦게 의인 행세를 하는 인물들도 있었다. 나는 다른 기자들보다도 최소 몇 달에서 1년여 이상 앞서 취재를 했기 때문에 최순실 주변 인물의 행태가 바뀌는 과정을 다른 기자들에 비해 훨씬 잘 파악할 수 있었다. 뒤늦게 취재에 뛰어든 기자들이나 일부 정치인들은 그들이 침몰하는 최순실호에서 뛰어내린 이후의 상황만 보고선 '내부 고발자' '의인'으로 치켜세우기도 했는데, 안타깝기도 했다. 이 책을 통해서나마 '정의'가 바로잡혔으면 한다.(사실에 근거한 역사의 기록 가운데 하나라는 점에서 책에선 가급적 실명을 썼다. 다만 현직에 있거나 이름이 드러나 혹시라도 곤경에 처할 수 있는 취재원은 무순의 영어 알파벳으로 표기했다.)

사실 취재 지휘를 하다보면 결과 위주로 보고를 받기 때문에 실제 현장의 역동성이나 의외성 등은 잘 모르는 경우가 많다. 그 무더웠던 여름의 땡볕을 피하지 않고 현장 취재를 다녔던 펭귄팀 기자들 한 명 한 명의 취재 과정을 다 살려내고 싶었지만, 그러지 못했다. 큰 고비의 취재 현장에 있었던 기자들에겐 글을 따로 요청해 실었는데, 독자들은 덕분에 당시의 생생함을 조금이나마 느낄 수 있을 것이다. 그것 또한 겉으로 드러나지 않은 '빙산의 9할'이다. 한편 책이 주로 취재의 시작부터 로드맵의 1막까지를 다루다 보니, JTBC의 태블릿PC 보도 이후 함께한 사회부 기자들과 다른 부서에서 파견 나온 특별취재팀 기자들의 노고는 제대로 못 담았다. 미안한 마음뿐이다.

반대로 TV조선에서 40여 일 동안 국정농단 사건 보도의 문을 열 수 있도록 결정을 내린 주용중 보도본부장에겐 특별한 고마움이 있다. 어쩌면 당연히 해야 할 일인 듯 보이지만, 내게 두려움이 있었던 것처럼 그 결심도 결코 쉽지는 않았을 것이다. 중간에 보도가 멈춘 뒤 솔직히 갈등도 있었지만, 주용중 본부장의 결기가 없었다면 1막을 장식한 미르·K스포츠 재단 보도마저도 다 해내지 못했을지 모른다.

나는 '최순실 기습 인터뷰' 이후엔 혹시 몰라 안전을 위해 주로 대중교통을 이용했다. 약속장소로 이동할 때도 지하철을 타고 가다가 중간에 급히 내려 다음 열차로 갈아타는 일도 많았다. 그런 일상사에 가슴을 졸이면서도 내색 한 번 하지 않고 늘 격려해줬던 아내는 12월 9일 박근혜 대통령 탄핵안이 국회에서 통과되던 날 참았던 울음을 쏟아냈다. 그렇게 끝난 줄 알았다가 2월 '태극기 집회'에서 내 이름이 빈번하게 등장하자 또 한 번의 극심한 마음고생을 했다. 펭귄팀 12번째 선수로 부르고 싶다.

끝으로 정말 고마운 사람은 "이게 나라냐"며 촛불을 들었던 '촛불 국민'이다. 촛불 국민이 없었다면, 어쩌면 나와 펭귄팀은 지금 차디찬 감방에 있을지도 모를 일이다. 옳은 일을 했다고 100% 확신하지만, 나와 펭귄팀을 구해준 건 촛불 국민이었다.

차례

판도라의 상자를 열다

"회의실 문부터 닫자!"

2016년 6월 10일 오전. 출근하자마자 기획취재부서 소속 기자들을 소집했다. 맡은 아이템 취재를 위해 현장으로 곧바로 출근한 기자도 있었지만 이유 불문하고 곧장 들어오도록 했다. 그리고 1시간쯤 후인 오전 10시 30분 송지욱·이상배·이재중·이승재·박성제 기자 등 모두 5명이 TV조선 보도본부 5층 안쪽 회의실에 자리를 잡았다.

왜 불려왔는지 몰랐지만 단호한 한마디에 다들 긴장하는 눈치였다. 프로젝터의 스크린을 내리면서 노트북을 켜고 외장하드를 연결시키자 동영상 파일 몇 개가 떴다. 1년 6개월 동안 내 서랍 속에 묻혀뒀던 동영상을 몇몇 후배기자들에게 처음 공개하는, 그간 짓눌러왔던 그 무거운 짐을 내려놓는 순간이었다. 이로써 역사를 바꾸게 될 박근혜-최순실 게이트의 취재가 본격 시작되었다.

"지금부터 보게 될 동영상과 내가 하는 설명은 취재 방향성과 목적지에 대한 얘기다. 서로 취재 목표를 공유하자는 취지이니, 잘 듣고 회사 내부든 밖에 나가서든 입도 뻥긋하지 말아라. 무조건 입조심이다."

동영상을 틀기 전 '절대 보안'부터 강조했다. 그리고 버튼을 눌렀다.

"이 사람이 바로 박관천 경정이 권력 서열 1위라고 했던 최순실이다. 정윤회 게이트 때 나왔던 정윤회 씨 전 부인이고, 최태민 목사의 딸이다."

동영상 화면 속 한 중년 여성을 레이저포인터로 가리키며 설명을 시작했다. 의상실 같아 보이는 곳 한쪽엔 여성용 재킷이 줄줄이 걸려 있고, 만들어진 옷을 중년의 여성이 이리 저리 뜯어보며 뭔가를 지시하는 영상이었다.

"여기 최순실 씨 옆에 서 있는 여성은 청와대 특혜 채용 논란이 일었던 윤전추다. 또 이 남성은 아직도 청와대에 근무하는지는 모르겠지만 이영선 행정관으로 알려져 있다. 그리고 여기 있는 옷들은 전부 박근혜 대통령이 해외 순방 때나 국내 행사에 입고 나간 옷이다."

몇몇 특징적인 장면들만 띄워 설명을 한 뒤, 중국 전통 복장 같은 옷을 레이저포인터로 가리켰다. 그리고 2014년 한·중 정상회담 만찬 당시 기사를 띄워 사진 속 박근혜 대통령이 입은 옷을 보여줬다. 누가 봐도 같은 옷이다. '박근혜-최순실 게이트'가 진행되는 동안 종편채널이고 지상파고 가릴 것 없이 숱하게 나왔던 바로 박근혜 대통령 의상실 CCTV영상이 서랍 밖으로 나온 첫 순간이었다. 최순실의 얼굴이 처음으로 드러난 영상이기도 했다. 이전까지만 해도 과천 경마장에서 전 남편 정윤회와 관람석에 선글라스를 끼고 앉아 있던 사진이 거의 유일하게 노출된 모습이었다.

동영상을 껐다.

"이번 취재는 '최순실의 국정농단'이다. 그리고 이 영상은 최순실과 박근혜 대통령과의 관계를 보여줄 수 있는 구체적 정황일 뿐이고, 취재는 이제부터 시작이다."

그때까지 파악해둔 내용을 중심으로 취재 방향을 작전 브리핑하듯 했다. 확인된 건 확인된 대로, 확인이 안 된 부분은 '추정된다'거나 '가능성'이란 표현으로 분명하게 선을 그어 말했다.

"최순실이 김종 문체부 제2차관과 차은택을 수족처럼 부리며, 문화체육계를 좌지우지해왔다. 차은택은 이름이 생소하겠지만, 이효리 뮤직비디오를 찍은 사람으로 광고계에선 꽤 알려진 인물이다. 얼마 전까지 문화창조융합본부 본부장을 지냈다. 그리고 미르재단이 기업들에게서 500억 가까운 돈을 거뒀다. 미르재단은 차은택과 연결돼 있고, 배후엔 최순실이 있는 것으로 추정된다. K스포츠재단도 있는데 이건 김종 차관과 연관됐을 가능성이 있으니 알아보자."

이때만 해도 정권에 큰 타격을 주는 '최순실 게이트' 정도가 될 것이란 예상이었을 뿐, 박근혜 대통령의 개입 정도나 최순실과 박근혜 대통령 간 정확한 관계는 알 수 없었다. 취재를 하면서 파악해 나가야 할 부분이었다. 그 자리에서 취재 방향을 설정했다.

"박근혜 대통령을 등에 업고, 비선실세로서 호가호위하는 최순실의 국정농단을 드러내는 게 취재의 목표다. 취재 범위가 넓으니, 정해준 분야별로 각자가 맡아서 취재하고 회의 때 서로 공유하는 걸로 한다."

권력 핵심이나 주변이 관계된 대형 '게이트' 사건의 경우, 통상 누군가가 단초를 물어오면 그 단초를 바탕으로 퍼즐맞추기식으로 진행하면서 하나씩 그림을 그려나간다. 기획취재 역시 큰 방향 아래 기자들을 불러 아이디어 회의를 하면서 시작되거나, 애초 회의에서 방향성과 아이디어를 내놓는다. 그런데 이번 취재의 시작은 거꾸로였다. 통상적인 취재와 반대였다는 점에서 나는 이를 '역취재 방식'이라고 불렀다.

이날 모인 기자들에게도 출발점에서 보이지 않는 최종 목적지를 찾아가는 게 아니라, 목적지와 출발점은 나와 있으니 앞으로 할 일은 그 사이를 잇는 길을 찾아내 시청자들에게 잘 보여주는 것이라고 강조했다. 쉽게 말하면 단서를 찾아서 범인을 특정하는 게 아니라, 범인이 누군지 이미 알고 있는 상태에서 '이 사람이 범인이다'고 제3자에게 보여줄 수 있는 정황과 증거들을 모으자는 것이었다.

그리고 바로 역할 분담에 들어갔다.

"체육부에서 온 상배, 박태환을 맡는다. 그리고 국회 운영위원회 소속 국회의원들을 통해 청와대 예산에서 대통령 옷 관련 경비를 따로 파악할 수 있는지 알아봐라."

그 무렵 브라질 리우올림픽 출전을 앞두고 있는 수영 국가대표 박태환 선수에게 김종 차관이 출전 포기를 강요했다는 제보가 있었다. 사실이라면 이것만으로도 문체부 차관 김종을 수면 위로 부상시킬 수 있었기 때문이다.

이재중 기자에겐 차은택이 본부장을 맡았던 문화창조융합본부를 맡겼다.

"문화창조융합본부가 차은택의 '놀이터'였다고 하니, 입주 기업들 자료 뽑아보고 선정 기준을 파악해봐라. 겉핥기로 진행되고 있을 가능성이 높으니 반드시 현장 가서 확인하고 카메라에 담아라."

"승재는 하던 일 일단 그대로 진행해라." 하루 전날 이승재 기자에겐 문체부 차관 김종이 최순실을 몰래 만나 보고하는 장면을 포착하라는 지시를 해 이미 움직이고 있었다. 김종 마크는 이승재 몫으로 돌아갔다.

"성제, K스포츠재단은 여력 되는 대로 하고, 먼저 미르재단부터 맡아라. 돈 낸 기업들을 우선 파악하고, 소관 담당 임원들과 실무자들 확인해 연락처부터 파악해둬라." 지인이 문화체육부 관련 일을 한 적이 있었기 때문인지 막내 박성제 기자는 상당한 자신감을 내비쳤다.

당시 미르재단에 대해선 신문에 나온 현판식 기사를 보고 의심스럽게 생각하고 있던 터였지만, K스포츠재단에 대해선 파악된 게 전혀 없었다. 거의 비슷한 시기에 생겨난 '문화'와 '체육' 재단이라 '차은택'과 '김종'이 연관됐을 것이라고만 막연하게 추측하고 있었다. 문화와 체육 관련 재단을 만들려면 문체부의 허가를 받아야 하니, 적어도 두 사람이 모를 리 없을 것이란 판단에서였다.

"마지막으로 지욱이, 아까 영상에 나오는 의상실은 신사동 566-XX번지 빨간 벽돌건물 3층에 있으니 직접 찾아가서 지금도 있는지, 없으면 어디로 옮겼는지 알아봐라."

송지욱 기자는 진행중이던 병원 관련 기획취재가 있어, 상대적으로 품이 덜 드는 취재를 할당했다. 내가 직접 가서 의상실 위치와 간판 등을 파악해둔 게 1년 6개월 전이라 혹시 변동이 있는지를 확인시킨 것이었다.

이렇게 6월 10일 오전 취재 방향 브리핑과 1차 역할 분담을 끝냈다. 그리고 매일 저녁 8시~8시 30분 점검회의를 한다고 통보했다. 과연 이들 5명을 데리고 첩첩 쌓인 장벽들을 뚫고 나갈 수 있을까 조금은 막막했지만, 일단 저질렀다. 사안상 혼자서 감당할 취재가 아닌데다, 내가 직접 진두지휘할 수 있는 기회는 지금 아니면 없을 것 같았다.

열흘 전쯤 아침뉴스를 책임지는 편집1부장에서 기획보도에디터 직책으로 발령을 받았다. '기획'거리를 발굴해 각부에서 두세 명을 파견받아 운영해보는 게 좋겠다는 취지였다. 하지만 각 부서마다 형편을 내세워, 고참급이나 역할이 돋보이는 기자들은 내놓질 않았다. 결국 자원한 이재중과 이승재를 우선 파견받고, 경제부에서 대기업을 담당하고 있던 김하림 기자를 요청해서 6월 1일 3명으로 기획취재팀을 꾸렸다. 김하림은 '미르·K스포츠 재단 취재'를 염두에 두고 데려왔지만, 이마저도 다음날 경제부장의 요청으로 '없던 일'이 됐고, 대신 송지욱이 왔다. 여기자인 송지욱을 빼곤 전부 4년차 미만이었다.

이후 일주일 뒤 이상배와 박성제를 추가로 파견받아 일단 5명으로 '퍼스트 펭귄팀'을 구성했다.(초기 취재팀끼리는 '최순실 게이트 취재팀'이라 명명했지만, 취재 방향이 드러나지 않도록 내·외부엔 '최순실' 이름을 절대 입에 올리지 못하게 했다.) 이들 5명은 처음엔 뭘 하게 될지도 모른 채 왔다가 '험한 일'에 뛰어들게 된 셈이었다.

밑그림을 그려줬으니 거기에 맞춰서 확인할 건 확인하고, 수정할 건 수정해가는 식으로 취재하면 됐다. 그렇지만 이게 말은 쉬워도 그 밑그림을 따라 해나가려면 상당한 취재 노하우와 엄청난 노력이 필요했다. 프레젠테이션에서 내가 지시한 내용만 다 취재하려 해도 5명 갖고는 어림없었다.

그렇다고 다른 부장들에게 무슨 취재를 한다고 알릴 수도 없는 노릇. 누구에게도 보여주지 않았던 동영상을 공개한 이상, 직관과 의욕 넘치는 '펭귄팀'만 믿고 죽이 되든 밥이 되든 전진하는 수밖에 없었다.

"행여 동료한테 취재 관련 얘기를 하면 그 동료는 자기 일이 아니기 때문에 술자리에서 부지불식간에 말할 수 있다. 혹시 회사 내부에서 '무슨 일을 하느냐'고 묻거든 생활밀착형 기획을 한다고만 얘기해라."

다시 한 번 입조심을 당부했다. 거대 권력을 고발하는 취재는 자칫 정보가 먼저 새나갈 경우 꽃이 피기도 전에 꺾이는 수가 적지 않다. 그래서 '보안'이 필수적이고, 취재 순서는 더더욱 중요했다. 취재 대상에게 질문

할 때조차 세심하게 신경 써야 한다. 방심하고 다가서다간 아차 하는 순간에 취재 대상이 되는 사람들에게 이쪽이 뭘 얼마나 취재했는지가 드러날 수 있기 때문이다.

2016년 6월 10일 오전, 판도라 상자는 그렇게 열렸다. 30여 분 남짓밖에 걸리지 않았다.

1
2014년, 국정농단을 감지하다

●●●●● 취재를 시작하면서 우리가 손에 쥔 '결정적 무기'는 의상실 CCTV영상이었다. 취재는 결정적 무기 자체를 보여주기 위한 것이 아니라, 그 무기를 쥐고 올라서야 할 '고지'를 보여주는 것이어야 했다. CCTV 영상은 단지 수단이었고, 영상엔 드러나 있지 않은 함의와 전후 맥락을 취재해야 했다.

이 CCTV영상은 고영태를 통해 손에 쥐게 된 것이다. 고영태는 국정 농단 사건 과정에서 스포트라이트를 받았던 인물 중 하나다. 국정농단 사건 청문회 때는 눈치 안 보는 '사이다' 발언으로 주목을 받았다.

내가 고영태를 처음 만난 건 2014년 10월이다. 고영태와 오래 알고 지내던 이현정이 "펜싱 국가대표 선수출신인데, 제보할 게 있다"고 소개를 해 무교동의 한 호프집으로 오라고 했다. 나는 2008년 경기도 안산에서 당시 '한나라당' 공천으로 국회의원에 출마했다가 낙선한 적이 있었는데, 이현정은 그 선거캠프에서 구전 홍보 등을 맡았었다.

점심 약속이 있던 상황이어서 오후 1시쯤으로 잡았다. 낮엔 커피도 파

는 호프집이라 잠깐 차나 한잔 하자는 가벼운 마음으로 나갔던 자리였
다. 훤칠한 모델급 얼굴이 먼저 눈에 들어왔다. 운동선수답게 균형 잡힌
체격이 다부져 보였다. 고영태의 첫인상이었다.

"위원장님 안녕하세요. 저 수현입니다."

그와 동행한 사람이 내 옛 직함으로 인사를 건네왔다. 낯익은 얼굴이
긴 한데, 전혀 뜻하지 않은 인물이었다.

"어~ 네가 여기 웬일이지?"

"고 대표 밑에서 일하고 있습니다."

"그래? 얼마 만이냐? 그동안 잘 지냈고?"

김수현이었다. 김수현은 2008년 선거캠프에서 회계장부 정리와 심부
름을 했던 막내였다. 당시 캠프엔 20대 중반의 젊은 친구들 3명이 이런
저런 잡무를 하며 도움을 준 적이 있었는데, 김수현은 그중 한 명이다.
그해 연말쯤, 젊은 친구들만 따로 모아 저녁을 한 번 사준 뒤 안부전화만
서너 차례 왔을 뿐 7년 가까이 연락이 끊겼던 상태였다.

"무슨 일입니까?"

고영태는 한눈에도 여자들에게 인기가 보통이 아닐 듯싶었다.

"어떤 여자가 제 여자친구만 있는 집에 들어와 현금 1억 원과 명품시
계를 가져갔는데, 찾을 수 있는 방법이 없을까 해서요."

"입구에 CCTV 이런 거 없습니까? 경찰에 신고하면 될 텐데."

"경찰에 신고해도 덮어버릴 거예요."

"누군데 마음대로 그걸 덮는다는 거죠?"

"최순실이라고 해요."

"최태민 목사의 딸 그 최순실……?"

"맞습니다."

"여자친구가 있는 집에 와서"라는 고영태의 얘기에 질투심이 발동된 '남녀간 문제' 아닐까 싶기도 했다. 하지만 그 부분에 대해선 묻지 않고, "정윤회 씨 부인 최순실이라는 거죠?"라고 재차 확인했다.

최태민의 딸이자 정윤회의 부인 최순실에 대해선 익히 알고 있었다. 2007년 대선 당시 한나라당 대통령후보 경선 때부터 박근혜 후보의 가장 큰 취약점이 '최태민'이었기 때문에 기자라면 정윤회와 최순실의 이름을 모를 수 없었다. 내 컴퓨터 취재 파일에도 이미 최순실과 정윤회 목록이 만들어져 있던 상황이었다.

고영태의 요지는 경찰도 손을 못 쓸 테니, 어떻게든 최순실을 혼내서 돈을 받게 도와달라는 취지였다. 짧은 시간에 김종 문체부 제2차관이나 차은택과 관련된 얘기도 이것저것 했으나, 그때만 해도 차은택이 누구인지 알지 못했다.

"차은택이 누구입니까?"

"지금 문화융성위원으로 있고, 이효리 뮤직비디오 감독이요."

내가 알고 있던 최순실과 고영태가 말하는 최순실이 매칭이 되지 않은 상태였고, 이들이 하는 얘기들의 연결 맥락을 몰랐기 때문에 상황 파악이 되지 않았다. 그리고 '최순실'은 대통령 주변 사람으로 거론되는 인물인데, '그런 이상한 짓을?' 하며 반신반의했다. 귀에 제대로 들어올 리가 없었다.

고영태 역시 생각나는 대로 주섬주섬 얘기할 뿐, 조리는 없었다. 오히려 김수현이 평소 고영태에게 들었던 말들을 덧붙여 설명했다. 며칠 뒤 다시 부르겠다 하고 일단 그날은 돌려보냈다.

회사로 돌아와 최순실·김종·차은택을 검색해서 쭉 살펴봤다. 최순실 관련된 기사는 거의 없어 특이점은 찾지 못했지만, 김종 차관이나 차은택의 경력은 고영태의 얘기를 듣고 난 상태라 그런지 뭔가 수상쩍었다. 프로야구 구단 홍보과장 출신으로 스포츠마케팅 분야 교수를 하다가 문체부 차관에 수월하게 발탁된 김종이나, 불과 몇 개월 만에 벼락출세한 차은택 둘 다 석연치 않아 보였다. 특히 뮤직비디오 감독으로 광고업계에서나 이름이 알려져 있던 차은택이 대통령 직속 문화융성위원이 된 배경도 의심이 갔다.

자세히 들어볼 필요가 있겠다 싶어서 10월 마지막 주말에 신사동의 한 음식점으로 고영태를 불렀다. 김수현도 따라왔다. 두번째 만남이어서인지, 고영태는 첫 만남보다 훨씬 편하게 얘기했다. 나이 차이도 있고 해서 나도 편하게 말을 놓았다.

고영태는 주로 차은택에 대한 불만을 쏟아냈다. 차은택을 최순실에 소개해줬는데, 두 사람이 직접 소통하면서 자신을 따돌린다는 취지였다. 고영태는 원래 차은택과 호형호제했지만, 최순실이 고영태를 업무에서 배제하기 시작하면서 차은택과 크게 멀어졌다. 고영태는 "차은택이 중간에서 이간질을 하고 있다"며 극도의 배신감을 나타냈다. 그 배신감이 최순실에게까지 이어진 듯했다. 또 "최순실이 차은택을 시켜 문화 관련 사업을 시키려고 한다"고도 말했다. 덧붙여 김종 차관은 최순실을 은밀하게 사적으로 만나 보고를 하고, 인사 추천도 한다고 했다.

"그걸 어떻게 입증할 수 있느냐"고 묻자, 고영태는 초기엔 김 차관이 인사 민원을 최순실에게 직접 전달하지 못하고 자신을 통해 했다고 말했다. 고영태와 김수현의 말을 듣고 있었지만, 솔직히 어디까지가 사실이고 어디까지가 추측인지 분간이 안 됐다. 일단 내가 아는 그 최순실과 고영태가 말하는 최순실을 맞춰봐야 했다.

"고 대표는 최순실과는 어떻게 알았어?"

고영태는 최순실과 함께 만든 '고원기획'이라는 회사의 대표로 있었다. 그래서 김수현은 고영태를 '대표'로 불렀고, 나도 만난 지 두번째밖에 안 돼 그때는 '고 대표'라는 호칭을 썼다.

"2012년 대통령 선거 무렵 가방을 만들어주면서 알게 됐어요." 고영태는 2008년경부터 가방 제조회사를 운영하다가 2014년에 폐업했다.

"최순실은 지금은 뭘 하지?"

"대통령을 하나부터 열까지 다 챙겨주는 걸로 알고 있어요."

고영태는 원래 대통령 옷을 만드는 신사동 의상실과 직원들을 자신이 관리해왔는데, 사이가 틀어지면서 최순실이 업무에 들어갔던 돈조차 주지 않는다고 불만을 토로했다. 그동안엔 실장이나 디자이너 등 직원들 월급을 자신이 줘서 관리가 잘 됐는데, 지금은 말도 잘 듣지 않는다는 것이었다.

"거기 사무실 계약자는 누구고, 관리비는 누구 이름으로 냈나?"

"제가 다 했죠."

"직원들 월급까지 줬단 말이지?"

"네."

"그럼 임대계약서와 임대료나 관리비 낸 영수증, 통신비 전기료 등 각종 공과금 낸 증빙서류들이 다 있겠네?"라고 물었다.

고영태는 "찾아보면 다 있을 것"이라고 답했다.

"다 챙겨뒀다 다음에 만날 때 가져와보라고."

문제는 전부 고영태 이름으로 행해진 일이라 그것만으론 최순실이 하는 일을 입증할 수 없었다. 고영태 얘기는 그럴 듯했지만, 말만으로는 진짜 최태민의 딸 최순실인지 동명이인인지도 알 수 없었다. 우선 얼굴부터 확인할 필요가 있었다.

최순실이 집에 찾아와 1억 원을 가져갈 당시 건물 출입구 CCTV에 찍힌 게 있는지부터 확인하라고 했다. 어차피 경찰에 신고하려면 그 영상부터 확보해놓는 게 좋겠다고 말했다.

고영태는 "숙소 주차장쪽 입구에 CCTV가 있긴 한데, 찾으면 보내겠다"고 고분고분 대답했다.

며칠 뒤 김수현은 어떤 여자가 고영태 집을 찾아올 당시 건물 출입구에서 잡힌 CCTV영상을 보내왔다. 최순실이라고는 하는데, 얼굴 형체를 자세히 알아보긴 어려웠다. 캡처를 해도 윤곽이 뚜렷하지 않았다.

"옷 만드는 사무실엔 CCTV 없어?"

"거긴 없어요."

"나중에 혹 방송보도를 하게 되면 영상이 필요한데, 알아서 가져와봐. 아까 고 대표 사무실이라고 했으니 어렵지 않잖아?"

그리고 며칠 뒤 김수현은 그 사무실에 CCTV를 설치했다고 알려왔다. 어떤 장면이 등장하고, 누가 어떤 모습으로 나타날지 무척 궁금했다.

비선실세 최순실을 포착하다

CCTV를 설치했다고 들은 지 한 달쯤 됐을 무렵 돌발변수가 생겼다. 2014년 11월 28일 '정윤회 게이트'가 터진 것이다. 정윤회가 이른바 안봉근·이재만·정호성 문고리 3인방과 실세 청와대 행정관 등 10명이 강남 등지에서 모임을 가지며 국정과 인사에 개입했다는 내용이다. 이들 10명은 중국 후한 말 때 정권을 잡아 조정을 농락한 환관 10여 명에 빗대 '십상시'로 불렸다.

청와대 공직기강비서관실에 있던 박관천 경정이 '비선실세 정윤회 관련 동향' 보고를 한 게 정윤회 게이트의 시발점이었다. 이 보고서에 김기춘 비서실장 교체설 관련 내용이 포함되면서 박관천이 청와대에서 쫓겨난다. 하지만 얼마 뒤 『세계일보』가 정윤회 동향 보고 문건의 내용을 보도하면서 '정윤회 게이트'가 터졌다.

정윤회가 문건을 보도한 기자들을 고소해 검찰 수사가 시작됐으나, 문건 내용보다는 문건 유출 과정에 초점이 맞춰졌다. 검찰 특수부에서 다뤄야 할 비선실세의 국정개입 여부 등 문건 내용은 형사부가, 경위 파악이나 감사 사안 정도인 문건 유출 부분은 특수부가 수사하는 웃지 못할 일이 벌어졌다. 당시 박근혜 대통령은 문건 유출을 '국기 문란'이라고 간접적으로 사인을 보냈고, 검찰은 권력의 '총견' 노릇을 자처하고 나섰다.

문건 유출자로 지목된 조응천과 박관천이 검찰 수사를 받고 끝내 박관천은 구속됐다. 공직기강비서관을 지냈던 조응천은 구속영장 기각으로 가까스로 구속은 모면했다.

수사에 착수한 검찰은 전방위 압수수색에 나섰다. 고영태가 CCTV를 설치했다는 사무실이 어떤 곳인지는 몰랐지만, 만약 고영태 말대로 최순실이 드나드는 사무실이라면 거기로 불똥이 튀지 말란 법이 없었다. 만일의 경우 검찰의 압수수색 대상이 되면 CCTV영상은 구경도 못하고 고영태가 위험에 빠질 수도 있었다.

혹시 몰라 방송보도를 하게 될 상황에 대비해 아는 변호사에게 미리 법적 자문을 구해 "사무실 관리자라면 CCTV 설치도 문제없고, 방송에 그걸 써도 괜찮다"는 답을 받긴 했어도, 그것만으론 불안했다. '항변'은 나중 문제고, 무죄를 받든 말든 일단 구속영장부터 받아 옭아맬 게 뻔했다. 당시 검찰은 청와대 뜻이라면 무조건 잡아넣고 볼 기세였다. 공직 사정과 대통령 친인척 관리를 하며 한때 청와대에서 칼자루를 휘둘렀던 조응천 같은 사람도 엮여 들어갈 판인데, 고영태 정도야 '식은죽 먹기'였을 것이다.

물론 CCTV에 어떤 장면이 찍혔는지는 알 길이 없었다. 고영태가 최순실이라고 해서 '최순실'로 알았던 거지, 진짜 '최순실'인지 여부조차 알 수 없었다. 일단 확인해보고 나서 보도할 기회가 생기면 보도하면 그만이라고 생각했다.

정윤회 게이트 수사가 진행되는 동안, 고영태와 김수현에게 "CCTV는 잘 돌고 있는 거냐"고 물어봤다. 둘은 "별 문제가 없다"며 오히려 느긋해했다.

"CCTV인데 사무실에 있는 사람들이 몰라?"

"네. 그냥 선반에 올려뒀는데 직원들이 보고 나서도 아무도 신경 안 써요. CCTV인 줄 잘 모르나봐요."

안심할 수가 없어 그때까지 확보된 영상과 갖고 있는 모든 자료를 가져오라고 했다. 최순실과 관련된 자료가 맞다면 최대한 확보해두자는 차원이었다. 12월 중순쯤 만나기로 약속을 해놓고, 급한 마음에 혹시 최순실 사진이 있으면 그것부터 보내라고 했다. 얼굴을 확인하기 위해서였다. 만나기 이틀 앞서 마침내 '최순실의 얼굴'이 메신저로 도착했다.

흰색 나이키 모자를 눌러쓰고 선글라스를 낀 사진이었다. 게다가 약간 측면이고, 그늘진 곳이라 얼굴을 잘 알아보기 힘들었다. 더 보내달라고 해 받은 사진 역시 선글라스를 착용한 사진이었지만 그나마 정면 얼굴이었다. 선글라스 없는 사진을 보내라고 하자, 고영태는 "소장이 사진 찍히는 걸 무척 싫어해요. 이것도 겨우에요"라는 멘트를 메신저에 날렸다. 어쨌든 '그 정도도 어디냐' 싶었다.

최순실은 그때까지만 해도 카메라에 잡힌 적이 거의 없었다. 그래도 비교할 만한 사진은 있었다. 『한겨레』 2013년 7월 22일자에 실린 정윤

최순실은 그전까지 미디어에 노출된 적이 거의 없어 최순실의 얼굴은 확인이 필요한 사안이었다. 고영태가 보내온 최순실의 사진(왼쪽)과 『한겨레』 2013년 7월 22일자에 실린 최순실의 사진(오른쪽)을 비교해봄으로써 고영태가 말하는 인물이 최태민의 딸이며 정윤회의 부인인 그 최순실임이 확인되었다.

회 인터뷰 기사였다. 기사 내용보다도 정윤회와 최순실이 7월 19일 과천 경마공원에서 딸 정유연(이후 정유라로 개명)이 참가한 대회를 관람하는 모습을 담은 사진이 꽤나 인상적이었다. TV조선의 주차장 인터뷰나 박근혜 의상실 CCTV영상이 나오기 전까지는 대부분 언론사들이 이 사진을 갖다 쓸 만큼, 최순실의 노출된 모습은 거의 없었다.

고영태에게서 받은 사진을 나란히 놓으니, 얼굴만 조금 도톰해졌을 뿐 한눈에도 닮았고 패션까지 비슷했다. 흰 모자에 선글라스를 쓴 모습이 영락없었다. 두 장의 사진 속 하얀색 테의 선글라스도 같아 보였고, 왼손에 찬 시계의 하얀 줄 역시 비슷해 보였다.

그 사진을 통해 고영태가 말한 '최순실'과 내가 알고 있던 '최순실'이 동일인임이 입증된 셈이었다. 그러자 이들이 가져오게 될 CCTV영상의 무게감이 느껴졌다. 가져오겠다는 자료에 대한 궁금증도 커졌다.

저녁 7시 30분 약속시간에 맞춰 교대역 인근 중국집에 도착했다. 작은 방을 예약해둔 상태였다. 고영태와 김수현이 먼저 와 기다리고 있었다. 그런데 뭔가 있어야 할 게 보이지 않았다.

뭐가 틀어졌나 싶던 참에 김수현은 "아직 정리가 덜 돼 못 가져왔다"고 말했다. '큰 물건'일수록 상대방에게 조급해하는 것처럼 보여선 안 된다. 서두른다는 반응을 보이면, '너무 쉽게 내주는 것 아닌가' 싶어져 막판에 결정을 못 내릴 수 있기 때문이다. 취재원과의 관계도 남녀가 연애할 때처럼 '밀당'이 필요하다.

어차피 조바심 낼 필요도 없는 일이라, 느긋하게 소주폭탄주나 돌렸다. CCTV영상은 없었지만 김수현이 상자 한 박스를 집에까지 들어다줬다. 몇몇 서류와 각종 영수증이 잔뜩 들어 있었다.

이틀쯤 뒤 "그거 아직 정리 안 됐느냐"며 재촉해 강남에서 만나기로 약속을 잡았다. 사진으로 '최순실'을 확인한 이상, 확인할 게 더 많아졌다. 최순실이 종종 김종 차관으로부터 비선 보고를 받는 곳이라는 차움빌딩 3층 R레스토랑을 직접 눈으로 보고 싶었다.

"저녁 8시 차움빌딩 3층 거기서 보자고."

"더청담웨딩홀 옆 탐앤탐스에서 뵙겠습니다"고 답신 메시지가 왔다. 차움빌딩 옆이었다. '혹시라도 최순실을 마주칠까봐 껄끄러워 차움빌딩을 피하나보다'고 짐작했다.

이번에도 고영태와 김수현이 함께 나와 있었다. 조용한 곳에 자리를 잡고 외장하드부터 건네받았다. 한 달치 CCTV영상이 담겼을 테니 USB로는 어림없을 듯싶었다. 그리고 마침 차움빌딩이 근처여서 내친 김에 김종 차관은 어디서 내려 어느 출입문을 이용하고, 최순실은 어느 쪽으로 들어가는지 안내해달라고 했다. 카메라로 포착하기 위해선 동선을 알아둘 필요가 있었다. 밖으로 나와 차움빌딩 뒤편으로 돌아가자 주택가

골목 방향으로 후문 출입문이 있었고, 김종 차관은 이 문을 이용한다고 했다. 김종이 비선 보고 장소로 이용한다는 3층 레스토랑도 직접 들어가 훑어보고, 최순실의 차가 들고나는 주차장 입구도 확인했다. 현장에서 몇 가지 사항을 추가로 확인했다.

"김 차관은 전화통화를 하거나 만날 때 최순실을 뭘로 호칭하지?"

"회장님 회장님 하고 불러요. 김종도 최순실이 VIP(박근혜 대통령)와 직접 연결된 걸 알고 있어요. 그런데 소장(최순실)은 그런 관계를 김종이 모르고 있다고 생각해요."

"그럼 최(최순실)는 김종을 뭐라 불러?"

"김 차관이라고 합니다."

최순실은 김종에게 대통령과의 관계를 피해서 얘기한다고는 했지만, 김종은 눈치를 채고 있다는 것이다. 현직 차관이나 되는 사람이 강남의 유한마담처럼 보이는 최순실에게 '회장님'이라는 극존칭을 쓴 건 당연히 대통령과의 관계를 알았기 때문이었을 것이다.

아무리 상대가 비선실세라 해도 정부 각료의 그런 모습은 어이없는 일이었다. 그때부터 김종은 내 눈엔 '차관'으로 들어오지 않았다.

"저(고영태)랑 관련된 사람들은 '소장님'이라고 하고, 다른 사람들은 다 '회장님' 호칭을 씁니다."

"옷 만드는 사무실 거긴 뭐라 부르지?"

"샘플실이라고 합니다."

그로부터 며칠 뒤 김수현은 "샘플실에서 CCTV를 뗐다"고 알려왔다. 나는 12월 4일 이후 영상도 보자고 했지만, "그 이후엔 외부 사람이 드나들지는 않은 것 같다"고 해 나머진 따로 받지 않았다. 나중에 추측하기로는 정윤회 게이트가 터지면서 최순실이나 청와대가 조심을 한 것으로 생각됐다.

이렇게 박근혜 대통령의 의상실 CCTV영상이 내 손안에 굴러들어왔다.

1차 국정농단 취재

CCTV영상이 담긴 외장하드를 들고 부리나케 집으로 직행했다. 2014년 11월 2일부터 12월 4일까지 한 달치의 영상이었다. 음성만 없었을 뿐 방송에 그대로 써도 될 만큼 화질은 선명했다. 이 CCTV는 사람의 움직임이 포착될 때만 작동되고, 그렇지 않으면 자동으로 꺼지는 식이었다. 한 달치를 언제 다 보나 싶었는데, 김수현이 이미 몇 개를 골라 간추려둔 별도 파일이 있었다. 그 파일을 열자 최순실이 이른바 샘플실에서 박근혜 대통령이 해외 순방시 입었던 옷을 걸어놓고 작업자들에게 지시하는 장면 등이 생생하게 펼쳐졌다.

박근혜 대통령이 중국 베이징에서 열린 APEC 정상회의(2014년 11월) 때 입었던 중국식 상의 복장을 포함해 당시 입었던 바지 재킷 모두 이 샘플실에서 나왔다는 걸 금방 알 수 있었다. 박 대통령이 행사 등에서 입었던 파란색 연두색 주황색 재킷들도 다 최순실의 손을 거쳐간 것이었다. 최순실이 대통령의 옷 원단을 직접 골라주고, 지갑을 열어 현금 계산을 하는 장면도 나왔다.

헬스트레이너를 하다 행정관으로 발탁돼 논란이 됐던 윤전추 행정관의 얼굴은 쉽게 알아볼 수 있었다. 완성된 옷들은 윤전추가 받아갔다. 윤전추와 함께 드나들던 젊은 사람의 모습도 눈에 들어왔다. 단정한 정장차림으로 봐서 한눈에도 경호실이나 부속실 직원으로 추측됐다. 휴대전화를 전해줄 때도, 최순실의 얘기를 들을 때도 상전 대하듯 태도가 깍듯했다. 반면 최순실은 쳐다보지도 않고 휴대전화를 건네받는 등 아랫사람 부리듯 했다.

얼마 뒤 고영태에게 '누구냐'고 물어 그 젊은 사람이 대통령 부속실의 이영선 행정관이라는 답을 들었다. 만난 적이 있는지를 확인하자, 고영태는 "최순실의 심부름으로 뭔가 전달하러 청와대 근처에 가면 이영선 행정관이 받아가서 잘 안다"고 했다. 인터넷 검색으로 박근혜 대통령의 후보 시절에 뒤편에서 수행하는 사진들을 찾아낼 수 있었다. 바로 캡처해서 '최순실' 파일에 다 저장했다.

대통령 부속실의 행정관들이 '일반인' 최순실을 대하는 영상을 보면서 박근혜 대통령과 최순실의 관계가 짐작됐다. 최순실이야말로 대통령의 측근 중의 최측근이자 '비선실세'일 거라는 걸. 그렇지 않고서야 대통령 주변을 누구보다 잘 아는 부속실 행정관들의 태도가 저렇게 극진할 리가 없었다. 최태민의 딸이자 정윤회의 부인 정도로만 알려져 있고, 행적이 베일에 싸여 있던 '비선실세' 최순실의 '꼬리'를 잡은 것이다.

이틀 전 건네받았던 자료도 분류했다. 민정수석실 추천인 및 조직도, 뉴미디어실 신설에 따른 추천, 복합 생활체육시설 대상지 검토안, 체육특기자 입시 비리 근절 방안 보고, 포스코와 KT 현안 등 '보고용'으로 잘 정리된 문건들이 포함돼 있었다. '민정수석실 추천인' 같은 문건은 청와대가 아니면 만들 수 없을 것처럼 보였다. 하지만 다른 문서들은 당시로선 정확히 판별해내기 어려웠다. 장관 보고용 같기도 하고, 포스코와 KT 내부 문서처럼도 보였다. 가장 확실한 건 '선인장' '북극성'으로 표시된 대통령 해외 순방 일정표였다. 대통령 일정은 공무상 비밀에 속했고, 문서에도 '대외비'라고 적혀 있었다. 청와대 의전비서관실 아니면 외교부에서 나온 것으로 의심됐다.

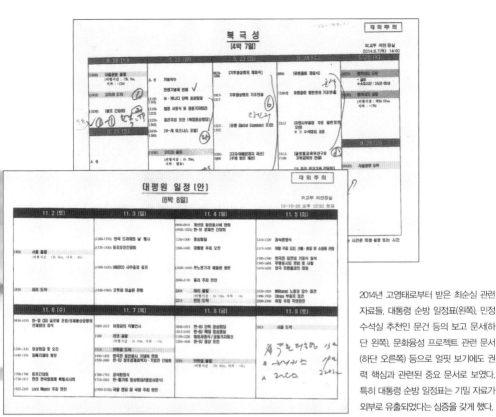

2014년 고영태로부터 받은 최순실 관련 자료들. 대통령 순방 일정표(왼쪽), 민정수석실 추천인 문건 등의 보고 문서(하단 왼쪽). 문화융성 프로젝트 관련 문서(하단 오른쪽) 등으로 얼핏 보기에도 권력 핵심과 관련된 중요 문서로 보였다. 특히 대통령 순방 일정표는 기밀 자료가 외부로 유출되었다는 심증을 갖게 했다.

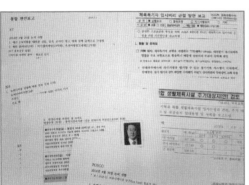

나머지는 2014년 6~9월 사이에 만들어진 「대한민국 창조문화 융성과 실행을 위한 보고서」 「트루 코리아 실행을 위한 보고서」 「대한민국 문화융성 프로젝트」 「대한민국 브랜딩 프로젝트」 「UAE 한국문화원 설립

제안서」 등 문화융성 프로젝트와 관련된 것들이었다.

이 문건들은 프레젠테이션용 자료처럼 눈으로 보기엔 그럴싸했지만, 내용상으론 조악했다. 특히 눈에 띄는 부분이 '문화예산 편성 주요 내용' 이었다. 표에는 사업항목, 사업비, 사업주체 이렇게 구분이 돼 있는데 사업주체는 전부 '정부'였다. 한마디로 국가예산으로 하겠다는 건데, 사업비 규모가 죄다 수십억에서 수백억이었다.

메신저와 전화로 추가 취재를 했다.

"여기 트루코리아하고, 문화사업예산 서류는 누가 만들었어?"

"일단 '소장님'하고 고(영태) 대표하고 얘기 나눈 걸 제가 정리했어요."

김수현은 고영태가 문서작업을 못하고, 컴퓨터도 다룰 줄 몰라 문서작업은 자신이 했다고 했다. 김수현은 2005년 안양과학전문대 건축학과를 졸업하고 직장은 2007년까지 건축회사에 근무한 경력이 다였다.

사업별로 A4용지 한 장에 사업목적 추진계획 예산이 정리돼 있었다. 수십억짜리든 수백억짜리든 딱 A4용지 한 장이었다. 이걸 토대로, 그럴싸하게 프레젠테이션 자료로 만든 게 「대한민국 문화융성 프로젝트」 같은 보고서로 추정됐다.

김수현은 "초안 작업을 해서 차은택에게 보내면, 차은택이 운영하는 광고회사 '아프리카 픽처스'에서 프레젠테이션 자료로 만들어왔다"고 했다. 가장 궁금했던 부분이 사업비 책정이었다. 어이가 없었지만 그래도 뭔가 기준은 있지 않을까 싶어 물어봤다.

"300억~400억짜리도 있던데, 그건 어떻게 정했지?"

"고 대표나 차은택에게 '이거 얼마나 들까' 하고 물어봤을 때 '300억 정도 들지 않겠어'라고 하면 300억을 적어 넣는 식이었어요."

차은택의 광고회사를 거쳐 나온 프레젠테이션 자료도 '프로젝트' '실행을 위한 보고서' 이런 단어나 문구들이 표지에 붙고, 컬러풀하게 그럴 싸하게 꾸며놨을 뿐 내용은 똑같았다. 그런 프레젠테이션 자료들이 최순실 손을 거쳐 청와대에 전달됐다고 한다. 고영태가 얘기하는 청와대는 '박근혜 대통령'을 지칭하는 듯했지만, 상식적으로 믿을 수가 없었다.

1년에 수천억, 박근혜 정부 동안 지속되면 수조 원씩 들어갈 사업들이 주먹구구로 찍혀 나왔다니 말이다. 최순실·고영태·차은택이 뭉쳐 처음 만든 유령회사가 고원기획인데, 이 3명이 고원기획 사무실에서 연간 예산 수천억짜리 문화사업 틀을 짜고 있었다면 누가 믿을 수 있겠는가. 세미나나 심포지엄 같은 걸 빼면 적혀 있는 사업비 단위가 최소 10억 원이었고, 100억 원이 넘는 사업들이 수두룩했다. 당시는 문서들이 미완의 기획서이기도 했지만, 믿기지도 않았고 실현 가능성도 거의 없다고 봤다. 최순실이 아무리 '비선실세'라고 해도 기껏 교육문화수석실이나 비서실장실로 전달됐을 거고, 그러다 '폐기됐겠지' 생각했다. 참고 자료라 하기에도 민망한 수준이었다.

영상과 자료를 토대로 일단 확인 가능한 것부터 하나씩 취재에 들어갔다. 당시 사회부장을 맡고 있던 때라 점심과 저녁을 빼곤 틈이 나지 않았다. 섣불리 공개하기엔 워낙 중대한 사안이라 다른 기자를 시킬 수도 없었다. 주로 전화와 메신저를 이용하면서 중간 중간 주말 저녁에 두 사람을 불러 취재할 수밖에 없었다.

"샘플실은 어디 있지? 그 빌딩 이름은 몰라?"

"강남구 신사동 566-XX S빌딩 302호예요. 간판은 없는 걸로 알고 있어요."

일반인들 옷은 취급하지 않고, 박 대통령의 옷만 전담해서 만들고 수선하다 보니 '샘플실'이라고 이름 붙였던 모양이다.

"김종 차관의 추천으로 최순실이 추천해서 임명된 인사들 누구누구 있는지 생각나는 대로 알려줘."

"제가 있을 때는 (김종한테서 인사 추천이) 올라오면 중간에서 다 컷트시 켰어요. 그전에 온 문자 보내드릴게요."

장

1. 김ㅇㅇ 한양대 언론정보대학원장 강릉 출신

2. 정ㅇㅇ 아리랑tv 사장

3. 박ㅇㅇ 한양대 부총장

콘

1. 김ㅇㅇ 벤처기업협회 본부장

2. 김ㅇㅇ 애틀란타 총영사

고영태가 보내온 문자 속 '장'은 장관으로 추천하는 사람을 말하며, '콘'은 콘텐츠진흥원장 추천 대상자를 의미했다. 전부 김종 차관과 같은 한양대 출신들이었다. 우연은 아닌 것으로 보였다. 김종이 자신의 영향 력 확대를 위해 장관과 콘텐츠사업 지원 예산을 틀어쥔 콘텐츠진흥원장 에 대학 동문을 앉히려 했다는 생각이 들었다. 이 문자는 고영태가 휴대 폰으로 받아 최순실에게 그대로 전달했다고 하니, 정황상으론 신빙성이 있었다. 실제로도 김종이 장관으로 추천한 인물은 전부 하마평에 올랐 다. 이 가운데 아리랑TV 사장이던 정성근이 문체부 장관에 실제 내정됐 으나, 여러 구설로 청문회 문턱을 넘지 못했다.

이렇다 보니 김종이 최순실을 접촉할 때 정황을 구체적으로 파악해둘 필요가 있었다.

"그럼 차움빌딩 3층에서 김종이 최를 만날 땐 누가 예약하고, 예약 때 썼던 이름 기억 나?"

"두 사람은 항상 저녁 8~9시에 접촉하기 때문에 예약은 하지 않아요. 멀찍이서 내려 걸어오거나, 직접 운전하고 왔어요."

김종이 최순실을 수시로 만나 따로 보고하고, 지침을 받아갔다는 것이다. 문화체육 행정에 관한한 정부 내각 바깥에 '비선 문체부'가 따로 있었던 셈이다. 김종의 '비선 보고'가 확인만 된다면 상당한 파장을 일으킬 게 분명했다.

그 무렵, 국내 원전반대그룹을 자칭하는 이들이 원전 도면을 공개하는 일이 있었다. 유출되지 말아야 할 원전 관련 문서들이 공개되는 바람에 한동안 언론들이 난리였다. 언론보도 중에 내가 주목한 건 "원전반대그룹이 공개한 해킹 문서 중 「8월 11일 아랍에미레이트 왕세제 모하메드에게 대외비로 보낸 박근혜 대통령의 친서」라는 대외비 문건이 있었다"는 대목이었다. 이 문서에 "아부다비를 방문하는 안종범 경제수석이 대통령 비서실에서 한국의 경제정책 전반을 책임지고 있다"고 적혀 있다는 보도였다. 청와대는 "안 수석이 지난 8월쯤 아부다비를 방문한 사실이 없다"고 밝혔다는 내용이 뒤따랐다. 그러나 그전에 고영태로부터 "안종범과 차은택이 2014년 8월에 UAE를 갔다 왔다"는 이야기를 들었던 터라 그게 오버랩됐다. 하지만 청와대가 강력 부인한 상태라 일단 스크랩만 해뒀다.

그 자리에서는 청와대와 신사동 '샘플실'을 오가며 옷 심부름을 했던 윤전추에 대해서도 확인했다. 최순실이 나가던 학부모 모임 회원들의 헬스트레이너를 하면서, 최순실과 알고 지내다 최 씨 추천으로 청와대에 들어갔다는 게 주변에 알려진 얘기였다. 정확히는 발탁 과정이 드러나지 않은 상태였다.

"윤전추는 최순실 헬스트레이너 출신 맞지? 최순실 소개로 BH(청와대) 들어간 것도 맞고?"

"윤 비서에 대해 정확한 내막은 모르겠습니다. 최순실 지인들도 아는 헬스트레이너였다는 정도밖에." 고영태도 윤전추 발탁의 내막은 알지 못했다. 다만 발탁 과정에 최순실의 힘이 작용했다는 정황 정도만 다시 확인하는 수준이었다.

CCTV영상을 확보한 며칠 뒤, 쉬는 날을 골라 CCTV가 설치됐던 샘플실을 찾아가봤다. 사회부 기자들을 시킬까 몇 번이고 망설이다, 일이 어떻게 전개될지 몰라 직접 갔다. 지하철 3호선 압구정역에서 멀지 않았다. 1층에 뷰티샵이 있는 적색 벽돌 건물이었다. 일요일이어서인지 302호 문은 닫혀 있었다. 겉에서 보기엔 작은 사무실이었고, 출입문엔 (주)크레스트XXXX라는 상호가 붙어 있었다. 의상실이 들어오기 전 회사의 상호였는데, 일부러 떼지 않고 '위장용'으로 활용하는 것 같았다.

CCTV영상을 손에 쥔 직후부터 2015년 중반까지는 한 달에 한 번 정도 고영태와 김수현을 불러 이렇게 조금씩 살을 붙여갔다.

"아는 것과 쓰는 건 다르다"

고영태와 김수현을 통해 1차적으로 알아낼 수 있는 부분은 거의 다 모았다. 김종의 최순실 접촉 방식도 감이 잡혔다.

최순실과의 통화는 주로 대포폰으로 하고 직접 올 때는 관용차 대신 손수 차를 몰고 온다, 차움빌딩 주차장이 아니라 멀찌감치 떨어진 주택가에 차를 세우고 걸어서 골목 쪽 후문을 이용한다, 관용차를 타고 오더라도 한참 떨어진 곳에서 돌려보내고 택시를 타거나 걸어온다, 주로 저녁 8~9시쯤 찾아와 문화체육 분야 현안을 수시로 보고하고 지시도 받아 간다. 최순실을 '회장님'이라 부르면서 대통령 이상으로 깍듯하게 상전 모시듯 한다.

차움빌딩 주차장을 이용하지 않았던 건 보나마나 차량 출입 흔적을 남 기지 않으려는 의도가 분명했다. 부적절한 처신이란 걸 김종 스스로도 알았다는 방증이고, 설령 누군가에게 포착되더라도 '우연'으로 둘러댈 수 있으리라 생각했을 것이다.

몇 가지만 추가로 끌어내면 될 듯했다.

"김종이 장관 추천 인사 등 문자메시지를 보내온 게 언제지?"

"6월 9일 오전 11시 50분이요."

고영태는 김종보다는 차은택에 대한 배신감이 커보였다. 하지만 차 은택과 관련된 고영태의 증언 중 딱 떨어질 만한 건 손에 잡히지 않았 다. 차은택이 최순실의 힘으로 대통령 직속 문화융성위원회에 입성했다 고 했지만, 확인이 쉬운 문제는 아니었다. 또 박근혜 대통령이 인도를 순 방중일 때 '왕실장'으로 통하는 김기춘 비서실장이 문체부 장관에 내정 된 정성근과 김종, 그리고 막 문화융성위원이 된 차은택을 불러 문체부 장·차관들에게 차은택을 많이 도와주라고 했다는 얘기도 있었다. 고영 태는 차은택에게서 직접 들은 얘기라고 했다. 본인 입에서 나온 얘기를 전달한 것이니, 정황은 맞겠지만 이마저도 차은택 이 직접 인정하지 않는 한 확인될 수 있는 범위에 있지 않았다.•

의상실 CCTV영상을 확보한 뒤 며칠 만에 고영 태에게 맥락 연결이 빠진 부분을 묻고 물어 최순 실·김종·차은택에 대한 내용들은 어느 정도 정리

• 2년이 지난 뒤 취재에 들어갔을 때도 3명 모두 부인했다. 국정농단 사건 청문회 때 와서야 차은택은 "그 런 사실이 있다"고 인정했다. 같은 자리에 나와 앉아 있으면서도 김기 춘은 "정성근과 김종을 따로 따로 본 기억은 있지만, 세 사람을 함께 부른 적은 없다"고 끝까지 부인했다.

가 됐다.

그런데 문제는 기사로 다룰 수 있느냐 여부였다. '아는 것'과 '쓰는 건' 다르다. 이걸 기사로 쓰려면 뒷받침되는 팩트를 확인하고, 증언을 확보해야 했다. 취재 가능한 범위 내에 있어야 한다. CCTV영상과 김종의 문자메시지 이 2개만이 확인된 팩트였고, 나머진 고영태의 증언뿐이다. 고영태에게서 받은 문건들도 출처를 확인해야만 기사가 가능할 듯싶었다.

일단 취재는 해봐야 했다. '샘플실'을 직접 다녀온 다음날쯤 법조팀 기자 조덕현을 불러 최순실과 김종 차관의 비선 지시와 비선 보고 장면을 잡으라고 취재지시를 내렸다. 조덕현은 당시 법조팀 막내였지만, 취재를 치밀하게 하는 데다 뚝심도 있었다. 최순실의 벤츠 차량 번호와 김종 차관의 차종 등을 주고, 차움빌딩 주변 길목을 지켜보라고 했다. 막연했지만 가장 확실한 장면을 포착하려면 방법이 없었다. 낮 시간엔 법조팀에서 정윤회 사건을 취재하고, 밤 8시 이후 차움빌딩 주변을 돌아보게 했다.

경찰팀과 법조팀을 관장하는 사회부장이긴 했지만, 사실 가용 인력을 확보하는 건 생각처럼 쉽지 않았다. 당시 TV조선은 메인뉴스 외에도 뉴스특보와 시사프로그램이 거의 쉴 새 없이 돌아가다보니, 기자들이 일상적으로 돌아가는 걸 처리하기에도 벅찼다. 취재를 하려면 별도의 특별취재팀을 만들어야 했지만, 성공할지 못할지도 모르는 상황에서 무작정 덤벼들 순 없었다. 그래서 일단 확실한 장면부터 포착해보자는 생각에서 조덕현을 배치한 것이었다.

당시는 "우리나라의 권력서열이 어떻게 되는 줄 아느냐. 최순실 씨가 1위, 정윤회 씨가 2위이며 박근혜 대통령은 3위에 불과하다"라는 박관천의 '권력서열 발언'이 공개되기 전이었지만, 고영태에 대한 취재를 통해 나 또한 '정윤회보다 최순실'이라고 판단했다. 최순실이 정윤회보다 박근혜 대통령과 더 가까운 사람이란 걸 알 수 있었다. 그때는 박근혜 집권 2년차로 권력이 서슬 퍼렇던 때인데, 과연 취재부터 보도까지 밀어붙일 수 있을지도 장담할 수 없었다. 더구나 그 많은 언론이 눈뜨고 있는데도, 버젓이 정윤회 사건을 거꾸로 엎어버리는 판이었으니 말이다. 권력 서열 1위를 최순실이라고 발설한 박관천도 엄혹한 외부 상황을 알고 있었기에 이후 입을 다물었을 것이다.

죽을 둥 살 둥 모든 걸 걸고 취재가 성공한다 해도 보도를 할 수 있는가도 문제였다. 기사화되지 않은 취재는 당연히 의미가 없다.

고민 끝에 분위기를 탐색할 겸, A4용지 한 장짜리 보고서를 만들었다. 정보보고였다. 언론사에서 기자들이 하는 정보보고는 '지라시'와는 차원이 다르다. 취재로 확인된 건 아니지만 취재 직전 사실에 가깝다고 판단되는 내용들이 정보보고에 담긴다. CCTV영상 중 간추린 부분을 본 것과 고영태의 얘기를 종합해 작성했다. 조덕현에 취재를 지시한 날 정보보고도 동시에 했다. 당시 본부장에게 전달했더니 "사실이냐"고 물었고, 나는 "확인 취재는 안 됐지만 그 내용 그대롭니다"라고 답했다.

〈최순실 관련〉

◎ 대통령 친자매 이상의 측근

- 대통령의 옷 도맡아 수시로 청와대 출입, 수시 통화

- TV에 등장할 때 나오는 옷, 외국 순방 때 옷 등 모든 옷 거의 대부분 최순실 손 거쳐감.

- 밤 늦은 시간에도 수시로 호출돼 들어가 말동무.

---

* 한겨레가 기사에서 '말벗'이라는 표현 썼지만 친자매 이상의 관계.

* 대통령과 최순실 사이 옷 심부름은 주로 트레이너출신 윤전추가 맡음. (윤전추도 최순실 추천으로 청와대 들어감)

* 안봉근도 대통령에게 하기 어려운 말은 최순실에게 얘기를 잘 해달라고 할 정도.

◎ 정윤회 문체부 인사 개입 전말 / 김종의 배후는 최순실

- 유진룡 장관은 한양대 동문인 이재만과 김종의 작품이라고 주장.

* 반은 맞고 반은 틀림 /

- 김종이 이재만이 아니라 최순실을 통해 문체부 좌지우지.

- 김종이 최순실에게 보고하면 최순실이 대통령에게 전달하고, 대통령이 이재만에게 지시. 〈김종-최순실-대통령-이재만-유진룡 또는 김종으로 전달되는 구조〉

* 이런 식으로 추천된 대표적 인물이 정성근 전 문화부장관 내정자.

- 김종의 한양대 인맥 추천도 대부분 최순실을 통해 전달됨.

* 김종은 최순실 꼭두각시 노릇 하며 자신은 한양대 인맥 등 실속을 챙기는 형태.

- 최순실과 김종은 강남 차움빌딩 레스토랑에서 저녁 8시~8시 30분쯤 수시로 접촉.

* 김종을 제2차관에 앉힌 것도 최순실

◎ 최순실의 파워

- 최순실 손에 대통령 일정

- 최순실이 대통령에게 얘기하면 김기춘 실장에게 전달돼 실행, 집행되

는 구조

- 국내 및 해외의전 시 대통령의 옷 챙겨야 하기 때문에 외국 순방 일정은 1개월~2개월 전 최순실 손에 들어옴.

- 인사와 각종 문화사업 관련 예산 세워 반영하는 등 이권 개입.

◎ 최순실과 정윤회

- 2012년 대선 직전부터 삐걱(이혼은 올해 초)

- 이후 대통령도 정윤회 멀리함.

- 정윤회는 최순실 때문에 대통령과 멀어졌다고 생각하고 있음.

두서없는 고영태의 얘기들을 주섬주섬 챙겨 만든 정보보고였다. 이 보고서를 받은 뒤 본부장은 별 얘기가 없었다. 그 당시 상황에서 '정윤회 관련 동향 보고' 문건에 나온 내용들이 전부 '거짓말' '지어낸 것'으로 흘러갈 무렵이어서 반신반의했을 가능성이 높았다. 그런 상황이니, 본부장 설득에 나선다고 해도 쉽사리 설득될 리 없다고 생각했다.

조덕현에게 기대를 걸었던 것도 이 때문이었다. '비선 밀실보고' 장면이라도 포착하면 그걸 계기로 보도를 할 수 있겠다 싶었던 것이다. 그렇지만 1주일이 지나도록 성과는커녕 '낌새'조차 잡아내지 못했다. 법조팀은 법조팀대로 박관천 문건유출 수사로 분주히 돌아가 일단 조덕현을 철수시킬 수밖에 없었다.

물론 CCTV영상은 부인할 수 없는 물증이었다. 그래서 처음 입수했을 때부터 'CCTV영상이라도 먼저 보도를 해야 하나 말아야 하나' 하며 몇 번이고 망설였다. 당장이라도 '바보야, 문제는 최순실이야!'라고 외치고 싶었다.

하지만 몇 가지 크게 걸리는 부분들이 있었다. 먼저 당시 정국은 정윤회 게이트에 초점이 맞춰져 있는데, 갑자기 최순실 영상이 툭 튀어나오면 오히려 뒤죽박죽되면서 물타기가 될 가능성이 있었다. 정윤회 역시 주목해서 다뤄야 할 '비선실세'인 건 분명했다. 무엇보다도 당시는 CCTV 영상 외엔 확인 취재를 거쳐야 할 자료나 내용들이 많았다. 그런데 그 자료들의 내용과 팩트를 확인하는 건 어려워 보였다. 그중 한두 문서는 내용상 청와대에서 나온 걸로 의심은 됐지만 당시 분위기에선 '청와대에서 유출된 게 맞다'고 누가 확인해줄 가능성은 크지 않았다. 대통령 옷을 만드는 의상실에서 최순실이 찍힌 영상을 보여주면 관심은 끌겠지만, '그래서 어쨌다는 거냐'는 식으로 나올 가능성이 컸다. 정윤회 게이트가 터졌을 때도 박근혜 대통령은 "지라시에 나오는 얘기들" "국기 문란"이라고 말했다. 그렇게 정윤회 게이트 수사도 '달'을 보라고 가리키는 '손가락'을 문제 삼는 식으로 거꾸로 가던 참이었다.

이런 정황상 손에 다른 카드를 쥐지 않고 CCTV영상만 보도했다간 '찻잔 속 태풍'으로 그치거나 역공을 초래할 가능성이 있다고 생각했다. 보도를 한 번 하기 시작하면 '판'을 뒤집어야 하는데, 솔직히 당시로선 그럴 만한 역량이 준비되지 않은 상태였다.

이런 상황에선 최순실·차은택·고영태·김수현 등이 '용돈 대장' 쓰듯 국가사업을 맘대로 짜고 예산에 반영하는 '국정농단'은 가려질 게 십중팔구였다. 그땐 '예산농단'이 전반적으론 실현이 안 된 상태였다. UAE한국문화원 설립만 그들의 '프로젝트'대로 진행되고 있었다. 고영태가 가져온 '청와대의 인사 문건'을 기사화한다고 해도 청와대가 둘러대거나 부인해버리면 반박할 수 있는 근거들이 없었다.

게다가 취재원인 '고영태'가 노출되면서, 박관천처럼 희생양이 될 수도 있다고 봤다. 나중에야 고영태의 증언이면 무조건 기사로 쓸 수 있게 됐지만, 당시엔 사실관계 확인 절차를 거치지 않고 고영태의 말만으로는 기사를 쓰기 어려운 상황이었다. 무엇보다 고영태 자신이 앞에 나서는 걸 원하지 않았다. "얼굴 내밀고 증언할 수 있느냐"고 몇 차례 물었지만 고영태는 "그건 좀…"이라며 곤란해했다. 고영태를 희생시키지 않으려면 다른 루트로 팩트를 확인하는 절차가 필요했다. 그러니 '이런 게 있다'고 섣불리 꺼내놓을 순 없었다. 자칫 취재원은 취재원대로 노출되고 '죽도 밥도 안 되는 상황'이 될 수 있다는 점이 크게 우려됐다.

박관천이 구속되고 한 달쯤 뒤인 2015년 1월 17일 고영태를 잠원동의 한 낙지구이 집으로 불렀다. 그 자리에서 이렇게 말했다. "박관천 구속된 것 봤지. 지금 CCTV영상을 공개하면 네가 위험해질 수 있다. 보도 시점은 내가 알아서 할 테니, 다 맡기고 있어라." 고영태도 수긍했다.

'사과는 왜 떨어지는가'라고 물으면 서양에서는 만유인력이라 답하고, 동양에선 때가 됐기 때문이라고 답한다고 한다. 그땐 떨어질 때가 안 된 설익은 사과라는 게 내 판단이었다. CCTV영상만 공개되면, 몇 차례 기사화가 되고 시사프로 등에서 잠시 시끌시끌하다가 정윤회 사건처럼 어이없이 묻힐 가능성이 높았다. 기다리다 보면 반드시 타이밍이 올 것이라고 믿었다. 경험칙이었다. 웬만한 기자들이라면 정권 후반기 들어 정윤회나 최순실 관련 의혹들이 다시 불거질 걸로 예상할 수 있었다. CCTV영상은 그때 꺼내들 무기였다. 기자라면 최적의 시점, '시의성'을 찾는 건 당연한 일이다.

2
오만한 권력과 때의 도래

●●●●● "기사는 타이밍의 예술이다."

기사의 시의성을 강조할 때마다 후배들에게 늘 해오던 말이다. 기사도 때를 잘 골라야 하는데, 시의성을 잡는 건 다분히 감각적이고 직관적인 부분이다.

'시의성'은 흔히 기사가 가장 잘 먹히는 시점이나 상황을 얘기한다. 시의성 없는 기사는 자칫 허공만 울리는 메아리로 끝날 수 있다. 일반적으로 시의성이 외부적 환경을 의미한다면, 타이밍은 취재할 수 있는 환경과 실제 취재가 가능한 상황까지 전부 포함한 얘기다. 밤잠 안 자고 열심히 한다고 해서 취재가 되는 건 아니다. 완성된 기사의 보도 시점도 중요하지만, 취재도 다 때가 있는 법이다.

거대 권력을 겨냥한 취재는 더더욱 그렇다. 그만큼 취재할 수 있는 조건이 갖춰져야 한다는 뜻이다. 우선 취재할 수 있는 역량이 있어야 하고, 취재 가능한 범위에 있어야 한다. 취재 가능한 범위라는 건 취재 내용을 객관적으로 확인받을 수 있는 상황을 말한다. 그러고도 중요한 부분이 남아 있다. 취재된 내용을 실제 보도할 수 있을 만큼의 각오와 결속이 돼 있는지 여부다. 보도나 기사화되지 않은 '잠자는 취재'는 독자나 시청자 입장에서 보면 취재를 하지 않은 것과 다를 바가 없다.

기사가 먹히는 외부적 환경 외에 이런 3박자를 갖추지 못한 상황에서 거대 권력을 고발하는 기사를 던졌다간 자칫 맥없이 사그라들거나 오히려 '역풍'에 직면할 수도 있다. 2014년 말 『세계일보』의 '비선실세 정윤회의 국정개입' 보도가 그랬다. 후속을 이어가며 끝까지 밀어붙이지 못하고 "국기 문란"이라는 대통령의 역공에 꺾이고 말았다.

박근혜 의상실 CCTV영상과 일부 자료들이 손에 들어온 2014년 12월 말 이후 나는 늘 '타이밍'을 찾고 있었다. CCTV영상도 영상이었지만 당시 함께 손에 넣은 자료들이 훨씬 더 큰 사안들이었다.

내가 줄곧 염두에 둔 건 CCTV영상이나 보여주는 단편적인 보도가 아니었다. 문체부 차관 김종과 차은택을 수족으로 부리면서 문화·체육계를 멋대로 주무르는 최순실의 국정농단을 어떻게 하면 잘 드러낼 수 있을지였다. 그땐 미르·K스포츠 재단은 만들어지지도 않을 때였지만, 그걸 빼고도 의혹들이 방대했다.

그러다 2016년 4월 13일 20대 총선 무렵부터 보도 시점을 저울질하기 시작했다. 공천 과정에서 박근혜 대통령의 눈 밖에 난 인사들에게 배신의 올가미를 씌워 가차 없이 찍어내고, 그 자리는 '진박(진짜 친박)'이라는 맹목적인 박근혜 지킴이들로 채워졌다. 대표적인 친박 핵심인사인 최경환은 '진박 감별사'로 대구·경북 지역을 돌며 노골적으로 완장을 휘둘렀다. 집권 후반기 레임덕을 막기 위한 줄세우기를 하느라, '친박 패권'만 있을 뿐 국민들은 안중에 없었다. 정당정치를 파괴하는 '친박 패권'에 국민들의 분노지수는 상승하고 있었다.

정권 핵심세력의 오만과 독선적 행태가 도를 넘을수록 기사가 먹히는 시점이 오고 있다고 생각했다. 대통령 측근 비리를 고발하는 기사가 잘 먹힐 수 있는 환경을 정작 '정권의 코어 세력'들이 조성하고 있었다. 마침내 4월 13일 총선에서 여당인 새누리당이 300석 중 122석을 얻는 데 그쳐, 과반수 붕괴는 물론 원내 1당까지 내주는 참패의 결과가 나타났다. 여소야대로 지형이 바뀐 것이다.

최순실을 겨냥한 취재는 박근혜정권의 '아킬레스건'을 건드리는 것이다. 권력 핵심부를 겨냥한 고발은 파장을 확산시켜줄 여론이나, 정치권에서의 이슈화 그리고 합리적인 의혹을 정당하게 수사할 수 있는 외부적 환경과 맞아떨어져야 힘을 받을 수 있다. 그런데 새롭게 열린 정치 지형으로 인해 『세계일보』의 정윤회 게이트 보도 때처럼 권력이 쉽사리 깔아 뭉개진 못할 것이라는 판단이 들었다. 4·13총선을 통해 시의성과 외부적 환경이 자연스럽게 구축된 셈이었다.

다음은 취재 가능한 범위에 있느냐의 문제였다. 권부(權府) 깊숙한 곳에서 벌어진 일을 확인해줄 수 있는 사람이 필요했다. 하지만 권력의 힘이 넘쳐날 땐 취재원이나 취재대상들도 너나없이 몸을 사리는 경향이 있다. 살벌한 권력 앞에 '몸조심'은 어쩌면 인지상정에 속하는 부분이라 설득한다고 될 일은 아니다. 취재원들이 입을 여는 시점도 이런 조건들과 맞닿아 있다. 아는 것만으로 기사를 쓸 수 있는 건 아니고, 알고 있는 게 객관적으로 확인이 되어야만 기사가 되는 것이다.

4·13 총선이 끝난 직후인 4월 29일 오후에 나온 뉴스 하나가 귀를 끌었다. 정윤회 게이트 때 구속됐던 박관천 전 청와대 행정관의 석방 소식이었다. 그 뉴스를 듣고 '때가 오는구나'라는 생각이 들었다. 뭔가 딱딱 맞아떨어지는 느낌이었다.

지금은 유명해진 박관천의 권력서열 발언은 당시에는 '황당한 것'으로 여겨졌었다. 해당 발언을 보도한 기사 제목도 「박관천의 황당한 권력서열 강의」였다. 지금이야 '최순실 천하'를 다 알지만, 당시 상황에서 대통령보다 최순실과 정윤회의 권력서열을 더 높게 매겼으니 대다수가 '박관천이 허황된 얘기를 하고 있다'며 믿지 않았다.

　하지만 당시 나는 박관천이 매긴 권력서열을 매우 흥미롭게 받아들였다. 박관천이 구속되기 직전 최순실을 곁에서 지켜봤던 고영태로부터 "소장(최순실)이 팥으로 메주를 쑨다고 해도 박근혜 대통령은 믿는다"는 말을 몇 차례 들은 적도 있었고, '의상실 CCTV영상'들을 본 상태였기 때문이다. 물론 고영태는 박근혜와 최순실 두 사람의 관계를 정확히 설명하진 못했다.

　그래서 당시 사회부장이던 나는 법조팀 기자들에게 '박관천의 권력서열 강의가 맞다'는 얘기를 여러 차례 해줬다. '누구'의 의지가 관철되느냐' 측면에서 보면 권력서열이 충분히 그럴 수가 있을 것이라고 생각했다.

　박관천의 석방은 무엇보다 그동안 1년 넘게 묵혀두고 있던, 청와대에서 나온 것으로 의심되는 최순실 문건을 확인해줄 수 있는 취재원이 생겼다는 뜻이다. 박관천 또한 청와대와 친박이 '공포정치'를 할 때는 입을 열 엄두를 못 냈을 것이다. 하지만 정치 지형이 바뀐 만큼 어느 정도 입을 열 수 있을 것으로 기대했다. 과거 벤처기업가 진승현과 국정원 및 정치권의 검은 커넥션을 밝혀냈던 2001년 진승현 게이트 취재 당시 상황과 비슷했다. 그때도 취재 1년여 전 단순 금융비리 사건으로 덮일 때 구속됐던 전 국정원 직원과 브로커 김모 씨 등 2명이 풀려나오기를 기다렸다가 두 사람의 입을 열어 '진승현 게이트' 취재를 풀어낸 적이 있었다.

서랍 속 CCTV영상을 풀어놓아야 할 시점이 다가오고 있었다. 이 영상을 손에 쥐고도 최순실의 국정농단 행위들을 고발하지 못한다면 '무능'이고, 알고도 모른 체 한다면 기자로서의 '직무유기'라고 생각했다.

박관천 석방 한 달 뒤쯤인 5월 말, 나는 취재 '병력'을 거느릴 수 있는 기획보도에디터 자리로 발령이 났다. 『조선일보』 정치부장과 국제부장(부국장)을 지낸 주용중이 TV조선 보도본부장으로 온 지 한 달 만에 아침 뉴스 편집부장을 맡고 있던 나를 그 자리로 옮겨놓은 것이다.

2005년 『조선일보』 기자로 있던 시절 안기부 비밀 도청조직 '미림팀장'을 찾아내 '삼성 X파일'로 불리는 '안기부·국정원 민간인 불법도청'을 폭로하는 특종을 한 적이 있었다. 그때 내가 있던 팀의 팀장이 주용중이었다. 그래선지 주용중은 대형 특종을 주문했다. 특종을 통해 'TV조선'의 브랜드 이미지도 확산시키고 'TV조선 뉴스'의 시청률을 높여보자는 취지였을 것이다. 특종은 언론사에는 양날의 칼이다. 큰 특종은 자칫 부메랑이 돼 조직이나 기자 개인을 궁지로 몰아넣기도 한다. 『세계일보』의 정윤회 게이트 보도도 그런 사례의 하나였다.

그래서 나는 '해낼 수 있느냐'는 취재 역량을 가장 중요하게 봤다. 고발성 특종이 가져올 파장이나 파고(波高)를 견뎌낼 수 있는 의지가 부족하면 외부 조건이 갖춰졌더라도 자칫 '되치기'를 당하거나, 변죽만 울리다가 하지 않느니만 못하는 상황이 될 수 있다. 시의적이고 취재 가능한 범위에 있느냐의 문제가 외부 조건이라면 의지를 담은 취재 역량은 내부적인 문제다.

보도를 책임지는 본부장 주용중이 특종에 강한 의욕을 보이는 만큼, 나는 두루두루 3박자가 갖춰진 것으로 봤다. 평소 '큰 특종'을 염두에 두고 있을 때 '때가 됐느냐, 아니냐' '취재를 하느냐, 마느냐'의 이 기준으로

만 판단했다. 만약 '하는 쪽'으로 결론 나면 나는 좌고우면하지 않고 돌진하는 스타일이다. 하다가 말거나 어설프게 건드리기만 하면, 폭로하거나 고발해야 할 일은 제대로 못하면서 취재원을 비롯한 주위사람들에게 큰 민폐를 끼칠 수 있기 때문이다.

그렇게 해서 다음날인 6월 10일 오전, 보도본부 회의실에 '펭귄팀'을 모아놓고 '판도라의 상자'를 열었던 것이다.

무언의 제보들: 미르·K스포츠를 찾아내다

미르·K스포츠 재단에 대해 알게 된 것도 그 무렵이었다.

박관천의 석방 소식을 들은 지 얼마 안 된 2016년 5월 초쯤이었다. 어쩌다 정부 관계자와의 점심 자리에서 이런 저런 대화 중 "재단 때문에 난리예요"라는 지나가는 한마디를 들었다.

"무슨 재단인데요?"

"미르라고 기사도 났는데…. 체육 재단도 하네요."

기사가 났다고 하니 돌아와 검색해보면 될 일이라 더 이상 묻지 않았다. 상대방도 의도를 갖고 흘리거나 제보를 한 게 아니라, 푸념하듯 뱉은 말이었다. 아마도 그런 얘기를 했다는 '의식'조차 없이 넘어갔을 것이다. 나 역시 전후 맥락을 몰라 별 생각 없이 지나쳤다. 지금이야 드러날 만큼 드러났지만, 그땐 이름을 들어도 뭐가 문제인지 알 턱이 없었다.

다음날 '미르'라는 이름이 떠올라 혹시나 싶어 인터넷 검색을 해봤다. 아이돌 가수 이름부터 관련 없어 보이는 기사만 잔뜩이었다. 재단과 관련된 기사는 딱 하나 눈에 띄었다. 2015년 10월 28일자 『한국경제』에 나온 가로 2단짜리 현판식 사진설명 기사였다.

"16개 그룹 출연, 문화재단 '미르' 출범"이라는 사진 설명이 달려 있었

16개 그룹 출연, 문화재단 미르 출범 문화재단 미르(이사장 김형수 연세대 커뮤니케이션대학원장)이 27일 서울 강남구 학동로 재단 사무에서 현판 제막식을 열고 출범했다. 재단에는 삼성, 현대자동차, SK, LG, 포스코, 롯데, GS, 한화, KT, LS, 한진, CJ, 금호아시아나, 두산, 대림, 아모레퍼시픽 등 16개 그룹이 486억원을 출연했다. 제막식에는 김형수 이사장(앞줄 왼쪽 세 번째부터)과 박근희 삼성사회봉사단 부회장, 이승철 전국경제인연합회 부회장, 박광식 현대차 부사장, 신승국 SK하이닉스 대외협력본부장(뒷줄 왼쪽 네 번째부터), 이홍균 롯데면세점 대표, 조갑호 ㈜LG 전무 등이 참석했다.
전경련 제공

나중에 세상을 떠들썩하게 만든 미르재단은 TV조선이 보도하기 전까지는 거의 알려지지 않았다. 행사의 규모나 이사진의 면면을 봤을 때 16개 그룹이 수백억 원을 출연하여 만든 거대 재단이라 보기에는 미심쩍은 부분이 많았다.(한국경제, 2015년 10월 28일)

다. 기사를 보는 순간 뭔가 수상하다는 생각이 들었다. 재단이 한꺼번에 486억 원을 모을 수 있다는 것도 그렇지만, 돈 낸 굴지의 대기업들이 다들 잘나가는 문화재단들을 갖고 있는데 별도로 연합해서 문화재단을 함께 만들었다는 게 선뜻 이해가 잘 안 됐다. 모은 돈이 수백억 원인데, 구체적으로 뭘 한다는 내용도 없었다. '굳이 전경련에 돈을 내 문화재단을 만들 이유가 뭐지? 그 돈이면 차라리 계열 문화재단에 돈을 더 내지?' 하는 의문이 들었다. 전경련 상근 부회장 이승철도 현판식 사진 속에 있었지만 그렇다고 전경련 산하 재단도 아닌 것 같았다.

굴지의 그룹들이 500억 원 가까운 돈을 내 '문화사업'을 한다는 건 평소 같으면 상당한 홍보감인데도 기사 한 줄 찾기 어려웠다. 사진 속 현판식 역시 재단 발족 취지나 '모금액'에 걸맞지 않게 어딘지 초라해 보였다. 사진에 등장하는 현대차 부회장, SK 전무 등등 돈을 낸 대기업 임원들을 모아놓은 것에 비해 이사장과 이사진은 알 만한 사람이 없었다. 한눈에 봐도 재단 이사진의 중량감이나 '급'이 떨어진다는 느낌이었다. 한번 의심이 들기 시작하자, 기자적 감각이 꿈틀거렸다. 어떤 부분이 불법이라고 딱 끄집어낼 수는 없었지만, 혹시라도 기업들이 권력의 강요로 돈을 냈다면 문제될 가능성이 높다고 봤다.

전경련 홈페이지에 들어가 보도자료를 찾아 훑었다. 사업 내용도 구체화된 게 없었다. 일단 컴퓨터 취재 목록에 '미르'를 만들어 전경련 보도자료와 함께『한국경제』사진기사 파일을 넣어뒀다. 그리고 보도자료와 현판식 사진에 나온 이사진들 한 명 한 명을 인터넷에서 검색해 각각의 프로필과 따로 찾은 기사들을 저장해뒀다.

마침 6월 1일 기획보도팀에 기자들이 충원됐다. 기획취재를 희망했던 국제부 기자 이재중과 전국부 기자 이승재, 그리고 내가 지목한 경제부 기자 김하림의 파견명령이 떨어졌다. 이때만 해도 '미르'가 권력과 연결됐을지 모른다는 의심 수준이었지, 배후에 대해선 알지 못했다. '미르'보다는 1년 6개월 전 김종·차은택·최순실 관련 취재를 다시 되살려내는 데 무게를 두고 있었다.

그날 청와대 인근 서촌에서 단합 모임을 하며, 몇 가지 일반적인 기획취재 방향을 설정해준 뒤 믿고 따라오면 '큰 특종'들을 할 수 있으니 서로들 열심히 해보자는 취지로 사기를 돋웠다. 취재팀은 꾸려졌으니, 다음은 취재를 어떻게 해나갈 것인가였다. 취재팀에게 밑도 끝도 없이 시킬 수 없는 일이니, 방향은 내가 잡아야 했다.

먼저 머릿속에 떠오른 이가 최철이었다. 최철은 김종덕 문체부 장관의 정책보좌관으로, 자신이 보좌하는 김종덕 장관과 김종 차관 사이가 좋지 않은 탓인지 김종을 탐탁지 않게 생각했고, 만날 때마다 문체부 동향을 물으면 잘 얘기해주는 편이었다. 우선 '미르재단'과 이름 모를 '체육재단'을 알아보기 위해, 최철을 점심 때 무교동 복집에서 만났다. 미르가 '문화재단'이라면 '차은택'과 관련 있을 것 같다는 의심도 내심 하고 있었다.

"미르라고 들어봤어?"

"기업들한테 돈을 걷는데, 무슨 배짱인지 모르겠어요."

"그거 재단 설립 허가권은 문체부한테 있는 것 아냐?"

"그렇긴 한데, 쉬쉬하는 것 같아요."

어렴풋하게나마 알고 있는 눈치였지만 속 시원하게 다 얘기하진 않았다.

"체육 재단도 하나 있다던데…?"

"그거 K스포츠재단이요?"

"어, 그래"

체육재단 얘기를 꺼내자 'K스포츠재단'이라고 되물어 와 당연히 알고 물었던 것처럼 가볍게 대꾸했다. 최철의 답변도 예기치 않은 제보가 된 셈이었다.

"K스포츠재단? 그거 어디서 하는 거야?"

"그것도 전경련 통해서 하는 것 같긴 하던데, 잘은 모르겠어요."

"그 재단들 문화와 체육 이쪽이면 혹시 차은택하고 김종이 관련돼 있는 것 아니야?"

"그건 모르겠는데, 그럴 가능성은 있다고 봐요."

문화융성 쪽은 차은택을, 체육은 김종 차관을 통하지 않으면 안 된다고 생각하던 참이라 넘겨짚어 물었다. 당시만 해도 김종 차관이야 체육계 인사를 좌우하는 '실세'로 알려져 있었지만 차은택은 그리 알려져 있는 인물은 아니었다. '두 사람이 창구라면 그 위엔 혹시 최순실?' 하는 의심이 들기 시작했다. 최순실이 김종과 차은택을 수족처럼 부리고 있다는 걸 알고 있는 입장에서 보면, 김종과 차은택이 연결된 재단이라면 적어도 최순실이 모를 리 없다는 생각이었다.

이때부터 2014년 말 취재했던 내용과 미르·K스포츠 재단을 연결시켜서 생각하게 된다. 잠깐 사이지만 머릿속에 여러 가설들이 떠올라 점심은 먹는 둥 마는 둥이었다. 앞으로 일이 어떻게 전개될지 몰라 최철에겐 내 판단을 얘기해주지 않았다. 최철 역시 두 재단이 이상하다는 의심을 하는 듯했지만, 설립 배경이나 배후에 대해선 잘 모르는 것처럼 보였다.

민감하게 받아들이면 입을 다물 것 같아, 재단 얘기를 더 이상 묻진 않았다. 하지만 직감으로 '미르와 K스포츠' 두 재단이 '큰 물건'이 될 수도 있겠구나 싶었다. 하여튼 그날 최철과의 점심 자리에서 'K스포츠'라는 체육재단 이름을 확인하고 '쉬쉬하고 있다'는 분위기를 들은 건 큰 소득이었다.

자리가 끝날 무렵 최철이 김종과 차은택의 전횡을 걱정하는 얘기를 해 "관련 정보가 있으면 알려달라"고 말했다. 그러자 최철은 차은택이 문화창조융합본부 본부장으로 있다가 나간 지 한 달쯤 됐는데 그 후임으로 온 본부장이 문화창조융합본부의 문제점을 파악하려고 하자 난리가 났다는 얘기를 했다. 신임 본부장이 임명장까지 받고 한 달만에 그만뒀다는 것이다.

"그 사람 누군데?"

"여명숙이라고, 게임물관리위원장하고 있을 거예요."

"염영숙? 여명숙?" 처음 듣던 이름이라 재차 확인하면서 속으론 만세를 불렀다. 문화창조융합본부를 책임지는 본부장을 한 달쯤 하다가 나갔다면, 게다가 장관이나 차은택과 갈등이 있었다면, 이른바 '딥쓰로트(은밀한 취재원)'가 될 만한 인물이라고 생각했다.

"어떤 성격인데?"

"화통해요. 연락해보세요."

그러면서도 최철은 차은택의 문제가 기사화될 경우 자칫 장관이 다칠 수 있다는 점을 걱정하는 눈치였다. 장관의 정책보좌관이라는 입장 때문이었다. 충분히 이해할 수 있었다.

"그건 걱정 마라. 네 입장 곤란해지지 않도록 수위 조절을 해보겠다."

일종의 플리바겐(피의자가 혐의를 인정하는 조건으로 검찰이 가벼운 범죄로 기소하거나, 형량을 낮춰주는 제도)으로 안심시켰다. 도움을 받으려면 어쩔 수 없었다. 하지만 말이 쉽지, 보도라는 게 한번 거세게 불붙기 시작하면 어디로 튈지는 누구도 알 수가 없는 일이다.

"다만 김종과 차은택 문제가 불거져 자연스럽게 장관에게 불똥이 튀는 건 어쩔 수 없다"고 미리 쐐기는 박아뒀다. 최철 역시 그 점은 수긍하면서 "찾아보겠다"고 약속했다. 최철은 돌아가서 며칠 뒤 여명숙의 전화번호를 알려왔다.

이때만 해도 미르·K스포츠 재단보다는 2014년 고영태에게서 받았던 제보와 문건, CCTV영상을 보도해야 한다는 '의무감'이 훨씬 컸다. 미르재단과 K스포츠재단은 아직 머릿속 가설의 단계였다.

미르·K스포츠 재단과 최순실을 연결짓다

먼저 취재의 밑그림을 그려야 했다. 최철을 만난 것도 취재 포인트를 찾기 위해서였다. 대형사건 취재는 손에 쥔 물건이 뭐고, 취재 가능한 건 뭐고, 기사는 어떻게 풀어갈 건지를 꼼꼼히 파악해야 한다.

그때까지 알고 있는 것들을 요약하면 이랬다.

① 김종 문체부 차관과 차은택이 최순실의 충실한 '수족' 노릇을 하고 있다.

② 미르재단이 수백억 돈을 거뒀는데, 그 사실이 잘 알려지지 않았다.

③ 체육 관련 K스포츠재단도 있다.

④ 두 재단이 만들어진 배후에 각각 차은택과 김종 차관이 있는 것으로 의심된다.

⑤ 최순실이 박근혜 전 대통령 옷을 만들고, 사생활을 관리한다.

⑥ 최순실이 문화 융성 사업과 청와대 인사에 개입한 의심이 든다.

하지만 입증할 수 있는 팩트들을 찾아 꿰어야, 알고 있는 것들을 기사로 쓸 수 있다. 특히 방송은 거기다 화면에 입힐 영상과 관련자 인터뷰까지 잡아야 하는 추가 작업이 필요했다.

취재할 부분을 확인하고, 최순실의 최근 상황을 확인하기 위해 6월 8일에 '저녁이나 하자'고 고영태를 불렀다. 우선 1년 6개월 전 미뤄뒀던 보도를 할 때가 됐으니, 마음의 준비를 시킬 필요도 있었다.

2015년 10월 무렵 만나고, 거의 8개월 만이었다. 청와대 인근 한 복집에 자리를 잡았다. 과거 들었던 얘기들을 다시 하나하나 복기해가며 점검해나갔다.

"(최순실 씨) 요즘도 김종 차관하고 자주 만나?"

"예."

고영태는 최순실이 사람을 아예 믿지 않아 주변에 사람이 없지만, 김 차관을 대하는 건 달랐다고 말했다.

"왜?"

"생각하건대, 유연(정유라의 개명 전 이름)이를 (독일 가기 전에) 많이 도와준 것 같아요. 아시안게임 때 개인전으론 메달을 못 따는데, 단체전은 승마가 한 팀이 3명이잖아요. 1,2등만 잘해도 금메달이잖아요."

정유라가 아시안게임 금메달을 딸 수 있도록 문체부 차관이던 김종이 도움을 준 것 같다는 얘기였다.

"그럼 최순실이 김종은 신뢰한다는 거냐?"고 묻자 고영태는 "신뢰라기보다는 김종을 무서워한다고 봐야죠"라고 했다. "최순실이 돈으로는 어찌할 수 없는 취약점을 김종이 해결해줬으니까요."

최순실의 약점을 꿰고 있는 이가 김종이고, 김종은 그걸 이용하는 측면이 있다는 것이었다. 당시는 고영태의 답변이 정유라의 승마 문제를 도와줘서 그런 것이려니 했다.[•]

● 사실 진짜 취약점은 승마보다는 정유라의 이대 부정 입학 과정이었다. 이후 검찰과 특검 수사에서 정유라의 이대 입학을 발 벗고 나서서 도와준 이가 김종 차관으로 밝혀진다.

"김종 차관도 최(순실)가 앉힌 거야?"

"그렇죠. 한번은 '저런 사람을 앉혔느냐'고 (최순실) 따졌더니 자기도 몰랐다고 하더라고요."

"누구 소개 받았는데?"

"소개해준 사람이 교수래요."(고영태는 누구인지 알고 있었고, 골프 라운딩도 함께한 사람이었지만 당시엔 털어놓지 않았다.)

김종 차관 얘기가 이어지자, 고영태는 난데없이 묻지도 않은 스포츠클럽 얘기를 꺼냈다. 광역 5대 거점 클럽에 연간 8억 원씩 지원하고, 30개 소엔 3억 원씩 지원하는 걸로 130억 원 예산을 받아냈는데, 김종 차관이 기존 스포츠클럽에 쏟아붓기 식으로 지원하려고 한다는 것이었다. '스포츠클럽' 개념도 모르는 것 같다고 흥분했다.

그런데 스포츠클럽 문제는 처음 듣는 얘기라, 정확히 이해가 안 됐다. 이게 며칠 전 최철에게서 확인한 K스포츠재단하고 뭔가 연계된 프로젝트 아닐까 정도로만 추측했다. 혹시나 싶어 "그럼 K스포츠라고 들어봤어?"라고 물었다. 그러자 "미르는 엉망인데, K스포츠는 잘 되고 있어요"라는 엉뚱한 답이 튀어나왔다.

사실 미르재단이나 K스포츠재단 건은 고영태에게 물을 생각을 안 했었다. 고영태와는 전혀 별개로 취재가 시작된 것이었고, 고영태가 끼어 있거나 알 만한 사안은 아니라고 생각했다. 그런데 내 선입견이었다. '쉬쉬'하고 있다는 두 재단에 대해서 고영태 입에서 '엉망이다'느니 '잘되고 있다'는 얘기가 나왔다. 순간 고영태가 말한 스포츠클럽이 K스포츠재단과 뭔가 관련이 있구나 싶었다. 미르재단과 K스포츠재단 역시 '최순실'과 연관됐을 수 있다는 가설을 뒷받침했다. 어떻게 관련됐는지는 모르겠지만 떠오르는 등장인물이 그랬다. 김종·차은택·고영태, 이 세 사람을 하나로 묶어주는 건 '최순실'뿐이었기 때문이다.

내친 김에 "그것도 혹시 최순실이 하는 건가?" 하고 넌지시 물었다.

"그건 모르겠어요."

고영태는 "그때(2014년 말) 최순실과 사이가 틀어지고 난 이후 일은 저도 잘 몰라요"라며 말을 끊었다. 나도 딱 거기까지만 묻고 멈췄다. 섣불리 물었다간, 내가 뭘 취재하고 뭘 생각하는지가 드러날 수 있어서였다. 고영태가 나를 만나긴 하지만 최순실과 어디까지 어떻게 연결됐는지도 모르고, "잘 모르겠다"고 입을 닫는데 굳이 더 얘기할 필요가 없었다.

고영태는 나를 처음 찾아왔던 2014년 말에는 최순실과 사이가 틀어졌다가 5~6개월쯤 지난 2015년 중반쯤 다시 최순실 밑으로 들어갔다. 그무렵 "소장이 도와달라는 연락을 해왔다"고 말을 해와서 '최순실에게로 돌아갔구나'하고 짐작은 했지만 고영태가 뭘 하는지는 알 수 없었다. 고영태는 최순실을 떠난 이후 경제적으로 상당히 힘들게 보내던 상황이었다. 당시 나는 "정 힘들면 심부름 정도나 하지, 깊이 관여하지는 말라"고 얘기해준 적이 있었다.

최순실에게 돌아간 이후 고영태는 무슨 일을 거드는지에 대해선 입을 다물었다. 말하는 내용도 자주 왔다갔다 했다. "요즘은 뭐 하고 지내느나"고 물어보면 "사업거리를 찾고 있다"고만 말했다. 운동선수 출신이라 말수가 없어서 그러려니 했다.

가끔씩 최순실 얘기를 물어보면 고영태는 "틀어진 다음에 일어난 일은 잘 몰라요. 가깝게 지내지도 않아요." 하고 말을 돌려버렸다. 2014년 말 고영태가 자료를 가져왔을 때 내가 "불 가까이 가면 불에 데는 일이 생길 테니, 다시는 최순실 밑으로 들어가지 말라"고 한 적이 있어서, 말하기가 껄끄러운가 보다고만 생각했지, 그때는 최순실 일에 그렇게 깊숙하게 발을 담그고 있을 줄은 몰랐다.

고영태가 답변을 피하자 슬쩍 방향을 틀었다.

"(최순실과) 김종덕 장관하고는 어때?"

"장관하고는 소통이 없어요."

어차피 문화 분야에선 최순실이 차은택을 통해 컨트롤할 수 있다고 보기 때문에 굳이 김종덕 장관하고 소통할 필요가 없다는 것이었다. "김 장관이 최순실과 박근혜 전 대통령의 눈 밖에 났다"고도 했다. 최순실에게 듣지 않았다면 고영태가 알 수 있는 일이 아니었다.

"그럼 (문체부) 장관 바꾼대?"

"(최순실이) 마땅한 사람이 없대요. 누구 있으면 추천 좀 해주세요."

"네가 최(순실)한테 얘기하면 다 되나?"

"(웃으면서) 그러믄요. 되죠."

'문체부 장관직'이 이런 식으로 최순실의 손에서 결정됐구나 싶었다. 농담인 듯 오간 대화지만 어조엔 자신감도 묻어났다.•

"그럼 누굴 시키려고 한대?"

"선거에 떨어진 사람 시킨다고 하던데요. 거 강

● 이때는 고영태가 비밀면접을 본 천홍욱 관세청장이 5월 25일에 취임한 직후였다. 그 상황에서 보면 고영태가 '내가 얘기하면 된다'는 말은 허풍이 아니라 자신만만함이었다.

남 쪽에 나와 떨어진 여자 있잖아요?"

"누구? 조윤선?* 서초 지역에서 경선 떨어졌잖아."

"맞아요."

며칠 전 '문화창조융합본부를 눈여겨보라'는 최철의 말도 떠올라 물었다.

"문화창조융합본부 예산이 올해 1300억 원으로 갑자기 엄청나게 늘었던데?"

고영태를 만나기 전 문화창조융합본부를 검색해봤더니 예산이 급격히 늘어나 있었다. '문화융복합 사업'을 빙자해 국가예산을 빼먹기 위한 창구로 문화창조융합본부를 만든 게 아닐까 하는 의심이 들 정도였다. 1년 6개월 전 의상실 CCTV영상을 확보할 당시 최순실이 짠 문화융복합 계획안들을 본 적이 있기 때문에 더 그랬다.

"문체부에서 받아서 하면 시간도 오래 걸리고, TF(태스크포스)팀을 만들면 거기서 돈 나가는 건 쉽거든요."

고영태의 답변이었다. TF팀이라는 게 뭔지 선뜻 이해가 가지 않았지만, 맥락상 문화창조융합본부 자체를 TF팀으로 보는 것 같았다. 고영태는 원래 말이 짧은 편이기도 했지만, 정부 시스템 등에 대해선 제대로 설명을 못했다. 실제로 문화창조융합본부는 자체 예산보다는 콘텐츠진흥원의 문화융복합 예산을 받아다 썼고, 각종 기금까지 끌어다 쓰고 있었다.

얼마 전인 4월 말까지 문화창조융합본부 본부장이 차은택이었던지라 고영태도 뭔가를 알 것 같았다. 고영태는 '견원지간'이라고 할 정도로 차은택을 싫어했으며, 차은택의 동향은 놓치지 않고 누구보다 잘 알고 있

● 그로부터 두 달이 조금 넘은 2016년 8월 16일 개각에서 조윤선은 실제로 문체부 장관에 내정된다. 조윤선 내정 당시엔 '최순실'만 안 나왔지. 김종·차은택·늘품체조·국가브랜드·미르재단·K스포츠재단에 대한 보도가 TV조선을 통해 나올 만큼 나온 상황인데도 조윤선은 '문체부 장관'직을 덥석 물었다.

었다.

자연스럽게 차은택으로 이어졌다. 고영태는 차은택이 문체부 회의도 주도하고, 이 회사 저 회사 만들어 일감을 주고 있다고 분개했다.

"해외 순방 행사 이런 거 보면, 문화체육 행사들 맡은 회사들이 다 달라요. 인터피지라는 곳에서 기획해 나눠주는데, 막상 들어가서 보면 일하는 사람은 같아요. 김소영(당시 문화체육비서관)도 알고 있을 거예요."

차은택과 연관된 '인터피지'라는 회사가 일감을 맡아 아래로 뿌리지만, 결국 내부자 거래처럼 이뤄지고 있다는 얘기였다. 그 당시엔 관급 행사 기획과 용역을 차은택이 '유령회사'를 만들어 싹쓸이하는 정도로만 이해했다. 인터피지라는 곳도 처음 들어본 이름이었다.

자리를 정리하기 전, 최순실과 김종 차관의 접선 장소를 확인했다. 보도를 하려면 부인하지 못할 물증이 필요했다. 의상실 CCTV영상도 있지만 '최순실과 김종 차관' 두 사람의 만남을 포착하는 것만큼 드라마틱한 장면도 없을 듯했다. 2014년 말~2015년 초 1차 취재 당시 실패한 걸 다시 시도해볼 셈이었다.

"예전 차움빌딩 3층 레스토랑에서 만난다고 했는데, 요즘도 그래?"

"네. 체육 발전을 위해서 요즘은 만나야 될 상황이 있어요. 오늘은 아니지만 이번 주엔 만날 거예요."

그때는 '체육 발전을 위해서, 만나야 될 상황'이라는 고영태의 워딩에 주목하지 못했다. 나중에 검찰 수사가 전개되면서 바로 그 시점이 K스포츠재단을 활용해 대기업들에서 돈을 뜯어내기도 하고, 돌려주기도 할 무렵이었다는 걸 알게 됐다.

"혹 최순실 차는 예전 벤츠에서 바뀌었나?"

"예전 벤츠500 19XX 맞아요."

자리가 끝나고 고영태가 나를 집 부근에 내려주겠다고 해 30분 정도 동승했다. 그런데 마침 고영태에게 전화 한 통이 걸려왔다. "네, 네" 하면서도 반말투가 섞였다. 때론 공손하게, 때론 거칠게 답변했다. 나를 의식한 듯 짧은 말로 응대했지만, 대번에 통화 상대방을 짐작할 수 있었다. 통화가 끝나고 "최야?"라고 확인하니 최순실이 맞았다. 최순실 얘기로 옮아가자 고영태는 "최순실과 싸울 수 있는 사람은 저밖에 없어요"라며 너스레를 떨었다. "무겁게 돌머리를 왜 이고 다니느냐고 욕해준 적도 있다"고 자랑하듯 얘기했다.

이날 고영태와의 자리는 상당한 '영양가'가 있었다. 딱딱 떨어지는 팩트가 있었던 건 아니지만 취재 포인트들을 만들어낼 만한 이야기들이었다.

'펭귄팀'이 꾸려지다

다음날부터 바빠졌다. 당장 '김종과 최순실이 이번 주에 만날 거'라 했으니, 두 사람의 '은밀한 접촉' 순간을 잡으려면 빨리 움직여야 했다. 무슨 일로 만나는지는 감이 잡히지 않았지만, 장면을 포착하는 것 자체가 상징성이 있었다. 브레이크를 걸어뒀던 최순실 관련 취재가 1년 6개월여 만에 다시 시작됐다.

타고 다니는 관용차까지 두고 은밀하게 만나는 상황이라 두 사람의 '접선' 순간을 포착한다는 게 쉬운 일은 아닐 것 같았다. 고영태는 CCTV 영상을 가져올 당시 "장소를 바꿔가면서 만난다"며 자신이 아는 2곳을 지목해줬었다. 하나가 차움빌딩 3층 R레스토랑이었고, 다른 한곳은 코엑스 인터콘티넨탈 호텔 로비바였다. 우리 팀에 배속된 기자는 송지욱·이재중·이승재 3명이었다.

6월 9일 김종의 공개된 마지막 일정은 오후 4시 경복궁 인근 국립현대미술관에서 '평창 패럴림픽 현안 점검회의'였다. 충무로에서 취재중이던 이승재를 오후 3시쯤 회사로 들어오게 한 뒤 바로 국립현대미술관에 배치했다. 김종이 최순실을 언제 만날지는 몰랐지만, 저녁 8~9시에 만나는 사람을 체크하기 위해서였다. 오후 6시가 넘어 이승재는 김종의 관용차를 따라 붙었고, 송지욱은 차움 3층 레스토랑에서 미리 대기하고 있었다. 스파이 작전 같았다.

밀착 마크 취재는 그야말로 발품에 의존하는 고전적인 취재방식이다. 요즘 기자들은 좋아하지도 않고, 잘 하지도 않지만 달리 방법이 없었다. 하지만 이승재가 한남대교 부근에서 김종이 탄 차를 놓쳤고, 차움에선 저녁 9시까지 대기했으나, 최순실도 김종도 나타나지 않았다. 실패였다.

나는 나대로 고영태가 'K스포츠는 잘 되고 있다'는 말이 뭘까 싶어 고영태의 근황을 잘 아는 이현정에게 전화를 걸어 물었다. 두 사람이 언제 어떻게 알게 됐는지는 모르지만, 고영태는 이현정을 '현정이 누나'라 부르고, 이현정은 '영태야'로 불렀다.

"요즘 영태는 뭐해?"

"체육 관련 재단을 만들었거든요."

"누가 만들었는데?"

"최순실이 만든 건데, 그쪽에서 월급 받고 일할 수 있도록 등록해놓은 것 같아요."

최철에게 이름을 들었던 K스포츠재단일 듯싶었지만 한 번 더 확인하기 위해 재단 명칭을 물어봤다.

"재단 이름이 뭔데?"

"저도 자세하게 몰라요."

직감대로 고영태가 체육재단과 관련 있는 듯했다. 어쨌든 이현정은 재단 이름은 모르고 있었지만 최순실이 만든 체육재단이라고 얘기했다. '체육재단을 최순실이 만들었다'는 첫 증언이었다.

그런데 고영태와 말이 달랐다. 고영태는 "최순실하고 헤어진 뒤에 일은 잘 모른다"고 발뺌한 반면, 이현정은 최순실이 만든 재단에서 고영태가 월급을 받고 있다고 한 것이다.

"영태가 요즘은 최순실 일을 잘 모른다고 하던데?"

"영태가 어느 순간부터 요리 빼고 저리 빼면서 거짓말을 많이 하는데, 확실해요."

이현정은 체육재단 이름을 알아봐서 알려주겠다고 한 뒤 전화를 끊었다. 미르재단과 최순실의 관련성을 의심하고 있는데, K스포츠재단의 배후도 최순실이란 의심이 짙어졌다.

처음엔 기자 3명으로 어떻게 해볼 요량이었으나, 도무지 '계산'이 나오질 않았다. 그래서 김종 밀착 마크에 들어간 첫날, 인력 지원을 받기 위해 오후 회의가 끝난 뒤 보도본부장인 주용중에게 따로 보고를 했다.

"체육 분야에선 문체부 제2차관 김종, 그리고 문화 분야에선 알려진 인물은 아니지만 문화창조융합본부 본부장을 지낸 차은택이 실세다. 그렇게 된 이유는 배경에 최순실이 있어서다. 최순실은 박관천 말대로 정윤회보다 센 권력서열 1위의 비선실세다. 최순실은 박근혜 대통령의 사생활을 A부터 Z까지 관리한다."

김종과 차은택 위에 최순실 이름을 써넣은 피라미드형 도표를 그려가며 설명을 했다. 그리고 보관하고 있던 CCTV영상 중 1분 정도로 편집한 영상을 틀어 "이 여자가 최순실"이라고 보여줬다. 추측성이 아니라, 근거를 가지고 하는 얘기라는 점을 강조하기 위해서였다. 미르재단과 K스포츠재단 얘기는 확실하지 않고 혼자서 '최순실 배후'를 의심하고 있을 때라 언급조차 하지 않았다.

주용중은 '최순실 취재'라는 데 강한 의욕을 보이면서 "CCTV영상을 쓸 수 있느냐"고 물었다. 그런데 영상을 보고 나서의 반응은, 내가 설명을 잘못했나 싶을 정도로 '쿨'했다. 사실 '의상실 CCTV영상'만 보면 대수롭지 않게 생각할 수 있었다. '최순실이 박근혜 옷을 만들어 챙겨주는 게 어때서? 박 대통령이 최태민 집안과 인연이 끊긴 것처럼 얘기했는데, 옷 챙겨줄 정도로 가깝다는 것 말고 뭐 있어?' 식으로 받아들일 수도 있었다. 혹시나 그렇게 가볍게 생각할까 싶어서 김종과 차은택 이름까지 들먹여 열심히 설명을 한 것이었는데, 별다른 질문이 없었다.

나는 "CCTV영상을 쓰려면 법적인 검토를 받아야 한다"고 답변했다. 기사는 단계가 있기 마련인데, CCTV영상부터 들이밀 일은 아니었다. 일단 '법적인 검토'를 핑계 댔다. 김종·차은택 등 하수인과 그들의 범죄 행각을 다 드러낸 뒤 최순실을 등장시킬 때 꺼내야 할 '무기'라는 게 내 생각이었다. 우리만 쥔 물건인데 굳이 서두를 이유가 없었다.

어쨌든 '최순실 취재'를 명분으로 체육부 이상배와, 사회부 박성제를 그날로 보강했다. 이렇게 5명으로 초기 '펭귄팀' 구성이 이루어졌다. 은근히 본부장이 중견 기자들을 '징발'해주길 바라면서 CCTV영상을 들고 간 건데, 기대한 일은 없었다. 내가 느끼는 CCTV영상의 무게감을 제대로 전달하지 못한 것 같기도 했다. '차차 진행되면 알겠지' 싶어 일단 시동부터 걸었다.

다음날 프레젠테이션을 하고서, 이승재와 새로 파견된 박성제를 같은 방식으로 김종 밀착 마크에 투입시켰다. '김종'을 시야에서 놓치진 않았지만, '최순실'을 만나는 일은 일어나지 않았다. 허사였다.

나는 나대로 CCTV영상을 방송 보도에 쓸 수 있는가를 따졌다. 처음 손에 넣을 무렵 이미 검토하긴 했지만 법적인 리스크를 다시 확실하게 체크할 필요가 있었다. 그래야 혹시 위법적인 부분이 있더라도 감수하고 보도를 할 건지, 말 건지를 판단할 수 있기 때문이다.

마침 검찰 간부 A와 6월 12일 일요일 저녁 약속이 잡혀 있었다. 서로 멀지 않은 곳에 있어서 이따금 주말 저녁 간편복으로 만나 설렁탕을 먹거나, 맥주 한잔씩 해오던 사이였다. 모 방송사 간부 Y씨, 중앙일간지 간부 K씨 등 예전 법조기자 시절 알고 지내던 4명이 모였다. Y나 K 두 사람 다 일선 취재현장을 떠나 있었지만 그래도 기자들인지라 그 자리에선 궁금한 걸 물어볼 순 없었다. 자리가 파해 Y와 K를 먼저 보낸 뒤, A와 걸어가면서 CCTV 얘기를 꺼냈다.

"사무실 계약자고 실질적인 관리자인데, 종업원들 몰래 CCTV로 찍은 영상을 방송에 써도 문제없을까요?" 어떤 영상인지에 대해선 말하지 않고 제보받은 것이라고만 말했다.

A는 먼저 "음성이 들어 있느냐"고 물었다. 음성이 들어 있다면, '도청' 행위에 해당돼 통신비밀보호법 위반 소지가 있다고 했다. "없다"고 하자, "그럼 개인정보보호법인데, 과태료 사항"이라고 알려줬다. CCTV를 운영하려면 설치목적과 장소 이런 것들을 고지하게 돼 있는데, 이걸 하지 않은 것이니 개인정보보호법을 어긴 것으로 보이지만 과태료 처분 정도라고 설명했다. 그는 또 언론이 공공의 이익에 부합하는 알권리 차원에서 '증거 수집'을 했다면 별 문제는 없을 것이라고도 덧붙였다. 헤어지기 직전 그는 영상 내용이 뭔지도 모르면서 "맘 놓고 보도해도 돼요" 하고 돌아섰다.

집에 돌아와 찾아보니, 개인정보보호법에 안내판 설치조항이 있고 어기면 1000만 원 이하 과태료였다. CCTV영상을 보도해 문제가 되더라도 짊어져야 할 부담이 크지 않다는 걸 확인하자 홀가분해졌다. 언론보도야 공익적 목적이니 별 문제가 없을 거고, 최악의 경우 고영태가 질 짐도 형사처벌이 아니라 '과태료' 정도여서 크게 걱정하지 않아도 될 듯싶었다.

CCTV영상은 입증 자료 또는 입증 정황으로 방송하면 되는 것이고, 이제부터는 최순실의 국정농단 행위들을 어떻게 끄집어내 어떻게 잘 알리느냐가 관건이었다.

취재 틀을 잡다: 국정농단 하수인 먼저, 최순실은 나중

검찰 간부 A와의 약속이 있던 6월 12일은 일요일이었지만 취재팀을 전부 정상 출근시켰다. 방향을 알고 나가는 것이니 더듬더듬하는 취재보다는 나았지만, 예상보다 훨씬 손이 많이 갔다. 이틀 전 프레젠테이션 때 할당한 역할을 좀더 구체적으로 조정해줬다.

문화창조융합본부를 맡은 이재중에겐 차은택이 본부장으로 있던 시기에 문화창조벤처단지에 입주한 93개 업체 선정기준과 지원기준을 파악하고, 유령 업체가 있는지 확인하라는 임무를 줬다. 지원금으로 연명하는 '좀비 업체'들을 파악하려면 직접 현장을 뛰어야 했다. 여기에다 제일기획 출신의 콘텐츠진흥원장 송성각도 차은택이 앉혔다는 제보가 있어, 근거와 정황을 찾으라는 숙제를 얹었다. 하나도 벅찬데, 취재 주문은 몇 개씩 내려갔다. 취재 지시를 하면서도 치일까 걱정이 됐지만, 동시다발로 진행하면서 일단 확인되는 것부터 가져오라는 취지였다.

미르를 맡은 박성제에겐 K스포츠재단에 돈을 낸 기업들도 최대한 알아내라고 했다. 전경련 뒤에 청와대가 있다면, 기업들 불만이 있을 테니 기업 쪽을 물고 늘어져야 답이 나올 것 같았다. 박성제는 수습을 막 뗀

기자였다. 입사 전 경제 매체에서 2년 경력이 있었는데, '일꾼'이었다는 평판에 기대를 걸었다. 나중에 보니 그 평판은 틀리지 않았다.

메신저방도 하나로 통일해 취재지시와 취재보고가 공유된 한 방에서 이뤄지도록 했다. 맡은 영역은 다르지만 큰 틀에서 하나로 묶여 있어 서로 취재 내용을 공유할 필요가 있었다.

취재 틀이 잡혀가면서 머릿속은 방대한 '최순실의 국정농단'을 어떻게 풀어내느냐로 복잡했다. 어떤 계기를 잡아 뭘 먼저 보도하고, 최순실은 언제 어떻게 등장시킬 건지가 관건이었다.

시작 단계에서 심각한 사안이라고 판단했던 건 인사개입과 문화융성 사업이었다. 수천억 원 혈세가 들어가는 예산을 최순실이 짜고, 그게 반영되고 집행됐다면 그야말로 '국기 문란'이었다.

처음 받았을 땐 얼치기로 써놓은 계획이라고 생각했던 것들이 2016년에 유심히 살펴보니 상당 부분 실제로 실행되고 있었다. 모두 유령회사 '고원기획'에서 만들어진 것들이었다. 국회의 예산심의를 무력화시키고 문체부를 '들러리'로 만든 전형적 국정농단이라고 생각했다. 기자로서 '최순실의 국정농단'을 꼭 고발해야 한다는 의무감과 강렬한 동기를 심어준 대목도 바로 이 지점이었다.

최순실의 힘으로 장관들이 바뀌고, 김종과 차은택 등이 최순실을 등에 업고 문화체육계 인사를 좌지우지한 행위도 국정농단으로 다룰 핵심 사안이었다.

예산농단과 인사농단, 그리고 기업 모금을 통한 미르재단과 K스포츠재단까지 취재 방향은 크게 세 갈래였다. 다만 이때만 해도 미르재단과 K스포츠재단을 움직인 막후의 연결고리들은 가설 단계였다.

그런데 덜렁 '최순실'부터 치고 나가면, '비선실세 최순실'에만 초점이

사업명	사업기간	총사업비 (단위억원)	사업시행주체
I. 대한민국 국가이미지 통합 작업	'14~계속	50	정부
II. 아리랑 핵심콘텐츠 개발	'14~계속	68	정부
III. 관광 콘텐츠 개발 및 보급 (영화의 거리 개발)	'15~계속	130	정부
IV. 실버문화육성	'14~계속	95	정부
V. 킬러콘텐츠	'14~계속	90	정부
VI. 문화대학원 설립 및 지원	'15~계속	63	정부
VII. 청소년 문화육성	'14~계속	70	정부
VIII. 해외 국가이미지 홍보	'14~계속	85	정부
IX. 드라마 영화 뮤지컬 제작 지원	'14~계속	300	정부
X. 인천국제공항을 통한 국가 이미지 홍보	'15~계속	20	정부
XI. 한국 해외문화원 활성화 방안	'15~계속	425	정부
XII. 문화창조센터 건립	'15~계속	400	정부
합계		1,796	

Ⅺ. 문화창조센터 건립

I. 사업목적
- 문화센터 건립을 통한 문화융성의 거점 확보
- 창조경제와 문화의 접목을 통한 콘텐츠 개발과 홍보
- 경제개발의 발자취와 성과를 국민들이 공유, 발전
- 각국에 있는 해외 문화홍보원의 대한민국 국가이미지 홍보 기준 마련

II. 추진계획
- 대 상 : 전국민, 외국인
- 시행주체 : 정부
- 사업기간 : 2015.10~
- 추진사항 :
문화전시관 운영
다양한 문화 콘텐츠 개발 및 전시
경제개발 기념관 운영

III. 예산

구분	금액 (억원)	비고
문화창조센터 건립	400	
합계	400	

이런 어설프고 조잡한 계획안대로 수십수백억 원대의 국가 사업이 집행된다면 누가 믿을 수 있을까. 그러나 2014년 말 고영태가 가져온 문서에 나온 사업들은 2016년에는 실제로 실행에 옮겨지고 있었다. 최순실·차은택·고영태 세 사람이 국가예산 수천억 원의 사용처를 결정한 셈이다.

맞춰져 다른 농단 행위들은 관심에서 멀어지거나 묻힐지도 몰랐다. 또 최순실이 먼저 기사에 등장했을 때 과연 취재하고 있는 것들을 끝까지 살려갈 수 있을지도 의문이었다. 고영태의 표현대로 "최순실이 없으면 대통령은 아무것도 못하는" 그런 관계라면 청와대가 두 손 놓고 있지 않을 듯싶었다. 최순실을 끄집어내면 곧이어 박근혜 대통령까지 나올 수밖에 없는 구조에서 '최순실'은 목에 걸리기 쉬운 큰 떡이었다. 큰 떡을 먹기 편하게 잘게 썰거나 부드럽게 만들어 접근하는 전략을 펴야 했다.

최순실이 등장하기 전에 먼저 최순실의 하수인이나 최순실이 만들어 낸 농단의 결과로 빚어진 사안들부터 하나씩 보도하는 것으로 구도를 잡았다. 고발할 대상들 주변에 그물을 쳐가면서, 마지막에 '이 모든 근원이 최순실이었다'는 식으로 풀어낼 계획이었다. 그래서 의상실 CCTV영상

은 후반부에 나와야 했다.

여러 언론이나 국민들이 '최순실'이라는 존재를 알게 될 땐 이미 국정 농단의 실체들이 드러나 있는 상황을 만들어놓는 전략이었다. 그때쯤이면 청와대도 최순실이 아무리 대통령과 가까운 측근이라고 해도 '털어낼 수밖에 없는 상황'이 될 것으로 봤다. 무엇보다 아이템 배치를 물 흐르듯 짜는 게 중요했다.

보도해야 할 아이템, 그리고 의혹과 확인해야 할 사항, 확인된 사항 등을 노트에 적고 매일매일 업데이트했다. 보도 경쟁이 없으니 내부적으로만 페이스 조절을 하면 그만이었다.

본격적인 시작

미션들을 조금 구체화시킨 탓인지 다음날인 6월 13일엔 따로 지침을 주지 않아도 일찍부터 다들 동분서주했다. 샘플실 취재를 맡은 송지욱은 신사동 S빌딩 302호 영상을 휴대폰으로 찍어 보내왔다. CCTV영상에서 나왔던 옷들과 행거가 보이지 않았다. 옷 만드는 곳과는 거리가 먼 이벤트 업체였다. 이전한 곳을 수소문해보라고 했으나, 큰 기대는 하지 않았다.

이승재는 이날 저녁 퇴근하는 김종을 또 따라붙었다. 세번째 시도였다. 노하우가 생겼는지, 놓치진 않았던 모양이다. 하지만 저녁 7시쯤 장충동 엠베서더 호텔로 들어갔는데, 사라졌다고 보고해왔다.

"그럼 주차장으로 가봐라. 벤츠 19XX 있는지 찾아봐."

혹시라도 최순실의 벤츠 차량이 와 있는지를 확인시켰다. 허사였다. 3번의 실패를 겪고 나서 고전적인 취재방식은 폐기했다. 아예 최순실을 찾아나서는 게 더 수월할 듯했다.

펭귄팀들이 전부 움직이기 시작하자 일일이 보고받고 취재지시를 내리는 게 혼자서는 벅차 중간에 받쳐줄 고참급 기자가 필요했다. 마침 법조팀장을 맡고 있던 사회부 차장 정동권이 8월 1일 미국 연수를 떠나기로 한 상태였다. 연수 떠날 때까지만이라도 파견해달라고 요청했다. 고육지책이었다. 프레젠테이션을 하고 일주일 만에 정동권이 합류했다.

정동권은 취재가 치밀해 탐사보도를 끌어갈 수 있는 능력 있는 후배였다. 정동권의 첫날 미션은 김종이 2014년 2월 27일 최순실에게 인사청탁 메일을 보냈다고 하는데, 실제 보낸 이가 문체부 차관 김종이 맞는지 확인하라는 것이었다. 이 이메일은 유력 일간지 기자 출신 임모 씨가 보낸 이메일을 김종이 그대로 고영태에게 포워딩(전달)한 것이었다. 그리고 이 이메일을 고영태가 최순실에게 전달했다. 나는 이메일을 고영태에게서 나중에 전송받아 확보해두고 있었다. 같은 해 3월 14~15일에 심모 씨와 이모 씨 선모 씨 등 3명으로부터 받은 이력서도 같은 방식으로 최순실에게 전달됐다.

정동권에게 발신자 do○○○○ng으로 시작하는 이메일 주소를 건네자 반나절 만에 보고가 올라왔다. 김종이 쓰는 이메일이 맞았다. 청탁에 사용된 이메일은 do○○○○ng@naver.com으로 김종이 명함에 사용하는 이메일 do○○○○ng@korea.kr과 동일한 아이디였다. 이렇게 김종의 해명만을 남겨둔 채로 '최순실에 인사 청탁한 김종 차관'이라는 기사 아이템이 생겼다. 이 기사는 최순실이 등장한 뒤에 나와야 할 내용이어서 일단 후반부 아이템으로만 잡아뒀다.

다음으로는 여당이든 야당이든 친분 있는 국회의원을 통해 2014년 6월 20일을 전후한 1주일치 청와대 출입기록을 확보하고, 2014년 8월 18일 차은택과 경제수석 안종범의 UAE 출국 여부를 확인해보라고 했다.

2014년 6월 20일 무렵은, 정성근이 막 문체부 장관에 내정됐을 때 김기춘 당시 비서실장이 김종과 함께 불러놓고 "문화융성 사업을 할 사람이니 잘 도와줘라"라고 차은택을 격려했다고 한 시점이다. 또 8월 18~21일은 UAE 한국문화원 개설을 위해 차은택이 안종범과 함께 UAE에 다녀왔다는 기간이었다. 두 사안 모두 확인만 되면 차은택-최순실-박근혜의 관계를 증명할 때 유용한 정황증거가 될 수 있었다. 2014년 12월 말 1차 취재 당시 고영태에게 듣고 당장 확인이 어려워 수첩에 메모해둔 내용들이었다.

청와대 출입기록이나 출입국 사실 여부 확인은 취재에서 난제 중의 난제다. 쉽지 않은 취재라 정동권에게 맡겼다. 날짜들이 나와 있으니 어쩌면 확인가능할지도 모른다는 생각에서였다. 이렇듯 정동권은 차장 기자였지만 후배들 취재를 챙겨주는 역할을 넘어 직접 선수로도 뛰어야 했다. 정동권은 국민의당 이용호 의원실에 부탁해 2014년 6월 16일부터 21일 대통령 비서실 출입기록을 받아보려 했으나, 청와대의 제출 거부로 무산됐다. 청와대가 내줄 리가 없었다.

정유라의 승마 관련한 부분도 이때 취재에 추가했다. 이상배에게 "박원호·박재홍이 독일에서 모두 최순실에게 '팽'당했다고 하니, 만나서 독일에서 무슨일이 있었는지 알아보라"고 과제를 안겼다. 두 사람 외에도 한양대 김동환 교수를 접촉해보라고도 했다. 김 교수가 2013년 4월 상주 승마대회 때 정유라(당시는 정유연)의 채점에 시비를 걸었다가, 나중에 최순실에게 호되게 당했다는 얘기를 들은 적이 있어 사실 여부를 확인시킨 것이었다.

이상배가 처음부터 맡은 박태환 관련 건은 대한체육회가 6월 16일 이사회를 열어 '올림픽 출전 불가' 결정을 내린 뒤라, 소강 국면에 들어가 있었다. 박관천을 만나 협조가 가능한지 타진하는 일도 이상배에게 돌아 갔다. 이상배는 취재 욕심이 많아 새로 취재거리가 생겼을 때 "누가 할 래?"라고 물으면 어김없이 "제가 하겠습니다"라고 했는데, 그러다 나중 엔 일에 치어 '펑크'를 내는 일도 있었다.

차은택과 문화창조융합본부를 맡은 이재중에겐 파다프(문화가 있는 날) 행사와 늘품체조 건이 추가됐다. 둘 다 차은택이 뒤에서 영향력을 행사 하고, 대통령이 참석했다는 공통점이 있었다.

정동권의 합류 당일 환영을 겸해 회사 근처 중국집에서 펭귄팀 첫 단 합모임을 했다. 일주일밖에 안 됐지만 취재 지시가 한꺼번에 밀려들자 기자들은 상당히 힘들어했다. 후배들의 하소연을 잘 알고 있던 정동권이 제안했다.

"이렇게 힘들어하는데 최순실 CCTV영상부터 치고 들어가는 것도 방 법이지 않습니까."

"못할 것도 없지. 하지만 전후 맥락 없이 뜬금없이 옷 만드는 영상부 터 나가면 최순실에만 초점이 맞춰져 최순실이 저지른 국정농단의 실체 들은 묻힐 수 있는 거지. 취재원 보호 차원에서도 그렇고 그건 나중에 쓸 때가 있을 거다."

정동권의 합류 이후 취재도 활기를 띠기 시작했다. 하지만 취재를 하 면 할수록 취재거리가 더 늘어났고, 나 역시 감독에만 머물 수 없어 운동 장에 뛰어들고 코치, 주장선수 역할까지 3역을 자처했다. "다들 절대 1 진 기자라고 생각하지 마라. 이 사건에 관한한 내가 현장 1진이고, 여러 분들은 전부 2진 기자이거나 수습기자라고 생각해라. 수습이 보고하듯 A 부터 Z까지 다 보고하는 게 원칙이다." 자체 판단으로 보고 여부를 누락 시키지 말라는 뜻이었다.

회의 방식도 바꿨다. 직접 다 틀어줘고 전날 저녁이나 아침회의에서 챙겨야 할 팩트를 던져준 뒤 당일 점검하는 식으로 바꿨다. 속도를 올리기 위해서였다. 취재 방향을 주고 진전된 내용만 체크해선 진척이 더뎠다.

그렇게 프레젠테이션을 한 지 열흘쯤 돼서야 자리가 잡혔다.●

● 김종을 3차례 밀착 마크했던 이승재는 이때 KBS로 이직한다며 사표를 냈다. 전반적인 구조를 알고 있는 상태에서 다른 언론사로 옮기는 상황이라 "취재 과정에서 알게 된 내용을 누설하지 않겠다"는 각서를 쓰게 했다. 그는 KBS 법조팀 소속이 됐고, 넉 달 뒤 검찰 수사와 특검 현재 등으로 불이 옮겨 붙자 다시 최순실을 취재하게 된다.

"CCTV영상을 보도하겠다" 고영태에 통보

차은택과 김종 차관을 매개로 이뤄진 최순실의 국정농단을 고발하다보면 결국엔 박근혜 전 대통령의 옷을 만드는 의상실 CCTV영상을 보도할 수밖에 없다. 그러니 그걸 가져왔던 고영태도 다가올 '위험'을 알고 있어야 했다. 고영태에게도 대비할 시간을 줘야 했다.

6월 8일 청와대 인근 복집에서 대화가 오갈 때 "이젠 타이밍이 온 것 같은데, 혹시 어디 피할 데는 있어?"라고 운을 뗐다. 그러자 고영태는 "제가 뭘 잘못했는데 피해요? 조사받으라면 조사받고, 사돈의 8촌까지 계좌 털어도 나올 게 없어요"라고 목소리를 높였다.

"잘못했다는 게 아니라 검찰청에도 불려다녀야 하고, 청문회나 특검도 나가야 하고, 엄청나게 시달릴 텐데… 괜찮겠어? 소나기는 피해야지."

"언제 어떻게 할 건데요?"

"예전 정윤회 게이트 수사가 거꾸로 된 것 봤잖아? 그땐 위험하다고 말렸는데, 지금은 타이밍이 오면 쓰는 거지. 어떻게 할지는 생각해보고 있다."

내가 뭘 언제 어떻게 할지를 알고 싶어 했지만, 취재 보도 스케줄에 대해선 알려주지 않았다. 그때까진 틀을 짜가는 단계라 일정 등도 정해진 게 없었다. 기사가 나가기 시작했을 때의 파장을 알려주면서 마음의 준비를 하라 한 건데, 고영태는 대수롭지 않게 여겼다. 두어 차례나 "기사가 나갈 시점이 됐다"고 말했지만, 뭘 의미하는지 알아듣지 못하는 듯했다.

열흘 뒤 고영태를 한 번 더 불렀다. 다시 한 번 주지시키기 위해서였다. 6월 18일 토요일 저녁, 강남구 잠원동의 낙지구이집으로 장소를 잡았다. 고영태가 2014년 말 처음 찾아온 이후 2015년 중반 무렵까지 한 번씩 그 식당으로 불러 저녁을 사면서 자연스럽게 최순실·차은택·김종 등에 대한 얘기를 들어두곤 했다. 한 번 들은 얘기를 다음번에 또 슬쩍 끼워 넣어 물으면서 사실여부도 따졌다. 과장이거나 거짓말이 섞여 있으면 물을 때마다 얘기가 달라지곤 하기 때문에 간격을 두고 반복해서 물어 '참'을 추려내는 작업이었다.

고영태는 김수현도 데려왔다. 그날은 취재보다도 정확하게 상황을 알려주는 게 목적이었기에 초반부터 직설적으로 대화를 끌어갔다.

"전후 사정을 봤을 때, 타이밍이 됐어. 네가 중심인물은 아니지만, 그 과정에 들어가면 큰 곤욕을 치를 거란 말이야. 그걸 알고 있으라는 거지."

"그러면 제가 하고 있는 모든 게 스톱이 돼버려요."

고영태는 하고 있는 일이 뭔지는 얘기하지 않고, 그 일이 멈춰 곤란하게 된다고만 했다. CCTV영상이 보도되는 걸 꺼리는 듯했다. 지금까지는 그런 적이 없어 나도 당황했다.

"그거 보도되더라도, 너한텐 법적으로 별문제 없어." CCTV로 인해

형사처벌될 일이 없다는 얘기였다.

고영태가 말이 없자, 김수현이 거들고 나섰다. "지금 상황에서 그게 나가면 영태 형만 처벌되는 것 아닌가요? 영태 형이 힘들거든요. 그런 부분을 좀 고려해주셔야 할 것 같아요."

김수현은 고영태를 초창기엔 '고 대표'로 부르더니, 그땐 '영태 형'으로 불렀다. 그만큼 가까워졌다는 얘기였다. 다시 상황을 정리해주며, 큰 문제는 없으니 신경 쓰지 않아도 된다고 설득했다.

"그때(2014년 말 정윤회 게이트 수사 당시) 나한테 CCTV영상을 가져왔잖아. 그땐 내가 위험하다고 말렸고, 지금까지 놔뒀는데, 이젠 써야 하는 순간이 올 수 있어."

"그래서 저는 그거 안 쓰고 다른 걸로 하시면 안 되냐는 거예요. 왜냐면…."

어찌된 일인지, 고영태의 반응이 예상외로 완강했다. 그전엔 전적으로 '부장님'이 알아서 하라는 입장이었다. 그런데 시간이 흐르긴 했지만 태도가 180도 바뀌어 있었다.

"그 가게 주인이 전데. 그걸 할 만한 사람이 저밖에 없어 금방 드러날 텐데…."

"그래 바로 그거야. 네가 계약자고, 가게 관리자이니 CCTV 설치는 법적으로 걸릴 게 없다는 거지."

며칠 전 검찰 간부 A에게 법적 자문까지 구한 상태라 자신 있게 강조했다. 하지만 고영태는 "하던 일이 스톱되면, 챙겨야 할 애들이 8명이나 되는데 다 밖에 나앉을 수 있다"고 말했다. CCTV영상이 공개돼, 자신이 지목을 받으면 여러 사람이 일자리를 잃는다는 얘기였다.

"펜싱클럽에 후배들 데려다가 코치시키고 학원을 운영하기로 했어요.

이렇게 하고 있는데, 만약 스톱돼버리면…."

"얼마나 기다려주면 되겠어?"

"인테리어만 45일이니 최소 그 정도는 있어야 돼요."

열흘 전 만났을 때 얘기했던 스포츠클럽이 떠올랐다. 지금 핑계 대는 펜싱클럽과 관계가 있을 것 같았다.

CCTV영상을 보도할 때는 "'쓴다'고 이야기해줄 테고, 스틸 컷으로 쓰는 방법도 있다"며 고영태를 안심시켰다. 그리고 자리를 끝내기 전에 "김종 차관, 차은택 등이 나오면 자연스레 최순실 쪽으로 기사가 옮아갈 테니 알고 있으라"고 말해줬다. 한 번 물꼬가 터지면, 누구도 제어하기 힘든 상황으로 간다는 점을 알려준 것이다.

그런데 고영태와 김수현이 CCTV영상을 쓰게 되면 곤란하다고 말린 이유는 따로 있었다. 당시는 짐작도 못했지만, 나중에 '고영태 녹음파일(고영태의 측근 김수현이 통화와 대화 등을 녹음한 2391개의 파일)'이 공개되면서 진상이 드러나게 된다.

3
최순실의 수족을 치다

●●●● 박근혜–최순실 게이트의 대장정을 알리는 첫 기사는 2016년 7월 6일 '박태환 올림픽 출전 포기 종용'을 다룬 것이었다. 그 과녁은 최순실의 수족 김종이었다.

박태환을 첫 기사로 잡은 건 김종의 오만함을 상징적으로 보여줄 수 있어서였다. 그러면서 '마린보이' 박태환의 올림픽 출전 포기를 대놓고 협박할 정도의 '무소불위 힘'을 갖게 된 배경에 대해 궁금증을 증폭시키려는 목적이었다. '대학교수 출신의 문체부 차관 김종의 힘은 어디서 나올까' 이런 의문들을 키운 뒤 '김종의 배후는 최순실이었다'는 쪽으로 기사를 끌어갈 계획이었다.

김종이 최순실에게 장관 추천을 하고 수시로 인사청탁을 했다는 걸 알고 있었기에 최순실을 등장시키려면 김종부터 치고 올라가는 게 순서였다. 지금이야 최순실–박근혜가 국정농단의 핵심 인물이라는 걸 알아서 그렇지, 당시엔 차관이지만 김종만 해도 거물에 속했다. 김종 기사를 내보내는 데도 그렇고, 내보낸 뒤에도 그렇고 주변에서 많은 아우성이 들려왔다. 문체부가 언론에 주는 광고를 무기로 김종은 언론과의 접촉면을 넓혀뒀던 것이다. 지금이야 다 숨기 바쁘지만, 언론계 내부에도 김종과 친분이 두텁거나 지지했던 인사가 적지 않았다는 뜻이다.

김종은 한양대 교수를 하다 2013년 10월 문체부 2차관에 발탁됐다. 그전엔 프로야구 구단 'OB베어스'의 홍보팀장을 했다. 스포츠마케팅 분야 1호 박사라는 경력을 달고 있었지만, 그것만으론 일약 문체부 차관 발탁이 설명되지 않았다. 문체부 공무원들도 김종의 발탁을 의아하게 생각했다. 추천자도, 발탁 과정도 베일에 싸여 있었다. 그런데 김종은 불과 1년도 안 돼 '장관보다 더 센 차관' '체육계 황태자'가 된다.

2014년 김종은 문체부 제1차관 소관인 관광·종교업무를 제2차관 밑으로 가져갔다. 문체부 장관에 지명됐다가 청문회에서 낙마한 '정성근 파동' 직후 공백기를 틈탄 조직 개편이었다. 신임 김종덕 장관이 오자마자 실행되어 김종덕에게 힘을 실어주기 위해 조직 개편을 한 것처럼 알려졌으나, 실상은 제2차관 김종의 조직 장악력을 강화하는 것이었다. 당시 김종은 조직개편안을 최순실에게 따로 보고했다고 한다. 일반에 알려지지 않은 얘기를 고영태에게서 하나씩 모을 당시 들었던 내용이었다.

김종에 대한 취재는 펭귄팀 수석인 정동권에게 맡기고, 밑에 빠릿빠릿한 박성제를 붙였다. 스포츠 4대악 척결을 내세워 자신의 측근 인사들을 전진 배치시키는 인사 횡포와 K스포츠재단과의 관계 등을 우선 찾아보라고 했다.

김종이 최순실에 전달한 인사청탁 메일은 김종과 최순실의 연결고리를 입증하는 결정적 자료 가운데 하나였다. 박성제에겐 실제로 청탁이 이뤄졌는지 확인하기 위해 현재 지위나 경력 등을 취재해두도록 했다. 각각이 다 나중에 쓸 기사 아이템이었다. 김종이 최순실에게 장관 후보자 이름을 적어 보낸 문자 메시지와 함께 최순실을 등장시킬 때 쓰기 위해서 아껴둘 필요가 있었다.

김종이 스포츠마케팅 전문가이니 스포츠마케팅 회사와의 유착 여부도 취재에 포함시켰다. 박성제는 김종의 재산을 중심으로 파고들었다. 김종과의 특수 관계에 있는 사람들이 체육 관련 특혜 용역을 받았는지를 찾기 위해서였다.

김종이 K스포츠재단과 연관이 없으려야 없다고는 생각했지만, 연결고리를 찾지 못하던 시점이

FW: 이력서 보냄.

김종
받는사람 나
3월 14일 세부정보

-----Original Message-----
From: "이
To: dobch:
Sent: 2014. 3. 14. 오후 6:11:28
Subject: 이력서 보냄.

김 차관님!

수고가 많습니다.

이력서 송부합니다. 참고바랍니다.

이

TOP

김종은 인사 청탁자들에게서 받은 이력서를 고영태에 보냈고, 고영태는 다시 이것을 최순실에게 전달했다. 인사 농단을 보여주는 강력한 증거였다.(청탁자의 이름과 김종의 메일 주소는 가렸다.)

었다. 김종은 소문은 무성했지만 조심성이 많았던지 꼬리가 쉽게 잡히지 않았다.

수상쩍어 보이는 것이 몇 가지 있긴 했다. 그중 눈에 띄는 건 스포츠마케팅 B사와 관련된 부분이었다. 이건 문체부 관계자의 입을 통해 회사 이름이 나와 취재가 시작됐다. B사는 2013년 스피드스케이팅의 이규혁 선수와 이상화 선수, 2014년 4월 쇼트트랙 박승희 선수를 영입한다. 그런데 2016년 1월 스포츠토토 위탁사업자인 '케이토토'가 빙상단을 설립하면서 모두 여기에 소속된다. 케이토토 빙상단은 김종의 요구로 만들어졌다. 김종이 B사의 차명 지분을 소유하면서 케이토토 빙상단을 통해 수

수료를 받는 구조로 만든 것 아니냐는 의혹이었다. 확인된 건 아니었지만 개연성은 충분했다. 또 다른 의혹은 박성제가 물어왔다. 케이토토는 돈 한 푼 들이지 않고 빙상단을 창단 운영하고, 운영자금은 전부 체육진흥기금에서 지원하도록 만들어놨다는 것이다. 케이토토에 대한 특혜였고 이는 곧 B사에 대한 특혜로 연결될 수 있었다.(실제로 검찰 수사와 감사원 감사에서 체육진흥기금 35억 원이 빙상단 운영비 명목으로 케이토토에 특혜 지원된 사실이 확인되었다.)

이재중도 취재 과정에서 강릉빙상장을 둘러싼 뭔가가 진행되고 있다는 낌새를 챘다. 하지만 2018년 평창동계올림픽 이후 철거 예정이던 강릉빙상장이 존치하는 쪽으로 방향을 틀고 활용계획을 세우는 막후에 최순실과 장시호가 있었다는 건 까맣게 몰랐다. 김종이 스포츠도시 육성을 명분으로 국가예산을 강릉시에 지원하고, 반대급부는 최순실 일당이 챙겨가는 그림이었다. 나를 포함해 펭귄팀 6명의 취재 역량도 역량이지만, 당시만 해도 농단의 스케일을 상상하지 못했기 때문이었을 것이다. 박성제와 이재중에게 첫 기사는 그래도 딱 떨어지는 걸로 쓰자며 취재를 더 채근했다.

하지만 김종과 B사의 '특수 관계'를 입증할 정황을 못 찾았고, 케이토토 빙상단을 둘러싼 내막까지 나가진 못했다. 진전이 없자 보류 상태로 됐다. 결국 국정농단 수사가 본격화한 뒤에야 다시 취재 대상에 오르게 된다.

한편 인사 전횡과 체육단체를 상대로 한 횡포 쪽은 진전이 있었다. 자신의 측근들을 체육계 요직에 앉히기 위해 아무렇지도 않게 규정까지 바꿨다. 지인이나 특정 단체에 연구용역비와 예산을 지원하기 위해 부당한 압력을 행사했다. 문체부를 파고들자 내밀한 제보들이 쏟아졌다.

한국스포츠개발원이 대표적이었다. 원래는 1급 이상 직위에 3년 이상 재직한 공무원을 원장으로 임명할 수 있었다. 그런데 2015년 3월에 원장 자격 요건이 스포츠개발원 실장급으로 낮아졌고, 이틀 만에 박영옥 스포츠산업 실장이 스포츠개발원장에 취임했다. 김종과 박영옥은 친분이 두터웠다. 일단 전공이 스포츠마케팅과 산업 분야로 밀접하고, 같은 체육 민간단체에서도 함께 활동했다. 때맞춰 박성제는 또 다른 김종의 노골적인 인사 압력을 취재해왔다. 김종이 박상희 KBA(대한야구협회) 회장을 플라자호텔로 불러내 KBO(한국야구위원회)에서 잘린 측근 C씨의 이력서를 주며 KBA 사무국장직을 요구했다는 것이다.

뿐만 아니었다. 문체부 산하 국민체육진흥공단 이사장, 국민생활체육회와 통합된 대한체육회 사무총장, 뉴서울 골프장 등 요직마다 지인이나 동문을 앉혔다. 청와대에 우병우가 있다면 체육계엔 김종이 있었다. 두 사람의 공통점은 요즘 유행어로 '역대급'이란 점이었다. 민정수석 중 가장 센 민정수석, 문체부 제2차관 중 가장 센 제2차관이었다는 뜻이다.

그럼에도 웬만한 장관 이름조차도 잘 모르는 일반인에게 차관 '김종'은 낯설었다. 그래서 김종의 무소불위 전횡을 고발하면서, 최순실의 수족 김종을 '체육계 황태자'로 띄우자는 게 첫 기사의 방향이었다. 다른 기사들은 후순위로 미루고, '박태환 올림픽 출전 포기 종용' 기사를 앞에 배치했다. 박태환의 올림픽 출전 여부에 많은 사람들이 관심을 가지고 있었던 터라 이 핫이슈에 김종 기사를 붙이면 김종에 대한 주목도가 훨씬 높아지리라는 판단이었다.

첫 과녁은 체육계 황태자

6월 14일 오전 11시, 인천 송도의 한 카페에 '마린보이' 박태환의 누나와 매형을 마주했다. 박인미보다는 남편인 김대근이 실질적인 '매니저' 역할을 하는 듯했다.

'김종의 박태환 올림픽 출전 포기 강요'의 제보자는 김종덕 장관의 보좌관 최철이었다. 6월 2일 점심 때 만나 "도와줄 게 있으면 알려달라"고 말한 지 이틀 만이었다. 최철은 "박태환이 리우올림픽 출전을 포기하면 재단을 만들어주겠다고 김종 차관이 압력을 넣었다고 하니 알아보라"는 전화 제보를 해왔다. 최철이 어떻게 알았는지는 모르지만 전화로 "박태환 선수측에 녹음 파일도 있는 걸로 안다"며 "박태환 누나가 잘 알 걸요"라고 귀띔했다.

이상배에게 박태환 건을 맡겨 박태환의 누나 박인미 부부에 대한 취재 일정을 잡았다.

"부장도 같이 가셔야 할 것 같습니다."

"너만 가면 안 되냐?"

"부장도 함께 간다"고 팔아 약속을 잡았다고 하니, 어쩔 수 없었다.

박태환은 2014년 9월 도핑 양성반응이 나와 국제수영연맹으로부터 자격정지 18개월을 받고 징계기간이 끝난 상태였다. 하지만 징계가 끝난 날로부터 3년이 경과하지 않으면 국가대표로 선발하지 못하도록 하는 규정에 묶여 있었다. 대한체육회는 이 규정을 들어 박태환의 올림픽 출전을 불허한 상태였다.

박인미 부부를 만날 당시는 대한체육회가 '국가대표 선발 규정'을 개정할지 여부를 논의하는 이사회 이틀 전이었다.

단도직입적으로 치고 들어갔다.

"이틀 뒤 대한체육회의 결정은 뻔합니다. 출전을 허용하지 않습니다. 김종 차관이 있는 한 절대 될 리 없습니다."

김종에 대해 느끼고 있는 분한 감정을 자극하기 위해서였다.

"그분이 사람이 좀 이상한 것 같아요."

끓어오르는 감정을 억누르는 티가 났다. 박인미 부부는 김종 차관에게 협박당한 걸 명시적으로 얘기하지 않으려고 애쓰면서도 전반적으론 부인하지 않았다. "더 큰 것들도 있는데, 그 부분은 우리가 알아서 할 테니 김 차관을 만났을 때 나눈 대화 녹음파일을 일단 제공해주시죠"라고 설득했다.

하지만 박인미 부부는 김종 차관과 관련된 보도에서 박태환 건이 '결정타'가 되는 걸 원하지 않았다. 매형인 김대근은 "더 큰 게 뭔지 알려달라"고 했다. 이쪽 '패'를 보여달라는 것이었다. 하지만 박인미 부부에게 '최순실' 이름을 꺼낼 순 없었다. 당장의 녹음파일이 욕심 난다 해서 핵심 줄기를 그르칠 수 없는 일이었다.

박태환 선수 협박 건과는 질적으로 다른 보도라고만 얘기했다. 박인미 부부는 '김종의 힘과 위세'에 엄청난 부담을 느끼고 있었다. 어쩔 수 없이 이틀 뒤 대한체육회의 결정을 보고 또 얘기해보자고 하고 물러섰다.

6월 16일 대한체육회는 역시 예상된 결론을 내렸다. 그러자 박태환은 당일 국제스포츠중재재판소(CAS)에 중재심판을 요청하고, 며칠 뒤엔 법원에도 국가대표 선발에 결격 사유가 없음을 확인해달라는 가처분 신청을 냈다. 이렇게 법적 절차가 진행되면서 박태환측은 녹음파일을 내놓는 걸 오히려 더 꺼려했다. 그뿐 아니라 되려 '김종의 출전 포기 협박' 건 기사가 나가는 것까지 부담스러워했다. 박태환이 소용돌이에 휘말린다면 리우올림픽에 출전하게 되더라도, 부정적인 영향을 미칠 수 있다고 판단한 듯했다. 이상배는 박태환측 법률대리를 맡은 변호사가 말리고 있다고 보고했다. 전후 상황으로 봤을 때 리우올림픽 전까진 '녹음파일'을 받을 수 없을 것 같았다.

보름쯤 지난 7월 1일 법원은 박태환이 낸 가처분 신청을 받아들였다. 그러자 '출전 불가'에서 '출전 허용' 쪽으로 분위기도 반전되기 시작했다. 대한체육회도 국제스포츠중재재판소의 결론이 나오면 따르겠다고 물러섰다. 사실상 출전 허용 쪽으로 가닥이 잡힌 상황이어서 '녹음파일' 확보와 상관없이 기사를 쓰기로 결정했다. 김종의 무소불위 권력을 고발하는 게 목적이었으니, 박태환측 페이스를 굳이 따라갈 이유가 없다는 생각이었다.

당사자인 김종 차관의 해명과 확인을 남겨둔 채 이상배는 7월 3일 기사안을 만들어놓았다. 김종의 1주일간 일정표를 보니, 7월 5일 저녁이 안성맞춤이었다. 오후 6시 삼청각에서 방한한 덩룽 중국국제우호연락회 부회장을 환영하는 만찬이 잡혀 있었다. 행사 끝나고 나오는 시점을 골랐다.

비가 부슬부슬 내렸고, 우산을 받쳐 든 김종에게 이상배가 바짝 따라붙어 박태환에게 출전 포기를 강요했는지 물었다.

"올림픽 출전 결정 전에 박태환 선수 만나셨잖아요?"

"그건 내가 이야기할 게 없는데, 여기 어떻게 알고 오셨어요?"

기자가 있으리라곤 전혀 예상하지 못한 장소에서 뜻밖의 질문을 받은 김종은 적잖이 당황했다.

"결정 전에 출전 포기하라고 이야기하지 않으셨나요?"

"없어요. 한 적 없어요. 잠깐 누구세요. 명함 주세요."

김종은 완강히 부인하면서, 이날 명함도 가져가지 않은 이상배에게 계속 누구냐고 물었다고 한다. 하여튼 김종에게 질문하고 답변받는 장면은 고스란히 카메라에 잡혔다. 생동감이 있는 영상이었다.

[TV조선 단독] "올림픽 출전 말라" 김종 차관 부적절 종용

등록 2016.07.07 10:40 / 수정 2016.07.11 13:56

이상배 기자 ▾

10 [단독] "김종 차관, 박태환 출전 말라 종용"

당시에는 아무도 짐작 못 했지만, 김종의 박태환 올림픽 출전 포기 종용 기사가 초유의 대통령 탄핵까지 이어진 국정농단 사건 보도의 첫 시작이었다. 박태환에 대한 김종의 압박은 국정농단의 실체가 드러난 이후 사실로 확인되며 많은 언론에서 다루어졌지만, TV조선의 보도 당시에는 큰 관심을 받지 못했다.(TV조선, 2016년 7월 6일 뉴스 화면)

다음날인 7월 6일이 D데이였다. 이상배에게 박태환측을 마지막으로 설득해보라고 했다. "대한체육회는 어차피 김종 차관의 손아귀에 있으니, 대한체육회의 문제가 아니라 김종과 박태환의 문제다"고 결심을 재촉해보라고 했다. 녹음파일이 안 되면 녹취록이라도 달라고 했지만 통하지 않았다. 결국엔 녹음파일 없이 취재된 내용만으로 기사를 썼다. 저녁 메인뉴스에서 이상배의 〈"올림픽 출전 말라" 김종 차관 부적절 종용〉 리포트가 단독 타이틀을 달고 톱기사로 나갔다.

다음날 문체부는 발칵 뒤집혔다. 김종은 바로 한 달 전까지 문체부 국정홍보담당 차관보였던 이의춘을 통해 해명했다. "박태환이 비공개로 만남을 요청해 만난 적 있지만, 출전 포기를 강요한 적 없다."이상배가 만났을 때 해명과 크게 다르지 않았다. ●

당연히 이때는 박태환 관련 기사를 아무도 '최순실'을 염두에 둔 기사란 걸 눈치 채지 못했다. 박태환의 출전 허용 여부를 둘러싼 진통의 연장선에서 나온 기사로 생각했을 것이다.

'박근혜-최순실 게이트'의 시작을 알리는 첫 기사는 이렇게 박태환에서부터 시작됐다. 눈치 채지 못하게 야금야금 전진해서, 결국엔 '최순실 게이트'라는 틀로 묶는 전략이었다. 일종의 티저광고 기법이었다. 당시 다른 언론사 체육부에선 기사에 공감하면서도 왜 그걸 체육부가 아닌 '기획취재부'에서 썼는지 궁금해했다는 얘기가 들렸다.

박인미 부부도 6월 14일 인천 송도에서 만났을 당시 "더 큰 게 있다"고 했던 내 얘기가 국정농단 사건이 터진 뒤 무슨 의미였는지 알았을 것이다.

두번째 과녁은 문화계 황태자 차은택

최순실의 국정농단은 광범위했지만 크게 보면 한 축은 문체부 2차관 김종이었고, 다른 한 축은 차은택이었다. 차은택 역시 '국정농단의 하수인'으로 지금은 '철창 신세'를 지고 있지만 박근혜-최순실에 가려 상대적으로 '경량급' 취급을 받았다.

차은택 역시 김종과 마찬가지로 '혜성'처럼 등장했다. 문화융성위원까지는 그렇다 쳐도 문화창조융합본부 본부장을 맡을 무게감을 지닌 인물은 아니었다. 나도 고영태가 2014년 말 찾아온 뒤 검색을 해보고서야 싸이의 노래〈행오버〉뮤직비디오와 2002년 한·일 월드컵 때 SK텔레콤의 '붉은 악마' 시리즈 CF의 감독이었다는 사실을 알게 됐다.

그는 고영태가 날 찾아오기 전인 2014년 8월 이미 대통령 직속 문화융성위원회 위원을 맡고 있었다. 고영태가 "2014년 8월 안종범과 차은택이 아랍에미레이트에 함께 다녀왔다"고 했어도 문화융성위원 신분이라 대수롭지 않게 여겼다.

차은택을 다시 주목하기 시작한 건 2015년 4월 창조경제추진단 공동단장 겸 문화창조융합본부 본부장에 오르면서부터였다. 차은택은 이미 박근혜 대통령의 핵심 공약 사업인 '문화융성'의 아이콘이 돼 있었다. 한참을 잊고 지내는 사이 인천 아시안게임 개폐회식 영상감독을 맡더니, 2015년 이탈리아 밀라노 엑스포에서 한국관 전시를 총괄 기획하는 등 승승장구하고 있었다. 이 무렵에서야 차은택을 '취재파일 리스트'에 올렸다.

그 뒤로도 차은택의 위세는 갈수록 하늘을 찌르며 문화계 내에선 '만사차통(차은택을 통하면 안 되는 일이 없다)'이라는 말이 나왔다. 『조선일보』도 차은택 인터뷰를 1개면에 실어줄 정도였다. 2016년 1월 4일자에 「문화창조융합 본부장이 된 뮤직비디오감독 '차은택'」이라는 기사였다. 까다롭기로 정평이 난 선임기자 최보식이 한 인터뷰였는데, 당시 '어쩌다 차은택을 골랐을까' 하는 궁금증이 들었다. 차은택의 뒷배경을 알 리 만무해서 우연찮게 일어난 일이었겠지만 차은택의 위세를 확인시켜준 셈이 됐다.

"대통령의 신임이 대단하다"는 말이 퍼지면서 차은택에게 줄 서는 사람도 많았다. 누구도 그 배경을 알지 못했지만, '프로젝트면 프로젝트'

'인사면 인사' "차은택이 하면 안 되는 일이 없다"라는 말도 퍼졌다. 문체부 내에선 대학원 시절 은사인 문체부 장관 김종덕의 힘을 믿고 설친다는 '설'이 파다했다. 최순실 국정농단의 다른 하수인인데다, '호가호위'의 위세로 볼 때 차은택은 두번째 과녁으로 안성맞춤이었다.

그런데 펭귄팀은 차은택에 대해 잘 알고 있었지만, 시청자나 국민 입장에서 보면 차은택은 여전히 '듣보잡' 수준이었다. 차은택을 어떻게 등장시킬까 고민하다가 붙인 수식어가 '문화계 황태자'였다. 앞서 김종에게도 '체육계 황태자'란 수식어를 썼다.

김종이나 차은택이 암암리에 휘두른 권력은 황태자라는 호칭으로도 부족할 정도였다. 그리고 저지른 짓에 비해 '황태자'라는 단어는 과분했다. 하지만 계속 이어질 국정농단 사건의 무게 있는 조연 중 한명인데, 국민들의 입에 쉽게 오르내릴 수식어를 붙여줘야겠다는 생각에서 '문화계 황태자' '체육계 황태자'라는 수식어를 내가 직접 붙였다.

구원군을 얻다

차은택에 대해서는 여명숙을 통해 많은 정보를 얻을 수 있었다. 김종의 보좌관 최철이 만나보라고 한 차은택 후임 문화창조융합본부 본부장이다. 정동권에게 "여명숙을 접촉하라"는 얘기를 몇 차례나 했지만, 다른 취재에 치어 진척이 안 됐다. 마음은 바쁜데, 마냥 기다릴 수 없었다. '목마른 놈이 우물 파는 거지'라고 생각하고 6월 28일 출근하자마자 문체부 산하 게임물관리위원회 위원장을 맡고 있던 여명숙에게 문자를 남겼다. 차은택의 후임으로 문화창조융합본부 본부장을 겸직했다가 40여일 만에 쫓겨나고, 한 달쯤 지난 상태였다.

"게임산업 규제 완화와 관련된 기획을 하는데 조언을 듣고 싶다"고

'낚시성' 제안을 했다. 취재 진행상 약속을 멀리 잡아 만날 만큼 여유가 있지도 않았고, 실제 취재 내용도 설명할 순 없었다. 문자가 간 지 채 1시간도 안 돼서 "마침 서울에서 회의중이니, 끝나고 저녁을 하는 게 좋겠다"고 연락이 왔다.

어디까지 얘기를 할 건지는 만날 때 분위기에 따라 다르지만, 어찌됐든 기회는 한 번이었다. 40여 일 만에 쫓겨난 상황 등을 감안해볼 때 내밀한 부분을 충분히 파악하고 있을 가능성이 높았다.

광화문 근처 단독 룸이 있는 음식점에서 마주하자 여명숙은 '물관리위원회'를 맡고 있다고 소개했다. 게임물관리위원회에서 '게임'을 빼고 재미있게 표현한 것이었다. 건네는 명함도 '게임물관리위원회'라는 기관명에서 게임은 보일 듯 말 듯 적게 표기돼 있고, '물'자만 파란색으로 크게 키워 확 눈에 띄도록 재미있게 표현돼 있었다. 첫 인상부터 시원시원했다.

게임산업 관련해서 만나자고 했으니, 처음엔 게임 규제는 어떻고 VR게임은 어디까지 왔고 등등을 대화 주제로 올려 분위기를 풀었다. 10여 분쯤 지나 "사실은 문화창조융합본부 건 때문에 보자고 했다"며 본론으로 옮겨갔다.

"문화창조융합본부는 미래부 산하인가요, 문체부 산하인가요?"라며 숨고르기성 질문부터 꺼냈다.

"전체는 창조경제 프레임 속에서 진행되는데, 17개 창조경제혁신센터 중에 서울의 문화창조융합본부 관련 부분만 문화부가 컨트롤한다"고 대답했다.

"그럼 문화창조융합본부 본부장 임명장은 누가 줘요? 미래부 장관인가요, 문체부 장관인가요?"

"임명장은 미래부 장관한테서 받았지만, 운영은 문체부에서 하는 걸로 돼 있어요."

문화창조융합본부의 기형적 구조를 확인받기 위해 던진 질문이었는데, 생각했던 그대로였다. 여기까진 비교적 느긋한 편이었다.

"그럼 문화창조융합본부 본부장을 나온 건 자의인가요? 타의에서였나요?"라고 더 들어가자 분위기가 바뀌었다.

"아니 잠깐만, 녹음하세요? 어떤 배경에서 이런 취재를 하는 건지나 좀 압시다." 긴장하는 표정이 역력했다.

"거기 잠깐이라도 본부장을 했으니까 융합벨트 사업이나 차은택이 문제가 많다는 건 아실 텐데요. 문체부 내에서도 알 만한 사람 다 아니까 걱정하지 말고 편하게 얘기해주셔도 될 것 같네요."

일단 차은택 이름까지 꺼내놓고, 당신이 처음 얘기하는 게 아니니 말보따리를 풀어도 된다는 취지였다. 그러자 뜻밖에도 여명숙은 "반국가적인 일은 참을 수가 없죠"라며 더 질렀다. '반국가적'이라는 단어에 하마터면 웃음이 나올 뻔했다. 손발이 맞을 것 같다는 느낌이었다.

"그럼 반국가적인 일이 뭔지 좀 말해주세요. 녹음 같은 건 없고, 오늘 우린 서로 만난 적이 없는 걸로 하시죠."

취재원 보호를 철저히 하겠다는 의미로 여명숙을 안심시켰다. 그런데 여명숙은 한술 더 떴다. "만난 건 괜찮습니다만 게임산업 재기와 투명성 확보 방안 관련해서 얘기한 걸로 해둡시다"라고 했다. 전화통화 기록은 없앨 수 없으니, 거기에 맞춰 '알리바이'를 만들자는 것 같았다.

여명숙과 대화는 3시간 가까이 이어졌다. 문화창조융합본부 본부장 위촉과 나가게 된 과정, 문화창조융합본부의 기형적 구조, 예산 집행의 문제점 등을 아주 상세하게 설명해줬다. 이날 여명숙이 한 얘기들은 그 이후 취재원이 드러나지 않도록 별도 취재를 통해 전부 기사에 녹여냈다. 그 뒤 여명숙도 국정농단 사건 청문회와 언론 인터뷰 등을 통해 직접 밝혔다.

여명숙의 위촉과 축출 과정 자체가 문화창조융합본부의 기형적 구조의 상징이었다. 게임물관리위원장이던 여명숙은 2016년 4월 8일 문화창조융합본부장으로 겸직 발령이 났지만, 두 달도 못하고 바로 다음 달인 5월 23일 사실상 해임됐다. 문화창조융합본부장은 미래창조과학부 산하 창조경제추진단 공동단장이어서 임명장은 당시 최양희 미래창조과학부 장관이 줬다. 그러나 일은 김종덕 문체부 장관의 지시를 받았다. 헷갈리고 이해하기 힘든 구조였다.

차은택을 먼저 창조경제추진단의 공동단장으로 임명해놓고 문화융성 사업의 판을 짜다 보니, 조직 체계는 미래부 산하인데 운영은 문화부가 하는 기형구조가 탄생한 것으로 추론할 수 있었다. 정부조직법 체계를 엉망으로 만들어가면서까지 행한 차은택을 위한 위인설관이었다. 정부조직법 농단 행위였다. 여명숙의 얘기를 듣다 보니 국정농단이 당초 생각했던 것보다 깊었다. 국정농단 사례로 쓸 여러 기사 아이템들이 떠올랐다.

이 정도의 힘을 발휘하려면 박근혜 대통령이나 최순실이 아니면 설명하기 어려운 일이라는 생각이 들어 확인을 했다.

"미래부 산하인데, 문체부한테 운영하라고 한 건 누굽니까?"

여명숙은 "미래부는 기술 쪽이니, 문화 쪽인 문화창조융합본부는 문체부에서 맡는 것으로 청와대가 나서서 정리를 해줬다"고 말했다. 그때는 청와대라고 했지만, 나중에 한 번 더 설명할 때는 지시 주체를 박근혜 대통령이라고 했다.

원래는 2명이 민관합동 창조경제추진단장이었는데, 미래부가 2015년 3월 '창조경제 민관협의회 등의 설치 및 운영에 관한 규정'을 개정해 자리를 3명으로 늘렸다. 늘어난 단장 자리에 차은택을 앉힌 건데, 차은택의 자리를 만들어주기 위해 대통령령까지 고쳐졌다는 걸 나중에 기사화 과정에서 알게 됐다.

어느 정도 짐작은 하고 여명숙의 얘기를 들었지만, 한숨이 나왔다. 최순실이 짜놓은 문화융성 사업안들을 처음 봤을 때처럼 이때 역시 '이 지경이었구나' 하는 기분이었다.

창조경제추진단 공동단장이자 문화창조융합본부 본부장을 맡았던 차은택은 비상근 직위였다. 차은택이 소유한 아프리카픽처스라는 광고회사를 그대로 두고 본부장 자리에 앉히려다 보니, 비상근으로 해놓았을 것이다. 그런데 실제 권한은 상근직처럼 행사했다. 차은택 자체가 '국정 농단의 상징'이었다.

"차은택이란 사람 문화창조융합본부 본부장을 할 만한 인물인가요?"

"제일기획이나 HS애드(LG 계열 광고기획사) 같은 기획사에서 광고물 수주받던 사람을 앉혀놨으니, 말 다한 거죠. 그런데 김종덕 장관과는 아버지와 아들 같은 관계예요. 말을 꺼낼 때 '은택이가 전화왔는데…'라는 식으로 붙여 말을 시작할 정도였어요."

며칠 전, 김종덕과 차은택이 광고제작사 '영상인'에서 일하던 시절 감독과 조감독 관계였다는 정동권의 보고에 살을 붙여주는 내용이었다. 여명숙의 말대로라면 우리가 파악하고 있던 것보다 두 사람의 관계는 훨씬 더 가까웠다.

김종덕과 차은택의 관계까지 등장하자, 한 단계 더 들어갔다.

"혹시 미르라고는 들어보셨나요?"

"들어봤어요."

여명숙은 차은택 얘기란 걸 눈치 챘으면서도 "들어봤다"고만 할 뿐 더 언급하지 않았다. 잠시 생각하는가 싶더니 "다 좋은데, 차은택이 했다는 걸 어떻게 입증할 수 있죠?"라고 물었다.

핵심을 알고 있었다. '드러나 있지 않은 배후 인물인데, 당신이 어떻게 증명할 수 있겠느냐'는 질문이었다. 나는 "청와대가 움직인 구조 같은데, 여 위원장이 먼저 얘기하면 나도 다 얘기하죠"라고 말했다. 이때부터 얘기가 술술 풀리기 시작했다.

여명숙은 "(문화창조융합본부에) 가서 보니 4월밖에 안 된 상황인데도 2016년 예산 1300억 원을 거의 다 집행하고, 97억 원만 남아 있었다"고 말했다. 그 97억 원마저도 차은택이 "정해놓은 사업이 있으니, 손대지 말라"는 요구를 해왔다고 한다. '도장'을 찍어주면 자칫 '독박'을 쓸 상황이었다는 것이다. 그래서 각종 사업계획서와 영수증 집행내역서 등을 요구했지만 "그건 볼 권한이 없다" "점령군처럼 굴지 말라"고 미루면서 내놓지 않았다고 했다. 여명숙을 접촉하기 전 우리도 문화창조융합본부 예산 집행 내역을 문체부에 줄기차게 요청했지만 절대로 내놓지 않았다.

반면 차은택은 물러났지만, 내부에선 문화창조융합본부 명예단장으로 부르며 일의 진행 과정은 차은택의 지시를 받고 있었다고 했다. 2016년 5월 20일 경기도 일산에서 열린 K-컬쳐밸리 기공식 때는 대통령 위치에서 너덧 자리 떨어져서 문화창조융합본부 명예단장으로 차은택의 자리까지 배치돼 있더라는 것이다. 여명숙은 이 행사 3일 뒤 문화창조융합본부장을 그만뒀다. 차은택이 저질러놓은 일을 무마하기 위해 자신을 얼굴마담으로 내세웠다는 게 여명숙의 해석이었다. 여명숙은 "총알받이가 되는 건 참을 수 없죠"라고 흥분했다.

신임 단장인 자신을 따돌리면서 차은택이 문화창조융합본부 직원들을 수렴청정하는 상황을 문체부 장관 김종덕에게도 보고했다고 했다.

"취임한 지 얼마 안 됐을 때였어요. 문화창조융합본부의 괴상한 상황을 장관에게 보고하자, 장관은 '그런 인사들을 전부 발령 낼 테니, 걱정 말고 불투명한 예산 집행이나 업체 봐주기를 바로잡아달라'고 당부를 해요."

그런데 그로부터 며칠 후 팔레스 호텔의 한 식당으로 오라고 해서 갔더니, 김종덕이 교육문화수석 김상률과 차은택 이렇게 셋이서 먼저 만나고 있더란다. 그 자리에서 김종덕은 "문화창조융합본부는 차은택의 작품이고, 탁월한 실력자이니 차은택의 도움을 받아서 일을 잘 해달라"며 불과 며칠 만에 180도 다른 얘기를 꺼내더라는 것이다.

여명숙은 장관이 있는 자리에서 차은택에게 "당신이 예산 다 털어먹고 나갔는데, 나더러 책임지라는 건 말도 안 된다. 수렴청정하겠다는 뜻이라면 숨지 말고 직접 나서서 해라"라고 항변했다고 한다.

첫날 만남 자리에서 여명숙은 그만두고 나오는 과정에서 벌어진 일을 간략하게 얘기했지만, 그 뒤 여러 차례 다시 만나면서 세세한 부분을 덧붙여줬다. "이건 4대강사업만큼 심각한 사건이다. 나랑 같이 청문회 한 번 가서 따져볼 거냐"고 따지는 험악한 상황까지 갔다고 했다.

여명숙이 했던 얘기를 다 듣고 나니 문화창조융합본부가 '차은택의 놀이터'였고, 예산 세탁의 통로일 것이라는 추측에 힘이 실렸다. 여명숙 역시 "문화창조융합본부는 국고 유출을 위한 합법적 시스템"이라고 간명하게 규정했다. 여명숙과 보는 눈이 같았다.

여명숙은 문화창조융합본부의 난맥상을 단적으로 보여주는 사례도 들었다. 직제상 문화창조융합본부는 미래창조과학부 소속인데, 문체부 산하 콘텐츠진흥원의 서울사업본부처럼 운영되면서 직원 역시 콘텐츠진흥원에서 파견을 나왔다. 그러다 보니, 전남 나주에 있는 콘텐츠진흥원은 전체 직원이 100명도 안 됐는데, 60명이나 서울로 올라오게 되면서 일할 직원이 부족해 40명을 새로 뽑았다는 것이다. '사실인가' 싶을 정도로 기가 찼다.

이젠 내가 얘기할 차례였다.

"내가 하려는 건 차은택이 왜 그렇게 세고, 왜 그런 일이 벌어졌는지 그걸 설명해주려고 하는 겁니다."

"아직 1년 반이나 남았는데, 시기상조 아닌가요?"

여명숙은 '시퍼렇게 살아 있는 권력을 상대로 그걸 할 수 있겠느냐'고 물어본 것이었다. 정의감이 넘치는 듯 보이고 신뢰도 갔지만, 그렇다고 첫 만남에서부터 '배후가 최순실'이라는 핵심적인 부분을 말하는 건 조심스러웠다.

"시기상조는 아니에요. 다 전개하는 방법이 있죠. 양식 요리를 먹으면 먼저 전채요리에 이어 순서대로 몇 가지가 나온 뒤 맨 마지막에 스테이크가 나오잖아요. 그런데 처음에 스테이크부터 나오면 목에 걸리잖아요. 처음부터 스테이크가 나오면 '이걸 지금 먹어야 되느냐'는 얘기가 나오지 않겠어요. 그런데 앞 요리들을 하나씩 먹고 나서 스테이크를 먹으면 목에 걸리지도 않고 잘 받아들이게 되는 거죠. 마찬가지로 그 요리들을 먹는 사이 내막이 알려지고 분노 지수가 높아질 테니, 그때 스테이크를 내놓으면 부담 없이 소화할 수 있다고 생각해요."

나는 '박근혜'나 '최순실'을 직접 언급하지 않으면서도 앞으로 전개될 상황을 양식의 코스요리에 비유해 '스테이크론'을 펼쳤다.

"그럼 마지막 스테이크가 뭐죠?"라고 여명숙이 물었다.

"차은택이 어떻게 그런 일들을 할 수 있었는지를 설명해줄 수 있는 얘기가 되겠죠." 내 답변이었다.

여명숙은 올림픽공원 체조경기장을 '공연장'으로 리모델링하는 데 2017년까지 500억 원을 쏟아붓는 공사도 잘 보라고 귀띔했다. 체조경기장 리모델링 건은 그때까지 전혀 손대지 않은 사안이었지만, 자연스럽게 최순실과 차은택이 만든 자료에 들어 있던 상설 융복합 공연장 건립 건이 떠올랐다. 여명숙은 '공연장' 사업이 많다는 걸 차은택의 '미래 먹거리'와 관련지어 해석했다. 공연장을 세워놓으면 결국 나중에 아프리카픽처스 같은 광고기획사들이 돈을 벌 수밖에 없다는 것이다.

문화창조융합본부 본부장 한 달 임기 때 올림픽공원 체조경기장 리모델링 사업기획안과 용역보고서를 검토하려고 했더니, 달랑 A4용지 1.5쪽을 내놓으면서 "이게 전부"라며 버텼다고 한다. 여명숙은 500억 원이나 들어가는 사업이 제대로 된 검토보고서조차 없이 차은택의 '말'만으로 이뤄지고 있다고 분개했다. 차은택이 소유하거나 지분을 갖고 있는 회사들, 그리고 아프리카픽처스 건물에 들어 있는 회사들을 잘 살펴보라는 팁도 줬다. 일부는 차은택 관련 회사로 이미 파악하고 있던 업체들이었다.

자리가 거의 끝나갈 무렵, 여명숙이 먼저 말을 꺼냈다.

"선생님은 제 우군이 되어줄 거라고 생각하고요, 저도 당연히 선생님의 우군이 되겠죠. 저는 의리를 제일 중요하게 생각합니다." 여명숙은 처음 봤을 때부터, '선생님'이라는 호칭을 붙여 불렀다. 지금까지도 '선생님' 아니면 '쌤'으로 부른다.

"미르재단 건은 구미가 당길 때 쯤 내놓을 거구요. 그리고 스테이크가 나올 겁니다. 문화창조융합본부 건은 먼저 시작할 예정입니다. 해주신 얘기를 참고로 해서 따로 취재해 재구성할 테니 오늘 얘기에 대해선 너무 걱정 안 해도 됩니다."

여명숙이 말한 '우군' '의리'에 대한 화답으로 구상하고 있던 기사 전개 계획을 얘기해줬다.

며칠 뒤 여명숙은 "의리를 위해 알려주겠다"며 USB를 전달해왔다. 문화창조벤처단지 입주업체 중 지원금으로 연명하는 '좀비' 추정 업체들, 조건 미달인데도 '빽'으로 들어온 것으로 의심되는 업체들의 리스트도 담겨 있었다. 법인등기부와 전쟁을 벌여가며 펭귄팀이 만들었던 '차은택·최순실 리스트'에 등장하는 업체들도 들어 있었고, 새로운 의심 업체들의 이름도 나왔다. 실제로 차은택과 '특수관계'인지, 최순실이 집어넣었는지를 확인하는 건 기자들 몫이었다.

이후 여명숙과는 메신저를 통해 수시로 질문과 답변을 주고받았고, 때로는 비밀 접선 하듯 만나 정리된 자료도 건네받았다. 여명숙과 서로 비밀을 공유하면서 '의리'의 끈은 더 탄탄해졌다. 문체부를 통해 그렇게 얻어내려 했던 문화창조융합본부 1300억 원 예산사업의 집행내역과 수행 업체들 현황도 여명숙을 통해 손에 넣을 수 있었다. 집행내역은 차은택의 '예산 농단'의 증거들이었다. 이런 자료들을 근거로 추가 취재한 기사들은 그로부터 두어 달 뒤 전부 TV조선 메인뉴스에 단독기사로 보도되고, 국정감사와 국정농단 사건 청문회 과정에서도 다 공개된다.

예산농단은 박근혜정권을 떠받들던 '친박'들의 맹목적 충성과 엄호가 있지 않으면 쉽지 않은 일이었다. 2015년 80억 원에 불과하던 문화창조융합본부 예산은 1년 만에 904억 원으로 10배가 넘게 튀겨졌고, 기금까지 끌어다 1300억 원이나 됐다. 그 많은 돈을 '무자격 운전자' 차은택에게 맡겨뒀던 것이다.

나중에 언론 보도로 확인되지만 2015년 10월 국회 예산심의 과정에서 이정현·서상기·박대출 등 '친박' 의원들은 이구동성으로 "문화창조융합벨트 구축은 창조경제의 핵심 사업"이라고 무조건적 지원사격을 했다. '대통령 예산'이라는 꼬리표가 붙어 있었을 가능성이 높았다. 최순실과 차은택에게 '혈세'를 갖다 바친 그들 역시 법적으로 처벌은 안 될지라도 국정농단의 '공범'인 건 분명하다.

우주의 기운이 도왔나?

문화계 국정농단을 겨냥한 첫 보도는 '국가브랜드'와 '늘품체조'에 관한 것이었다. 이로부터 차은택을 '문화계 황태자'로 등장시키게 된다.

국정농단 세력 한 명 한 명을 둘러싸는 그물을 친 뒤 한꺼번에 끌어올리는 전략이 차질을 빚지 않으려면 취재와 보도가 물 흐르듯 나와야 했다. 그런데 여러 갈래로 벌여놓은 일이 많다 보니 김종의 박태환 협박 건과 인사전횡 기사에 이을 다음 아이템이 마땅하지 않았다. 후순위에 쓸 기사들은 많았지만, 첫 문을 여는 기사들로는 1인치씩 부족한 상태였다. 그런데 시점을 딱 맞추기라도 한 듯 국가브랜드 발표가 나왔다.

2016년 7월 4일 문체부는 대한민국 국가브랜드로 '크리에이티브 코리아(CREATIVE KOREA)'를 발표했다. 이렇게 맞아떨어질 순 없는 일이었다. 목표하는 방향으로 취재를 끌어갈 수 있는 환경이 조성됐다. '우주의 기운'은 펭귄팀 편이었다.

2014년 말 고영태에게서 받은 서류엔 '국가브랜딩'이나 '국가브랜드' 등의 용어가 빈번하게 등장하고 국가브랜드와 관련한 내용들이 상당 부분 포함돼 있었다. 최순실·차은택·고영태가 작성한 문건들을 보면 문화융성의 한 테마가 '국가브랜드' 사업이었다. 이들이 만든 '대한민국 브랜

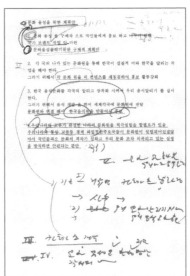

2014년 말 고영태가 가져온 자료 중 '국가브랜드'에 관한 문서에는 최순실이 직접 빨간펜으로 수정한 흔적도 남아 있다. 2016년 문체부의 국가브랜드 발표가 최순실과 관계된 사업임을 보여주는 증거였다.

딩 프로젝트' 보고서엔 출처도 명기되지 않은 국가브랜드 순위를 표로 만든 뒤 "국가브랜드 이미지 확립이 불분명하다" "대한민국의 국가브랜드 이미지 변화가 시급하다"고 지적해놓고 있었다.

'문화융성 프로젝트 실행안'이라는 이름의 또 다른 문건에도 '국가브랜드 전략' 부분이 담겨 있었다. 국가브랜드 제고를 위해 바이럴 홍보(네티즌들이 이메일이나 SNS 등으로 퍼나르기를 하면서 입에서 입으로 전해지도록 하는 홍보 방식)와 해외 문화관 사업 등 6개 분야를 적시하고, 140억 원이 소요 비용이라며 멋대로 적어뒀다. 그리고 실행을 위해 국가브랜드 태스크포스 조직을 만드는 안도 포함돼 있었다.

서류들을 검토해보면 사업 초기 기획 단계부터 자구 하나, 목차까지 직접 빨간펜으로 수정한 흔적들이 있었다. 고영태는 "빨간펜 글씨는 최순실이 직접 쓴 것"이라고 설명했다. 필체가 독특해서 최순실 필체는 누가 봐도 금세 알아볼 수 있을 듯했다. 최순실의 검토를 받아 몇 차례 수정된 '기획안'들은 어디론가 전달됐다고 했다. 당시 경로는 알 수 없었지만, 종착지는 김기춘 비서실장이나 관련 수석비서관실에 전달됐을 것으로 추정했다.

그 문건들을 본 적이 있는 나로선 국가브랜드 역시 최순실과 차은택의 작품이라고 거의 단정했다. 고영태에게서 "최순실한테 차은택을 소개한 경위도 국가브랜드 때문이었다"는 얘기를 들은 기억도 떠올랐다. 최순실이 "국가브랜드 홍보를 위해 적당한 사람이 없느냐"고 해 차은택을 인사시켰던 것이다.

국가브랜드가 발표되자마자 우선 국가브랜드 관련 문체부 발주 용역 계약만 따로 뽑아 그것부터 확인하도록 했다. 정동권에게 박성제·이재중을 추가로 붙였다. 박성제에겐 국가브랜드추진단의 추진위원을 각개 전투로 접촉해 국가브랜드 선정 과정을 세밀하게 취재해보라는 지시를 했다. 이재중에겐 국가브랜드 홍보동영상을 직접 보고, 전문가 평가를 받아보라고 했다. 정동권은 국가브랜드에 들어간 예산과 디자인 작업에 참여한 회사 취재를 맡았다.

그런데, 이틀 후인 7월 6일 더불어민주당 손혜원 의원이 먼저 치고 나왔다. 35억 원이나 들여 만든 '크리에이티브 코리아'가 프랑스 무역투자진흥청의 슬로건 '크리에이티브 프랑스'를 표절했다는 의혹을 제기한 것이다. 국가브랜드 표절 논란이 터져 나왔다. 문체부는 "크리에이티브 단어는 한 국가가 독점적으로 사용하는 단어가 아니고, 로고 디자인은 태극 문양의 빨강과 파랑을 현대적으로 해석한 것이다"고 반박했지만 논란이 커질 기세였다.

국정농단 사례의 미리보기격으로 '국가브랜드'를 잡았는데, 손혜원 의원이 표절 의혹 제기로 선수를 치고 나오니 취재팀의 발걸음도 빨라질 수밖에 없었다. 자연스런 흐름을 만들려면 논란은 더 커질수록 좋았다. 아주 자연스럽게 차은택에 다가설 수 있다고 봤다. 국가브랜드가 엉망이 된 과정을 해부하듯 보여주고 그 배후의 인물로 차은택을 드러내는 게 목표로 설정됐다. 김종·차은택의 가면을 다 벗겨내면, 최순실로 올라갈 수 있는 '사다리'가 놓이는 셈이었다.

"부장, 박명천이 만든 크리에이티브 코리아 홍보동영상은 정말 개판입니다. 우리가 만들어도 그거보단 더 잘 만들 것 같습니다. 개XX들."

7월 6일 국가브랜드 홍보 동영상을 직접 본 이재중은 한심했던지 취재 보고에 앞서 '욕설'부터 메신저방에 올렸다. 실제로 홍보동영상을 뜯어보니 문체부의 기존 문화융성 홍보영상이나 한국관광공사의 해외홍보영상물과 구성이 같았다. 뿐만 아니라 등장하는 인기 K팝 스타도 같고 공연 모습도 비슷했다. 이재중은 "굳이 전문가가 아닌, 일반인의 눈으로도 쉽게 확인할 수 있다"고 말했다. 영상 절반은 한류 스타 송중기가 나오는 드라마 〈태양의 후예〉와 이세돌 9단의 대국 모습 등을 편집해 만들었다.

우리가 확보한 조달 내역에서 '국가브랜드 홍보동영상'에 들어간 예산과 계약 업체를 찾아보니, 아니나 다를까였다. 이 홍보동영상은 차은택의 절친 박명천의 광고회사 '매스메스에이지'에서 예산 7억5200만 원을 가져가 만든 것이었다. 그에 앞서 문체부 장관 김종덕이 "가장 아끼는 제자 두 명"이라며 차은택과 박명천을 관료들 앞에서 공공연하게 거론했다는 귀띔을 여명숙에게서 듣고 있었다. 국가브랜드추진단 단장을 맡았던 장동련 역시 김종덕과 같은 홍익대 시각디자인과 교수 출신이었다. 박명천 역시 홍익대 시각디자인과를 나왔다.

추가로 출연료 지출 여부를 확인하기 위해 송중기와 이세돌 측에도 직접 접촉을 지시했다. 송중기측은 접촉이 안 됐지만 이세돌 9단은 "출연료 없이 사용을 허락했다"고 했다. 짜깁기에 출연료도 거의 내지 않은 홍보 동영상이 7억5000만 원이라니⋯. 그저 욕이 나왔다. 정부 광고 대행업체에 통상적인 정부측 영상홍보물 제작비가 얼마 정도 되는지 취재시켜봤더니, 1억5000~2억 원 수준이었다. '홍보동영상'에 집행된 돈 가운데, 어림잡아도 5억~6억 원은 누군가의 뒷주머니로 들어갔을 게 틀림없었다.

조달 내역을 통해 국가브랜드와 관련한 예산을 전부 모으자 68억 원이었다. 손혜원이 밝힌 35억 원의 2배 가까이였다. 그리고 계약 업체들도 '긴급입찰'로 이뤄진 수의계약이 많았고, 차은택과 연관된 것으로 의심되는 업체들도 눈에 띄기 시작했다.

7월 6일 김종을 먼저 고발하는 기사가 나간 데 이어, 다음날인 7월 7일 국가브랜드를 메인뉴스의 밥상 메뉴로 올리기 시작했다. 첫 기사 〈7억짜리 국가브랜드 홍보동영상 재탕 짜깁기 수준〉을 필두로 〈국가브랜드 연구개발에 68억원 '펑펑'〉〈수상한 국가브랜드 개발사업―전부 수의계약이었다〉 등 3꼭지가 연이어 단독 기사로 보도됐다.

국가브랜드 문제를 집중보도하자 문체부는 당황하기 시작했다. 문체부는 7월 8일 "국가브랜드 수의계약 특혜 의혹은 사실과 다르며, 공개경쟁입찰을 거쳐 진행됐다"는 내용의 '바로잡습니다' 보도자료를 냈다. 이어 또 다른 보도자료로 "홍보동영상은 짜깁기가 아니라 기존 영상을 활용 편집했을 뿐이고, 홍보영상 제작비 7억여 원은 광고물 디자인과 홈페이지 구축·운영비 등이 포함된 금액"이라는 해명을 내놓았다. 그런데 전부 사실과 다른 거짓이었다.

석 달 전 2016년 4월 '대한민국 브랜딩 캠페인 홍보' 용역을 공개경쟁입찰로 내놓긴 했다. 그런데 한 꺼풀 벗기고 들어가니, 긴급입찰 공고였고 이틀 만에 접수를 마감해버렸다. 매스메스에이지만 단독 응찰하자 유찰시킨 뒤 용역을 수의계약으로 진행한 것이었다. 형식상으로는 공개경쟁입찰 같지만, 시간적 여유가 없는 '긴급입찰'을 하면 미리 정보를 듣고 준비한 업체만 들어갈 수밖에 없었다. 누가 봐도 '짜고 치는 고스톱'이었지만 문체부는 버젓이 '공개경쟁입찰'이었다고 우기고 있었다. 손바닥으로 하늘을 가리는 해명이었다.

또 매스메스에이지에서 홈페이지 디자인을 하청받은 곳은 박명천의 부인 김모 씨가 운영하는 회사였다. 남편은 홍보영상, 부인은 홈페이지 디자인을 맡은 것이다. 용역을 받아 하청을 주게 되면 비용 지출을 입증할 때 '계약서'만 내면 될 뿐, 따로 영수증 증빙이 필요 없다는 허점을 이용한 광고업계의 흔한 수법이었다.

기사화하지는 않았지만 박명천의 부인 김모 씨가 2015년 12월에 문체부의 2016년 다이어리 제작 사업을 4700여만 원에 따낸 것도 드러났다. 문체부가 수의계약으로 다이어리를 구매한 건 그때가 처음이었다. 국가계약법상 추정가격 5000만 원 이하 계약은 경쟁 없이 수의계약 처리할 수 있다는 조항을 이용한 것이다. 전부 김종덕과 차은택의 위세를 업은 광고인들의 '혈세 나눠먹기'를 보여주는 사례들이었다.

그런데도 일부 방송과 인터넷 매체들은 문체부의 보도자료가 나오자 "홍보영상 짜깁기 아냐"는 식으로 앵무새 노릇만 했다.

국가브랜드 관련 첫날 3꼭지의 기사가 준비되던 시각, 박성제는 국가브랜드 추진위원 9명을 각개 격파하고 있었다. 대부분의 위원들은 "말하기 부담스럽다"거나 취재를 피했다. 추진단장인 홍익대 교수 장동련도

"문체부 공식 채널을 이용하라"는 문자만 보내고 접촉을 거부했다.

그런데 추진위원 중 한 명인 숭실대 김민기 교수로부터 내막을 취재할 수 있었다. "여러 안건이 있었는데, 4월쯤 문체부에서 일방적으로 '크리에이티브 코리아'로 결정됐으니 이걸로 진행하라는 지시가 내려왔다"는 말을 했다. 뜻밖의 소득이었다. 김민기가 정식 인터뷰에 응할 뜻을 밝혀서 다음날 그가 있던 태백으로 박성제를 보냈다. 그렇게 국가브랜드 추진위원들 인터뷰를 토대로 7월 8일 〈국가브랜드 추진단 "우린 들러리였다"〉는 단독 기사를 만들어낼 수 있었다. 김민기는 "(문체부의) 청탁을 받은 자문은 전문가들의 힘을 빠지게 하는 것"이었다며 "다 정해져 내려와서 재미도 없고, 그저 들러리였다"고 심경을 털어놓았고, 기사에도 그대로 반영됐다. 인터뷰 내용 중에 "김종덕 장관이 대통령한테 국가브랜드와 관련한 보고는 못했다는 얘길 들었다. 그냥 BH 비선라인에 올리면 그걸 다시 논의해서 누군가가 보고했겠죠"라는 부분도 들어 있었지만, 기사에선 반영하지 않았다. 그때 당장은 확인할 길이 없었기 때문이다. 김민기가 BH 비선라인을 알고 지칭한 건지, 추측으로 한 말인지는 알 수 없었다.

결국 창조적인 대한민국을 상징하는 '크리에이티브 코리아'는 농락당한 대한민국 문화계를 상징하는 슬로건이 되어버렸다.

국가브랜드 기사를 내보내고, 사흘 뒤에는 '늘품체조' 기사로 차은택을 바로 치고 들어갔다. 늘품체조는 이미 국정감사에서 한 차례 논란이 된 적이 있었다.

2015년 9월 국정감사에서 당시 새정치민주연합(현 더불어민주당) 소속 국회의원 유은혜가 늘품체조 영상 제작 예산 1억 원이 김종덕 장관의 제자이자 문화융성위원인 차은택의 회사 '아프리카 픽처스'로 흘러갔다며 관련 자료를 제시했다.

　박근혜 대통령이 참석한 늘품체조 시연 행사의 영상 제작을 위해 하루 전날 '엔박스에디트'라는 대행사를 선정했는데, 알아보니 아프리카픽처스와 주소가 같았다는 것이다. 유은혜는 장관 김종덕이 제자인 차은택에게 특혜를 주기 위해 유령회사를 내세워 영상 제작비로 1억 원을 주지 않았느냐는 의혹을 제기한 것이었다.

　나는 대통령이 참석한 행사라는 점에 주목했다. 이재중에게 유은혜의 국감질의 자료를 토대로 더 깊숙하게 들어가보라고 했다. 송지욱에겐 국민체조로 개발된 늘품체조가 어떻게 돼 있는지를 알아보라고 주문했다.

　엔박스에디트의 등기이사 중 차은택의 회사 아프리카픽처스의 등기이사와 겹치는 인물이 2명이었다. 1명은 최모 씨로 아프리카픽처스의 재무이사였고, 다른 한명은 70대 김모 씨로 차은택의 어머니로 추정됐다.(70대 김모 씨는 곧 또 다른 기사의 단초가 된다.)

　추가로 취재된 팩트들 역시 어이없는 일이었다. 원래는 한국스포츠개발원이 2억 원을 들여 '코리아체조'를 국민체조로 개발해 테스트까지 마친 상태였는데, 듣도 보도 못한 늘품체조가 갑자기 끼어들어 국민체조로 선정된 것이었다. 오죽했으면 코리아체조 개발자는 "2년 동안 품을 들였는데 너무 속상하다"고 털어놓았다. 그러나 늘품체조는 하는 사람은커녕 이름을 알고 있는 사람조차 없었다. 늘품체조를 보급하려고 경륜경정 공익사업적립금에서 3억5000만 원을 끌어 썼지만, 허공에 뿌려진 셈이었다.

　취재된 내용은 7월 11일 〈늘품체조도 '나눠먹기'…수의계약에 재하청 특혜〉〈대통령까지 시연한 '늘품체조' 사라졌다〉는 2개의 아이템으로 보도됐다.

코리아체조에서 늘품체조로 바뀌게 된 과정에 '차은택의 힘'이 작용했을 걸로 보였지만 그 속사정까지 파악하진 못했다. 하지만 늘품체조 보도를 통해 차은택의 이름을 끌어내고 '문화계 황태자'로 등장시킬 계단을 놓을 수 있었다. 늘품체조가 최순실과 차은택의 손을 거쳤다는 정황은 나중에 뜻밖의 대목에서 드러난다.

문화계를 농단한 차은택의 위세

차은택이 집행한 일들은 공통적으로 포장은 그럴 듯했지만 컨텐츠가 허술했다. 그가 '광고인'이라는 점과 무관하지 않았다. 차은택이 최순실과 박근혜 대통령의 눈에 들었던 부분은 '문화융성'을 광고 문구처럼 포장한 파워포인트 자료였을 것이다.

차은택을 아이콘으로 내세운 '문화융성'이 성과가 없는 건 자명한 결과였다. 컨텐츠 없이 광고만 보고 집행을 지시한 꼴이나 마찬가지였기 때문이다. 박근혜 정부가 '문화융성'이라고 내세운 것들이 '태권도 시범' 'K-POP' 공연 등의 이벤트로 흐르게 된 원인도 바로 여기에 있었다.

7월 11일, 늘품체조 보도 이틀 뒤 메인뉴스에서 〈문화계 황태자 차은택 행사마다 대통령 등장〉이라는 기사로 차은택을 국정농단 사건의 무대에 처음 올렸다. 차은택과 대통령 박근혜가 연결돼 있음을 시사하는 내용이었다. 차은택을 최순실로 올라가는 '사다리' 역할로 삼아 결국 최순실-박근혜 관계까지 나가야 하는 구도를 생각해서, 차은택이 기획하는 행사마다 대통령이 등장하는 사례들을 모아 쓴 리포트였다.

'문화계 황태자' 기사가 아팠던지, 5일 뒤인 7월 18일 차은택은 장문의 해명을 펭귄팀 이재중에게 보내왔다.•

"제가 문화계 황태자라는 헤드라인은 정말 제 자신을 너무 부끄럽게 만들더군요… 저는 평생을 연출한 사람이고 작품 만드는 것 외에는 다른 관심이 없는 사람입니다. 그러다 1년간 문화창조융합본부와 밀라노 엑스포를 진행했었습니다. (…) 단 한 번의 페이도 받지 않은 채 순수히 재능기부 형태로 제가 할 수 있는 일만 열심히 했습니다. 혹시나 제가 있던 자리에서 용역이나 공모사업 같은 것을 결정하거나 해야 되면 전 절대 참여를 안 하고 해당 공무원분들께 전적으로 일임하며 진행했습니다. (…) 전 평생 작품 만드는 것에만 즐거워하고 그 일을 즐기며 사는 것이 좋은 사람입니다."

● 취재 초기 '창조 경제와 문화 융합에 대한 성과'를 듣고 싶다는 인터뷰 명분으로 이재중이 차은택을 끌어내보려 했지만, 걸려들지 않았다. 드라마 촬영에 바쁘다는 핑계였다. 이후 차은택은 중국에서 들어오지 않은 채 밤에 문자를 보내놓으면 다음날 아침쯤 답을 보내는 식으로 해명이나 반론을 보냈다. 그러나 들어줄 만한 구석은 없었다. 검찰 수사 과정에서 드러난 걸 보면 당시 차은택이 했던 답변은 온통 거짓말이었다.

또 이튿날엔 "책임을 넘기는 게 아니라 비상임이라 문화창조융합본부에서 저에게 권한을 아예 주지 않았습니다. 확인해보십시오"라고 해명을 덧붙였다. 비상근직이라 권한도 없고 전부 공무원들이 한 일이라며 책임 회피를 한 것이었다. 소가 웃을 일이었다. 문화창조융합본부 본부장에서 잘린 여명숙이나 은밀하게 접촉한 내부 관계자들의 증언과는 180도 달랐다. 이들은 다 "문화창조융합본부는 차은택의 손아귀에서 놀아났다"고 했다.

차은택의 위세와 '완장질'을 보여주는 상징적인 장면의 하나가 문체부 산하 뉴욕문화원장 인사농단이었다. 2014년 말, 문체부 해외문화홍보원 산하 뉴욕문화원장에 내정까지 된 문체부 국장 출신 용모 씨를 밀어내고 그 자리에 차은택의 절친 이동수를 앉히려 한 것이다. 차은택과 이동수는 문체부 장관 김종덕이 광고제작사에서 감독을 할 당시 그 밑에서 함께 일을 했고, 그 이후 20년 넘게 친분을 유지해왔다.

"이동수가 뉴욕문화원장에 가려다 무산되자, 모 통신사 전무로 갔다.

뉴욕문화원장에 내정된 용모 씨는 짐도 부치고 송별회까지 마친 상태에서 발령이 취소됐다"는 것까진 이미 보도됐고, 2015년 2월 국회 대정부 질문 때 민주당 의원 배재정이 질문한 적이 있었다. 이를 토대로 확인에 나선 결과 그 배경이 차은택이란 게 포착이 됐다. 차은택이 이동수를 미는 바람에 용 씨는 뉴욕에 이미 짐까지 보낸 상태에서 피눈물을 흘려야 했다는 것이다.

10월 초에 와서 박성제에게 문체부 관계자와 유럽 쪽 국가의 문화원장으로 가 있던 용 씨에게 직접 확인을 하라고 시켰다. 한 문체부 관계자에게선 "그 내용 그대로다"고 확인을 받았지만 용 씨는 "그 부분은 제가 말씀 드릴 게 없습니다"라고 입을 다물었다.

차은택에게도 문자로 사실관계를 묻자 "이동수 씨와 친한 건 사실이지만, 인사에 개입하지 않았고, 그럴 힘도 없다"는 문자 답변을 해왔다. 차은택의 문체부 인사농단은 10월 11일 메인뉴스에서 〈차은택의 힘, 뉴욕문화원장도 바꿨다〉로 보도됐다.

이후 국정농단 수사가 진행되자 이동수를 KT전무로 앉히려고 차은택이 최순실에 얘기하고, 최순실은 박근혜에게, 박근혜는 경제수석 안종범에게, 안종범은 KT회장 황창규에게 얘기하는 다단계 과정이 전부 드러났다. 차은택도 "이동수를 뉴욕문화원장에 추천했는데, 못 가게 되자 미안한 마음이 있어서 최순실에게 KT 임원직을 부탁했다"고 진술했다. 이런 은덕을 입은 이동수가 최순실과 차은택이 함께 지분을 갖고 있던 플레이그라운드에 KT의 광고 일감을 몰아준 것도 검찰 수사에서 드러났다.

차은택은 "비상근직이라 한 일이 없다"고 발뺌했지만, 실상은 천하를 다 가진 듯 문화계를 농단한 것이다.

UAE 방문 미스터리 풀리다

차은택의 위상을 보여주는 또 하나 사례가 '안종범과의 아랍에미레이트(UAE) 동행' 건이었다. 2015년 초 취재 때 메모만 해뒀던 이 문제도 다시 끄집어냈다.

고영태가 가져왔던 자료 중에는 'UAE 한국문화원 설립'과 관련된 내용도 포함돼 있었다. 하지만 그 당시엔 실체가 없어 그러려니 하고 넘어간 부분이었다. 그런데 취재를 재개해 알아보니 이미 2016년 3월 아부다비에 한국문화원이 들어선 게 아닌가. 진행 과정을 추적하자 2015년 3월 박근혜 대통령이 UAE를 방문했을 때 UAE 모하메드 왕세제와 정상회담에서 UAE 한국문화원 설립 양해각서를 체결한 게 드러났다.

박근혜 대통령의 UAE 방문 때 보도자료와 영상자료를 찾으라고 했더니, 2015년 모하메드 왕세제와의 정상회담 당시 안종범이 "문화협력 MOU는 앞으로 우리 문화산업의 중동 진출, 그리고 나아가서 함께 해외 진출하는 데 결정적인 계기가 될 것으로 기대합니다"는 브리핑까지 있었다.

이상한 점은 UAE 한국문화원 설립 문제라면, 청와대 교육문화수석이 맡거나 외교부나 문체부가 나서야 할 일 같은데 경제수석이 나섰다는 것이었다. 2014년 안종범과 차은택이 UAE를 다녀왔다는 일과 무관하지 않은 듯했다.

먼저 2014년에 안종범과 차은택이 UAE를 다녀온 사실이 있는지부터 확인이 되어야 했다. 대한항공에 있는 지인을 통해 2014년 8월 안종범이 UAE를 다녀왔는지 확인을 요청해봤으나, "승객 정보라 알려주기 어렵다"는 답이 돌아왔다. 차은택은 UAE 건에 대해선 가타부타 답변을 피해버리고, 안종범 역시 입을 열 것 같지 않았다. UAE 현지 직접 취재로

뚫어가는 수밖에 없었다.

당시 경제수석이 현지에 떴다면 UAE나 중동에 나가 있는 코트라(KOTRA, 대한무역투자진흥공사)나 외교 공관엔 비상이 걸렸을 걸로 보여 서주민(7월 18일 팀에 합류한 9년차 기자로 역사가 짧은 TV조선 내에선 고참급 기자였다)에게 전화로 직접 현지 취재를 해보라고 시켰다.

"안종범이 온 적 있느냐? 없느냐?"로 묻지 말고, '안종범 수석이 왔을 때 외교 공관에서 수행을 했는지 안 했는지'로 물어보라고 했다. 알고 싶은 내용을 전제로 슬쩍 깔고 그 다음 단계가 궁금한 듯 물어보는 질문 스킬이다. 서주민이 현지 외교관계자와 그런 식으로 통화를 하자 금세 넘어왔다.

예상대로 "안종범 수석이 왔을 때 저는 수행을 안 하고, 담당 직원들이 했다"는 답이 돌아왔다. 우리는 안종범이 갔느냐 안 갔느냐가 궁금한 부분인데, 그쪽에선 질문의 핵심을 수행을 했느냐 안 했느냐로 받아들이면서 부지불식간에 넘어온 것이었다. "차은택이라는 사람도 일행에 있었다는데, 혹시 아느냐"고 묻자 "같이 온 사람이 있었는데, 개인적으로 온 사람은 저희가 잘 모릅니다"는 답변이 나왔다. 차은택인지 아닌지는 모르지만, 동행이 있었다는 건 확인된 셈이었다. 이런 정황을 우여곡절 끝에 8월 18일에 가서야 알게 되었다.

그러면서 나는 2014년 12월 원전반대그룹의 해킹 문건 기사를 떠올렸다. 원전반대그룹이 해킹 문서라고 원전 도면 등을 공개했는데, 그중에 '박근혜 대통령이 모하메드 왕세제에게 보낸 친서'가 포함됐다는 내용이었다. 당시 청와대는 "안종범이 아부다비를 간 일이 없다"고 부인했다. 하지만 서주민의 UAE 현지 외교 공관 관계자 취재를 통해 그 당시 청와대가 거짓말을 했다는 게 확인된 셈이었다.

해킹 문서에 따르면 이메일 친서는 8월 11일 보낸 건데, 안종범과 차은택이 간 날짜로 적어둔 건 8월 18일이었다. 대통령이 친서를 보내고 안종범이 UAE에 간 것으로 연결 지어 볼 수 있었다. 결국 안종범은 '대통령 특사' 자격으로 UAE를 방문한 것으로 보였다.

최순실의 지시로 차은택이 만든 계획안들이 실행된 정황이었다. 대통령 정상회담에서 의제로 등장하고 양해각서까지 체결한 뒤 실제 실행까지 될 정도면 대통령의 적극적인 뒷받침 없인 어려운 일이었다.

최순실과 차은택이 만든 'UAE 한국문화원 설립계획안'에 적힌 날짜는 2014년 8월 8일이고, 이메일 친서는 8월 11일, 안종범의 특사 방문은 8월 18일이다. 이런 식의 일사천리 진행은 '대통령의 지시' 아니고선 불가능에 가깝다는 결론이 나왔다. 최순실·박근혜·안종범 3인이 서로 알고 있거나, 최순실이 얘기한 걸 박 대통령이 즉시즉시 안종범에게 지시하는 구조가 아니면 될 수 없는 일이라고 생각됐다. 이때 취재됐던 내용은 두 달 뒤인 10월 31일 메인뉴스에서 〈최순실 계획대로 안종범 수석 차은택 UAE갔다〉 〈최순실 UAE플랜…안종범 사실상 '대통령 특사'로 파견〉이라는 타이틀로 전부 단독 보도된다.●

차은택이 동행한 부분도 문제가 많았다. 문체부에서 차은택을 문화융성위원으로 위촉했다며 2014년 8월 26일에 보도자료를 냈는데, 일주일을 소급해서 8월 19일에 위촉했다는 게 그 내용이었다.

차은택이 안종범과 동행한 건 8월 18일이었다. 문화융성위원도 아닌 민간인 신분으로 대통령 특사

● 이때부터 안종범의 UAE 특사가 'UAE 원전의 리베이트 문제와 연관됐을 가능성'까지 염두에 두고 취재를 확장시켰다. 영어 취재가 가능한 경제부 기자 변재영을 시켜 UAE 현지에서 안종범과 차은택을 상대했던 사람들을 찾아 이메일을 보내고 전화 취재까지 해봤지만, 성과는 없었다.
UAE가 왕족이 지배하는 나라여서 뭔가 일을 급하게 진행하려면 대통령 특사 자격이 필요했을 수도 있다. 하지만 한국문화원 설립 문제 때문이었다면 청와대가 끝까지 비밀에 부칠 일은 아니었다는 점에서 2014년 8월 18일부터 8월 21일까지 '대통령 특사 안종범'의 행적은 여전히 미스터리다.

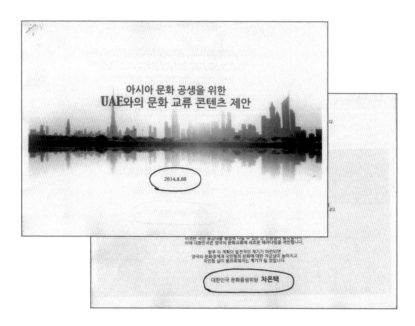

아시아 문화 공생을 위한
UAE와의 문화 교류 콘텐츠 제안

2014.8.08

대한민국 문화융성위원 **차은택**

차은택은 8월 19일에 정식으로 문화융성위원으로 위촉되지만 그는 그전에도 이미 문화융성위원이었다. 대통령을 뒷배경으로 둬 두려울 게 없는 이들에게 절차 같은 건 귀찮은 장식이었을지 모른다.(문서에 표시한 것은 필자)

와 동행에 나선 것이다. 이 때문에 안종범과 차은택이 UAE를 다녀온 뒤인 8월 26일 '문화융성위원' 위촉장을 주면서 위촉일은 2014년 8월 19일로 소급한 것으로 해석됐다. 그런데 2014년 고영태가 가져왔던 「UAE와 문화교류 콘텐츠 제안서」의 날짜는 8월 8일인데, 거기엔 벌써 '대한민국 문화융성위원 차은택'이라고 적혀 있었다.

대한민국 문화융성위원회는 박근혜정권에서 출범시킨 대통령의 직속 자문기구이다. 이런 일 역시 최소한 박근혜 대통령의 묵인 없이는 일어나기 어려운 일이었다.

4
'미르'의 소굴 속으로

■●●●● '체육계 황태자 김종 차관의 인사 전횡'과 '엉망진창 국가브랜
드'까지 기사가 나간 뒤 고영태를 다시 만났다. CCTV를 써야 할 시점이
점점 다가오는데, "45일을 주세요"라고 볼멘소리를 한 상황이어서 한 번
더 설득에 나섰다. 7월 8일 금요일, 메인뉴스에 나갈 기사를 넘겨놓고 압
구정동으로 향했다. 후속 기사를 준비하는 차원에서 고영태에게서 받았
던 문건 중 다시 확인받아야 할 몇 가지를 챙겼다.

고영태가 갤러리아백화점 사거리에서 나를 픽업해 어딘가로 향했다.
주택가에 자리잡아 잘 눈에 띄지 않는 '세번걸이'라는 와인 카페였다. 날
씨가 더워 밖에 앉아 맥주를 시켜놓고 두어 시간 동안 지리한 '밀당'이
시작됐다.

"이성한이란 사람 알지? 잘 있대? 차은택하고 친하다는 그 사람 말이
야."

고영태가 6월 8일 청와대 인근에서 만났을 때 스쳐 지나가듯 "K스포
츠는 잘 되는데, 미르는 엉망이잖아요"라고 했던 얘기가 떠올라 떠봤다.

여명숙 취재와 펭귄팀 기자들이 알아온 내용을 통해 미르재단 전 사무총장 이성한이 차은택과 한때 잘 어울렸다는 얘기를 들었던 터라 고영태도 이성한을 잘 알 것 같았다. 짐작대로였다.

"쫓겨 나왔나봐요, 지금."

"그래? HS애드 출신 이사 이한선 그 밑으로 돼 있던데?"

미르재단 이사진과 차은택의 관계에 대해 파악하고 있으니, '혹시 너도 아는 것 있으면 말하라'라는 뜻으로 정보를 붙여 질문을 던졌다.

"김형수는 들러리인가?"

"김성현이요? 거기(미르재단)서 사무총장 역할을 한 놈이에요."

이사장인 연세대 교수 김형수가 차은택의 은사여서 차은택이 세워놓은 '허수아비 이사장' 아니냐고 물은 것인데, 이름을 잘못 들었던지 '김성현'의 이름이 불쑥 나왔다. 고영태는 "아프리카픽처스의 이사인데, 이성한이 일을 하다 쓰러지면서 김성현이 사무총장 역할로 투입됐다"고 설명했다.

펭귄팀이 만들어놓은 '차은택 리스트'에도 그의 이름이 올라 있었지만, 미르재단과 관련 있는지는 고영태 입을 통해 알게 됐다. 이후 '김성현'은 자주 등장하게 될 인물이었지만, 이때만 해도 비중을 잘 알지 못했다.

"그럼 이성한은 사무총장에서 해임이 된 건가?"

"해임 이사회는 통과가 됐는데, 아직 통보가 안 왔대요."

"이사회는 누가 움직인다고 그래? 차은택이야? 아니면 안종범이야?"

"이성한이 안 수석을 만나 녹음파일 얘기를 했다고 해요. 안 수석은 이걸로 꼼짝 못하게 돼 있어서 미르에 신경 끄려고 하는 것 같아요."

고영태의 입에서 "이성한이 '녹음파일'을 갖고 안종범을 만났다"는 얘기에 귀가 번쩍 뜨였다. 미르재단이 돈을 거둘 때 당시 경제수석 안종범이 움직였을 것이라고 추측하고 있었지만, 이성한이 '녹음파일'을 들고 안종범을 만난 정황까지 나온 것이다. 그러면서 고영태는 "이성한이 녹취 파일 자료를 많이 갖고 있다"고 말했다. 나는 고영태의 말 속에서 '김성현' 이름과 "쫓겨났다"와 "녹취 파일을 갖고 있다" "안종범을 만났다"는 말에 주목했다.

고영태는 "이성한이 직접 기업에서 돈을 받았기 때문에 타깃이 될까봐 걱정하고 있다"는 얘기도 꺼냈다. 이성한을 접촉할 때 쓸 '약한 고리'가 파악된 셈이었다. 이미 박성제를 통해 이성한의 연락처를 확보한 상태라 더 이상 묻지 않았다. 이성한을 취재하면 될 일이었다.

준비해간 자료를 보여주면서 "이거 글씨 개판인데, 최순실 필체 맞지?"라고 물었다. 2014년 말 가져온 자료 가운데 '문화융성 계획안' 타이틀이 붙은 A4용지 한 장짜리 문건이었다. 국가브랜드 제고 방안을 위한 조잡한 구상이 적혀 있었다. 하단에 사인펜으로 쓴 독특한 필체가 최순실 것인지를 고영태에게 다시 한 번 확인했다. 확인되면 '국가브랜드 작업에도 최순실이 관여했다'는 내용의 기사를 준비시킬 작정이었다. 고영태는 "본인(최순실)도 글씨를 써놓고 잘 모를 때가 있다"며 '최순실 필체'가 맞다고 했다.

고영태는 그러면서 "터지면 밑의 직원들 하루아침에 나앉게 되고, 다른 회사 그만두고 재단으로 왔던 사람들이 피해를 본다"고 또 볼멘소리를 시작했다. 6월 18일엔 클럽 일이 피해를 본다고 하더니, 재단으로 왔던 사람들이 피해를 본다고 말이 바뀌었다.

"그러니까 미리 알려주는 거잖아. 다음 주면 상당히 진척될 거다. 미르 다음은 K스포츠재단이 될 거야. 거기서도 기업들에게 돈을 걷었잖아." 미르재단 기사가 나올 때쯤이면 순차적으로 K스포츠재단 기사까지 흘러갈 것이라고 예고를 해줬다.

하지만 고영태는 "공격받을 건 없어요. K스포츠재단은 뭘 한 게 없어요"라고 대수롭지 않게 받았다. 반응이나 지나가는 답변으로 봐선 분명 고영태는 K스포츠재단과 관련이 있었는데, 구체적인 얘기는 '모른다'고 피했다. 고영태가 자꾸 모른다고 하기에 직접 관련돼 있기보다는 '최순실이 하는 일'을 어깨너머로 정도로 아는 거로만 보고, 더 파고들지 않았다.

고영태는 "더 큰 걸 준비해뒀다가 제공할 테니, 그것(CCTV영상)만 안 쓰면 안 되느냐?"고 나왔다.

"자연스럽게 흘러가는 속에서 CCTV영상을 내놓아야 할 타이밍이 있을 거야. 아직은 시간이 있으니 걱정 마라."

"그 영상엔 최순실이 차은택이나 김종을 만나는 장면은 없잖아요."

"영상부터 먼저 까는 게 아니고 다 써야 할 상황에서 쓰는 거니까, 그건 네가 걱정할 문제는 아니다."

"그런데 저희는 직장이 없어져요."

"그래서 내가 온 거잖아. CCTV를 보도하기 전까지 최소한 보름에서 20일 정도는 시간적 여유가 있으니, 잘 생각해서 대비하라는 거야."

나는 미르·K스포츠 재단 취재를 완료하고 기사를 소화하는 데 20여 일 정도를 예상하고 있었기에 이렇게 설득했다. 고영태는 대화 말미엔 "그래서 얻는 게 뭐가 있느냐"고 넌지시 따져 물어왔다.

"내가 몰랐다면 괜찮아. 그런데 알고서도 조용히 있는 건 기자로서 직무유기라고 생각한다. 딱 그거야. 나한테 오는 게 뭐가 있겠어?"

진지하게 답변은 해줬지만, 뜬금없는 질문이었다. 그 자리에선 갑자기

'이걸 왜 묻나' 싶었지만, 나중에 '고영태 녹음파일'이 공개되고서야 그 질문의 배경을 알게 됐다.

헤어질 무렵에는 고영태가 최순실 주변에 있는 게 위태롭게 보여 "최순실 옆에 더 이상 붙어 있지 말고 나와서 네가 잘 하는 가방사업이나 하라"고 권유했다. 나는 고영태가 경제적인 문제를 해결하느라 최순실 옆에 어쩔 수 없이 붙어 있는 걸로 생각하고 있었다.

그는 최순실과의 관계는 언급하지 않고 "가방 갖고는 돈이 안 된다"며 "체육으로 애들 가르치는 일이나 해보겠다"고 했다.

'고영태 설득'은 소득이 없었지만, 취재에선 '왕건이'를 건진 자리였다. 안종범과 최순실로 가는 직행 티켓이 이성한에게 있다는 사실을 알아낸 것이다. 이날 고영태의 얘기가 아니었으면, 이성한에 대한 접촉이 그렇게 빨리 진행되지 않았을 것이다. 대형 게이트 사건 취재의 성패는 '코끼리 다리 만지기'를 하다 핵심 취재원을 얼마나 빨리 찾느냐에 달려 있다는 점에서 이날 고영태와의 만남은 성과였다.

물론 최순실과 K스포츠재단의 매개가 '김종'일 것이라는 선입견이 강하게 작용한 탓에, 고영태가 K스포츠재단에서 '미르재단의 차은택'과 같은 역할이었다는 걸 놓치는 실수를 범하기도 했다. 이때만 해도 최순실이 무서워 언론보도를 말린다고만 생각하고 있었다. 그가 취재를 막으려는 목적이었다는 걸 나중에야 알게 됐다. 고영태의 말을 의심하면서도 내 직관보다는 고영태를 믿었던 모양이다.

미르재단의 배후를 확인하다

7월 6일 김종이 마린보이 박태환의 올림픽 출전을 못하게 막고 있다는 '개시 기사' 이후엔 기사 제작과 취재가 동시에 이뤄져 허겁지겁이었

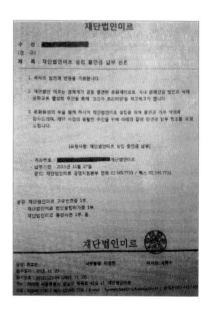

모기업	계열사	출연가액	총 출연가액
GS	지에스이앤알	2억	26억
	지에스이피에스	3억6천	
	지에스리테일	2억3천	
	지에스몰스링	1억	
	지에스건설	5억9천	
	지에스글로벌	2억1천	
	지에스칼텍스	6억3천	
	지에스파워	2억9천	
LG	엘지화학	38억	48억
	엘지디스플레이	10억	
삼성	삼성물산	15억	125억
	삼성전자	60억	
	삼성화재	25억	
	삼성생명	25억	
금호	금호타이어	4억	7억
	아시아나항공	3억	
현대	현대자동차	46억	85억
	현대모비스	21억	
	기아차	18억	
CJ	씨제이이앤엠	8억	8억
LS전선	E1	10억	10억
KT		11억	11억
SK	SK 하이닉스	68억	68억
대림산업		6억	6억
한진	대한항공	10억	10억
두산		7억	7억
롯데	호텔롯데 롯데면세점	28억	28억
아모레퍼시픽		2억	2억
포스코		30억	30억
한화		15억	15억
총액			486억

미르재단은 굴지의 대기업들에 거액의 출연금을 할당해놓고 거둬들였다. 명단을 보면 당시 정권에 바라는 점이 있던 삼성·SK 등의 출연액이 많은 것이 눈에 띈다.(왼쪽) 미르재단은 기업들에 공문을 보내어 특정 일자까지 납부 해달라고 독촉하기도 했다.(오른쪽)

다. 그러다보니 보고에서 빠지는 내용들도 더러 있었다. 자기 영역이라고만 판단해 '알짜 정보'를 파일 속에 처박아두는 경우였다.

거대 권력을 상대로 하는 '큰 틀'의 취재는 사소한 전화번호 하나라도 공유해야 의미 있는 팩트에 접근할 수 있다. 그래서 펭귄팀이 책상에 앉아 일할 때면 가끔씩 기웃거렸다. 혹시 놓치는 다른 뭐가 있지 않을까 싶어서였다. 특히 막내 박성제 주변은 일부러 빈도 높게 맴돌았다. 아무래도 머리를 맞대고 일해야 정보 공유도 잘되는 편인데, 박성제는 따로 떨어져 앉아 있어 일부러 들여다보곤 했다.

6월 말, 하루는 박성제 뒤로 지나가다 책상에서 '미르재단 출연 및 출연가액'이라는 표를 발견했다. 그때까지만 해도 재단 모금 총액이 '486억 원'이라는 것과 몇몇 그룹사별 출연액은 알고 있었지만 계열사별 출연액까지 다 파악된 건 없었다. 그룹별 계열사에 어떻게 할당됐는지도 필히 짚고 넘어가야 할 취재였다. '제2의 일해재단(전두환 대통령이 퇴임 후의 비자금 마련을 위해 기업들에게서 강제로 돈을 거둬 만든 재단)'일 가능성을 염두에 두고 있었기 때문에 기업들이 '어떤 이슈'로 돈을 냈는지도 중요했다.

"이거 어디서 찾았어? 대단한데. 하나 보내줘."

"하나 뽑아드리겠습니다."

국세청에서 공개하는 공익법인 공시 사항이었다. 그런 게 공개되는지도 모르고 있었는데, 박성제는 너무 당연해서인지 혼자 갖고 있었다. 이처럼 외롭게 떨어져 있는 정보들을 모아서 가끔씩 공유시켜줘야만 '헛심' 쓰는 일을 방지할 수 있었다.

박성제에게선 가끔 이런 알짜 정보들이 나왔다. 막내였지만 수완이 제법이었다. 2015년 12월 박근혜 대통령이 문화창조벤처단지 개소식에 참석했을 당시 참석자 명단과 연락처도 박성제 책상에 놓여 있던 것 중 하나였다. 미르재단 관계자들 연락처도 거기에 다 포함돼 있었다. 박성제에게 "그걸 혼자만 갖고 있으면 어떡해"라고 힐난한 뒤 메신저 방에 공유시키도록 했다. 나 역시 혹시 몰라 미르재단의 주요 인물들 전화번호를 휴대폰에 입력했다. 이미 전 미르재단 사무총장 이성한의 이름도 '카카오톡 친구'로 올라와 있던 상태였다.

7월 8일에 "미르재단에서 쫓겨났다" "갖고 있는 자료가 많다"는 내용을 고영태에게서 들었던 터라 7월 12일 출근하자마자 이성한에게 카톡 메시지를 보냈다. 전날 7월 11일 메인뉴스에 단독기사로 보도했던 기사 3개의 링크 주소였다.

〈국가브랜드 나눠먹기에 '셀프수주' 의혹도〉〈늘품체조도 '나눠먹기'…수의계약에 재하청 특혜〉〈박근혜 대통령까지 시연한 '늘품체조' 온 데간데 없이 사라져〉라는 기사들이었다. 링크 주소 외엔 아무런 말도 쓰지 않았다. 차은택과 관련된 기사들이었는데, 호기심 자극용이었다.

이성한은 재단을 뒤에서 움직이는 차은택과 '권한' 다툼을 벌이다 미르재단에서 밀려난 상황이라 이 3개의 기사들을 보면 틀림없이 낚일 것으로 생각했다. 20~30분만에 "누구세요?"라는 반응이 카톡 창에 올라왔다.

"5시 코리아나호텔 2층 커피숍에서 뵙겠습니다. 얼굴은 알고 있습니다."

답변과 함께 내 명함을 사진 찍어 올렸다. 이성한은 이때 배웠던지, 나중에 『한겨레』 기자가 처음 연락해왔을 때도 명함을 사진 찍어 보내라는 요구를 했다고 한다.

이성한과의 대면은 이렇게 이뤄졌다. 이성한은 결정적 증언들을 하지 않으려 무진 애를 썼지만, 신경전을 벌이면서도 기사에 필요한 증언들은 챙겼다. 그의 증언은 취재원 보호 차원에서 '미르재단 관계자'의 것으로 처리해 관련 기사에 녹여넣게 된다.

이성한을 만나기 전, 그에 대한 정보를 샅샅이 훑었다. 상대방을 많이 알수록 끌어낼 수 있는 것도 많기 때문이다. 특히 이성한이 카카오스토리에 올린 미르재단 행사 관련 사진들은 '강력한 무기'였다. 올려놓은 사진을 통해 출연금 모금을 위한 기업간담회가 있던 날짜와 참석한 기업, 기업 담당자들 몇몇의 이름까지 파악 가능했다. 하나하나가 팩트였다. 따로 그걸 알아내려면 수십 통의 전화를 돌려야 할 것들이었다.

이성한의 입을 통해 듣고자 했던 이름들은 차은택·안종범·최순실이었다. 이성한이 미르재단과 차은택, 미르재단과 전경련, 미르재단과 안종범의 연결고리일 것으로 봤다. 문제는 취재 과정에서 최순실 이름을 노출시키느냐 마느냐였다. '최순실' 이름을 꺼내는 순간 취재 방향이 다 드러나기 때문이었다. 고민 끝에 이성한이 먼저 꺼내기 전까진 '최순실' 언급은 안 하는 게 낫겠다는 판단을 내렸다.

그전에 "미르재단 배후는 최순실"이라는 정황은 이미 한 번 더 확인된 상태였다. 6월 28일 여명숙을 처음 만나고 한 주를 건너 뛴 주말에 여명숙의 집 근처에서 다시 접선하듯 만났다. 여명숙은 게임물관리위원장이라는 현직 신분인데다, 쫓겨나올 때 김종덕 장관과 차은택에게 "다 청문회 감이다"고 경고를 하고 나와서인지 무척 조심스러워했다.

첫번째 만남 때 의기투합하고, 서로 '의리'를 지키자고 했던 탓에 대화는 바로 본론으로 들어갔다. "미르재단 뒤엔 차은택이 있고, 그 뒤엔 또 최순실이 있는 것으로 보인다"며 첫 만남 때는 거론하지 않았던 내용을 먼저 꺼냈다. 여명숙은 문화창조융합본부의 예산 집행과 의사결정 과정, 차은택의 행적 등을 알아보는 과정에서 미르재단을 알게 됐다고 답했다. 그 배후에 최순실이 있다는 얘기도 내부 관계자에게서 들었다고 했다. '미르재단의 배후가 최순실'이라는 정황이 하나 더 쌓인 셈이었다. 그러나 여명숙은 구체적으로 어떻게 연계돼 있는지는 잘 몰랐다. 이제 이성한에게서 그걸 알아내면 좋겠지만, 위험을 감수할 순 없었다.

약속장소에 나갔더니 이성한이 이미 와서 기다리고 있었다. 명함을 교환하고 앉자마자 처음부터 공격적인 질문으로 시작했다. 알 것 다 알고 있으니 취재에 협조하라는 메시지를 던질 의도였다.

이성한이 재단에 불만을 품고 나오긴 했어도, 차은택이나 별반 다를 바 없는 한통속쯤으로 보고 있었다. 어차피 권한 다툼 때문에 튕겨져 나온 걸 아는 이상 신뢰의 가중치도 '불가근 불가원' 그 이상은 아니었다.

"차은택이 당신을 재단에 추천해서 (사무총장) 맡은 것 아닌가요?"

"그렇겠죠. 오래 봤고요."

차은택이 재단을 좌우한다는 얘기를 확인하기 위해 확신하듯 넘겨짚은 질문에 순순히 인정했다.

"차 감독(차은택)이 뒤에 누가 버티고 있다는 얘기 안 하던가요?"

"대략 누구를 지칭하는지는 알고 있고요. 누군지는 알죠."

'최순실'이라는 이름이 이성한의 입에서 나오길 기다렸지만, 그는 이름 언급은 피해나갔다.

"계열사에 문화재단들이 있는 기업들이 이런 거액을 냈어요. 전경련으로 가능하다고 생각하세요? 청와대 경제수석이 움직이지 않으면 안 되죠. 이 표만 봐도 알 수 있잖아요."

"부장님, 다음에 편안한 자리에서 이야기하시면…."

미리 준비해 간 '미르 출연자 및 출연가액' 표를 꺼내 탁자에 펼쳐 보이며 위압감이 들 정도로 질문을 했다. 7월 8일 고영태를 만났을 때 파악한 '약한 고리'를 이용하려는 것이었는데, 취조하듯 치고 들어가자 이성한이 뒷걸음질치기 시작했다. 첫 분위기가 너무 거칠었나 싶어 물러나 차은택쪽부터 다시 들어갔다.

"재단에 미션의 원천은 차(은택) 감독인가요?"

"그 사람도 있고, 여러 사람이 있는 것 같아요. 초기 설립 과정 맨파워들이 차 감독 주변 인물로 채워진 건 맞아요. 다 추천으로 들어왔어요."

"궁금한 건 전경련이 이렇게 많은 돈을 모아 출연하고도 이사진에 전경련 사람이나 대기업 사람은 한 명도 없다는 거죠."

기업들 출연으로 전경련이 재단을 만든 것처럼 꾸몄을 뿐, 재단 주인은 따로 있는 것 아니냐는 핵심 질문이었다. 재단은 이사회가 중요한데,

돈 낸 사람들이 없다는 건 상식적으로 이해가 안 가는 대목이었다.

"나는 재단의 이사진이 기업에서 와야 된다고 생각했던 사람인데, 못 오게 하면서 충돌이 생겼어요." 이성한의 답변이었다. 이성한은 전경련 측에 상임이사를 내주지 못하게 한 주체가 누군지는 말하지 않았다.(나중에 검찰의 1차 특수본 조사에서 전경련 전 상근부회장 이승철은 "청와대가 강압적으로 한 일이라 미르재단에 이사를 넣을 수 없었다"고 진술했다.) 이성한은 차은택 외에는 일부러 이름을 입에 올리지 않으려 했다.

"기업들 불만이 많았던 거 알죠? 이런 사례가 없어요." 기업 관계자들을 본격 취재하기 전이지만 유도성 질문을 던졌다.

"저도 뭐 그래요. 5만 원짜리 통장 개설을 해서 통장에 몇백억 단위까지 찍히는 걸 봤으니까요." 통장에 수십억에서 백억 단위까지 입금됐다는 문자메시지가 날아온 걸 보고 스스로도 놀랐다고 했다.

"그럼 직접 안(종범) 수석하고 얘기하진 않았나요?"

"직접 통화한 적도 많죠. 회의차 청와대 방문도 많았으니까요."

"청와대 회의 가서 하는 건 뭐였어요?"

"재단 사업을 정부가 도와주거나 그러면 회의하러 가는 거죠."

미르재단 설립과 운영에 청와대나 안종범이 개입돼 있다는 얘기였다. 이성한은 재단 내부나 차은택 관련해선 장황하게 설명하다가도 청와대나 안종범 얘기가 나오면 말이 짧아졌다.

차은택에게 밀려나고, 내부에서 소외된 뒤 이성한은 회의를 녹취해오고 있었다. "제가 지금까지 회의했던 녹음파일은 다 갖고 있어요. 습관이 그래요. 협상을 많이 하다 보니 회의 녹취를 해 나중에 듣고 정리하는 스타일이거든요."

권한 다툼을 벌이는 과정에서 밀려나 '보험용'으로 녹음한 것으로 아는데, 이성한은 '회의 정리용'이라고 설명했다. 이성한의 말이 나오기 무섭게 "줄 수 있느냐?"고 물었다.

"제가 부장님을 도와드려야 하는 상황인가 판단을 해야겠죠."

녹음파일이 또 하나의 '스모킹 건'이 되겠다 싶어 제공을 요청했지만, 그는 요리저리 재고 있었다. CCTV영상 등도 있었지만 입증 자료는 다다익선이다. 그때까지만 해도 몇 번만 더 만나면 녹음파일이 수중에 들어와 있을 줄 알았다.

"기업들이 돈을 내놓았는데, 그 과정에서 네고(협상)는 누가 했는데요?"

"그걸 말씀드리면 제가 책임져야 하는 입장인데…."

재단 사무총장으로서 실질적으로 돈을 거둔 주체 중 한 명이기 때문에 책임져야 될 상황이 오는 걸 두려워한 것으로 보였다. 역시 그 점이 '약한 고리'였다.

"전경련이 출연한 것으로 돼 있지만, 실제 강압적으로 거둔 건데 돈을 돌려주든지 재단을 전경련이 맡든지 해야 하는 것 아니냐"고 몰아붙였다. 불법으로 설립된 재단이니, 미련 버리고 취재에 협조하라는 압박이었다. 그런데 이성한은 "어쨌거나 설립됐으니, 원래 목적과 취지에 맞게 잘 할 수 있는 기회를 만드는 게 맞다"고 맞섰다. 이성한은 줄곧 자신을 내쫓은 재단의 정상화와 명예회복(사무총장 복귀)에 매달렸다.

이후 이성한과 신경전이 진행됐던 접점도 바로 이 부분이었다. 나는 이성한에게 재단과 선을 긋고 '내부고발자'를 하려면 제대로 하라고 압박한 반면 이성한은 '재단 정상화'에 대한 미련을 버리지 못했다. 결국 이 갈등으로 인해서 이성한과도 멀어지게 됐다.

다음날인 7월 13일에도 결심을 재촉하는 메시지를 카톡으로 보냈다.

"편하게 믿고 얘기하세요. 도움이 됐으면 됐지, 불이익이 가도록 하지 않을 거니까. 그리고 이성한 씨한테 모멸감을 준 사람들을 '공공의 적'이라고 생각하고 있습니다. 국민 혈세를 지들 맘대로 주물럭거리면서 엉망으로 만들어놨잖아요. 분한 마음, 배신감 이해하고요… 얘기 잘 들어드릴 테니 같이 풀어가봅시다."

"네."

그 다음날인 7월 14일에도 아침 일찍부터 압박하기 시작했다. 처음 카톡을 보냈을 때처럼 전날 메인뉴스에 나갔던 〈국가브랜드 개발 사업 양파껍질 의혹〉과 〈행사마다 대통령이…문화계 황태자 차은택〉 두 기사의 링크 주소를 보내줬다. 차은택에 대한 배신감을 상기시키면서, 일반에 알려지지 않은 차은택과 대통령의 관계를 알면 털어놓으라는 뜻이었다.

그러자 "혹, 제가 문제가 생기면 두 딸들과 아내에게 명예롭게 해주세요"라는 답변이 되돌아왔다. 당시 이성한에겐 11살 10살짜리 초등학교 4학년과 3학년 두 딸이 있었다. 이렇게까지 얘기할 정도면 이제 결심을 한 모양이구나 싶어 다음날 점심 약속을 했다. 이성한이 쥐고 있던 녹음 파일을 얻을 수 있을 것으로 기대하고 회사 바로 앞 식당으로 잡았다.

미르재단 이사진 구성에서 차은택이 '숨은 손' 역할을 했다는 것과, 청와대와 안종범의 개입 정황 등이 파악된 만큼 이번엔 더 진전시킬 수 있을 것 같았다. 그런데 점심에 이어 코리아나호텔 커피숍으로 옮겨서까지 거의 1시간 30분 넘게 취재했지만 차은택에 대한 배신감 토로가 대화의 절반을 넘었다. 참다못해 중간쯤부터 다시 대화의 주도권을 잡았다.

"좀 의아스러운 건 문화창조벤처단지라는 게 있는데, 문화재단 미르는 왜 만들었을까요?"

"내가 주인이요라고 드러내지 않은 이상은 알 수가 없습니다."

그때도 대통령의 개입 없이는 이뤄질 수 없는 일이라고 생각은 했지만, 박근혜 대통령의 개입 정도에 대해선 오리무중이었다. 최순실이 만든 걸 박 대통령이 묵인한 건지, 박 대통령이 시켜 최순실이 만든 건지가 불분명했다.(검찰과 특검을 거치면서도 박근혜 전 대통령과 최순실 모두 입을 다물어 아직까지도 의문으로 남아 있는 부분이다.)

"기업에서 왜 그 많은 돈을 거뒀다고 생각하세요?" 내가 물었다.

"차은택 말고도 뒤에서 권한을 행사하려는 사람이 다 안 드러났다는 겁니다. 주된 명분이 사회공헌 차원이지만, 사리사욕 때문에 그렇다고 봅니다."

결국 '돈'을 챙기려는 목적으로 재단을 만들었다는 게 이성한의 해석이었다. 그 근거로 통상 재단법인과 다른 점을 설명했다.

"그 사람들한테는 어마어마한 금액이 컨트롤 범위 내에 있으니까요. 486억 원 중에 100억 원만 기본자산이지, 386억 원은 운영자산입니다. 100억은 못 건드리지만, 문제없이 쓸 수 있는 돈이 386억 원이나 되는 거예요. 1년에 30억 원씩만 잡아도 12년을 쓸 수 있습니다."

다른 재단법인은 임의로 쓸 수 있는 돈이 거의 없다. 등기상 자산으로 묶어놓고 이자수입 등으로 재단을 운영한다. 이성한이 지적한 요상한 구조는 〈'미르재단' 내분 암투 파행…주인 누굴까〉라는 7월 27일자 기사에 반영됐다. 결국 숨은 주인이 '386억 원'을 임의로 쓸 수 있도록 해놓았고, 내부 다툼도 이 권한을 누가 차지하느냐를 놓고 빚어졌다는 내용이었다.

권한 다툼 과정에서, 차은택이 "정부에서 (재산을) 몰수하겠다고 협박까지 했다"고 한다. 이성한은 그래서 "비선실세라고 지칭되는 사람들이 권한을 행사하려면 명백히 드러내놓고 하고, 비선실세와 연관된 재단 이사들은 자진 사퇴하라고 요구했다"고 말했다. 처음으로 비선실세라는 단어를 입에 올렸다. '최순실'을 지칭하는 것이었지만, 끝내 이름은 입에 올리지 않았다.

이성한은 미르재단 이사장 김형수, 상임이사 이한선, 사무부총장 김성현 등이 차은택 추천으로 들어앉은 인물이라고 했다. 이사 김영석에 대해선 박근혜 대통령의 한복디자이너였다며 최순실 추천임을 시사했다.

예기치 않은 정보도 들었다. 지나가는 식으로 내가 "K스포츠재단이란 데도 비슷한 행태로 360억 원가량 모았다고 들었어요"라고 하자 이성한 입에서 "어~ 280억 원 아니고요?"라는 말이 되돌아왔다.

그때까지만 해도 K스포츠재단의 정확한 모금액에 대해선 불투명한 상태였다. 그런데 360억 원이라고 하자 이성한은 280억 원이라고 정정한 것이다. 그리고 "돈을 돌려준 데도 있을 걸요"라고 스치듯 지나갔다. 당시 롯데에 대한 전방위 수사가 진행되고 있던 시점이라 '롯데 아닐까' 짐작만 했는데, 국정농단 수사가 시작되고서 확인됐다. K스포츠재단이 롯데에 70억 원을 돌려준 지 한 달쯤 지난 시점인데, 이성한은 이 사실을 정확히 알고 있었던 것이다.

"900억 원이 넘는 두 재단을 대통령이 직접 만들었다곤 믿기지 않는데요?"라고 하자 이성한의 반응은 "아이구 답답하네"였다. 첫 대화에서 압박하느라 다 알고 있는 척 몰아붙였지만, 돌아보면 여전히 코끼리 다리 만지기를 하고 있었던 셈이다. 대통령이 아니면 안 되는 일을 '믿기지 않는다'고 하니 이성한 입장에선 답답할 만도 했다.(나중에 '미르재단의 500억 모금' 기사가 보도된 뒤 건물 뒤뜰로 담배를 피러 가다, 조선일보의 한 논설위원이 "그 재단이 뭐 같아? 500억 원이면 적은 돈이 아닌데"라고 물어온 적이 있었다. 내가 "대통령 퇴임 후를 염두에 둔 재단 같다. 다른 재단까지 합치면 1000억 가까이 될지 모른다"고 하자 믿기지 않는다는 눈치였다. 5공화국도 아닌데, 백주대낮에 그런 일이 벌어지겠느냐는 뜻이었다. 나도 이성한을 만났을 때 '설마 대통령이?'하는 선입견이 있었거나, 그렇게 믿고 싶지 않았던 것 같다.)

이날도 이성한에게 녹음파일을 요청했지만 그는 "2015년 12월부터 녹음해왔으니 파일이 너무 많아 필요한 걸 추리고 있다"고 했다. 핑계란 건 알았지만 기다리는 수밖에 없었다.

2016년 6월 말까지 미르재단 사무총장으로 있던 이성한 입을 통해, 미르재단 500억 원 출연금 모금 때 안종범 수석의 지원과 청와대 개입, 청와대와 미르재단 관계자들의 회의, 차은택의 이사진 추천 등이 확인된 셈이었다.

이성한은 이름만 입에 안 올렸을 뿐이지 사실상 '최순실'이 배후라는 정황도 확인해준 것이나 다름없었다. 하지만 이성한을 미르재단 취재에만 국한시키는 바람에 그가 K스포츠재단에 대해 했던 말들을 지나쳐버린 건 패착이었다.

"이거 정말 할 겁니까?"

7월 12일과 7월 15일 이성한과 두 번의 만남이 이뤄진 뒤, 머릿속엔 미르재단에 대한 밑그림이 대부분 그려졌다. 그룹별로 '약정'이라는 형식이 있긴 했지만, 모금 과정에서 기업들의 불만이 컸다는 사실도 확인됐다. 모금 과정에서 안종범 청와대 경제수석이 개입한 정황이나, 미르재단 배후에 차은택과 비선실세(최순실)가 있다는 증언도 확보된 상태였다. 비선실세의 목소리가 담겼다는 '이성한의 녹음파일'도 곧 손에 넣을 수 있을 것으로 판단했다.

마지막 단계인 전경련, 미르 이사진들, 안종범의 해명만 남겨둔 상황이었다. 기업 관계자들은 최대한 연락처를 확보해놓고 시점만 보고 있었다. 찔끔찔끔 시차를 두고 기업 관계자들을 취재할 경우 전경련에 보고가 들어가, 입을 맞출 수 있다는 점 때문에 한꺼번에 동시에 취재하려고 유보해두고 있었다.

7월 15일 저녁엔 귀가 중 교통사고로 명을 달리한 성영호 영상편집기자의 장례식이 있었다. 부장단과 기자들도 저녁에 일제히 단체 조문에 나섰다.

그 자리에서 본부장 주용중과 취재 얘길 꺼냈다. 여명숙과 이성한을 만나기 전까진 미르·K스포츠 재단 의혹은 의심과 가설 단계라 본부장에게 따로 보고하진 않았다. 김종, 차은택, 박근혜를 등장시키는 기사들이 매듭지어지고 다음 단계로 나갈 시점이었다. 곧 미르와 K스포츠, 그리고 최순실이 등장할 것이었다.

"사실 파장이 만만찮을 텐데요. 아마 30대 대기업들 상당수가 조사를 받아야 할 거고, 구속되는 재벌총수도 나올 수 있습니다."

'30대 대기업들 대부분이 검찰 조사를 받는다'는 건 말이야 쉽지, 쉽게 상상할 수 없는 일이었다. 20여 년 전인 1995년 '전두환·노태우 비자금 사건' 때나 있었던 일이다. 이 사건을 특종보도한 게 주용중이었다.●

"그래도 할 겁니까?"라고 물었다. 그 정도 되는 사건이면 사회부장인 나 혼자 밀고 나갈 수 있는 일이 아니었다. 정치·사회·경제적으로 요동을 치고, 그 파장은 보도본부를 넘어 회사에도 상당한 영향을 미치게 될 걸로 예상했다. 청와대와 재벌총수,

● 1995년 8월 1일 김영삼 대통령의 최측근인 서석재 총무처장관이 당시 민자당 출입기자 7명과 저녁 자리를 하면서 오프더레코드를 전제로 '4000억 원대의 가명 계좌를 갖고 있는 과거 실력자가 있다'는 발언을 해 이틀 뒤 「조선일보」 1면에 특종보도된다. 이 보도 뒤 검찰이 수사에 나서 '해프닝'처럼 잦아드는 듯했지만, 두 달 뒤 민주당 박계동 의원이 국회에서 통장 사본을 흔들며 '이것이 노태우 전 대통령 비자금'이라고 폭로하면서 전두환·노태우 두 전직 대통령의 비자금 사건으로 비화된다.

30대 대기업을 상대로 한 것인 만큼 보도본부가 하나가 돼서 밀고 가지 않으면 안 되는 사안이라고 생각했다. 그래서 보도본부를 총괄하는 본부장 주용중의 의중을 물었던 것이다. 주용중은 거침없이 "해보자"고 답했다.

의외로 답변이 간결했다. 속으로 '향후 파장을 충분히 고려해서 답변한 걸까' 생각하면서도 "그렇다면 치고 나갑니다"라고 말했다. 사실 전두환·노태우 비자금 사건은 김영삼 대통령이 정권을 잡은 뒤 과거사 청산 차원에서 벌어진 것이다. 두 전직 대통령을 구속시키고 '5·18 내란음모 사건'까지 불러들이는, 요즘 말로 어마무시한 사건이었지만 그래도 그건 지나간 권력을 살아 있는 권력이 단죄하는 것이었다. 그런데 이건 살아 있는 권력과 내로라하는 재벌들에게 칼을 대는 일이었다. 그런 점에서 본부장 주용중의 '해보자!'는 얘기는 큰 힘이 됐다.

취재가 되더라도 보도가 되지 않는다면 아무런 의미가 없다. 그래서 대형 게이트 사건을 취재할 수 있는 조건 중 하나가 거센 역풍에 맞설 수 있는 의지와 역량이다. 사장된 기사는 의미가 없다. 판사들이 판결로 말하듯, 기자는 기사로 말해야 한다.

7월 12일 이성한을 만나고 난 뒤부턴 미르·K스포츠 재단이 박근혜정권 입장에선 절대 터져 나와선 안 되는 '판도라 상자' 같은 것일 수 있다는 생각이 들었다. 최순실이 문제가 아니라 어쩌면 '최고권력에 칼 들고 달려드는 일'이라는 걸 직감했다. 청와대는 무슨 수를 써서라도 막으려 할 것이었다.

펭귄팀 기자들이 풀어지면 회의중에 "대통령 권력과 맞서는 일인데, 어떻게 몸에 상처 하나 안 나길 바라겠느냐. 각오 단단히 하고 긴장하자"고 독려했다. 하지만 정동권·서주민 등 고참 기자를 제외하곤 의미 파악을 못했던 것 같았다. 펭귄팀 중에 "이걸 왜 하는데요"라고 묻는 기자도 있긴 했다.

취재에 협조한 취재원이나 주위 사람들에게 문제될 만한 것들을 잘 정리하라고 조언해준 것도 앞으로 어떻게 될지 모른다는 '중압감' 때문이었다. 이런 상황에서 본부장이 의지가 있다면, 보도본부 전체가 움직이는 것이기 때문에 중간에 꺾일 일은 없다고 판단했고, 또 믿었다. 7월 18일 월요일 아침에도 부장단 회의를 끝내고, 본부장이 따로 불렀다. 장례식장에서 오갔던 얘기를 다시 물었고, "대통령 퇴임 후를 대비한 제2의 일해재단으로 보고 있으며 주요 대기업들이 거의 걸려 있다"고 다시 말해줬다. 한 번 더 확인하는 차원이었다. 주용중은 "앞으로 두 사람은 서로 비밀 없이 얘기하자"고 했다. '취재된 내용을 공유하면서 함께 헤쳐나가자'는 말로 이해했다.

나는 "내년 초 TV조선 재허가 문제가 걸려 있긴 하지만, 이 정도 사안이면 충분히 뛰어넘을 수 있을 것 같다"고 얘기했다. 정권이 TV조선 재허가를 무기로 정치적인 접근을 할 수 있는 범위를 넘어서는 사안이라는 뜻이었다. 좌고우면하지 않아도 된다는 점을 강조한 것이다.

이후 청와대가 『조선일보』를 공격하고 들어오기 전까지는 이 약속은 지켜졌다. 하지만 '청와대와 조선일보의 전면전'이라는 프레임이 작동되자, 본부장인 주용중의 결기도 흔들리는 듯했다.

드디어 최순실을 카메라로 잡다

여명숙과 전 미르재단 사무총장 이성한 취재를 통해 최순실이 미르재단 배후로 굳혀졌다. 그런데 보도를 하려면 빠져선 안 될 게 최순실 인터뷰였다. 하다못해 해명하는 음성이라도 있어야 했다.

애초 취재에 돌입하면서 시도했던 김종의 비선 보고 현장 포착이 실패하자, 최순실을 찾는 일은 한동안 소강 국면에 들어갔다. 하지만 미르·K스포츠 재단을 보도하게 되면 이어서 최순실이 나와야 했다. 얼마나 걸릴지도 모르는 상황이라 '최순실 포착'을 더 이상 미뤄둘 수 없었다.

문제는 베일에 싸인 최순실을 어떻게 잡아낼 것이냐였다. 사는 곳은 물론, 휴대폰 번호도 알 수 없었다. 고영태는 최순실 전화번호만큼은 노출을 안 시켰다. 6월 8일 저녁 청와대 인근에서 만난 뒤 나를 집까지 태워줄 때도 최순실과 통화를 했지만, 조금이라도 물어볼라치면 "그때 (2014년 말) 이후론 잘 모른다"고 시치미를 뗐다.

직접 찾아나설 수밖에 없었다. 7월 12일 이성한을 처음 만나고 돌아온 오후, 단서를 찾을 겸 김수현에게 전화를 했다.

"신사동 미승빌딩 옆에 호텔이 있나?"

최순실이 호텔에 산다는 얘기를 얼핏 들어서 다시 확인해봤다.

"저는 그렇게 알고 있었거든요. 미승빌딩이 아니고요. 그때 차움빌딩 들어가면서 (고영태가) 얘기할 때 '여기가 지하로 들어와서 바로 올라가기 때문에 안전해서 여기 산다' 이렇게 들었어요."

2014년 12월에 CCTV영상을 건네받고 차움빌딩을 둘러볼 당시의 상황을 말한 건데, 그때 난 들은 기억이 없었다. 최순실이 김종을 만날 때 항상 VIP주차장에 차를 세워놓는다는 것만 생생했다. 나중에 고영태 파일이 공개되면서 드러나지만, 김수현은 최순실이 신사동 '미승빌딩'에 사는 걸로 알고 취재에 혼선을 주기 위해 일부러 '차움빌딩'을 언급한 것이었다. 결과적으로 그의 이런 '꼼수'는 최순실의 실제 거주지를 알려준 셈이 됐다.

"그럼 차움빌딩이 호텔이야?"

"거기 사니까 그냥 호텔인 줄 알았죠."

그날 저녁 버스를 타고 집에 오는 길에 퍼뜩 떠오른 생각이 있었다.

사는 곳이 차움빌딩 근처가 맞다면 상당히 고급 주택일 텐데, 찾을 수 있지 않을까 싶었다. 버스를 타고 오면서 인터넷으로 차움빌딩 주변을 검색해보니, 차움빌딩 자체가 주상복합 건물이었다. 6~23층이 국내 최고급 오피스텔로 내로라하는 사람들이 꽤나 살고 있었다. 바로 여기구나 싶었다. 차움병원이 있어서 '차움빌딩'으로 불렸지만, 실제 건물 이름은 '피엔폴루스'였다. 그전까지는 그저 차병원 건물로만 알았다. 선입견 탓에 미처 생각을 못했던 것이다.

밤 10시가 다 됐지만, 바로 박성제에게 취재 지시를 내렸다.

"낼 아침 늦어도 8시 30분까지 영상취재부 민봉기랑 최순실 집에 가라. 청담동 차움빌딩 오피스텔 피엔폴루스에 사는 것 같으니, 먼저 입주자 주차장 지하 4~5층 VIP존에서 '벤츠500 19XX'이 있는지 확인해라."

7월 14일 박근혜 대통령은 아시아-유럽정상회의(ASEM) 참석차 몽골 순방이 예정돼 있었다. 혹시라도 박근혜 대통령이 떠나기 전 최순실이 청와대를 들어갈지 몰라 아침 일찍 가보라고 한 것이었다.

박성제는 지시대로 바로 현장으로 갔고, 8시40분쯤 '벤츠500 19XX' 차량 사진을 찍어 메신저방에 올렸다. 나오면 무조건 인터뷰를 하라고 대기시켰으나 기미가 없어 몇 시간 만에 철수시켰다. 그 무렵은 차은택과 늘품체조, 그리고 엉망진창 국가브랜드 사업에 대해 양파껍질 벗기듯 매일 리포트가 나가던 때였다. 리포트 제작하랴, 취재하랴 정신없이 돌아가 무작정 대기가 불가능한 상황이었다. 그런데다 이날은 정부가 사드(THAAD) 배치 결정과 함께 경북 성주군을 배치 장소로 갑작스레 발표한 날이라 시끌시끌했다. 이런 날 오후 최순실이 대통령을 만나러 갈 것 같지 않다는 판단이었다.

이튿날도 오전 내내 하릴없이 '벤츠' 차량만 지키는 격이 되자 철수시켰다. 찜통 더위 속에 온종일 매달리는 건 헛수고일 것 같았다. 주로 밤늦은 시간에 움직인다고 하니, 일단 금요일(7월 15일)부터 일요일(7월 17일)까지 밤 9시~12시만 지켜보기로 했다.

"김종 차관의 인사 청탁을 받은 사실이 있느냐?" "차은택의 문화융성위원 임명에 개입했느냐?" "대통령의 사생활 전반을 관리해준다는데, 맞느냐?" 이런 정도 질문을 준비해주고, 나머진 현장 대처하라고 했다. 혹시 몰라 미르재단이나 K스포츠재단, 의상실 CCTV영상 등과 관련해선 절대 언급하지 말라고 당부했다. 최순실에게 '전략'만 노출시킬 수 있어서였다.

7월 16일 토요일 밤 12시가 다 되어갈 무렵 전화벨이 울렸다. 발신인 '박성제'였다. '잡았구나' 싶었다. 박성제는 침착하게 말하려 했지만, 목소리로도 흥분을 억누르는 게 느껴졌다.

"부장, 최순실 인터뷰 땄습니다. 짧게 몇 마디 하고 (최순실이) 막 들어갔습니다."

"민봉기 씨랑 둘다 고생 많았고, 잘했다. 영상은 내일 확인할 수 있도록 책상에 올려둬라. 그리고 일요일 쉬고 모레 나와라."

다음날인 일요일 7월 17일 오전 11시쯤 전화벨이 울렸다. 일요일인데 급하게 찾을 사람도 없어 '이거 고영태겠구나' 싶었다. 역시였다.

"어제 최순실 집에 갔었어요?"

"기자들이 인터뷰한 모양이야."

"최순실이 제가 알려줬다고 난리가 났어요. 안 그러면 거길 TV조선 애들이 어떻게 아느냐면서. '그런 적 없다'고 화내고 펄펄 뛰었죠. 어떻게 될지 모르겠네요." 고영태는 "최순실에게 잘리게 생겼다"고 하소연했다. 최순실과 차은택이 '불 난 호떡집'이 돼 고영태에게 "너냐?"는 전화를 몇 차례씩 했던 모양이다.

이제 본 게임의 시작이었다.

취재를 하다보면 몇 번의 큰 고비들이 있다. 특히 방송이기 때문에 최순실의 얼굴을 카메라로 잡느냐 못 잡느냐는 결정적인 부분이다. 결기가 솟았다. 최순실을 건드렸으니 배수진을 치는 수밖에 없었다.

마침 최순실 인터뷰 전까지 '국가브랜드' '늘품체조' 등 코스요리 중 전채요리에 해당되는 기사는 거의 다 보도한 상태였다. 김종과 차은택 등 최순실 국정농단의 종범으로 등장할 인물들에 대한 소개는 얼추 마쳐 놓았다.

메인디시로 들어갈 차례가 된 것이다. 이때쯤엔 최순실과 박근혜를 떼려야 뗄 수 없는 관계로 봤기 때문에 중압감에 잠이 오질 않았다. 새벽에 눈뜨면 '누가 시킨 것도 아닌데, 왜 스스로 이걸 떠맡나. 모른 척 지나갈까' 하는 생각도 수없이 밀려왔다. 들어가는 길의 문은 넓어도, 나오는 길은 어떻게 될지 예측 불허였다.

매일 잠을 못 자자 아내는 "무슨 고민 있어?"라고 수차례나 물었고, 내색할 수도 없어 그때마다 답변은 "별 것 아니야"였다. 그러면서 내린 결론은 처음 시작할 때의 결심대로 "직무유기하는 기자는 되지 말자"였다. 이후 지쳐 나가떨어지는 후배들을 채찍질하면서 자주 이렇게 이야기하곤 했다. "몰라서 못 쓰는 건 괜찮다. 그런데 알고 못 쓰면 무능한 기자고, 알고도 안 쓰면 직무유기다." 사실은 나를 다잡는 자기최면이었다.

'더 나가야 되나, 말아야 되나' 밤잠 못 이룬 고민들을 한 방에 정리해 준 게 바로 박성제의 최순실 인터뷰였다. 이젠 최순실에게까지 노출된 상황이니, 돌아서기 어려운 루비콘 강을 건넌 것이다.

2~3일 전만 해도 다음 단계로 뭘 할까 고민했지만, '최순실 기습 카메라 인터뷰'를 계기로 하이라이트인 미르·K스포츠 재단을 치고 나가는 게 맞다고 봤다. 정유라 학사 특혜 의혹은 이상배에게 맡겨놓고, 미르·K스포츠 재단 이후 최순실을 등장시킨 뒤 적당한 시점에 이어 쓰는 게 순서일 것 같았다.

'이거 찍지마' 카메라 무서워한 최순실

박성제 기자

심장 소리가 귀를 때렸다. 피가 쏠려 눈알까지 부풀어 오르는 것 같았다. 마이크를 쥐고 있던 손은 남의 것처럼 제멋대로였고, 다리는 뻣뻣했다. 2016년 7월 16일 밤 11시 10분. 최순실의 흰색 벤츠 차량이 지하주차장으로 들어오던 순간이었다. 그리고 비록 짧았지만 최순실과의 지하주차장 인터뷰는 성공했다. 날카로운 목소리로 "찍지 마세요"라며 카메라를 손으로 뿌리치는 바로 그 장면, 이후 여러 방송에서 흔하게 나왔던 그 장면은 이렇게 나왔다.

당시는 연일 폭염 특보가 발령됐다. 최순실이 사는 아파트는 초호화 그 자체였

지만, 지하 5층 주차장에는 바람 한 줌 내주지 않았다. 한증막에 매연을 가득 채워 넣은 듯했다. 젊고 덩치 큰 경비원들은 삼엄한 눈빛으로 수시로 주변을 돌았다.

나와 영상취재를 맡은 민봉기 기자가 숨을 곳은 극히 제한적이었다. 주차장에 마련된 화장실과 창고가 전부였다. 우리는 이곳에서 매일 몇 시간씩 최순실을 기다렸다. 경비와 마주치기라도 하면 끝장이었다. 지독한 더위와 극한의 긴장감은 우리를 녹초로 만들었다.

3일째. 견디다 못한 우리는 부장에게 항명하기로 의기투합했다. 우울증, 폐소공포증, 공황장애가 동시에 올 것 같았다. 부장에게 전화를 걸었다. "성제, 고생 많다!" 도무지 입이 떨어지지 않았다. 그냥 버티기로 했다.

나중엔 야릇한 애증의 감정마저 생겼다. 며칠간을 지하주차장 감옥에서 보내다 보니 제발 좀 나타나줬으면 할 정도로 사무치게 그리워지기도 했다.

마침내 차 문이 열리고 몸집 작은 아주머니가 내렸다. 애타게 기다리던 최순실 씨가 틀림없었다. 안경을 머리에 꽂고 쇼핑백 여러 개를 들었다. 민봉기 선배는 마른 침을 삼키며 작은 캠코더를 움켜쥐었다. 차로 되돌아갈 수 없을 정도까지 걸어 나오길 기다렸다. 한 걸음, 두 걸음, 세 걸음. 내가 고개를 끄덕이며 신호를 보냈다. 출동! 천 번은 더 되뇌었던 작전이다.

상상과 달리 최순실 씨 머리엔 뿔이 달려 있지 않았다. 그저 동네에서 흔히 보던 '아줌마'였다. 민봉기 기자는 솜씨 좋게 내 뒤에 숨으며 촬영했다. 최순실은 김종과 차은택 인사에 개입하지 않았느냐는 내 질문에 당황하지 않은 척 답했다. 하지만 카메라를 발견하는 순간 돌변했다. "이런 거 찍지 마세요!" 최순실은 비상계단으로 뛰었다. 동시에 우리도 도망쳤다. 경비원에게 카메라만 뺏기지 말자는 일념이었다. 하지만 한 층 위에서 다시 최순실과 마주쳤다. 서로 놀라 반대방향으로 뛰었다. 빙빙 도는 구조인지 최순실과 또 마주쳤다. 민봉기 기자가 뛰며 소리쳤다. "에이씨! 오라고 할 때나 좀 오지, 왜 가라고 할 때 자꾸 나타나는 거야?" 건물을 빠져나와서도 우린 한참을 더 뛰었다. 비가 왔다.

청담동의 한 커피숍 앞에는 재즈가 흘러나왔다. 비에 온 몸이 젖게 내버려뒀다. 옆에서 선배가 날 한 번 보더니 웃었다. 나도 웃었다. 부둥켜안고 더 크게 웃었다.

유인책에 넘어온 미르 이사장

그동안엔 미르재단 이사진들을 들쑤실 경우, 최순실 쪽에 작전이 노출될 우려가 있어 주변 취재만 해왔다. 특히 사무총장에서 해임된 이성한이 '자료 수집'을 한다고 해 시간을 벌어주기 위해 미뤄왔다. 하지만 7월 16일 토요일 최순실 기습 인터뷰를 하고 나자 굳이 미룰 필요가 없어졌다. 보도 시기가 가까워오면서 이사진들 한 명 한 명을 밀착 마크할 필요가 있었다.

미르·K스포츠 재단 취재는 6월 10일 프레젠테이션과 함께 가동됐지만 한동안은 워밍업 단계였다. 관련자들 연락처를 찾아놓는 정도였다.

마침 6월 28일에 이재중은, 김형수가 차은택의 박사학위 과정 지도교수라는 사실을 보고했다. 차은택과 김형수의 사제 관계가 '이사장' 임명에 결정적 영향을 미친 것으로 추정됐다. 당장 미르재단 이사장 김형수와 공식 인터뷰 날짜를 잡으라고 주문했다.

기사 검색을 하다 2016년 4월 27일자 『동아일보』에서 「장폴 베르페스 파리상공회의소 의장 인터뷰」를 찾았다. 프랑스 파리상공회의소는 프랑스에서 가장 오래된 요리학교 '에꼴 페랑디'를 운영하고 있는데, 미르재단과 손잡고 한국에 '페랑디-미르'라는 요리학교를 공동 개설하기 위해 의장이 한국을 찾은 것이다. 그 기사를 보면서 김형수를 끌어낼 아이디어가 떠올랐다. 심각하게 취재한다는 의심을 사지 않고 이사장인 김형수 얼굴은 물론 미르재단 사무실 영상을 확보할 수 있는 방책이었다.

'요리 한류'라는 기획 리포트의 하나로 '에꼴 페랑디와 요리학교를 개설하게 된 과정과 프랑스에 요리 한류를 전파할 계획'을 듣고 싶다는 요청을 넣었다. 미르재단의 첫 사업이 에꼴 페랑디에 한식 과정을 만드는 MOU 체결이었다. 미르재단 이사장실로 직접 찾아가 인터뷰를 한 뒤 재단 내부 영상까지 찍겠다고 제안했다. '요리 한류 취재'는 인터뷰 유인책이었다.

그런데 김형수는 왠지 "재단도 정비가 덜 됐고, 이사장실엔 잘 나가지 않는다"며 연세대로 찾아오라고 했다는 것이다. 약속을 늦추겠다고도 요청했으나, 교수실에서 하자고 우겼다. 출범 6개월이 지났고, 500억 가까운 돈을 거뒀는데 재단 정비가 덜 됐다고 하니 곡절이 있어 보였다. 대기업들이 정비도 안 된 재단에 돈을 낸 셈인데, 상식적으로도 납득이 안 됐다.

그렇다면 TV조선 스튜디오에서 방송 녹화를 하는 게 좋겠다고 역제안하자 김형수가 받아들였다. 상대적으로 생방송이 없는 일요일인 7월 3일 오후 방송 녹화 시간을 잡았다. 실제 방송 녹화가 아니고, 인터뷰 모습을 카메라로는 찍되 녹화 흉내만 내는 것이었다.

요리 한류 관련 질문으로 포장하면서, 실제 취재에 필요한 질문들을 자연스럽게 끼워 넣는 계획이었다. 요리학교는 사실 미끼였고, 미르재단 취재가 속셈이었다. 의심 사지 않고 자연스럽게 이어갈 수 있도록 질문을 구성해 이재중에게 넘겨줬다. 분위기를 누그러뜨리기 위해 앞에는 유인용 질문을 배치하고, 뒤로 가면서 알고 싶은 내용을 묻게 했다.

이재중은 넥타이까지 매고 스튜디오에 올라 실제 녹화하듯 진행했고, 나는 부조정실에 앉아 인터뷰를 지켜보며 답변 내용을 들었다. 김형수는 활동 계획에 대해 "여러 기업들과 연결될 수 있는 작은 교두보 역할, 공익적 목적의 문화적 사업들을 추진한다"고 말했다. 이미 500억 원 가까운 돈을 걷었지만, 구체적인 사업계획조차 불투명했다. 답변이 막히면 "전문가들과 포럼을 열어 방향을 정할 것"이라고 했고, 재원 문제가 나오면 "전경련이…"라며 말끝을 흐렸다. 큰 소득은 없었지만, 미르가 내세운 한류 문화 확산이 기업에서 돈을 강탈하기 위한 허울 좋은 명분이라는 심증은 더 굳어졌다. 부수적으로 의심 사지 않고 김형수의 얼굴 영상도 확보했다. 유인책 질문의 하나로 "아프리카에서 벌이는 K-밀(K-meal) 사업은 어떤 내용인지 설명해달라"고 물었던 건 얼마 후 다시 취재거리가 된다.

그로부터 1주일 뒤 미르 이사진들 면면 파악에 들어갔다. 이사 이한선은 HS애드 출신으로 문화창조융합본부에서 개발팀장으로 근무하다 미르재단으로 옮겨갔다. 인천 아시안게임 개폐회식 때도 차은택과 일한 인연이 포착됐다. 미르재단 이사진 합류가 차은택에 의해 이뤄진 것으로 추정됐다. 얼마 뒤 여명숙으로부터 차은택이 이한선을 미르재단 이사에 앉힌 걸 확인할 수 있었다.

실내건축가 장순각 역시 한국관광공사 건물에 문화창조융합본부가 들어설 당시 리모델링에 관여했다. 문화창조융합본부가 차은택과의 고리였을 것으로 추정됐다. 하지만 장순각과 최순실 간 연결고리의 흔적은 찾지 못했다.

그런 점에서 가장 주목되는 인물이 이사 김영석이었다. 박근혜 대통령이 취임식 때 입고 나왔던 한복 디자이너였다. 최순실의 추천이라고 의심할 만했다.

나머지 감사 채미옥(당시 한국감정원 부동산연구원장)과 이사 조희숙(한국무형유산진흥센터 대표), 송혜진(숙명여대 전통문화예술대학원 교수)은 신상은 나왔지만, 차은택이나 최순실과의 연관성이 잘 드러나지 않았다.

최순실 인터뷰 이전까지 이렇게 이사진들에 대한 주변 취재는 어느 정도 됐지만 정작 당사자들 얘기는 듣지 못한 상태였다. 7월 18일 월요일 출근하자마자 이사진부터 밀착 마크를 시켰다. 이사 장순각과 감사 채미옥은 이상배에게 먼저 할당됐다. 채미옥은 휴대전화 연락처가 없어 다음 날 대구에 있는 한국감정원으로 직접 찾아가도록 했다. 감사를 맡다 그만둔 상태라, 혹시 불만이나 내부 얘기를 솔직하게 들을 수도 있겠다 싶어 전화보다는 대면 취재를 시켰다.

'최순실'을 취재한다는 게 알려지지 않도록 질문에선 차은택까지만 노출시키라고 주지시켰다. 채미옥은 "차은택이 문화창조벤처단지를 맡았을 때 자문을 해줬다"는 점은 인정했지만 재단 이사가 된 경위는 밝히지 않았다. 대신 "이성한은 결제를 안 하고, 이한선은 결제를 진행해 결국 미결제 서류들이 쌓여 있다"고 말했다. 이한선의 후견인이 차은택이라, 차은택과 이성한 간에 알력이 있던 것으로 짐작됐다.

채미옥은 "감정원 일과 미르재단 감사를 병행하기 어려워서 관뒀을 뿐 회유나 압력은 없었다"고 말했다. 이상배가 해온 인터뷰 전문을 훑어보니 자신의 말이 혹시 '방아쇠'가 될까봐 극도로 조심하는 눈치였다. 사무총장 이성한이 기업들을 찾아다니며 돈을 거두는 역할을 했다는 내용 정도만 새로 확인이 됐다.

대기업 돈을 500억 원 가까이 거둔 문화재단의 규모나 표방하는 '문화융성'의 포부에 비춰 이사장이나 이사진들이 무게감이 떨어진 이유를 알 만했다. 최순실과 차은택 주변 인물로만 채워졌기 때문이다. K스포츠재단 역시 비슷하게 진행됐을 가능성이 높아 이사진을 파악하고 현판식이 있었는지를 확인하라고 했다. 미르재단은 '현판식 사진'이라도 보도됐지만, K스포츠재단 현판식 기사는 찾을 수가 없었다.

두 재단이 같은 방식으로 설립됐다면, 청와대 경제수석 안종범과 교육문화수석 김상률을 건너뛰고 진행되긴 어려웠다. 두 사람도 취재리스트에 올렸다.

실패한 연결짓기

구슬이 서 말이라도 꿰어야 보배다. 이 말이 딱 맞았다. 알고 있는 건 많았지만, 팩트들을 찾아서 꿰지 않으면 기사로 쓸 수 없다. 취재의 처음은 아는 것이다. 정확히 아는 게 기사의 7~8할 정도 된다. 그리고 아는 걸 뒷받침할 수 있는 팩트들을 모아 설득력 있게 연결시키는 게 기사다.

체육계 황태자 김종, 문화계 황태자 차은택, 기업 돈 먹는 하마 '미르와 K스포츠'. 공통적인 배후는 최순실이었다. 의심에서 시작된 '미르·K스포츠 재단의 배후 최순실'은 6월 말쯤에는 정황들이 드러나는 단계가 됐다. 이걸 꿰나가는 게 펭귄팀이 할 일이었다.

김종·차은택과 비선 최순실의 연결고리, 미르·K스포츠 재단과 비선 최순실과의 연결고리, 비선 최순실과 박근혜의 연결고리, 이 3가지가 전체 흐름에서 중요한 요소들이었다. 이 가운데 가장 결정적인 건 최순실과 박근혜의 연결고리였다. 최순실의 힘은 대통령 박근혜에서 나오기 때문이다. 이 연결고리가 끊어지면 '정윤회 게이트'처럼 얼마든지 왜곡시키고 무마할 수 있었다. '최순실과 대통령 박근혜가 이런 관계여서 이런 일이 벌어졌다'고 자연스럽게 설명될 수 있는 정황과 입증 자료들이 있어야 했다. 당시 손에 쥐고 있는 무기는 박근혜 의상실 CCTV영상 하나였다.

CCTV영상은 최순실을 넘어설 수 있는 결정적 소품이었다. 하지만 영상이 공개되더라도 청와대는 '최순실이 옷가지를 챙겨준 사실이 있다. 그래서 어쩔 건데' 식으로 나올 게 뻔했다.

최순실-박근혜 관계를 입증할 수 있는 결정적 정황과 팩트들이 다층적으로 있어야 했다. 한때 최순실의 일거수일투족을 알았던 고영태의 증언 인터뷰면 딱 좋았다. 하지만 고영태는 기사가 나가는 것에 왠지 부정적이어서 설득해봐야 헛수고일 것 같았다. 또 어찌 됐든 CCTV영상이 나오면 고영태가 지목될 텐데, 거기다 최순실과 박근혜 관계까지 증언하는 인터뷰를 시키는 건 가혹하다는 생각도 들었다. 그래서 대안으로 생각한 게 김수현이었다.

고영태와 함께 만났을 때 곧 기사가 나갈 것이니 대비하라고 알려준 터여서 김수현도 어느 정도 마음의 준비를 했을 것으로 생각했다. 목소리를 변조하고 아래쪽 다리만 나오는 '발' 인터뷰 형식이나, 완전 모자이크 처리를 하면 김수현도 쉽게 응할 것으로 예상했다.

7월 3일 일요일 오후 "잠깐 나올 수 있나"고 했더니, "약속이 있긴 한데 취소하고 나가겠습니다"고 답변했다. 잘됐다 싶어 저녁 8시까지 광화문 TV조선 건물 근처로 오라고 했다. "영태에겐 얘기하지 말고 그냥 와라"고 당부했다. 고영태가 말릴지도 모른다는 생각이 들어서였다. 그러고는 영상취재부 기자 민봉기에게 4층 회의실에 인터뷰를 할 수 있도록 준비를 시켜뒀다.

취재 진행 상황을 챙기다 10여 분 늦게 내려가자 김수현이 기다리고 있었다. 복장이 집에서 쉬다가 그냥 온 차림이라 인터뷰 복장과는 좀 거리가 멀었다. 그래도 오늘 기회를 놓치면 김수현의 마음이 언제 변할지 몰라 "나랑 잠깐 가자"며 4층 회의실로 데리고 올라갔다.

카메라는 이미 설치돼 있었다. 민봉기는 누군지도 묻지 않고 다짜고짜 김수현의 허리춤에 마이크부터 채웠다. "직접 가서 인터뷰할 거다"라고만 해놓은 상태라 영상취재부 기자들은 '부장이 직접 와서 인터뷰를 한다니 중요한 사람이구나' 정도로만 생각했지, 누구를 왜 하는지도 전혀 몰랐다. 당시엔 보호해야 할 취재원이라고 생각해 취재기자들을 시킬 수도 없었다. 보도본부와 떨어진 별도 건물 4층 회의실이라 취재기자들 역시 낌새조차 못 챘다.

"너무 부담 갖지 말고, 예전 최 소장(김수현은 최순실에게 소장 호칭을 썼다)이랑 했던 일 있는 그대로만 얘기하면 된다."

분위기를 편하게 해주려고, 최순실이라는 이름보다는 김수현이 쓰던 대로 '최 소장'이라는 호칭을 붙였다.

"…."

얼떨결에 마이크를 차고 카메라 앞에 앉은 김수현은 침묵만 지켰다.

"다 모자이크할 거니까, 너무 깊게 생각할 필요 없다. 측면 인터뷰하고 그것도 모자이크하마."

"…."

여전히 말이 없었다. 맞은편에 앉아서 보자니 오만 가지 생각을 하는 듯했다.

"예전에 고원기획서 영태랑 최 소장이랑 했던 일 물어볼 테니 아는 대로만 말해라"

"…."

"최순실·고영태하고 회의한 내용을 네가 문화융성 사업안으로 정리하고, 차은택에 갖다줘 파워포인트 자료로 만들었다고 나한테 얘기한 적 있었잖아. 그 내용을 자연스럽게 설명해주면 된다."

무슨 말을 해야 할지까지 알려줬지만 시선을 고정한 채 침묵만 지켰다. 보기 답답했던지 민봉기가 카메라를 돌리면서 이렇게 등 뒤에서 하면 얼굴이 나올 염려가 없다고 안심시켰지만 김수현은 반응이 없었다.

"이거 다른 사람들 보거나 들으면 안 되니, 인제스트(영상 파일을 디지털 서버에 파일 형태로 변환시켜 콘텐츠 관리 시스템에 등록하는 것)시키지 말고, 끝나면 나한테만 갖다 주라."

노출될 염려 없으니 안심하라는 뜻에서 김수현이 들으라고 민봉기에게 한 얘기였다. 그래도 김수현은 요지부동이었다.

20분 정도가 지나 어쩔 수 없이 "그럼 카메라를 치우고 녹음만 하자"고 물러섰다. 그러고도 물끄러미 한참을 있더니 입을 뗐다.

"저 못할 것 같아요. 하려면 영태 형하고 상의도 해야 할 것 같아요." 고영태 핑계를 댔다.

입을 열어야 할 사람이 말을 안 하니 달리 방법이 없었다. 실랑이를 하다 30분 만에 카메라를 철수시켰다. 김수현을 데리고 나와 "편하게 맥주 한잔 하자"고 해 다시 설득에 들어갔다.

"넌 어차피 2014년에 최(최순실)와 몇 달 같이 일할 때 시킨 일만 했으니, 문제가 안 될 거야. 혹시라도 인터뷰 나간 뒤 최순실이 겁나면 소나기 피한다 생각하고 잠깐만 해외 나갔다 오면 될 거야."

한 달 전쯤 필리핀 쪽을 잘 아는 지인에게 얼마간 가 있을 곳을 알아봐 달라는 부탁을 해뒀었다. 언론의 취재경쟁도 경쟁이지만 당장 최순실이 고영태나 김수현을 가만두지 않을 걸로 생각해 미리 피신 장소를 알아봐 둔 것이었다. 최순실에게 괴롭힘을 당하지 않도록 피신 장소까지 마련해 뒀다고 해도 꿈쩍 안 했다.

열흘 뒤인 7월 13일 다시 김수현을 설득하기 위해 메신저로 "저녁시간 어떠냐?"고 물었으나, "가족행사 중이라 힘들겠습니다"는 답변이 왔다. 평소 나를 어려워해 잘 거절하지 못했는데, 짧막한 거절 답변이 돌아왔다. '쉽진 않겠다'고 생각했다.

다음날인 7월 14일에도 전날 메인뉴스에서 보도한 〈행사마다 대통령이…문화계 황태자 차은택〉 기사를 보내주고 "네 도움이 필요한 것 같다. 혹시 시간 되면 오늘 인터뷰할 수 있으면 좋겠다. 음성변조하고 모자이크 처리하면 괜찮을 거다"라고 또 한 번 설득했다.

김수현은 지방에 와 있다는 핑계를 대며 "조만간 생각 정리해서 말씀드리겠습니다"는 답변을 보내왔다. 그로부터 일주일 뒤인 7월 21일 메신저에 "고민 많이 했지만 죄송합니다. 우선 겁이 많이 나서 정말 못하겠습니다"라는 글을 남기고 연락을 끊었다. 이로써 김수현을 인터뷰하려던 계획은 무산되고 말았다.

그때만 해도 김수현이 고영태와 떨어져 건설 현장이나 다니며 일하는 줄 알고 있었다. 그런데 그건 착각이었다. 나중에 일명 '고영태 녹음파일'이 공개되고 안 일이지만, 고영태와 김수현은 꿍꿍이와 속셈이 따로 있었다. 당시 고영태나 김수현이 최순실의 하수인 노릇을 하고 있다는 걸 나로선 알 턱이 없었다.

사라진 스모킹 건—이성한의 녹음파일

이성한을 처음 만난 이후 그의 입에서 '최순실' 이름을 꺼내기 위해 애를 썼다. 이성한이 아니더라도 '최순실'을 쓸 수는 있었지만, 팩트를 중층적으로 쌓아놓아야 기사가 탄탄해지기 때문이었다. 게다가 그는 2015년 12월부터 미르재단 회의를 녹취한 70여 개의 녹음파일을 갖고 있다고 했다. 그것이 차은택-미르재단-최순실-박근혜 간의 연결고리를 보여주는 또 하나의 증거가 될 수 있었다.

7월 12일 이후 연일 이성한의 압박에 나섰다. 특히 최순실 인터뷰를 한 다음날인 7월 17일 일요일부터 7월 19일까지는 카톡 대화로 밀어붙이는 강도를 끌어올렸다. 대화명으로 쓴 JD는 내 영문 이름 이니셜이다. 현장감을 살리기 위해 원문 그대로를 옮긴다.(단 괄호 안은 이해를 돕기 위해 첨가한 것이다.)

〔2016년 7월 17일 일요일〕

〔JD〕〔오후 3:38〕 이성한씨도 알고 있는 비선 실세라는 사람의 영상을 어제 잡았습니다.

그러니, 그 쪽에선 불난 호떡집이 돼 있을 겁니다. 낼부터 출근하면 더 몰아붙일 거고, (당신에 대한) 감시가 심해질 가능성이 있습니다.

지금까지 확보한 녹취파일 중 사실관계를 파악하는 데 도움이 될 만한 내용 일부라도 제공해주면 어떨까 합니다. 그 녹취파일을 그대로 쓰거나 그러진 않겠습니다. 그리고 지난번 얘기한 대로 기업쪽 파트너들 연락처 파악된 사람들이라도 주시면 사실관계 확인에 도움이 될 듯 합니다.

어제 밤 이후 (최순실쪽에)비상이 걸려 연락이 돌고 돌아 아마도 차은택씨가 이성한씨에게 연락을 했을지도 모르겠습니다만... 어떻게 조치를 하든 거긴 타이타닉호일 뿐입니다.

〔이성한 미르 사무총장〕〔오후 3:45〕 네 그제부터 연락이 오고 있습니다. 주말 가족들과 시간 보내고 있어 나중에 연락하겠다고 했을 뿐입니다. 내가 다 제보하고 있는 걸로 돼 있더라구요. 내가 배신 했다고, 그래서 하늘을 보라 했습니다. 인간 쓰레기들...

〔JD〕〔오후 3:52〕 하여튼 쉬는 데 미안하고요. 좀 생각해보시고 내일 다시 연락하겠습니다.

최순실이 TV조선이 취재하는 걸 알았으니, 누가 집을 알려주고 정보를 흘리는지를 캐내느라 비상이 걸렸을 것이란 얘기였다. 상황이 이렇게 긴박하게 흘러가고 있으니 '녹음파일'을 제공해달라고 압박했다.

〔2016년 7월 18일 월요일〕

〔JD〕〔오전 10:50〕 차은택씨 지금 발등에 불 떨어진 듯 여기저기 확인하고 무마하려 다니고 있는 것 같은데요. 이미 무마될 시점은 지났습니다.

이성한씨 한명 뿐만 아니라, 몇몇 사람들 찍어서 같은 식으로 확인하고 다니는 것 같습니다.

상황이 생각보다 빨리 돌아가네요. 그러니 너무 재지 말고 협조해주실 것 있으면, 협조 부탁드립니다. 먼저 사실관계를 좀 더 구체적으로 확인할 수 있는 녹취 파일과 기업쪽 파트너들 연락처 도움 주면 좋겠습니다. 사실 기자들 풀어 여기 저기 확인하고 휘저을 수도 있지만, 그렇게 안한 건 이성한씨가 내부에서 자료 모으고 있다고 해서 보류했던 건데, 일단 오늘부터 (미르재단) 이 사진과 기업들 외곽 취재 재개합니다.

혼자 구명조끼 입고 망망대해 뛰어드는 것 보다는 구조함에 올라타 함께 가는 게 좋지 않을까요.

노파심에서 하는 얘기지만 혹시라도 협조 안하면 기사가 못 나갈 것이라고 생각한다면 오산입니다. 그리고 여기 저기 언론플레이를 하는 일은 없었으면 합니다. 그건 자폭 행위나 다름 없습니다. 내부도 그렇고 여기 저기 전화 오는 것도 알고 있습니다. 여러모로 신경쓰이겠지만 같이 잘 정리해갑시다.

〔이성한 미르 사무총장〕〔오전 11:08〕 네, 하지만 누굴 믿어야할 지... 정말 힘드네요. 일단 재단 정상화를 논의 할 주체들을 찾아야 하는데...이 또한 논의 할 사람이 없어 더 힘듭니다.

〔JD〕〔오전 11:14〕 지난번에도 얘기했지만, 재단 정상화는 힘듭니다. 우선 정상화보다는 이성한씨 자신부터 보호할 생각을 하세요. 내가 (진상을) 아는 이상 그렇게는 안되도록 하겠지만 그쪽에선 당장 이성한씨한테 덤터기 씌우고 가려는 전략으로 나올 겁니다. 알아보시면 차(차은택)가 이리저리 뛰고 있는 정황이 나올 겁니다. 물론 위(최순실)에서 시켰겠지만.

날 믿으세요. 적어도 이성한씨가 덤터기 쓰는 일은 막을 수 있으니까요.

[이성한 미르 사무총장] [오전 11:15] 네 ㅜㅜ

[JD] [오전 11:16] 채미옥 감사는 있다가 재단이 이상하다고 나갔죠? 오늘 바로 장순각과 채미옥부터 기자들 붙일겁니다.

[이성한 미르 사무총장] [오전 11:17] 네

[JD] [오후 5:26]

〈취재요청 전화에 차은택이 보내온 문자 중에서〉

저에 대한 많은 루머와 이야기가 돌고 있다는것 알고 있습니다.. 저로서는 참 답답하고 이해할수 없는 것들이 많더군요... 하지만 전 평생 작품 만드는 것에만 즐거워하고 그 일을 즐기며 사는 것이 좋은 사람입니다..

따로 뭔가 하고싶고 되고 싶지도 않은 사람입니다.. 앞으로도 평생 현장에서 촬영하고 글쓰고 사는 것에 즐거움을 찾으며 살 것입니다.. 지금도 중국에서 드라마 촬영을 하고 있습니다.. 오지에서 촬영도 하다보니 전화도 쉽지 않은 상황입니다.. 연락 안되는 부분은 이해를 바랍니다..

[JD] [오후 5:29]

〈장순각 오늘 해명 중에서〉

사무총장님같은 경우에는 여러가지 행보들에 대한 보고가 있었는데, 그걸 저희가 하나하나 검증을 거치지 않았지만… 2명의 경영자들 사무총장과 상임이사가 다 결정을 하는 건데 두 분의 관계가 악화되다 보니까 이 관계를 지속시키다가는 재단 운영에 문제가 있을 것 같더라고요. 그럼 둘다 직위해제를 하자. 일은 시키되, (상임이사와 사무총장이) 관계개선 전까진 (직위해제)하자고 해서 만장일치로 진행시킨 상황이고요.

[이성한 미르 사무총장] [오후 5:33] 슬프네요...

〔JD〕〔오후 5:35〕일단 이성한씨가 참고할 만한 위딩들입니다.

　내가 필요한 부분은 차은택 안종범이 관여됐다는 정황 부분입니다. 지난번 얘기한 비선 실세가 누구를 지칭하는지 알고 있겠지만, 금방 통화했고 서로 알고 있는 부분 같으니 드러내놓고 얘기합시다. 최순실씨가 개입한 정황까지 있으면 좋겠네요. 엊그제 최순실씨를 카메라로 잡는 바람에, 그쪽에서도 움직이기 시작해 이쪽도 좀 빨라지기 시작한 상태네요.

　취재에 협조하는 게 미르재단의 늪에서 빠져나올 수 있는 길이니, 알고 있는 내용을 털어놔달라는 것이었다. 불법적으로 설립된 재단 정상화에 미련 갖지 말고, 함께 손잡고 '진실의 문'에 들어서자며 이성한을 밀어붙였다. 자신만이 유일한 취재원이라고 착각해 협조에 뭉그적거리지 말라는 취지였다.

　내가 녹음파일을 요청하면, 이성한은 핵심에 대해선 입을 열지 않고 주변만 맴돌면서 기사 방향이나 스케줄을 요구했다. 하지만 그건 "내가 알아서 할 일이다"며 구상중인 기사의 큰 그림이나 계획 등에 대해선 얘기를 해주지 않았다. 만약 그가 녹음파일을 제공했다면 비밀을 공유하는 차원에서 알려줬을지 모른다. 하지만 이성한은 취재원이면서 어쩌면 고발대상일 수도 있어 섣불리 계획을 풀어놓는 건 위험한 일이라는 게 내 판단이었다.

　그동안엔 '최순실' 이름을 꺼내지 않고 '비선실세'로 지칭했지만 이미 최순실 인터뷰까지 한 마당이어서 알고 싶은 내용들을 직설적으로 전달했다. 또 그때까지는 이성한이 '제보자'로 몰려 의심받는 상황이 되지 않도록 배려하는 차원에서 미르재단 이사진들에 대한 취재를 자제했다. 하지만 최순실 기습 인터뷰를 한 이상 더 유보하기 어려운 상황이라 이사진들에 대한 취재에도 들어갔다고 알려줬다.

그러면서 취재 과정에서 차은택과 이사 장순각이 해명한 내용을 보내 줬다. 차은택이나 미르재단 이사진에 대한 배신감을 증폭시켜서 '녹음 파일 제공' 결심을 유도하려는 의도였다.

〔2016년 7월 19일 화요일〕

〔JD〕〔오전 8:49〕 왜 가타부타 얘기 없나요?

〔JD〕〔오후 3:21〕 내일 점심 때 만나 상의를 하죠.

〔이성한 미르 사무총장〕〔오후 3:32〕 내일/모래 아이들과 갯벌체험이 있어 서요...오후는 어떨까요?

〔JD〕〔오후 4:03〕 오후 좋습니다. 시간 알려주면 장소는 전화통화해서 잡 죠.

〔이성한 미르 사무총장〕〔오후 4:46〕 체험학습장에서 출발하면서 전화드 리겠습니다.

〔JD〕〔오후 5:04〕 그러시죠. 낼 필요한 물건들도 가져오면 좋겠네요.

내가 알고 싶은 정보들을 에두르지 않고 던진 상태에서 다음날인 7월 20일 만나기로 했으니, 당연히 이성한이 최순실·안종범·차은택이 재단 을 좌우했던 정황이 담긴 녹음파일을 가져올 줄 알았다.

그런데 약속 당일 전화통화로 갑자기 광화문까지 나올 시간이 안 될 것 같다고 장소 변경을 요청했다. 할 수 없이 미르재단 근처 스타벅스에 서 오후 4시에 만나기로 약속을 잡았다.

여기서 또 돌발 문제가 생겼다. 고영태가 오후에 갑자기 전화를 해오 더니 "이성한과 만나기로 했다면서요? 저도 그 자리에 나가면 안 될까요"라고 물어온 것이다.

그동안 이성한에게는 고영태를 모르는 척, 고영태에게는 이성한과 접촉이 없는 척했다. 그런데 두 사람이 서로 연락을 주고받고 있던 것이다. 고영태가 최순실에게서 떨어져 나온 건지, 아직 손을 잡고 있는 건지 알 수 없었기 때문에 고영태를 전폭적으로 신뢰할 순 없었다. 또한 취재원들을 함께 붙여놓는 건 취재에 장애가 된다. 함께 만나면 서로 눈치를 보기 때문에 설득의 효과도 내기 어렵다.

고영태의 전화를 받고 느낌이 좋지 않았다. 이성한이 고영태에게 나를 만난다는 걸 얘기했고, 고영태는 함께 만나겠다고 했을 터였다. 고영태가 군이 나오겠다는 건 나와 이성한 사이에서 오가는 얘기를 알고 싶어하거나, 뭔가 다른 꿍꿍이 때문으로 보였다. 그렇다고 약속을 미루기도 그렇고, '넌 안 돼'라고 자르기도 뭐해 "그럼 나와라"라고 대답했다. 그게 패착이었고, '이건 아닌데'라는 느낌 그대로 일이 흘러갔다.

셋이서 마주 앉았고, 난 카카오톡 대화로 설득할 만큼 설득했다고 판단해 '녹음파일'을 이젠 내놓으라고 했다. 이성한은 자꾸 "어떻게 하실 건지 알려달라"며 기사 계획을 물었다. 뭘 취재하는지는 이미 알려줬고, 구체적인 일정은 "우리가 알아서 한다"는 게 내 입장이었다. 대화의 흐름이 끊긴 가운데, 이성한은 이런 게 있다고 휴대폰에 저장된 편지글 같은 걸 보여줬다. 시끄럽기도 하고 집중은 안 됐지만, 맨 위에 적힌 글은 눈에 들어왔다. "안 선생님께"였다. 안종범한테 보낸 거구나 싶어 "안 선생님은 안종범이냐?"고 묻자 이성한은 아무런 답변도 하지 않았다.

당시 안종범은 청와대 정책조정수석을 맡고 있었는데, 안종범 수석도 아니고 '안 선생님께'라고 적은 게 특이했다. 안종범을 취재할 때 요긴하게 쓸 수 있을 것 같아 그 부분만큼은 기억해뒀다. 작은 글씨라 내용들이 눈에 잘 들어오지도 않았지만, 평소 주장으로 봐 재단 정상화와 자신의 복귀를 요구하는 내용이라는 걸 짐작하고도 남았다.

'녹음파일'을 달라고 하자, 휴대폰에 저장된 녹음을 잠깐 들어보라며 들려줬지만 커피전문점 내부가 시끄러운데다 잡음도 많아 잘 들리지도 않았다. 금세 휴대폰을 도로 집어넣은 뒤, 흥정하듯 "먼저 어떻게 하실 건지 알려 달라"더니 은근슬쩍 기사화를 늦춰달라고 압박했다. "왜 서두르세요. 천천히 상황봐가면서 해도 될 텐데, 좀 늦추시지요."

언론에서 미르재단 문제가 터져 나오면, 이성한 입장에선 재단 정상화가 물 건너가는 것일 수 있었다. 고영태도 이성한의 말에 동조하는 느낌이 강하게 들었다. 고영태 역시 취재 초기부터 '펜싱클럽'을 핑계로 기사를 늦춰달라고 요구를 했었다. 그 부분에서 두 사람의 이해관계가 맞아떨어졌을 수도 있겠다는 생각이 들었다.

이성한이 공익 차원의 동기는 없이 약올리듯 흥정한다는 판단이 들었다. 자신이 녹음파일을 쥐고 있으니 자기 생각이나 계획대로 움직여달라는 것 같았다. 처음부터 녹음파일을 줄 생각이 없었던 것처럼 보여 순간 화가 치밀었다.

불법으로 만들어진 재단의 정상화를 주장하는 사람 계획대로 움직일 순 없는 일이었다. 고영태와도 사전에 입장을 조율한 듯했다. 고영태는 나를 돕는 것처럼 하면서도 이성한의 대응을 느긋하게 즐기고 있었다. 이성한이나 고영태의 이해관계에 맞춰 기사 일정을 조정한다는 건 어림 없는 일이었다. 취재의 주도권 문제이기도 했다.

취재원이 '정보'를 쥐고 있다고 해서 질질 끌려가는 스타일도 아닌데다, 이미 D데이도 정해져 있었다. 최순실 기습 인터뷰 이후, 핵심 기사를 서둘러 내보내야 한다는 생각도 강박적으로 작용했다. 첫 기사로 박태환

건을 쓸 때 역시 마찬가지였다. 그때도 녹음파일을 쥐고 있던 박태환측이 상황을 봐가며 줄 듯 말 듯하자, '우리는 우리대로 간다'고 기사를 썼다.

"이게 뭐 하는 짓이냐? 당신 없으면 보도를 못 할 것이라고 생각하는 모양인데, 그럴 일 없다. 재단이 거둔 돈의 성격은 결국 뇌물이다. 당신도 직접 돈을 거둔 행위 주체이니 장난 그만하고 검찰 수사나 잘 받으라"고 호통을 친 뒤 자리를 박차고 나와버렸다. 뭔가 꿍꿍이가 있는 듯한 고영태에 대한 경고이기도 했다.

이성한은 기업에서 돈을 거둘 때, 자신이 직접 나선 행위가 늘 걸리는 듯했다. 7월 18일 장문의 카톡으로 이성한을 설득한 뒤 나눈 전화통화에서도 이성한의 그런 심리를 엿볼 수 있었다.

"12월 18일 롯데호텔에서 기업 간담회를 했죠? 기업쪽에선 불만을 가졌던 사람들이 있을 것 아니에요?"

"많죠."

"아무런 사업도 하지 않는데, 기업들이 돈을 내야 한다면 이건 문제 아닌가요?"

"접근법이 그건… 그룹이 금액을 계열 배분할 때 배분과정에서 불만이 있을 순 있는데, 대표 약정 그룹이 그걸 부인하면 아무런 의미가 없거든요."

기업이 강제적으로 낸 돈 아니냐는 뜻으로 물어본 건데, 처음엔 인정하는가 싶더니 뒤이어 '약정'을 내세웠다. 대표 기업이 '약정'을 하고 낸 것이라 문제가 없다는 논리였다. 기업이 비자발적으로 돈을 낸 걸 인정해 '뇌물' 수사가 진행되면 행여 자신도 문제가 될 수 있다는 걸 우려한 듯했다.

어떻든 우여곡절 끝에 이성한을 놓아줄 수밖에 없었지만, 그렇다고 핵심 취재원을 방치할 순 없었다. 다음날인 7월 21일부턴 이재중을 이성한 밀착 마크맨으로 투입했다. 부장(나)과 조율 없이 혼자 찾아간 것처럼 다시 이성한과 접촉해서 '녹음파일'을 입수해보라고 했다.

이성한은 내가 자리를 박차고 나오면서 "검찰 조사나 잘 받으라"고 호통을 친 것에 충격을 받은 듯했다. 나중에 접촉한 다른 언론사 기자들이나, 여의도쪽 정치인들에게 내가 보낸 카톡 내용을 보여주며 협박을 당했다고 하소연하면서 "이진동 부장의 약점이 없느냐"고 묻고 다녔다는 얘기가 들려왔다.

고영태와 이성한의 오월동주

이성한의 녹음파일을 들어보지 않아 무슨 내용이 담겼는지는 알 수 없지만 내가 찾으려고 했던 최순실과 대통령 간 연결고리들이 포함돼 있을 것으로 추정됐다. 이를 통해 CCTV영상과 청와대 문건 외에 더 많은 팩트들을 다층적으로 확보하려고 했다. 그런데 이성한의 장난에 놀아나면서 녹음파일 확보에 매달릴 이유가 없다고 봤다. 최순실과 대통령의 연결고리를 보여주는 정황은 CCTV영상도 있었기 때문이다. 이성한은 내가 그걸 쥐고 있는 줄 몰랐다. 그래서 녹음파일을 무기로 '기사 스케줄'이나 나를 조정하려 들었던 게 아닌가 싶다.

고영태도 이성한처럼 취재와 기사화를 지연시키려는 것 같다는 느낌이 들었는데, 탄핵 심판 과정에서 공개된 일명 '고영태 녹음파일'을 들어보니 그때 느낌이 맞았다. 이성한과 판이 깨지기 9일 전인 7월 11일, 고영태는 김수현과의 전화통화에서 "이성한이도 지금 좀 패를 가지고 있어. 그런데 (이진동과) 연결을 안 시켜주려고"라고 말한다. 이성한이 갖고 있는 패는 '녹음파일'을 의미했다. 고영태는 자신이 연결시켜주지 않으면 취재를 못할 걸로 착각했다. 이성한은 고영태와는 전혀 별개로 취재가 이뤄지는 중이었는데, 나중에 고영태가 이걸 알고 중간에 끼어든 것이다. 고영태 녹음파일에 드러난 정황으로 보면 고영태는 도움을 주는 척하면서 실은 자료가 내 손에 들어오는 걸 훼방 놓을 속셈이었다.

나중에 검찰 수사와 재판과정에서 안 일이지만, 고영태는 이성한이 갖고 있는 미르재단 관련 정보를 모으는 중이었고, 이성한 역시 최순실을 가장 가깝게 아는 고영태를 통해 '최순실 정보'를 더 수집하는 중이었다. 둘 다 만일을 대비한 '보험용'으로 최순실을 노리고 있었던 것이다. 고영태와 이성한은 차은택에 대한 '배신감'을 공유하면서 가까워졌을 것이다. 그러면서도 부족한 정보를 상대에게서 얻기 위해 서로를 이용했다고 볼 수 있다. 이성한은 나중에 검찰 조사에서 고영태가 찾아온 경위에 대해 "아이러니하다"고 말했다. 생각지 못했다는 뜻이다.

"2014년인가 차은택 소개로 한두 번 만나고 왕래가 없었는데, 2016년 7월 사무총장에서 직위 해제되고 고영태가 먼저 연락해왔고, 만나러 춘천까지 내려왔다"고 했다. 고영태가 이성한을 만나러 춘천을 내려갈 시점은 내가 이성한을 한참 설득하던 시기와 맞물린다. 고영태는 그 당시에도 최순실 곁에 붙어 있었다.

이성한은 고영태를 신뢰하진 않았던 것 같다. 검찰 진술에서 "고영태가 처음엔 최순실과 멀어졌다고 하더니, 며칠 있다가 전화하면 '사무실에서 가끔 본다'고 오락가락했다"고 진술했다. 이성한은 동병상련이라고 찾아온 고영태를 여전히 '최순실 사람'으로 의심한 것으로 보인다.

TV조선 펭귄팀이 미르·K스포츠 재단의 강제 모금 의혹을 보도한 이후인 2016년 8월 19일 최순실은 이성한을 한강 둔치로 불러 회유에 나선다. 이때 최순실 곁에 있던 이도 고영태였다. 이성한은 최순실 재판에 증인으로 나와 "고영태 차를 뒤따라 가서 최순실을 만났고, 고영태가 녹음을 우려해 현장에서 휴대폰을 빼앗았다"고 당시 상황을 설명했다. 그러니 고영태를 다 믿기 어려웠을 것이다. 이성한이 녹음파일을 쥐고 있으니 만날 필요가 있다고 최순실에게 얘기한 것도 고영태였다.

'국정농단 사건'으로 번지자, 이성한은 일부 언론과 인터뷰를 하면서 직접 경험한 얘기보다는 고영태에게 들었던 말을 전달해주는 역할을 했다. JTBC의 태블릿 PC 보도 직후인 2016년 10월 26일 『한겨레』는 "최순실의 사무실에 30㎝가량 두께의 대통령 보고 자료가 있었다"는 내용 등을 크게 보도한다. 이성한 인터뷰로 작성된 기사였다. 이성한은 이에 대해서도 "직접 경험한 얘기라기보다는 고영태가 해준 말을 전달한 것"이라고 진술했다.

이성한은 일부 언론과 인터뷰를 한 뒤 휴대폰을 아이폰6에서 갤럭시S7으로 바꿨다. 나중에 검찰 조사 땐 "재단 회의를 녹취한 파일 70여 개 가운데 4~5개를 휴대폰에 다운받아 저장해놓고 있었는데, 그 휴대폰이 통화중에 떨어져 깨져버렸다"고 진술했다. 녹음파일의 흔적을 지워버린 것이다. 미르재단의 '비밀'이 들어 있음 직한 녹음파일 70여 개도 자취를 감췄다. 최순실·안종범·차은택의 개입 정황들이 담겼겠지만 자신에게 불리한 내용도 포함됐기 때문일 것으로 짐작된다. 이성한은 그만큼 고영태보다 치밀하고 한수 위였다.

5
박근혜·최순실의 그림자

░░●●●●● 7월 12일과 7월 15일 이성한 취재→7월 16일 최순실 기습 인터뷰→7월 18일 본부장 보고까지 이뤄지면서 미르재단 보도를 위한 취재의 마지막 단계로 접어들었다. 기업관계자, 안종범의 취재만 남겨둔 상황이었다.

일단 기업 강제 모금 관련 첫 보도 시점을 7월 21일로 잡고 쓸 수 있는 기사안을 정리해보니, 40여 개의 아이템으로 추려졌다. 첫 보도가 나가면 후속 보도가 계속 나가야 하는 상황이라, 아이템들을 미리 짜두는 게 필요했다.

우선 6개 아이템의 기사를 먼저 준비시켰다. 첫날 쓰지 않더라도 이어서 보도할 수 있기 때문에 할당을 해뒀다.

① 안종범 수석 나서서 미르재단에 500억 걷어줬다

② 어느 기업이 얼마나 걷어줬나

③ 최순실게이트 열렸다⋯미르재단 숨은 손 차은택, 배후는 최순실

④ 최순실은 누구인가

⑤ 수상한 문화재단…일사천리 설립

⑥ 문제는 무엇…일해재단과 비교

①, ③, ⑤번 아이템은 정동권에게 맡기고, ②, ④, ⑥은 취재된 내용과 자료만 보고도 쓸 수 있는 기사들이어서 당일 취재팀에 합류한 서주민에게 시켰다. 나머지 후배들에겐 부족한 영상촬영과 관계자들의 인터뷰를 주문했다.

그런데 돌발 변수가 나타났다. 7월 18일 아침자 『조선일보』에 「우병우 민정수석의 처가 부동산…넥슨, 5년 전 1326억 원에 사줬다」는 기사가 터져 나온 것이다. 전혀 예측하지 못한 일이었다. 거기다 미르재단 기사 준비와 맞물려 7월 18~20일 3일간 〈친박 핵심 4·13총선 공천 개입 녹취록〉 보도가 우리 부서인 기획취재부에 할당됐다. D데이를 정해놓고 있던 상황이라 챙길 게 많았지만 본부장 주용중이 '친박 녹취록' 보도를 주문해 일단 맡아왔다.

다른 언론들이 우병우 보도에 관심이 쏠려 있었고, 덤으로 엎어진 친박 녹취록 보도 등 전반적 여건이 D데이를 미뤄야 할 상황이었다. 이때만 해도 '우병우 이슈'가 좀 가라앉을 때까지 D데이만 좀 미루면 되겠지라고 생각했다. 이어질 '우병우 블랙홀'이 미르·K스포츠 재단 보도의 이슈화를 가로막는 장애물이 될 줄은 몰랐다.

당초 잡았던 D데이인 7월 21일에 출근하자마자 메신저방에 지침을 올렸다.

"어제 배분한 대로 일사분란하게 움직입시다. 기사안이나 내용 절대 새나가지 않도록 조심합시다. 청와대도 청와대지만, 많은 기업들이 걸려 있으니 각별히 보안 신경써주기 바랍니다. 첫날 몇 꼭지를 한다는 것조차도 보안입니다."

정동권에겐 청와대 수석인 안종범과 김상률, 그리고 최순실에게 해명을 받으라고 했다. 이성한 취재에서 나온 부분에 대한 해명이었다.

하지만 빨리 진행될 것 같았던 일들이 조금씩 미뤄졌다. 안종범은 연락이 안 됐고 기업관계자들 취재 역시 아직 손도 못 댄 상황이었다. 최순실은 인터뷰 이후 다시 접촉이 안 됐다.

그 사이 기사안에 맞춰 기사는 미리 작성해두도록 하고, 미진한 부분은 다시 역할을 줬다. 이재중과 서주민에게 각각 이사장 김형수와 이사 김영석의 해명을 챙기도록 했다.

7월 21일 퇴근할 무렵, 서주민이 가방을 싸더니 이사 김영석을 만나보러 가겠다며 서둘러 나섰다. 원래 연차가 낮은 기자들이 주요 인물을 취재하러 갈 땐 첫 질문을 뭘로 해서, 이런 답변이 나오면 다음 질문은 무엇으로 끌어가라는 식으로 일일이 질문을 점검해 내보냈다. 하지만 서주민은 그럴 연차는 지났고, TV조선 내에서 몇 안 되는 '일 많이 하는 실력 있는 기자' 중 하나로 꼽히며 순발력 또한 뛰어났기에 '알아서 잘 하겠거니' 했다.

그런데 다음날 아침 자세한 인터뷰 내용(김영석과 만나진 못하고 문자 대화만 이루어졌다)을 올린 걸 보고 '기겁'하지 않을 수 없었다. 질문을 하면서 그동안 취재했던 내용을 다 알려준 것이었다.

"차은택이란 사람이 최순실과 함께 재단 이사들을 세워 기금을 받았다는 식의 제보가 있다. 비슷비슷한 재단이 굉장히 많은데, 그렇게 단기간 내에 많은 돈이 모인 것도 의심스럽고… 사실관계를 확인중이다."

매 질문들이 이런 식이었다. 오히려 김영석이 기자처럼 취재를 했고 서주민은 속절없이 김영석의 취재에 넘어간 꼴이 됐다. 서주민 합류 당일 빨리 따라잡으라는 뜻에서 그동안 취재 내용을 브리핑해줬는데, 한몫에 탈탈 털려버린 것이다. 그동안 미르재단 관계자들을 취재할 때 방향이 노출되지 않도록 '조심조심'이었는데, 꼼짝없이 취재 방향이 다 노출된 상황이 됐다. 주의를 줬어야 됐는데 '아차' 싶었다. 그나마 최순실 기습 인터뷰를 한 다음이었기에 망정이지, 그렇지 않았으면 최순실이 꽁꽁 숨어버렸을지도 모를 일이었다.

당시 상황을 돌아보면 김영석은 TV조선의 취재 내용을 바로 최순실에게 전달했을 가능성이 높았다. 미르재단 기사가 나간 뒤, 고영태는 최순실이 TV조선 취재팀의 취재 내용을 꿰고 있다고 귀띔한 적이 있었다.

실제로 서주민과 문자 대화가 오간 그 다음날 이재중이 이사장 김형수를 찾아가자 "요즘 TV조선 특종팀이 가동됐다면서요?"라는 질문을 했다고 한다. 김형수와 이사진들은 대책을 세운 듯 '전경련 일'이라고 둘러대거나 발뺌으로 일관했다.

안종범의 입을 열다

미르재단에 대한 첫 보도를 앞두고 '안종범이냐 최순실이냐'를 선택해야 했다. 배후에 최순실이 있다는 것도 취재가 됐고, 안종범이 개입했다는 것도 새로 파악된 상태였다. 그런데 최순실과 안종범의 직접적인 관계는 나타나지 않았다. 취재를 종합하면 최순실이 박근혜 대통령에게 얘기하고, 박 대통령이 경제수석 안종범을 시키는 구도로 추정됐다. 안종범이 최순실을 직접 아는 정황이 없는 상태에서 두 사람의 연결고리는 박근혜로 유추할 수밖에 없었다.

미르재단을 '대통령 퇴임 후를 염두에 둔 재단'으로 추정했지만 박근혜의 개입 정도가 묵인인지 공범인지, 부탁을 들어주는 차원인지 지시 차원인지에 대해선 감이 잡히지 않았다. 그래서 논리 구조상 안종범에 대해 먼저 쓰고, 더 큰 배후인 비선실세 최순실, 그 다음 박근혜 대통령으로 기사 흐름을 잡는 게 맞다고 생각했다.

안종범과 최순실을 첫날 다 다룰 경우 관심이 분산될 수 있는데다, 아직 K스포츠재단 보도가 남아 있다는 점도 고려했다. 청와대 개입을 먼저 부각시킨 뒤 K스포츠재단까지 쓰고 두 재단의 배후로 '최순실'을 드러내는 게 맞을 것 같았다. 그래서 그런 방향으로 첫째날 기사안을 수정했다.

기업들이 팔을 비틀려 어쩔 수 없이 돈을 냈고, 이 과정에서 청와대가 개입했다는 기사를 쓰려면 경제수석 안종범 취재는 필수였다. 전경련이 움직였다는 건 '안종범'을 빼고선 설명하기 어려웠다. 이성한을 몇 차례 만나서도 확인을 했고, 기업 관계자들 입에서도 안종범 이름은 튀어나왔다. 시점만 고르면 일이 진행될 수 있도록 만반의 준비를 해두고 있었다.

안종범이 순순히 시인할 리 없어 전화보다는 대면 취재 방식으로 정했다. 얼굴을 마주해 표정과 몸짓 등을 보면 거짓말일 경우 어느 정도 눈치 챌 수 있기 때문이다. 이른바 '안면 받칠' 일 없는 저돌적인 기자를 보내느냐, 알고 지내는 기자를 보내느냐를 고민하다 아무래도 분위기를 풀어나가기 위해선 후자가 낫겠다 싶었다. 펭귄팀 기자들의 맏형 노릇을 하던 정동권이 적격이었다. 전 직장인 『국민일보』에서 기획재정부를 출입했을 때 안종범과도 알고 지냈다고 했다. 정동권은 13년차 기자로 취재원을 다룰 줄 알았다.

7월 24일 일요일, 출근하면서 '오늘이다' 싶었다. 평일엔 집에 언제 들어올지도 모르지만, 일요일인 만큼 집 앞에서 기다리다 보면 만날 수는 있을 것 같았다. 정동권이 회사로 나오자마자, "오늘 안종범 집에 가라"고 시켰다. 정동권에겐 나흘 전 이성한을 만났을 때 봤던 '편지글'의 첫머리 '안 선생님께'라는 부분을 끼워서 질문을 하라고 팁을 줬다. 보지 않았다면 알 수 없는 특이 대목이어서, 최소한 이성한과 연락을 주고받은 사실은 부인하지 못할 것으로 생각했다.

인터뷰에서 안종범은 미르재단 설립과 돈 모금에 자신의 직접적인 개입은 없다고 부인했다. 하지만 정동권의 공격적인 인터뷰에 말이 꼬이면서 '거짓말'이라는 티를 감추지 못했다.(검찰 특수본 수사에 따르면, 안종범은 7월 26일 TV조선 보도가 나온 뒤 전경련 부회장 이승철과 만나 정보를 공유한 뒤 "기업들이 자발적으로 낸 것으로 입장 표명을 해달라"고 종용했다.)

2016년 7월 26일 메인뉴스에서 톱기사로 보도된 정동권의 〈안종범 수석, 미르재단 500억 모금 지원〉 리포트는 박근혜·최순실 국정농단 사건의 본 게임을 알리는 신호탄이었다. 최순실 인터뷰에 이어 안종범 인터뷰 역시 큰 고비 중의 하나였다.

"지금 가서 안종범 만나야겠다."

정동권 기자

온종일 한마디 없던 부장의 갑작스런 지시였지만 놀라지도, 되묻지도 않았다. 그 길로 채비를 하고 일어섰다. 2016년 7월 24일 일요일. 주말 메인뉴스 시작을 알리는 시그널 소리를 들으며 보도본부를 빠져 나왔으니 오후 7시를 조금 넘긴 시각이었다.

이날은 취재팀 전원 강제휴무일이었다. 3주간 단 하루도 쉬지 못해 기진맥진한 후배들을 위한 부장의 처방이었다. "한 번 굴러가기 시작하면 쉴 틈 없으니 다들 체력 비축해둬." 여유를 부리긴 했지만 부장은 평소답지 않게 긴장하고 있었다. 박근혜·최순실 게이트의 등장인물을 하나씩 등장시키는 1차 예고편을 마무리하고, 본 격인 '미르·K스포츠 재단' 보도를 앞둔 시점이었다. 진짜 싸움은 이제 시작인데

팀원들 체력은 바닥이 났다. 부장의 기대치만큼 준비가 돼 있지 않다는 걸 느끼고 있었다.

쉬라는 말을 듣고도 아침 겸 점심을 먹고 늦은 출근을 한 것도 이런 불안감에서였다. 이미 '안종범, 문화재단에 486억 원 걷어줬다'는 제목의 기사 가안을 나흘 전쯤 부장에게 넘겨놓은 상태였다. 부장은 사나흘치 출고예정 기사들을 밑그림까지 완벽하게 준비하고, 보도 당일 그래픽과 당사자 해명만 넣으면 나갈 수 있는 상태로 만들어놓길 원했다. 하지만 당일 새로 취재된 내용 위주로 재구성하다보면 늘 방송 직전까지 마감을 맞추느라 허덕이기 일쑤였다.

이제 상대는 청와대였고, 외곽이 아닌 핵심을 정조준하는 정면승부였다. 빈틈을 보여선 안 된다는 압박감이 밀려왔다.

부장 역시 같은 고민을 하고 있는 듯했다. 이날 부장의 모습은 평소 같지 않았다. 기사 계획을 빼곡히 적은 A4용지 한 장과 담배를 챙겨들고 5층 보도본부와 1층 주차장 흡연 장소를 몇 번이고 오르내렸다. 그도 그럴 것이 최순실 기습 인터뷰를 하고 벌써 1주일이나 흘렀다. 선전포고나 다름없었다. 펭귄팀 취재의 칼끝이 어디로 향하는지를 상대에게 알려준 것이었다.

기사 계획을 들여다보며 골똘히 생각에 잠겨 있던 부장은 갑자기 안종범 해명을 받아오라고 했다. 벌집을 건드렸고, 큰 그림이 노출됐으니 준비가 덜 된 부분이 있더라도 일단 치고 나가야 한다는 판단이었다. 부장은 당시 안종범 집으로 차를 몰고 가던 내게 이런 문자를 남겼다.

"안종범 확인은 양날의 칼이다. 순순히 얘기하면 잘 되겠지만 강하게 부인하면 그걸 빌미로 기사를 잡아둘 가능성이 있다. 확인받고 (보도)시점 조정하는 거야 상관없지만, 그게 빠그라지면 상당한 차질이 있을 수 있다. 그러니 침착하게 이런 저런 얘기 잘 끌어내봐라."

부장이 우려한 건 청와대의 반격이었다. 취재 얼개를 짜가던 초기부터 "이건 무조건 게이트로 간다"며 가장 큰 퍼즐 조각으로 지목한 게 미르·K스포츠 재단이었다. 청와대 경제수석이 직접 나서 대기업 팔을 비틀어 민간문화재단에 돈을 끌어모았다는 팩트가 움직일 수 없는 사실로 탄탄하게 다져지면 향후 취재와 보도가 탄력을 받겠지만, 청와대의 반격을 허용할 경우 예정된 기사들까지 손발이 묶이는 복병이 될 수 있다는 뜻이었다.

오후 7시 30분쯤 서울 강남의 안종범의 집에 도착했다.

'최순실을 건드렸으니 안 수석에게도 당연히 언질이 있었을 것이다. 자백은커녕 어떤 팩트를 들이대도 당황하지 않을 텐데….' 안 수석의 청와대 관용 휴대폰 대신 미리 파악해둔 개인 휴대전화 번호를 눌렀다.

"아이고, 정 기자. 이제 막 집에 들어와서 뻗어 있어요."

전화를 받지 않으면 올라가 초인종을 누를 참이었다. 안종범과는 이명박정부 시절 『국민일보』에 있을 때 기획재정부를 출입하며 안면을 튼 사이였다. 당시 성균관대 교수였던 안종범은 정부 세제안이 발표될 때마다 기사 갈래를 타는 데 도움을 줬던, '얘기되는' 취재원이었다.

안종범을 흔들기 위해 꺼내든 첫 대화카드는 미르재단 전 사무총장 이성한이었다. 자신을 해임시킨 데 대한 불만으로 가득 차 있던 터라 안종범에겐 시한폭탄과도 같은 존재였다.

"수석님, 간단하게 여쭤볼게 있어 전화드렸습니다. 미르재단 사무총장 이성한 씨 아십니까?"

"예. 알어, 알어."

본격적인 첫 질문부터 안 수석의 목소리에서 웃음기가 가셨다.

"이성한 씨가, 지난번에 보니 '안 선생님'이라고 해서 안 수석께 보낸 메일을 봤습니다."

"언제 보낸 거지. 아 메일이 아니라 문자로."

"재단 정상화 같은 걸 요구하고, 자기 명예회복하고 싶다 그런 내용이던데요."

"(두 차례 헛기침 후) 그 사람 좀 이상한 사람인데…. 우리 정 기자한테 뭐라고 그래요. 자기가 재단에서 뭘 문제가 됐다고 그래요? 그 사람 본 거는 옛날에 재단 설립하고 한 번, 여러 사람 볼 때 같이 보고 그 다음에는 한 번 보자고 해서 봤더니, '재단 설립에 문제가 있네, 어쩌네'하며 '억지로 떠밀려서 했다'고 그래요. 그러기에 그런 게 어딨냐, 전경련이 대기업들 전부 다 하나하나 출연받아서 한 건데, 무슨 문제가 있느냐고 한 적 있어요. 그 다음에 문자가 한참 오더니 뭐 자기가 잘렸다고 하고 막 그러기에…."

사실 이성한이 보낸 글은 보지 못했다. 이성한을 몇 차례 만난 부장이 '보나마나 이런 내용일 게다'라 해서 그렇게 알았다. 나중에 보니, 실제로 재단 정상화와 자신의 명예회복(사무총장 복귀)을 요구하는 내용이 맞았다.

안종범은 이성한이 보낸 글 내용을 훤히 아는 듯한 제스처에 무척 당황해했다. 아킬레스건이라고 생각되는 녹음파일 얘기로 이어갔다.

"이성한이 갖고 있다는 청와대 회의 녹취파일은 들어보셨나요?"

"아니 그건 못 들어봤는데…. 청와대 무슨 녹취, 청와대 회의가 그 친구가 와서 한 적이 없는 걸로 아는데."

녹취파일을 무기로 안종범의 시인을 끌어내려는 블러핑 전략의 일부였다. 부장이 이성한을 접촉하는 과정에서 녹취파일 존재를 확인한 상태였기 때문에 자신 있게 압박할 수 있었다.

"억울함을 풀기 위해 이래저래 안 수석께 연락을 취한 걸로 알고 있는데요."

"자꾸 만나자고 해서 문자 오고 해서 나랑 무슨 상관있냐고, 자체적으로 자기가 어디 이사장한테… 내가 어떻게 상담을 하나 그러고 말아버렸는데."

"상관이 없으시다고요?"

"전경련이 해서 하는데 상관이 없지 않나. 내가 설립할 때, 설립 취지 자체는, 문화재단이 필요하다고는… 그건 전적으로 전경련이 주도해서 한 거예요. 근데 그 친구가 뭐라고 이야기하는 거예요? 나는 이해가 안 가는데."

재단과 상관이 없느냐고 따져 묻자, 안종범은 흥분하는 듯했다. 전경련 주도라고 강변해놓고선 이성한이 뭐라고 말했는지가 궁금했던 모양이다.

"녹취록 내용과 기업들한테 들은 얘기와는 완전히 다르네요."

"아 그래…."

녹취파일을 들은 것처럼 한 번 더 블러핑을 하자, 수화기 너머 안종범은 한동안 말을 잇지 못했다.

"기업 관계자들 여러 사람한테도 청와대가 움직였다는 얘기 들었는데요."

"청와대가 어떻게 기업들한테 움직이라고 해요. 청와대가 출연을 하라마라 하겠어요. 나는 전경련 이승철 (전국경제인연합회) 부회장한테 그 문화재단 한다고 얘기를 들어서, 어느 정도 되는지 관심을 가졌지. 문화재단 하는 게 내 영역도 아닌데 그렇잖아."

"그럼 이승철 (전경련) 부회장하고는 (기업들의 재단 출연을 협의한 사실) 그건 인정하시는 거네요."

"이승철 부회장이 그 당시에 기업들이 돈을 자발적으로 낸다 하기에 좋은 일이다 그 정도지."

"'좋은 일이다'라고 하셨다고요?"

"아니 문화재단 설립에 정부가 할 일이 있고 민간쪽에서 문화재단에서 할 일이 있으니까 그런 점에선 기업들이 자발적으로 한다고 하니 '그건 바람직한 일이다'라는 정도는 내가 얘기를 한지는 모르지만, 그 다음에 제가 개입할 이유가 뭐가 있겠어요."

이때부터 안 수석은 자신이 내뱉은 말을 곱씹어보고 표현을 번복하길 되풀이했다. "말했다"에서 "말했는지 모르지만 생각은 그렇게 했다"로, "경제수석 자리에 앉아보니 기업이나 단체에 어떻게 하라고 얘기를 하기 어렵던데"에서 "못하겠던데"로 황급히 말을 바꾸는 식이었다.

"이성한 사무총장이 수석께 찾아간 이유가 뭘까요?"

"정 기자는 어떻게, 뭘 어떻게 생각하시는 거예요. 제가 개입해서 뭔가 한 것같이, 그게 아닌데."

안종범은 불과 1주일 전 연락했을 땐 차은택에 대해 "그 무슨, 문화 무슨 위원하고 그랬잖아요"라며 일면식도 없는 사람처럼 말했다. 그때부터 안종범의 말엔 신뢰가 없었다. 그래서 차은택과의 관계도 한 번 더 물어봤다.

"지난번에 여쭤봤던 차은택은 여전히 그냥 감독으로만 아십니까?"

"차은택은 창조경제, 민간 창조경제추진단에 문화창조융합하고 같이해야 한다고 해서 거기에 단장으로 와서 문화쪽하고 창조경제 연결하는 작업을 했죠."

"차은택 씨 저한테 잘 모른다고 하시지 않았습니까."

"아뇨. 차은택은 그 후에 안 거죠. 창조경제 많이 하려고 노력한 사람이니까. 문화창조 그쪽도 같이하려고 했으니까. 제가 언제 생소한 이름이라고 했어요?"

"UAE도 같이 가셨잖아요. 대통령 가시기 전에."

"아니, 아니, 그건 뭐…. (말을 얼버무리며) 차은택 감독은 제가 수석되기 전엔 전혀 몰랐던 사람입니다. 그러고 한참 있다가 여러 행사 때 보고 했던 건데."

"지난번에 대통령이 UAE 방문 전에 차은택하고 같이 먼저 들어가셨다 오셨잖아요?"

"제가 언제 그랬어요?"

"제가 확인한 내용인데 그때도 잘 모른다고 하시니 의아해했거든요."

"모른다고 안 했어요. 그러니까. 한번 좀 탁 까놓고 얘기를 해보시든지…. 정 기자 좋아하는데, 지금 갑자기 와서 취조하듯이 막 그러니까, 당황스러워서."

안종범은 언성을 높이다가 갑자기 친근한 어조로 바꿔 끊임없이 내가 어디까지 얼마나 알고 있는지를 알아내려 했다.

벌써 30분 이상 흘러 더 이상 전화론 안 되겠다 싶었다. 집 앞으로 불러내야겠다고 마음먹었다.

"수석님 지금 잠깐 시간 괜찮으세요?"

"지금 딸네가 집에 잠깐 와 있는데. 얼마 전에 결혼해 사위하고 같이."

안종범의 딸은 두 달여 전인 5월 14일 결혼식을 치렀다. 안 수석은 딸 내외와의 식사를 이유로 대면은 거절했다. 이어진 통화에서 안종범은 '나를 팔아' 생긴 일로 끝맺었다.

"만약 재단 설립과정에서 뭘 했다면 다 저를 팔아서 한 건지는 모르겠어요."

"그럼 이승철 부회장이 수석 이름을 판 거네요. 결과적으론?"

"그렇겠죠. 만약 그렇다면."

안종범은 여전히 녹취록 내용이 궁금한 듯 끊기 전에 "그 녹취록 어떻게 돼 있는지 나중에 한번 봅시다. 난 오해받을 일 한 게 없는데 (녹취록에 그렇게 돼 있다면) 누가 날 팔아서 한 것밖에 없는데. 다음 주 중에 한번 봅시다."

38분 20초간의 통화였다. 부장에게 문자로 안종범의 발언 요지를 보고하면서 이렇게 썼다.

"스트레이트, 완성해야 했는데 죄송합니다."

해명이 아니라 인정하는 자백을 받아내려 했는데 부족했다는 표현이었다. 부장도 기대는 했지만, 어느 정도 결과를 예상한 듯했다.

"그래. 고생했다. 어차피 인정할 일 아닌 거지. 그 정도 확인이면 됐다."

내부 진통을 넘어 마침내 '미르'를 쏘다

안종범을 넘어서자 D-1일인 7월 25일엔 기업 관계자들 취재만 남겨 두고 있었다. 여러 기업이 관련돼 있어 기사가 나가기도 전에 혹시라도 전경련이 '사발통문'을 돌려 입을 맞출까봐 한몫에 해치우려고 했다.

서주민이 맡았다. 기업의 임원이나 대관팀 관계자들은 평소 기자들을 상대할 기회가 많아 요리저리 피할 줄 알았지만, 정반대였다.

"전경련이 움직였다는 건 사실상 청와대 지시가 있었던 것으로 보이는데요?"라고 물으면, 굳이 설득하지 않아도 답변들이 술술 나왔다. 기업에 있는 사람들은 극도로 조심하는 경우도 있었지만, 대부분 "정부가 하는 일" "내라면 내야죠"의 반응이었다. 재단에 기부하는 출연금인데도, 어찌된 일인지 자발적으로 냈다는 기업은 찾아볼 수 없었다.

청와대나 정부에선 쉬쉬했지만 그동안 왜 안 알려졌을까라는 생각이 들 정도로 기업의 홍보팀들도 다 알고 있었다. "출연금액은 전경련에서 매출액 기준으로 나눴다"며 모금액이 정해진 경위도 드러났다.

뉴스 시간이 가까워져오면서 정동권은 마지막까지 취재된 내용을 추가하고, 나는 넘어오는 기사들의 팩트를 점검하느라 긴박하게 돌아갔다.

그런데 당시 저녁 8시 메인뉴스까지 1시간도 채 남지 않은 상황에서 본부장이 급히 찾아 본부장실로 갔더니 경제부장이 함께 앉아 있었다. 염려했던 일이 생겼다.

7월 6일부터 7월 14일 전채요리에 해당하는 기사들이 나갈 때는 회의 시간에 미리 기사 아이템도 공개했지만, 미르·K스포츠 기사 등 국정농단 사건의 핵심으로 접어들었을 때는 회의에서나 편집부서에 리포트 개수와 리포트 소요시간만 알려줬다. 편집부서엔 오후 너덧 시쯤에야 내용을 따로 전달했다. 방송의 특성상 CG 제작이나 영상편집은 필수여서 뉴스 전에 리포트 내용이 공개될 수밖에 없는데, 공개되는 시간을 최대한 늦췄던 것이다.

자리에 앉자 대뜸 본부장 주용중은 "미르재단에서 행사 협찬을 받기로 한 걸 알지 않았느냐"고 물었다. 나는 "처음 듣는 얘기다"고 대답했다.

내가 들어가기 전 아마도 경제부장이 "미르재단에서 협찬을 받기로 돼 있는데, 이 기사가 나가면 곤란할 것 같다"는 취지의 얘기를 한 것으로 짐작됐다. TV조선은 상·하반기에 각 한 번씩 큰 행사를 치르는데, 경제부장이다보니 업계와 조율하는 역할을 하고 있었다. 미르재단이 10월에 치를 행사에 협찬을 약속한 모양이었다. 기사를 최대한 늦춰서 뉴스 1시간 전에야 '기사관리 시스템'에 올렸는데, 경제부장이 그걸 보자마자 부랴부랴 본부장실을 찾은 듯했다.

나는 대놓고 "그거 큰일납니다. 기업에서 뇌물로 받은 돈을 우리가 협찬받는 상황이 될 겁니다" 하고 발끈했다. 경제부장은 "전경련이 합법적으로 돈을 거둬 아무 문제가 없는데, 뭐가 뇌물이냐?"고 따졌다. 본부장이 잠자코 있는 동안 나와 경제부장 간에 설전이 오갔다.

"지금 다 얘기할 순 없지만 나중에 드러날 테니, 안 받는 게 맞을 겁니다. 그리고 미르재단 이사들 면면을 보면 전경련과 아무 관련 없는 사람들 아닙니까."

"다 전경련에서 추천받아 정상적으로 임명한 사람들인데, 뭐가 문제라는 겁니까?"

그렇다고 경제부장에게 '최순실' 이름까지 들먹이며 상황을 설명할 수도 없는 노릇이었다. 그러니 미르재단이 거둔 돈을 두고 "불법이고 뇌물이다"는 내 주장과 "아니다. 합법적인 일이다"는 경제부장의 반박이 맞

[TV조선 단독] 청와대 안종범 수석, '문화재단 미르' 500억 모금 지원

등록 2016.07.26 20:03

정동권 기자 ▾

특종 청와대 안종범 수석이 500억 모금 지원

[앵커]
시청자 여러분은 혹시 문화재단 미르라고 들어보셨습니까? 국가브랜드를 높이자는 취지로 만들어진 민간 문화재단입니다. 그런데, 설립 두 달 안에 대기업에서 500억원 가까운 돈을 모았습니다. 이 과정에, 안종범 정책조정수석이 깊숙이 개입한 정황이 드러났습니다.

정동권 기자가 단독 보도합니다.

미르재단의 불법 모금 의혹을 보도하면서 '박근혜─최순실 게이트'의 서막이 올랐다. 이로써 '펭귄팀'이 청와대를 정면으로 겨누고 있다는 게 알려졌고, 정권의 반격도 시작되었다.(TV조선, 2016년 7월 26일 뉴스 화면)

붙었다.

경험상 이미 큐시트까지 올랐고, 마감 직전까지 갔다가 수성(守城)을 못한 기사들은 되살리기가 쉽지 않았다. 내용이 공개되면 외부에도 알려지고, 외부와 손닿는 내부인들이 갖가지로 포장해 외부의 목소리를 전달하기 때문에 그 다음은 기약하기 힘든 경우들이 많다. 큰 기사일수록 물러서면 안 되고, 그 자리에서 '승부'를 봐야 한다.

경제부장에게 "행사가 펑크 나지 않도록 다 같이 도와줄 테니, 염려 마라"고 다독였으나, 경제부장은 쉬 물러서지 않았다. 잠자코 지켜보던 본부장이 "뉴스 시간이 임박했고, 행사도 문제없도록 도와주겠다"고 중재를 하고서야 끝났다. 뉴스 30분 전이었다.

그로부터 30분 뒤 TV조선 〈뉴스쇼 판〉 헤드라인이 흘러나왔다.

"오늘의 주요뉴스입니다. 민간 문화재단 '미르'를 아십니까. 청와대 안종범 수석이 무려 500억 가까운 모금을 지원해 만들었습니다. 수상한 재단 미르 뒤에는 누가 있을까요. 돈 문제로 암투와 파행사태가 벌어졌습니다 30개 기업이 486억 원을 냈습니다. 돈을 낸 곳을 보면 민원이나 숙원이 있는 기업도 여럿 보입니다."

국정농단 사건의 서막을 알리는 헤드라인이었다. 뉴스가 끝난 뒤 취재팀 메신저 방에 글을 올렸다.

"다들 고생했다. 내일부터는 여유 있게 갈 수 있도록 합시다."

마음 졸였던 우여곡절 끝에 7월 26일 국정농단 사건의 신호탄을 알리는 뉴스는 4꼭지로 나갔다. 미르재단 기사가 보도된 이후 미르재단 협찬은 아예 받지 않기로 결정 나 '없는 일'이 됐다.

미르와 K스포츠의 뿌리에 접근하다

2016년 7월 26일에서 7월 28일까지 3일에 걸쳐 모두 8꼭지의 기사로 미르재단 보도를 했다. 청와대가 나서 강제 모금이 이뤄지고, 차은택이 미르재단을 좌우했고, 안종범이 미르재단 사무총장 사퇴를 종용했다는 식으로 수위를 높여놓은 상태였다. 그러면서 '주인은 누굴까'로 흐름을 잡아 청와대와 비선실세를 '보이지 않는 손'으로 지목하면서 궁금증도 증폭시켰다.

하지만 다른 언론들은 미동도 없었다. 먼 산 보듯 하는 상황이었다. 그래도 전혀 개의치 않았다. 어느 단계에 이르면 다른 언론들이 따라오지 않을 수 없을 것이라는 자신감이 있었다. 내 페이스대로 가면 그만이었고, 급할 이유도 없었다.

이제 K스포츠재단 보도로 옮아갈 차례였다. 7월 28일 이상배는 기업 관계자, 검찰 범죄정보수사관 등을 취재해 정보보고를 올렸다.

"전경련 내부 K스포츠재단 모금 가이드라인은 300억 원 목표였음. 포스코는 미르와 K스포츠에 둘 다 별도의 예산을 책정해서 출연했음. 기업들은 비슷한 기간에 연이어 돈을 요구받자 강한 불만감을 토로했다고 함."

짧은 정보보고였지만, 이런 내용이 증권가에서 돌고 있다면 K스포츠재단 보도를 서두를 때가 됐다는 신호였다.

문제는 K스포츠재단의 총 모금액이나 기업별 모금액 등 기본적인 팩트들이 아직 파악되지 않았다는 것이었다. 미르재단의 경우 안종범의 개입 정황이 미르재단 전 사무총장이었던 이성한의 입을 통해 확인이 됐지만, K스포츠재단 모금엔 전경련을 움직인 주체도 확인을 못하고 있었다. K스포츠재단의 기업 강제 모금 역시 경제수석이던 안종범이 개입했을 거라는 추론은 있었지만, 추론만 갖고 기사를 쓸 순 없었다.

전경련은 미르재단 설립 하루 뒤인 2015년 10월 27일 미르재단 현판식을 했다는 보도자료를 냈다. 하지만 K스포츠는 그런 보도자료조차 눈에 띄지 않았다. 나중에 검찰 수사 과정에서 드러나기론 미르재단 현판식 때 보도자료를 돌린 일로 전경련이 청와대로부터 핀잔을 듣고서, 만들어놓았던 보도자료를 돌리지 못하고 쉬쉬하면서 현판식 행사를 치른 것이었다.

미르재단 취재와 동일한 방식으로 재단관계자, 기업관계자 등을 밑바닥 훑듯 맨투맨 취재를 하는 방법밖엔 없었다. 펭귄팀에게 K스포츠재단 이사진을 할당해 마크할 사람들을 지정해줬다. 서주민은 지시를 전달하고 후배들이 취재해온 내용을 1차 검토하는 중간 캐처를 했다. 정동권이 해외 연수 관계로 7월 29일에 팀을 떠나며 빈 자리를 이어받은 것이다.

서주민에겐 따로 기업관계자와 태권도 시범단 취재를 맡겼다. 박근혜 대통령이 아프리카와 프랑스를 순방했을 때 태권도 공연이 있었는데, 시범단 이름이 'K스피릿'이었다. 아무래도 K스포츠재단과 연관이 있을 듯싶었다.

통상 대통령 순방 때 태권도 시범이 있으면 주로 국기원에서 나가곤 했다. 서주민에게 국기원을 취재해보라고 했더니, 올해는 요청이 없었단다. 그런데 국기원은 물론이고 세계태권도연맹이나 대한태권도협회도 시범단인 K스피릿에 대해 들어보지 못했다는 것이다. 자연스럽게 K스포츠재단과 연관 속에서 이뤄졌을 가능성이 커졌다. 취재의 단초가 하나 더 추가된 것이다.

그런데 걱정했던 일들이 벌어졌다. 미르재단 기사가 나간 뒤라 K스포츠재단 관계자들은 꽁꽁 숨거나 입을 맞춘 듯 대부분 "할 말 없다"고 전화를 끊어버렸다. 문화와 체육으로 분야만 다를 뿐 같은 성격의 재단이란 걸 몰랐던 것도 아니고, 충분히 짐작하고 있었던 터여서 기사는 순차적으로 쓰더라도 취재는 동시에 했어야 했다. 인력 운용상 미르재단을 먼저 훑은 뒤 K스포츠재단으로 옮겨갈 수밖에 없긴 했지만, 취재 과정에서 난관을 자초한 셈이었다.

설립 당시 K스포츠재단 이사장이었다가 40여 일 만에 물러난 정동구에게도 곡절이 있을 듯싶어서 정동구 취재에 기대를 걸었다. 하지만 허사였다. 정동구는 "설립이나 모금 과정을 전혀 알지 못하고 이사장 역할을 하지도 않았다"고 둘러댔다. 그러면서 "지나간 일 이야기해서 뭐하느냐"고 입을 다물어버렸다. 이재중은 전화론 도저히 안 될 듯싶어 정동구의 송파 사무실로 무작정 쳐들어갔다. 이후에도 이재중과 이상배가 번갈아가며 정동구의 집을 수시로 찾았다. 정동구는 얼마나 들볶였던지 평소 알고 지내던 문갑식(『월간조선』 편집장)에게 "TV조선 기자들이 시도 때도 없이 찾아와 죽을 지경이다"고 하소연했다는 얘길 들었다. 정동구를 '키맨'으로 여겨 화력을 집중했으나 건져 올린 소득은 딱히 없었다.

후임 이사장인 정동춘은 CRC운동기능회복센터의 대표로 파악됐는데, 전화 통화가 되자 "서면으로 인터뷰하라"며 전화를 뚝 끊어버렸다.

『한겨레』가 9월 20일 「대기업돈 288억 걷은 K스포츠재단 이사장은 최순실 단골 마사지 센터장」 기사를 썼을 때 그 마사지사가 정동춘이었다. 『한겨레』는 정동춘과 CRC회복센터를 동업했던 파트너를 찾아 최순실과의 관계를 밝혀냈다. 펭귄팀이 더 파고들었어야 했는데, 이들이 지레 입을 닫겠거니 하고 멈춰서는 바람에 더 진전시키지 못했다.

이틀 뒤 송지욱과 전화 연결된 이사 주종미(호서대 교수)는 짜증으로 시작했다.

"내가 왜 댁들한테 대답을 해드려야 하나요. 강의하러 왔는데 도대체 왜 그래요?"

전화를 받자마자 핏대부터 세우는 주종미를 송지욱은 나긋나긋 얼러가며 잘 붙잡았다.

"김종 차관의 힘으로 이사를 맡은 것 아니에요?"

"절대 아니에요. 전 몰라요."

"의혹들이 제기되는 이유를 알고 싶습니다."

"미르재단이 이렇게 된 마당에 저한테 전화 주시면 어느 바보가 좋게 대답을 하겠어요. 미르재단이 터진 상황에서…"

사흘에 걸쳐 나간 미르재단 관련 의혹 보도들을 본 뒤 K스포츠재단 내부에서 입단속이 이뤄진 것으로 보였다. 그러니 취재에 순순히 응할 리가 없었다.

이사장 정동구 외에 첫 사무총장이던 정현식이 어느새 김필승으로 바뀐 상태라, 정현식도 비중 있는 취재대상으로 봤다. 그런데 이상배가 두어 차례나 집을 찾아갔지만, 어디로 피했는지 만날 수가 없었다. 기자들을 채근했으나 앞으로 나가질 못했다.

취재를 처음 시작하면 누가 핵심이고, 누가 주변부인지 잘 모르고 구별도 잘 되지 않는다. 취재는 그래서 빙빙 돌며 변죽을 울리다가 핵심을 찾아가는 것이다. 나중에 알고 보니 집에까지 찾아가고도 만나지 못했던 정현식이 '키맨'이었다. 그래서 취재 초기엔 누구 하나 중요하지 않은 사람이 없다. 어느 누가 열쇠를 쥔 협조자일지 알 수 없기 때문이다.

K스포츠재단 관계자들에게선 재미를 못 봤지만 반면 기업인들 취재와 박근혜 대통령의 해외 순방 때 태권도 공연을 했던 K스피릿 취재는 상당한 성과가 있었고, 다른 취재의 단초도 만들었다. 서주민은 서너 몫을 할 정도로 부지런히 취재하고, 밑에 후배들도 잘 끌어갔다.

미르재단 취재 때 기업관계자들을 상대하는 노하우가 생겼던지 속도도 빨라졌다. 미르재단 취재 땐 입을 맞출 가능성을 염려해 기업관계자 취재는 후순위였지만 이번엔 그럴 필요가 없었다. 그런데 나도 그렇고 서주민도 놀란 건 기업관계자들의 반응이었다. 머뭇거리거나 숨기지 않을까 생각했지만, 오히려 그 반대였다. 기다렸다는 듯 적극적인 임원도 있었다. 이런 식이었다.

"K스포츠 출연은 4대기업만 했나요?"

"잠깐만요. 금액은 보니까 큰 데가 삼성인 거 같고 79억, 현대차와 엘지가 각각 30억…. 그렇게 하면 토탈 300억 정도 됐을 거예요."

이런 방식으로 기업별 모금액도 얼추 파악이 됐다. 이상배의 정보보고대로 포스코는 공시 사항에 출연 사실을 명기해놓고 있었다.

설립 및 출연금 모금 과정이 미르재단과 동일하게 진행된 사실이 확인됐다. 대부분 미르재단 취재 때 통화했던 기업관계자들이었다. 답변도 훨씬 부드러워져 있었다.

K스피릿의 정체도 파악됐다. 태권도 단체들 전부가 K스피릿이란 이름을 들어보지 못했다고 해 처음엔 애를 먹었다. 해외문화홍보원 취재를 통해서야 풀렸다. 다행히 해외문화홍보원은 문체부 산하기관이지만 미르재단 이슈에서 벗어나 있었던 탓에 내부 관계자들이 취재에 성의 있게 응했다.

"대통령 순방 때 태권도 시범을 했던 K스피릿은 어떤 곳인지 아세요?"

"공연을 하게 되면 전문기획사나 이런 데 통해서 하게 돼요."

"어느 기획사인가요?"

"인터피지란 기획사입니다. 거기서 안을 내주면 그걸 갖고 전문가 의견을 듣고..."

"인터피지가 약자인가요? 풀 네임이 어떻게 되나요?"

"플레이그라운드 커뮤니케이션즈."

대통령 순방 행사기획을 '플레이그라운드(PlayGround) 커뮤니케이션즈'에서 했다는 얘기를 듣고서야 의문들이 풀리기 시작했다. 앞서 고영태가 차은택의 비리를 제보하면서 알려준 회사 이름이 '인터피지(PG)'였다. 인터피지라는 회사가 청와대와 정부의 행사기획을 싹쓸이하고 있다는 제보였다. 그 얘기를 듣고 인터피지라는 법인 등기를 아무리 찾았지만 나오질 않았다. 영문 이니셜을 따서 약칭으로 부른 것이니, 찾아질 리

만무였다.

고영태가 했던 얘기가 서주민의 취재로 이렇게 확인되면서 실타래가 풀리기 시작했다.

"업체는 어디서 선정했죠?"

"저희가 발주처니까, 저희가 선정하죠."

"수의계약인가요?"

"그렇죠."

대통령의 해외 순방 공연 중의 하나였던 태권도 시범 행사가 수의계약으로 이뤄졌다면 다른 행사들도 '플레이그라운드'에서 수의계약을 받았을 가능성이 높다고 판단했다. 플레이그라운드의 이사 중 한 명이 김성현이었다. 김성현은 한때 차은택의 회사 아프리카픽처스 건물에 사무실을 둘 만큼 차은택과 막역했고, 미르재단의 사무부총장을 했던 인물이기도 했다.

그러잖아도 미르재단과 K스포츠재단 배후가 같은 인물일 것으로 추정하는 상황에서, 두 재단의 연결 정황이 속속 드러나고 있었다. 설립된 지 채 1년도 되지 않은 미르재단과 K스포츠재단 모두 대통령의 순방 행사에 참여했는데, 둘 다 플레이그라운드가 기획한 행사를 통해서였다. 우연이라고 볼 수 없을 정도로 조직적이었다. 이때 취재했던 내용은 8월 4일 메인뉴스에서 〈미르와 K스포츠, 대통령 순방행사도 참여〉라는 타이틀로 보도된다.

알쏭달쏭 고영태

초기 취재 과정에선 미르와 K스포츠를 핵심에 두고 취재하고 있다는 걸 고영태에겐 내비치지 않았었다. 그런데, 미르와 관련된 문제를 보도

한 뒤엔 그럴 필요가 없었다.

K스포츠재단에 대한 보도를 앞둔 7월 29일, 고영태에게 전화로 한 번 더 확인을 했다. 정색하고 K스포츠재단 건을 물어도 될 상황이었다.

"K스포츠재단 관련해서 제보도 많이 들어오는데, 좀 아는 게 있어? 김종이 영향력 행사한 것 맞아?"

"김종은 관여 못 했어요."

"문체부 체육정책국이 'K스포츠 가이드러너' 행사도 밀어준 듯하던데?"

"체육정책과는 전혀 상관없어요. 김종은 체육이 자기 분야인데도 하나도 개입을 못해서 열받아 했거든요."

김종의 역할을 의심하면서 물었지만, 고영태는 부인했다.

"그럼 정동춘이 이사장이고, 김필승·주종미 이런 사람들이 이사로 돼 있던데, 혹시 아는 사람은 있어?"

"저는 없어요. (최순실과) 싸워 안 보던 때라 잘 몰라요."

"K스포츠는 2016년 1월 설립인데?"

최순실과 싸워서 고영태가 나를 찾아온 시점이 2014년 10월 무렵이고, 최순실에게 다시 돌아간 건 2015년 중반쯤이다. 뭔가 시점이 맞지 않아 다시 물었다.

"그때 부장님하고 만났을 때 '(최순실) 옆에 가지 말라'고 해서 조용히 있던 상황이라 알 수 없었어요."

"K스포츠도 미르도 전혀 모른단 얘기야?"

"잘 몰라요."

앞뒤가 맞지 않게 대답을 해 미심쩍긴 했어도 고영태를 믿었다.

K스포츠 가이드러너 행사에 대해서는 김종과 차은택 주변을 한참 취

재 중이던 6월 27일, 연합뉴스에 「2016년 국제 가이드러너 콘퍼런스 행사 개최」 기사가 올라오면서 알게 되었다. K스포츠재단이 주최였고, 문체부와 대한체육회가 후원이었다. 가이드러너는 시각장애인 스키 선수를 인도하는 보조자로, 선수보다 먼저 활강하며 헬멧에 단 무선통신장치로 '짧은 턴, 긴 턴' 등의 코스 정보를 알려준다.

이 기사를 보는 순간 '고영태'가 떠올랐다. 그에게서 이전에 들었던 내용이기 때문이었다. 우연이 아닐까도 싶었지만, '가이드러너'라는 분야는 특수 체육 분야로 일반에게 생소한 개념인데, '가이드러너 콘퍼런스'를 첫 행사로 잡았다는 건 지나칠 수 없었다. 특히 기사 내용 중 "장애인 알파인스키 국가대표 양재림 선수가 참석해 자리를 빛냈다"는 대목이 눈에 띄었다.

2015년 2월 사회부장을 맡고 있을 때였다. 고영태가 "기사화할 수 있는지 검토해달라"며 자료를 보내온 적이 있었다. 시각장애인 스키단을 만들었는데, 널리 알려 후원을 끌어내고 싶다는 취지였다. 자료를 받아보니, 장애인 동계올림픽 스키 선수 양재림 등에 대한 후원을 촉구하는 내용이었다. 장애인 동계올림픽 종목에 시각장애인 스키가 있다는 것조차 잘 몰랐고, 특히 혼자 타는 게 아니라 '가이드러너'와 한 조가 돼 시합을 한다는 것도 생소했다. 충분히 기사가 될 만했다. 기자를 평창의 스키장까지 보내 시각장애인들의 훈련 모습 등을 취재해 2015년 2월 7일 주말뉴스에 2개 아이템으로 내보낸 적이 있었다. 그때 기자가 인터뷰를 했던 시각장애인 스키 선수가 다름 아닌 양재림이었다. 취재지시를 하고, 기사 데스크를 봤던 터라 '가이드러너'와 '양재림'을 기억하고 있었다.

그런데 K스포츠재단의 1호 행사가 '가이드러너 콘퍼런스'였으니, 우연의 일치로만 볼 수는 없었다. K스포츠재단과 고영태의 연관성을 의심하지 않을 수 없었다. K스포츠재단이 최순실-고영태 주변에서 벌어진 일이 분명해 보였다.

결국 가이드러너 행사는 잘 캐치해냈지만, 드러난 팩트가 가리키는 방향 대신 고영태를 믿은 게 잘못이었다. 고영태가 말하기 곤란한 걸 자주 둘러대긴 해도, 적어도 사실을 왜곡하면서까지 적극적인 거짓말은 하지 않을 것이라고 생각했다. 체육재단이라면 '김종'이 중간고리였을 것이라는 선입견 때문에 제대로 보지 못한 것이다.

K스포츠와 미르의 뿌리를 파헤치다

K스포츠재단 보도를 하루 앞둔 8월 1일, 체육부장 문승진이 펭귄팀이 고생한다며 저녁을 사겠다고 했다. 펭귄팀 기자들을 위로 겸 격려하겠다는 뜻이었다. 2016년 여름은 유난히도 폭염과 열대야가 많았다. 당시 체육부는 펭귄팀의 옆자리였다. 에어컨 빵빵 나오는 사무실 의자에 엉덩이 붙일 틈도 없는 후배들이 안쓰러웠던 모양이다.

이태원의 작은 고기집에 자리를 잡았고, 이상배는 국회쪽 취재를 마친 뒤 합류하기로 했다. 의원실을 통해 요청했던 K스포츠 관련자료를 받아오기로 돼 있었다. 미르재단과 K스포츠재단의 허가 부서인 문체부는 두 재단 관련자료에 잠금장치를 해둔 듯 기자들이 취재하면 '모른다'는 답변만 자동응답기처럼 반복했다. 문서로 된 자료 자체는 아예 내주지도 않았다.

소관 부처의 자료는 그 자체가 팩트로 볼 수 있기 때문에 자료 하나를 얻어내면 취재가 훨씬 수월할 수 있었건만, 그게 안 되니 관련자들 취재로 팩트들을 하나하나 수집해야 했다. 미르재단 보도는 그렇게 땀의 결정체로 나온 것이었다.

그런데 K스포츠 자료를 가져온다니 뭐가 얼마나 들어 있을지 궁금했고, 기대 또한 높았다. 일단 각자 소주 한 병 정도를 마셨을 때쯤 이상배가 나타났다. 이상배는 이미 술기운으로 달아올라 있었지만 의기양양한 표정이었다.

그 자리에서 서주민이 "뭘 가져왔는지 보자"며 자료를 잠깐 훑어본 뒤 농담 삼아 "이거 별거 아니네"라고 하자 이상배는 금세 소침해지고 말았다. 술자리이기도 해서 난 "내일 볼 테니, 아침 일찍 책상에 올려두라"고 한 뒤 "고생했다"고 등을 두드려줬다.

다음날 평소보다 일찍 출근해 이상배가 올려놓은 자료를 꼼꼼히 떠들어봤다. 설립취지서·창립회의록·사업계획서 등의 서류였는데, 내가 주목한 건 창립회의록이었다. 재단 설립을 위해 대기업 임원들이 회의를 한 발언록과 함께 대표이사들의 도장이 줄줄이 찍혀 있었다.

한눈에 '가짜 회의록'임을 알아챌 수 있었다. 그 바쁘다는 굴지의 대기업 부사장·전무들이 형식적인 회의를 하느라 한 자리에 모였을 리가 없었다. 헌데 이런 식이었다.

"임시의장을 선출하겠습니다. 찬성하시면 박수로 의결합니다."(만장일치로 전원 박수)

요식적 절차를 위해 만들어진 가짜 서류가 분명했다. 곧바로 서주민에게 창립회의에 참석한 것으로 나온 기업 임원들과 설립자 자격으로 법인인감도장을 찍은 대표이사들 전부 전화를 돌려 반응을 취재하라고 했다. 질문에서 내용을 알려주거나 암시를 주지 말고, 곧바로 질문을 던져 반응 그대로를 전부 녹음하게 했다. 예상대로였고, 가관이었다.

미르재단과 K스포츠재단 모금 과정 취재는 기업관계자들 취재가 핵심이었다. 청와대와 문체부는 입단속이 이뤄진 상태라 진상을 파악하려면 두 재단에 돈을 낸 기업 임원과 담당자들 얘기를 들는 수밖에 없었다. 미르재단 16개 기업, K스포츠재단 19개 기업 등 관련 기업들이 많아 입을 맞추더라도 일사불란할 순 없었다. 파장을 고려해 답변을 피하거나 거짓말을 하는 기업도 있겠지만, 사실대로 얘기하는 기업관계자들이 꽤 많을 것이란 판단이었다.

그리고 K스포츠재단 창립회의록을 처음 살펴볼 때는 몰랐지만, 미르재단 회의록과 함께 놓고 보니 재단 이름만 다르지 내용은 마치 복사한 듯 같았다. 미르재단의 창립총회 일자는 2015년 10월 25일, K스포츠의 창립총회는 2016년 1월 5일이었다. 70일 간격으로 만들어진 두 재단의 창립회의록은 판박이였다. 기업 임원들을 취재하기 전이었지만 '한 뿌리에서 나온 쌍둥이'라는 걸 쉽게 짐작할 수 있었다. 취재 결과도 합리적 의심을 벗어나지 않았다. 이상배가 받아온 K스포츠재단 관련자료는 "별 게 아닌 게" 아니라 '보물'이었던 것이다. 창립총회가 가짜로 열렸다는 정황을 알려주고, 의심만 하고 있던 '두 재단의 한 뿌리 의혹'을 구체적인 기사로 끌어낼 수 있게 해줬다.

8월 2일 펭귄팀은 TV조선 메인뉴스를 통해 미르재단에 이어 K스포츠재단을 본격 도마에 올리게 된다. 〈또 다른 재단에도 380억 모아줬다〉 〈미르와 K스포츠, 한 뿌리 쌍둥이?〉 〈900억 모금한 기업들…팔 비틀렸나?〉 등의 기사였다. 미르와 K스포츠 재단이 권력에 의해 만들어져 900억 원 가까운 돈을 강제로 거뒀다는 큰 특종이었다. 또한 미르와 K스포츠의 배후가 동일인임을 시사했다. 마침내 '최순실'과 CCTV영상을 등장시킬 시간이 가까워지고 있었다.

K스포츠재단 회의록을 얻다

이상배 기자

K스포츠재단 회의록 입수는 내게 맡겨진 세번째 미션이었다. '처음 내게 지시된 과제는 문체부 차관 김종의 스포츠계 전횡과 그에 얽힌 이권 개입 등의 비리를 찾는 취재였다. 이어 두번째는 '말 공주' 정유라의 승마와 얽힌 관련자들 취재를 통해 '승마 특혜'를 밝혀내는 일이었다.

체육부에 있다가 파견됐다는 것 때문에 주로 체육 쪽 관련 취재들이 떨어졌다. 할 수 있을 것도 같았지만 역량에 비해 너무 굵직굵직한 과제였다. 취재해야 할 사람들과 물어볼 내용들까지 부장이 구체적 지침을 줬지만 뭘 건져야 할지는 늘 고민이었다. 한 달이 넘는 취재가 있었지만 이렇다 할 성과를 내지 못하고 있던 참이었다.

수많은 이야기들 속에서 팩트를 골라내고 찾아내 실체적 진실로 잘 조합해내야 했으나 취재 경험 부족만 절감했다. 말도 못 하고 스스로 부끄러워했던 적이 적지 않았다. 그래서 K스포츠재단 관련 서류 입수 지시가 떨어졌을 때 가장 먼저 든 생각은 이번만큼은 '펭귄팀을 실망시키지 않겠다'는 것이었다.

재단을 허가해준 문체부엔 재단 회의록과 정관이 없을 수 없었다. 그런데 문체부는 호락호락 협조해주지 않았다. 국회의 도움이 필요했다. 하지만 내겐 그 흔한 보좌관들의 전화번호 하나가 없었다. 정당이나 국회 출입이 전무했으니 어쩌면 당연한 일이었다.

무작정 택시를 타고 의원회관으로 갔다. 소속 의원실을 돌며 일명 '명함 던지기'를 했다. 짧은 시간에 명함을 주는 이 순간만큼은 기자나 보험설계사나 광고전단지 알바나 똑같은 마음일 것이다. 어색한 분위기 속에서 그들은 귀찮은 듯 인사를 해줬고 나는 그런 분위기를 이겨나가야 했다.

열의를 갖고 취재를 도와주면서도 입이 무거울 사람을 나름대로 선택했다. 더불어민주당 전재수 의원실 보좌관 최지훈과의 첫 만남은 나의 일방적인 부탁으로 시작됐다. 무턱대고 최 보좌관을 찾아갔다. 7월 초 첫 보도로 내보냈던 김종과 박태환 선수 이야기부터 시작했다. '최순실' 얘기는 꺼낼 수도 없었다. 부장의 '입조심' 당부도 있었지만, 우리의 취재가 향하는 곳을 미리 말해줄 순 없었다.

김종 얘기부터 꺼낸 건 좋은 선택이었다. 9월 국정감사를 앞두고 전재수 의원실에서도 김종과 역도계 커넥션을 알아보는 것 같았다. 당연히 최지훈은 김종 얘기에 솔깃해했다. 최지훈에게 "김종의 더 큰 그림자를 보기 위해선 K스포츠재단 정관과 회의록이 꼭 필요하다"고 했다. 문체부에 자료 요청을 해 꼭 받아달라는 게 내 부탁이었다.

최지훈은 처음엔 단순 자료이겠거니 하고 대수롭지 않게 받아들이는 듯했다. 그런데 문체부에 자료 요청을 해보곤 점점 이상하게 생각했다. 통상 공익재단의 창립회의록과 정관 같은 건 국회의원실에서 요청만 하면 바로 당일에도 내주는 그런 손쉬운 자료였다.

하지만 문체부의 태도가 상당히 완강했다. 그러자 K스포츠재단에 대해 알 턱이 없던 최지훈은 오히려 나를 상대로 취재를 했다. "도대체 뭐가 있기에 문체부가 이리 딱딱하냐"고 물었다. 나는 "받아봐야 뭐가 있는지 알 수 있을 것 같다"고만 하고 다른 얘긴 하지 않았다. 문체부가 쉽게 내주지 않을 것이라는 예상은 했지만, 그렇다고 최지훈에게 그 이유를 설명할 순 없었다.

2주간의 줄다리기 끝에 최지훈은 자료를 받아 건네줬다. 자료를 건네면서도 최지훈은 "지금이라도 누구를 파헤치는지 알려달라"고 했으나 나는 "나중에 말씀드리겠다"고 답변을 피했다.

국정농단 취재가 진행되는 동안 가장 미안한 마음이 들었던 대상도 최지훈이었다. 묵묵히 취재를 도와줬고 지원해줬지만 정작 고맙다는 말조차 제대로 건네지 못했다. 최지훈이 건넨 창립회의록과 정관은 바로 다음날부터 기사화됐다.

최지훈도 얼마 안 가 내가 왜 그토록 'K스포츠재단의 창립회의록'과 정관을 필요로 했는지와, 그 자료의 의미를 충분히 알게 됐을 것이다. 도움을 구하면서도 그 이유를 말하지 못했던 상황도 십분 이해했을 것으로 본다.

기업들, 수십억 돈 내고도 "금시초문인데요."

서주민 기자

어려울 거야 없는 취재지만 그렇다고 쉽지도 않았다. 기업 임원들이 내 전화를 대기했다가 받는 것도 아니고, 몇 번씩 휴대폰을 해야 겨우 연결됐다. 단번에 받으면 진짜 운이 좋은 경우였다.

CJ의 C부사장과 먼저 연결이 됐다.

"K스포츠재단이라고 알고 계세요?"

"K스포츠재단이 뭐죠?"

오히려 거기가 어디냐는 반문이었다.

"창립총회에 참석해 직접 발언을 했는데요?"

"전혀 모르겠는데요."

"부사장님께서 직접 발언도 하신 걸로 나와 있어요."

"모르겠습니다. K스포츠재단은 제가 참석한 적이 없네요."

아무리 전경련을 통해 돈을 냈다곤 하지만 돈을 낸 재단 이름도 몰랐다.

"CJ에서 재단에 돈을 출연한 걸로 알고 있는데요?"

"K스포츠재단이요? 누가 했나?"

리포트에 끼워 넣기 딱 좋은 인터뷰들이었다. 이 정도면 미르재단 역시 이름도 못 들어보고 돈을 냈을 것 같았다.

"그러면 미르재단 창립총회나 그런 곳에 가본 적이 있으신가요?"

"아니요. 가본 적이 없어요."

"미르재단 내용도 잘 모르시겠네요?"

"네 모르죠."

이미 미르재단의 500억 원 모금 때 청와대가 개입했다는 TV조선 보도가 며칠째 이어진 상태인데도 잘 모르고 있었다. 전경련이 할당한 돈을 내라고 해 '묻지마' 식으로 돈만 내지 않고서야 그런 반응이 나올 순 없었다.

다음은 롯데그룹의 L상무와 통화가 됐다.

"재단법인 K스포츠라고 들어봤나요?"

"K스포츠요? 예, 들어봤습니다."

"그럼 (2016년) 1월 5일 창립총회에 직접 참석했나요?"

"아닙니다."

"상무님이 발언하신 걸로 돼 있는데?"

"제가 발언한 게 아닐 텐데요. 아마 거기에 돈을 납입한 계열 회사의 임원이지 않을까 싶네요."

더 재밌는 건 창립회의록엔 롯데의 L상무가 임시 사회를 본 걸로 돼 있었다는 것이다.

"임시 사회를 맡으신 걸로 돼 있는데요?"

"제가요? 하하, 그게 아닙니다. 제 이름이 들어가 있을 리가 없을 텐데요."

LG그룹 L부사장 역시 위 두 사람 반응과 별반 다르지 않았다.

"K스포츠재단이라고 혹시 아세요?"

"저, 잘 모르는데요?"

"창립총회에서 발언도 했는데요?"

"언제요? 그런 적 없는데요."

"회의록엔 상무로 돼 있으시던데."

"작년 12월 1일자로 다른 계열사로 와서 일하고 있고, 저 부사장인데요."

회의록을 급조하다 보니, 기업 임원의 직급도 제대로 파악하지 못한 채 부사장을 상무로 잘못 적어 넣은 것이다.

"그럼 혹시 미르재단 창립총회는 갔었나요?"

"아니요, 저는 그런 데 간 적 없어요."

창립총회에서 발언까지 한 것으로 나온 다른 대기업 임원들 모두 참석 여부부터 '금시초문'이었다. 재단 이름을 들어본 적은 있다는 게 그나마였다.

정관 낭독자로 기재된 SK그룹 P전무도 사실무근이라고 했다.

"혹시 K스포츠재단이라고 들어보셨나요?"

"예. K스포츠재단 들어본 것 같아요."

"1월 5일에 창립총회 했었더라고요."

"그건 모릅니다."

"여기엔 전무님 이름으로 정관을 낭독한 것으로 돼 있어요."

"사실 무근 같은데요. 전혀 모르는데."

P전무는 이어 '미르재단'을 언급하자, 그제야 민감한 문제라는 걸 깨달은 듯 "여기까지만 할 게요"라며 말을 끊어버렸다. 더 많은 기업의 임원들과 통화가 됐으나, 대동소이했다. 한결같이 "그런 일 없다. 잘 모른다"였다. 너무 쉽게 가짜회의로 결론이 났다.

창립총회에 참석한 임원들 취재만으로도 리포트를 만들어내기엔 충분했지만 부장은 "설립자로 기재된 대표이사들의 반응도 녹음해두라"고 말했다. 나중에 전경련이 창립총회는 당사자들이 오지 않더라도 위임을 받아 만들었다는 식의 해명을 할 가능성이 있으니, 대표이사들의 반응까지 미리 받아두라는 것이었다. 관행을 인정해 창립총회가 문서상으로만 이루어졌다 하더라도, 위임의 주체인 대표이사가 돈을 출연하는 재단 이름이나 출연액수 등은 알고 있어야 하는 것 아니냐는 논리였다.

대표이사 직인을 찍은 기업 대표이사들 19명 가운데 예닐곱 명이 확보됐다. 삼성그룹 계열사의 대표이사인 Y씨 역시 창립총회 임원들과 반응이 너무도 비슷했다.

"대표님이 K스포츠재단 설립자로 돼 있으시더라고요?"

"제가요?"

"아, 모르셨어요?"

"K스포츠재단이요? 전혀 금시초문인데요."

그러고 나선 누가 묻는 사람인지 헷갈릴 정도로 "K스포츠재단이 구체적으로 어떤 데냐" "누가 만든 거냐" "정말로 설립자 중에 한 명 맞냐"고 오히려 반문했다.

LG계열의 다른 대표이사 역시 "무슨 얘기인지 모르겠다"며 "할 얘기가 없다"고 했다. 통화가 된 대표이사들 역시 한결 같았다. "웬 뜬금없는 질문이냐"는 반응 일색이었다.

더욱이 날짜를 분석하다 보니 미르재단의 창립총회가 열렸다고 하는 2015년 10월 25일은 일요일이었다. 회의는 여의도에 있는 전국경제인연합회 컨퍼런스센터에서 열린 것으로 돼 있었다. 전경련에 확인한 결과 실제 회의실 대관 업무는 한화에서 맡고 있었다. 한화측에 미르재단의 창립총회가 열렸다고 적힌 날 실제로 회의장을 빌린 기록이 있는지를 물었다. 답변도 예상대로였다.

"10월 25일 일요일 그날 하루 종일 대관 기록이 없네요."

K스포츠재단 창립회의가 열린 날도 확인했지만, 답변은 같았다.

전경련 주도로 기업들이 자발적으로 돈을 낸 것처럼 두 재단의 창립회의록이 꾸며졌지만 회의 자체도 없었고, 참석한 것으로 돼 있는 기업이나 기업 임원은 재단을 알지도 못했다.

미르·K스포츠 재단에 드리운 박근혜의 그림자

국가브랜드와 늘품체조 기사에서 등장시켰던 차은택이 다시 나올 시점이 됐다.

2016년 7월 27일, 〈문화계 황태자 차은택 '미르재단' 좌지우지〉라는 차은택 관련한 두번째 기사를 냈다. '최순실'로 올라가는 사다리를 설치한 셈이었다. 그리고 다음날 차은택 관련 세번째 기사 〈차은택, "대통령 심야 독대보고" 자랑〉에서 박근혜 대통령과 한 번 더 연결지었다.

차은택의 입을 통해 직접 들은 어떤 이가 익명과 변조를 전제로 펭귄팀 정동권에게 증언한 걸 기사화했다. 정동권은 심야독대 여부를 확인하기 위해 의원실에 청와대 출입기록 자료를 받아달라고 요청했지만, 청와대가 출입자 기록 제출을 거절해 실패했다.

차은택이 실제 대통령에게 심야 독대 보고를 했는지, 아니면 허풍 섞인 '자기 과시'였는지는 확인하지 못했다. 하지만 대통령까지 팔 수 있는 차은택의 위세를 단적으로 보여주는 장면이기도 했다. '미르재단을 차은택이 좌우했다'는 내용의 기사를 쓴 다음날 이 기사를 배치한 것도 미르재단의 배후에 박근혜 대통령이 있다는 '복선'을 깔려는 의도였다. 그리

펭귄팀은 차은택이 미르재단을 좌우했다는 의혹을 제기하고 나서, 차은택을 박근혜 대통령과 연결시켰다. 차은택을 거쳐, 최순실-박근혜로 가기 위한 사전 포석이었다.(TV조선, 2016년 7월 28일 뉴스 화면)

고 이후 '차은택-(?)-박근혜'의 연결관계를 보여주는 기사에서 연결고리로 최순실을 등장시키기 위한 사전 장치였다.

미르재단과 K스포츠재단이 한 뿌리에서 나온 쌍둥이라는 걸 알면서도 취재를 상대적으로 미르재단에 집중했던 이유 역시 '차은택'이 최순실과의 매개고리라는 걸 알고 있었기 때문이다.

취재가 깊이 들어가면 들어갈수록 최순실은 물론이고 박근혜 대통령의 그림자는 짙어졌다. 미르재단 이사장 김형수를 인터뷰할 때 질문한 'K-밀 사업'이 대표적이었다. 당시엔 뭘 알고 싶어서라기보다 분위기를 누그러뜨리기 위한 '유인용 질문'이었다.

그런데 취재를 진행하다 보니, K-밀 사업은 미르재단이 청와대와 연계를 갖고 핵심적으로 추진한 아프리카 원조사업 중 하나였다.

미르재단 관련 기사가 계속 나올 무렵 전직 청와대 관계자가 "박준우 정무수석도 미르재단을 알 텐데…"라는 얘기를 하기에 서주민에게 세종재단 이사장인 박준우 취재를 시켰다. 박준우에게 다녀온 서주민은 "잘 모르던데요. 그런데 코이카(KOICA, 한국국제협력단) 이사장을 미르재단에서 추천했다는 얘기를 얼핏 들은 적이 있다"는 말을 해요."라고 취재 결과를 전달해왔다.

미르와 코이카, 이게 도대체 무슨 관계가 있지? 골똘히 생각을 해도 연관성 파악이 안 되는데, 서주민이 혹시 "K-밀 사업' 아닐까요?"라고 했다.

서주민의 '촉'이 맞는 듯했다. 서주민에겐 코이카 이사장의 발탁 과정 취재를 맡기고, 이재중에겐 코이카에서 K-밀 사업이 어떻게 진행됐는지를 알아보라고 했다. 개발도상국을 다니며 봉사활동을 한 적이 있는 이재중은 코이카 쪽에 네트워크가 잘 돼 있었다. 금세 취재 내용이 올라오기 시작했다.

"코리아에이드(박근혜정부에서 시행한 개발원조 사업) 행사 제안서를 구성할 때 미르재단이 주도적 역할을 하고, 오히려 청와대가 미르재단에 보고를 하는 것 같았다"는 코이카 내부 얘기들이 담겨 있었다. 이재중의 취재보고에 따르면 "미르재단이 만들어진 석 달 뒤인 올해 1월 청와대와 코이카·미르재단 3자 간의 TF가 구성됐고, 사업계획서는 미르재단에서 준비했다"는 것이다. 그리고 교수들로 자문위까지 꾸려져 의견을 냈으나, 미르재단측이 낸 원안이 수정되지 않자 교수들이 사퇴하는 소동까지 있었던 모양이었다. 코이카 내부에서도 비전문가인 미르재단이 좌지우지하는 바람에 불만이 많았고, 청와대보다 미르재단의 힘이 더 센 것 같았다는 것이다.

코이카 취재를 통해 이재중은 순방 행사를 준비한 TF 실무자들의 명단을 파악해서 올렸다. 미르재단에선 사무총장 이성한과 사무부총장 김성현이 나왔으며, 청와대에선 외교비서관실·산업통상자원비서관실·문화비서관실·보건비서관실 행정관들이 참석자였고, 외교부와 복지부의 고위 공직자들도 있었다. 이성한은 7월 중순 취재 때 "경제수석 안종범과 수시로 직접 통화하고, 청와대에 회의차 방문도 많았다"고 했다. 이런 구조에서 보면 청와대 행정관들이 미르재단에 보고하는 모양새가 될 수밖에 없을 것 같았다. 관련된 청와대 비서실도 여러 곳이었다. 대통령의 지시사항을 이행하기 위한 회의가 아니면 이렇게 여러 수석비서관실의 행정관들을 끌어 모을 수 없다는 판단에 도달했다.

8월 11일 단독보도한 〈미르재단, 대통령 순방 TF에 참여…비선조직이었나?〉 리포트는 바로 이런 내용들을 담았다. 리포트의 마지막 문장은 "기업들에서 돈을 모으고 청와대 관계자를 움직였던 정황상 차은택 씨 뒤엔 보이지 않는 비선실세가 있었다는 의심이 나옵니다"였다.

이 무렵부터 '박근혜의 측근인 비선실세 최순실'에서 '박근혜=최순실'이라는 쪽으로 시각을 점점 옮겨갔다.

그래서 이틀 뒤인 8월 12일 메인뉴스에선 〈미르와 K스포츠 행사마다 등장하는 박 대통령〉이라는 리포트로 미르·K스포츠재단의 배후가 박근혜 대통령과 관계돼 있다는 걸 시사했다. 당시 리포트의 마지막 문장은 "청와대와 두 재단 간 함수관계가 있다는 분석이 설득력을 얻고 있습니다"였다. 아직은 콕 집을 단계가 아니어서 '박근혜 대통령' 대신 청와대라는 표현을 썼을 뿐이다.

취재된 내용들이 다 '비선실세 최순실'이 움직여서 한 일이라고 보면 '최순실 대통령'이었다. 측근이라는 단어로는 아무리 해도 설명이 안 됐다. 둘이서 '한 몸'처럼 움직이고 있었는데, '도대체 박근혜와 최순실은 무슨 관계일까?'라는 의문은 풀리질 않았다. 그 답을 얻어내면 미르·K스포츠 재단을 만든 이유들도 다 드러날 것 같았다.

1막 종료: 국정농단 세력, 그물로 몰아넣다

최순실 기습 인터뷰를 해냈던 박성제가 7월 중순 사회부로 복귀하고 대신 펭귄팀에 박경준 기자가 새로 충원됐다.

박경준에겐 3가지 미션을 줬다. 하나는 청와대 교육문화수석 김상률이 차은택 외삼촌인지를 확인하라는 것이고, 또 하나는 틈나는 대로 의상실 CCTV영상에 나온 옷과 박 대통령이 실제로 입고 나온 외국 순방이나 행사를 찾아 매칭시켜놓는 것이었다. 그리고 2014년 말 고영태가 가져온 의상실 영수증을 뒤져 거기서 나온 의상실 관계자 이름을 준 뒤 찾아서 취재해놓으라고도 주문했다.

김상률이 차은택의 외삼촌이라는 건 지난 6월 8일 청와대 인근에서 고영태를 만날 당시 차를 타고 이동하는 중에 얼핏 들은 얘기였다. 이날 청와대 정무수석에 '친박' 김재원을 임명하는 등 수석비서관 몇 명이 교체되는 인사이동이 있었는데, 그중 교육문화수석 김상률도 포함돼 있었다. 문체부 인사나 교육문화수석은 최순실이 특별히 관심을 갖고 있을 것 같아 고영태에게 "김상률이 왜 교체됐는지 들은 거 있느냐?"고 물었던 것이다.

그러자 고영태는 갑자기 생각난 듯 "김상률이 차은택 외삼촌이고, 김상률과 송성각이 같은 고등학교 출신이었던 거 아세요?"라고 되물었다.

"모르지. 검증을 했을 텐데, 설마 그럴라구? 정확해?"라고 반문하자, 고영태는 확신은 못하고 "저는 그렇게 들었어요."라고 대답했다.

앞서 차은택이 운영하는 아프리카픽처스와 늘품체조 시연 영상 제작을 대행한 유령회사 엔박스에디트의 등기이사로, 차은택의 어머니로 추정되는 70대 김모 씨가 올라 있었다고 언급했었다. 그 여성의 이름이 김상○이었는데, 당시 목록에서 그 이름을 보고 고영태 얘기를 되짚어보니, 교육문화수석 김상률이 차은택의 외삼촌이 맞을 수도 있겠다 싶었다. 그래서 취재를 시작했다.

그 무렵엔 문화창조융합본부의 상급기관이자 예산을 관리 집행하는 콘텐츠진흥원의 원장 송성각과 차은택의 관계, 장관 김종덕과 차은택의 관계는 이미 파악된 상태였다. 광고계 인사들을 두드리자 여기저기서 송성각이 '차은택의 대부'로 통한다는 얘기가 나왔다. 김종덕과 차은택의 관계는 앞에서 이야기했던 것 이외에 차은택이 2012~2013년 홍익대 영상대학원을 다닐 당시에 대학원장이 김종덕이었던 것도 확인이 됐다.

김상률과 차은택의 관계가 확인되면, 김상률의 청와대 입성 배경이나 문화계 황태자 차은택의 힘이 어디서 나오는지를 설명할 수 있을 것 같았다.

차은택이 지분을 갖고 있는 회사의 법인 등기와 주소지 등기부등본을 죄다 뒤지자 삼남매로 추정되는 인물들이 파악됐다. 차은택의 어머니 밑에 두 남동생이 있었고, 그중 김상률은 막내로 추정됐다.

만약 맞다면 청와대 인사가 구멍가게 운영보다도 못했다는 걸 보여줄 수 있는 상징적인 사례였다. 청와대 민정수석실의 '부실 검증' 의혹을 제기할 수 있는 부분이었다. 김상률 역시 국정농단의 책임을 피할 수 없다. '부실 검증' 기사를 준비하는 차원에서 이때부터 서주민에겐 김영한을, 정동권에겐 우병우 취재를 맡겼다. 김상률 청와대 입성 당시 김영한은 민정수석이고, 우병우는 민정비서관이었다.

박경준을 시키기 앞서 이재중을 투입해 '차은택의 집'과 '김상률의 형으로 추정되는 인물의 집'을 찾아 외삼촌이 맞는지 1차 확인에 나섰었다. 이틀 정도 김상률의 형으로 추정되는 인물의 집을 찾아가더니 이재중은 김상률의 조카로 추정되는 사람에게서 "우리하고는 거의 왕래가 없다"는 얘기를 듣고 왔다. 그리고 "외삼촌 맞는 것 같습니다"라고 보고했다.

사소한 것 같지만 나는 매우 중요한 팩트라고 생각하고 있었는데, 취재를 하고 돌아온 이재중의 답변은 명료하지 않았다.

"그러면 외삼촌이 맞다는 거야? 아니다는 거야? 외삼촌이면 외삼촌이고, 아니면 아닌 거지, '맞는 것 같다'는 건 또 뭐야?" 큰 소리로 야단을 치자 이재중은 풀이 죽었다. '기'를 너무 죽였나 싶어 이때부터 이재중은 '미르 취재'로 돌리고 새로 와서 의욕이 넘치던 박경준을 다시 투입했다.

이틀 뒤인 7월 23일 박경준에게서 취재보고가 올라왔다.

"갔더니 김상률의 형은 없었고, 아들을 만나 3남매가 맞다는 확인을 받았습니다. 남매 간 왕래는 거의 없다고 합니다."

"그럼 김상률 집에 가서 차은택 추천으로 청와대에 들어간 건지 직접 취재해봐라."

박경준은 거우 입사 1년을 갓 넘은 상태였다. 버거울 수 있다고 판단해 질문 10개를 만들어줬다. '미르재단을 뒤에서 차은택이 좌우했는데, 수석과 협의하에 이뤄진 일 아닌가?' 'K스포츠재단 모금 때도 교문수석실과 협의하지 않았나?' '대통령의 이란 순방 때 K스포츠가 태권도 시범행사를 했는데, 시범단 선정을 위해 K스포츠재단과 교문수석실이 미리 가서 보게 된 경위가 뭐냐?' 등등 대부분 이어질 기사들에서 '해명'이나

'반론'으로 들어가야 할 부분을 미리 받기 위한 질문들이었다.

8월 3일 새벽 1시쯤 문자로 상황보고가 올라왔다. 박경준이었다. 오전부터 종일 김상률 집 앞에서 뻗치고 있다가 자정이 돼서야 김상률을 만난 것이다.

"집 앞에서 만나 얘기하다가 휴대폰을 빼앗겼습니다."

혹시 몰라 대화를 녹음했는데, 중간에 들킨 모양이었다. 김상률이 휴대폰을 빼앗아 집으로 들어간 뒤 TV조선 내부 지인을 찾아 전화를 했고 그 내용이 나한테도 전달됐다.

"굳이 녹음할 필요 없으니, 준비해간 질문에 대한 답변을 들어두고 나머지 궁금한 것들은 네가 알아서 현장 취재해라. 그리고 보는 앞에서 몰래 녹음한 부분 다 지우고 휴대폰 돌려받아라."

해프닝 끝에 박경준은 김상률 집에 들어가 3시간여 취재를 했지만 예상대로였다. 혈연관계만 인정하고 대부분 부인했다.

김상률은 "차은택이 외조카는 맞지만 청와대 수석이 더 높은 자리인데, 차은택 입김으로 청와대에 들어간다는 건 말이 안 된다"고 했다. 대통령의 이란 순방 전 K스포츠재단이 추진한 태권도시범단을 사전 점검한 부분에 대해선 소극적인 인정을 했다. 이때 확인받았던 내용들은 하루 뒤인 8월 4일 메인뉴스에서 〈K스포츠·미르 재단, 대통령 행사 동원〉이라는 기사로 단독 보도된다.

김상률과 차은택이 외삼촌과 외조카 관계라는 팩트 하나를 완벽하게 확인받는데, 두 사람이서 열흘 가까이 걸렸다. 나중에 다른 언론들은 '차은택 외삼촌 김상률'을 원래부터 알고 있던 것처럼 기정사실화해 보도했는데, 이는 그전에 펭귄팀 기자들의 땀이 밴 팩트 확인과 보도가 있었기 때문이었다.

문체부 장관과 청와대 교육문화수석, 그리고 콘텐츠진흥원장 모두 공통적으로 차은택과의 끈끈한 인연이 확인된 셈이었다. 차은택이 문화융성위원에 내정될 무렵인 2014년 8월 김종덕도 문체부 장관에 내정이 됐고, 석 달 뒤 김상률은 청와대에 교육문화수석으로 입성했다. 또 한 달 뒤인 12월엔 송성각이 콘텐츠진흥원장으로 들어간다. 그리고 미르재단 이사장 김형수는 차은택의 박사과정 은사였다.

모두 차은택의 사람들이었다. 차은택만 놓고 보면, 그가 문체부 장관과 청와대 교육문화수석, 그리고 차관급인 콘텐츠진흥원장을 앉혔다는 건 도저히 믿기지 않을 얘기였다. 하지만 차은택의 '뒷배'가 최순실이라는 걸 알던 상태에선 '최순실의 힘'으로 해석하면 설명이 되는 일이었다. 차은택의 사람들 취재는 8월 18일 메인뉴스에서 〈차은택 카르텔…교문수석은 외삼촌, 장관은 스승〉이라는 타이틀로 단독 보도됐다.

리포트의 마지막은 "정치권에선 문화융성 업무에 관한한 차 씨가 문체부 장관이나 청와대 교육문화수석의 영향력을 뛰어넘었던 것으로 보고 있습니다"였다. 정치권도 좀 관심을 가지라는 취지에서 '정치권에선'이라는 말을 붙여놓았다. 당시 여당인 새누리당은 8월 9일 전당대회에서 당대표로 이정현을 뽑아 '도로 친박당'이 돼 있었고, 야당인 더불어민주당은 8월 27일 전당대회를 앞두고 '당권 싸움' 외 바깥일엔 눈길을 두지도 않던 시기였다.

나는 '차은택 카르텔' 기사에 상당한 비중을 두고 있었는데, 다음날도 그 이후에도 따라오는 언론이 없었다. 취재의 전체 맥락에서 보면 차은택의 인사 전횡과 예산농단을 지원하는 공범으로 김종덕·김상률·송성각·김형수 등 4명을 지목해놓았던 것이다. 바로 이 사람들이 '국정농단 세력'이라고 주변에 그물을 쳐놓는 의미가 있었다. 서로 견제하기는커녕 상상하기도 어려울 만큼의 끼리끼리 나눠먹기 구조가 형성돼 있었으니, 국정농단이 광범위하게 이뤄질 수밖에 없었다.

이로써 7월 6일부터 8월 18일까지 1차 대장정이 끝났다. 미르재단과 K스포츠재단 그리고 돈을 낸 대기업, 플레이그라운드, 김종·차은택·안종범·김종덕·김상률·송성각까지 대어들 주변으로 '그물치기' 국면이 끝난 것이다.

펭귄팀 회의 때 간혹 "우리가 알고 있고, 취재하고 있는 것들이 전부 제대로 보도되면 국민들이 탄핵과 하야를 요구하는 상황까지 올지 모른다"고 예측하곤 했다. 그 정도로 엄중한 취재를 하고 있으니, 팩트 취재를 소홀하게 다루지 말라는 뜻에서였다. 말도 안 되는 일들이 취재될수록 나 역시 분노가 생기는데, 제대로 보도되면 당연히 국민들의 여론이 들끓으리라 보는 건 당연했다. 그 분노가 탄핵과 하야를 요구하는 목소리로 분출될 것이란 게 내 예측이었다.

1막 '그물치기' 국면을 이을 2막 '이 모든 농단의 배후 최순실'은 또 다른 국면이라, 그 사이 펭귄팀 기자들을 반강제로 휴가를 보냈다. 대부분이 지쳐 나가떨어지기 1보 직전이라 '휴식'이 필요한 상황이었다.

펭귄팀 기자들은 80여 일 동안 기관차처럼 달려왔다. 기사는 화수목요일에 연달아 내고, 월요일과 금요일은 취재를 하는 방식으로 운영해왔다. 이렇게 해야 금요일부터 월요일까지 연이어 4일 동안 취재할 시간을 벌 수 있기 때문이었다. 8월 중순쯤엔 다들 '녹초'가 돼 있었다.

그리고 해외연수를 가느라 7월 29일 취재팀을 떠난 정동권에 이어 서주민도 8월 22일부터 3개월간 국내 연수를 떠나야 했다. 서주민까지 빠지면 취재팀은 중간에서 받쳐줄 허리가 없어지는 셈이었다. 다루는 기사의 양과 무게에 비해, 취재기자 지원은 아쉬운 점이 많아 일손이 부족할 때가 많았다. 이래 저래 전열 재정비가 필요한 시점이었다.

'최순실' 카드를 꺼내 국면이 한 단계 업그레이드되면 기약 없는 강행 군에 내몰릴 가능성이 컸다. '두 재단의 배후는 최순실'이라는 연결꼭지 를 쓰는 순간 파장이 커지고 박근혜 대통령까지 이어지는 또 다른 국면 이 열리기 때문에 국면과 국면 사이를 틈타 휴가를 보내기로 했다. 몇몇 되지도 않은 기자들이 한 사람씩 휴가를 다녀올 경우, 일손에 차질이 생 기고 분위기도 산만해질 것을 우려해 날짜 선택권 없이 8월 20일부터 8 월 26일까지 '강제 휴가'를 보냈다.

마침내 최순실의 꼬리를 잡다

8월 19일 저녁부터 펭귄팀은 휴가에 돌입했다. 다만 이재중을 남겨서 별도로 몇 가지 취재 숙제를 줬다. 무엇보다 전 미르재단 사무총장 이성 한의 밀착 마크였다. 이성한은 '녹음파일'을 갖고 있어 언제 터질지 모르 는 시한폭탄 같은 존재였다. 그래서 이성한이 안종범이나 다른 언론과 접촉하는지를 파악해 특이동향이 감지되면 바로 보고하라고 했다. 펭귄 팀 휴가기간 동안 이재중은 파수꾼이었다.

휴가를 다녀와 열어갈 2막 기사들은 최순실에서 출발할 작정이었다. 그러려면 미르재단이나 K스포츠재단 배후에 최순실이 있다는 걸 입증하 는 물증이나 정황이 있어야 했다.

당시엔 두 가지였다. 전 미르재단 사무총장 이성한이 '비선실세'가 있 다고 증언한 부분과 미르재단-차은택-최순실로 이어지는 배후 구조였 다. 하지만 이성한은 최순실을 가리키면서도 '최순실'이라는 이름을 입 에 올리지 않았다. 배후 구조에서도 미르재단-차은택, 차은택-최순실의 2단 구조일 뿐 미르재단과 최순실이 직접 연결된 정황은 아직 잡아내지 못한 상태였다.

K스포츠재단의 배후도 최순실로 추정했으나 중간 연결고리가 끊어져 있었다. 그때까지 취재된 걸로도 기사를 쓸 수야 있었다. 하지만 자연스럽지 못하고 꿰맞춘 듯 보일 수 있었다. 두 가지 근거만으론 부족하다고 생각하던 참이었다. 직접적인 관계를 보여주는 물증이나 정황이 나올 때까지 기사를 미뤄야 할지도 몰랐다.

그런데 휴가 첫날인 8월 22일 오전 고영태가 전화를 걸어왔다. 잠깐 봤으면 하기에 오후 6시쯤 집 근처로 오라고 했다. 고영태는 7월 16일 최순실 기습 인터뷰 이후 자신이 주소를 알려준 걸로 몰려 최순실과 틀어졌다고 했지만 그것도 아닌 듯했다. 고영태가 왜 제 발로 찾아오는지가 궁금했다.

"엊그제 소장이 한강 공원에서 이성한을 만났어요." 집 근처 브런치 카페에서 약속을 잡았는데, 오자마자 이 말부터 꺼냈다.

"한강 고수부지에서 만났고, 최순실이 이성한에게 사무총장을 다시 맡아달라고 했어요. 차 감독(차은택)하고 이 총장(이성한)이 틀어지는 바람에 난리가 났다며 사무총장을 맡아 정리를 하는 게 좋겠다고 했대요."

고영태는 만난 시점이나, 어떻게 알게 됐는지는 밝히지 않았다.

"언제 만났는데?"

"좀 됐어요. 지난 주 언제쯤인가 봐요."(8월 19일이었다.)

제3자에게 듣고 와서 전하는 얘기처럼 했다. 고영태 얘기대로라면 TV조선 보도로 미르재단 문제가 표면화하자 이성한을 내세워놓고 최순실이 그 뒤에 숨으려는 의도로 보였다. 며칠 전 이재중은 최순실이 미승빌딩 등 부동산을 매물로 내놓고 독일 도피를 준비하고 있다는 보고를 했다. 바로 그 시기와 맞물려 있을 때였다.

"그리고 다른 얘기는?"

"차은택이 중국에서 연락까지 끊고 자기만 살려고 한다며 '무책임'하다고 욕을 했대요. 이성한이 5억 원을 달라고 요구했다고 하던데요?"

5억 원 얘기가 나오는 순간, '이 말을 하러 왔구나'라는 생각이 들었다. 이성한이 미르재단 사무총장에서 밀려난 뒤 고영태와는 동병상련 관계로 자주 만난 것으로 알고 있던 터라 갸우뚱해졌다. 이성한이 금전을 내걸고 최순실과 타협을 한 건지, 이성한을 매도하기 위해 최순실이 시키는 말을 하는 건지 감이 잡히지 않았다. 고영태는 도대체 어느 편을 들고 있는지도 알 수가 없었다. 고영태가 일부러 찾아온 걸로 봐선, 분명 꿍꿍이가 있었다.•

그러나 어쨌든 최순실이 이성한을 만나 "문제를 해결하라"고 했다는 건 국면과 국면을 이을 수 있는 정황 중 하나였다. '꿍꿍이는 곧 알게 되겠지'라고 생각하며 돌려보낸 지 채 10분도 되지 않아 전화가 울렸다. 이성한 밀착 마크 임무를 띤 이재중이었다.

"부장, 이성한이 최순실을 만났답니다."

"그래. 알고 있다."

휴가중인데도, 전화를 한 걸 보면 중요한 정보라고 판단해 알렸을 것이다. 그런데 "고생했다"고 격려를 했어야 하는데, 방금 들었던 터라 감흥 없이 "알고 있다"고 하니 금세 이재중의 목소리가 가라앉았다. 미안하기도 해서 30분쯤 지나 이재중에게 전화를 걸었다. 고영태에게서 한 번 들은 얘기지만 이성한과 오간 대화 내용을 꼬치꼬치 물었다.

● 한 달 뒤 9월 26일 통화에서 고영태는 "한강에서 이성한을 만났을 당시 내가 이성한이랑 함께 5억 원을 달라는 협박을 했다고 최순실이 소문내고 다니더라"로 말이 바뀐다. 훗날 수사 기록을 보고 그 이유를 짐작하게 됐다. 8월 22일 찾아올 때는 최순실 쪽에 붙어 있었고, 8월 말이 넘어가면서부터 최순실 쪽에서 고영태를 '왕따'시키는 상황이 되면서 입장이 바뀐 것으로 보인다. 펭귄팀이 휴가중이던 8월 26일 한 번 더 만났을 때 고영태는 "의상실 CCTV영상을 복사해달라"는 말을 했는데, 그 무렵 최순실과 큰 갈등이 생긴 것 같다.

"최순실은 누구랑 나왔다고 하더냐?"

"건장한 남자 2명을 경호원으로 대동하고 나왔고, 이 2명이 이성한의 몸을 뒤져 휴대폰을 빼앗은 뒤에야 차 안에서 대화를 나눴답니다. 최순실이 먼저 나와서 기다리고 있었다고 합니다."

"흰색 벤츠 타고 나왔나?"

"아니고, 바꿔 타고 나왔다고 합니다."

"휴대폰은?"

"헤어질 때 돌려받았다고 합니다."

마치 스파이 영화 장면 같았다.

"이성한이 다른 얘기는 없었나?"

"(2016년) 4월 4일 이후에 만난 적이 있는데, 그땐 사퇴를 요구하더니 이번엔 사무총장을 맡아달라고 했답니다. 4월 4일 이전에도 횟수는 얘기 안 했지만 만나서 미르재단 문제를 협의했고요."

2016년 4월 4일은 안종범이 멕시코를 순방중인 박근혜 대통령을 수행하던 중에 이성한에게 전화를 걸어와 "미르재단 사무총장을 그만뒀으면 좋겠다"고 사퇴를 종용했던 날이다. 그런데 그 이후에 최순실이 한 차례 이성한을 만나 "물러나라"고 압박했다는 것이다. 그 이전에도 이성한과 몇 차례 만나 미르재단 문제를 협의한 일이 있었다는 정보도 얻었다.

미르재단 사무총장을 '물러나라' '맡아라' 지시를 하고, 그전엔 재단 문제까지 협의했다면 최순실을 배후로 볼 수 있는 결정적 정황이었다. 1막 국면에서 최순실이 등장하는 2막 국면으로 점프할 수 있는 연결고리였다. 이성한의 발언 중엔 "미르는 최순실과 차은택 작품이라면, K스포츠는 온전히 최순실 작품이다"는 내용도 있었다.

그동안 머리 싸맸던 숙제가 불과 몇 시간 만에 고영태와 이재중을 통해 풀리자, 체증이 가라앉은 듯했다. '미르재단 문제 최순실과 협의했다' '최순실이 배후…사무총장 사퇴도 종용' '첩보물 같았던 최순실의 행태' 'K스포츠재단 배후도 최순실' 등 휴가 끝나자마자 써나갈 기사의 아이템들이 줄줄이 열렸다.

"이성한 웨딩 정리해두고, 추가로 이성한이 최순실에게 5억 원을 요구했다는데 이성한에게 확인해봐라. 고생 많았다."

"네~"

그제서야 이재중의 목소리에 활기가 돌아왔다.

다음날 이재중은 "이성한이 5억 원 요구설에 대해 펄쩍펄쩍 뛴다"고 했다. "최순실이 요즘 무슨 일하고 있느냐고 묻기에 '한미약품과 30억 원 소송 건이 있어 거기 매달리고 있다'고 한 적은 있지만 5억 원 얘긴 꺼내지도 않았다"는 것이다.

그러나 휴가 직후 '최순실 국면'을 열기 위해 준비했던 아이템과 기사들은 결국엔 빛을 보지 못했다.[●] 청와대가 『조선일보』를 공격하고 '청와대와 조선일보의 싸움' 프레임이 작동하면서 기사가 막혀버린 것이다.

● 최순실이 알 만큼 알려진 뒤인 10월 18일 〈최순실, 한강 둔치에서 이성한 회유—첩보 영화 같았다〉는 기사만 이재중의 단독 리포트로 내보냈다. 이 기사의 내용은 넉 달 뒤 재판에서도 다시 확인된다. 2017년 2월 6일 최순실 재판에 증인으로 나온 이성한은 한강 둔치에서 최순실을 만난 상황과 녹음파일을 공개했다. 녹음파일은 "미르재단 문제를 차은택에게 떠넘겨라"라는 내용이었다. TV조선 보도 이후 중국에 피해 있던 차은택을 미르재단 배후로 몰아놓고 자신은 독일로 도피할 작정으로 이성한을 불러낸 것이었다.

최순실의 음모와 계략

이성한의 5억 원 요구설의 실체에 대해서는 한 달 뒤인 9월 20일 고영태를 따라다니던 김수현이 집 앞으로 갑자기 찾아오면서 파악하게 됐다. 7월 21일에 "인 터뷰를 못 하겠다"고 연락을 끊은 뒤 슬슬 피하다 갑자기 나타난 걸 보니 뭔가 찾 아온 의도가 있는 듯했다. 새벽 1시까지 대화를 질질 끌며 탐색을 하다 보니 감이 잡혔다.

김수현 얘기로는 최순실과 이성한이 만날 때 고영태가 이성한과 함께 나왔고, 이성한이 "한미약품 소송을 도와서 돈 받게 해주든지, 5억 원을 달라고 요구했다" 는 것이다. 보아하니 김수현이 고영태와 갈라섰고 최순실측의 사주를 받고 역정보 를 흘리러 온 듯했다. 고영태와 이성한을 한데 묶어 '5억 요구범'으로 몰고 있었던 것이었다.

고영태 역시 최순실 말을 듣고 나한테 '5억' 얘기를 흘린 걸로 짐작됐다. '이성한 을 금전이나 요구하는 파렴치범으로 만들어 그의 말을 신뢰하지 못하게 만들려고 흘렸구나'라는 생각이 들었다. 최순실은 '이성한이 TV조선에 정보를 주고 있다'고 생각했으니 그럴 만도 했다. '잔머리 계책'이 어느 정도 간파됐다. 이날 김수현으로 부터 최순실이 8월 19일 이성한을 만나러 갈 때 동행한 인물이 류상영(고영태의 친구)이고, 벤츠 대신 카니발 차량을 이용했다는 팩트는 챙길 수 있었다.

최순실은 독일 도피 중 『세계일보』와의 인터뷰에서도 "미친 사람이다. 나를 죽 이려고 하는 것이다. 5억을 달라고 협박도 했다"며 '이성한 5억 요구설'을 퍼뜨렸 다. 최순실이 주장한 '이성한 5억 요구설'의 친위는 검찰 수사와 국정조사 청문회 를 거치면서 자연스럽게 가려졌다. 2016년 12월 14일 국정농단 사건 3차 청문회 에서 "이성한이 아주 계획적으로 돈도 요구했다는 걸로 분리 안 시키면 다 죽는다" 는 최순실의 육성 녹음파일이 공개된 것이다.

검찰수사를 통해서 김수현이 나를 찾아오게 된 경위도 확인할 수 있었다. 짐작 대로 김수현이 독일에 있던 최순실의 지시를 받고 역정보를 흘리러 온 게 맞았다.

당시 느낌이 좋지 않아 새벽 1시까지 김수현을 붙잡고 훈계성 조언을 해줬다. "앞으로 6개월 안에 다 터진다. 혹시 최순실 옆에 가 있다면, 붙어 있지 마라. 불 옆 에 가면 불에 데는 게 권력의 이치. 얼마 되든 안 되든 땀 흘려서 땀의 대가로 돈 벌 생각을 해라. 그게 뒤탈도 없고 속도 편하다."

이날 이후 김수현은 전화조차 받지 않았고, 내 조언도 듣지 않았다. 나중에 알게 되지만 김수현은 나와 헤어진 뒤 만난 결과를 곧바로 류상영을 통해 독일의 최순실에게 보고했다. 그러자 최순실은 한국시각 새벽 1시45분인데도 "한겨레건은조선에서자료를줬데요(한겨레 건은 조선에서 자료를 줬대요)" "이진동은 안맞나는게 나야(안 만나는 게 나아)"라고 류상영에게 답장 문자를 보냈다. 화가 났던지, 급박했던지 띄어쓰기와 맞춤법이 엉망이었다.

나를 만나는 동안 김수현-류상영-최순실은 삼각 중계로 서로 문자를 주고받으며 상황 체크를 하고 있었다.

고영태가 나에게 정보를 흘리고 있다고 생각한 최순실은 사흘 뒤 고영태의 집주소를 류상영에게 보낸다. 이때쯤부터 드러내놓고 고영태와의 분리에 나선 것이다. 그로부터 열흘쯤 뒤인 10월 초 노승일과 김수현은 고영태의 부모를 회유하러 광주에 내려갔다. 최순실은 독일에서 류상영으로부터 문자보고를 받고 일일이 지시했다.

6
청와대의 반격

●●●●●● 미르와 K스포츠재단을 둘러싼 펭귄팀의 보도는 치밀하게 앞으로 나갔다. 7월 26일부터 8월 18일까지 연이어 보도했던 기사들 몇 개만 간추려 보면 방향성이 확연하게 드러난다.

7월 26일 〈안종범 수석, 미르재단 500억원 모금 지원〉, 8월 2일 〈또 다른 재단에도 380억 모아줬다〉〈900억 모금한 기업들, 팔 비틀렸나〉, 8월 4일 〈K스포츠·미르 대통령 행사 동원〉, 8월 11일 〈미르재단, 대통령 순방TF에 참여…비선조직이었나〉. 점점 '비선실세' 그리고 청와대와 대통령 박근혜를 향해 다가서고 있었다. 기사엔 청와대와 박근혜가 개입돼 있는 정황들이 반복해서 등장했다.

그런데도 청와대는 이상할 정도로 조용했다. 뭔가 반응이 있을 법한데도, 물밑의 움직임까지야 잘 모르겠지만, 표면적으로는 미르·K스포츠재단 보도에 대해 거의 일언반구가 없었다.

7월 26일 '정책조정수석이자 전 경제수석인 안종범이 미르재단의 돈 모금을 지원했다'는 미르재단 관련 보도가 처음 나왔다. 보통 때 같으면 다음 기사들이 진전되는 걸 막기 위해서라도 다음날엔 청와대의 반응이 당연히 나와야 했다. 하지만 공식 대응은 없었고, 지나가듯 안종범이 "법적 대응을 검토하겠다"는 정도였다. 청와대 기자들이 물어봐도 "전경련일"이라며 시큰둥했다.

취재기자들에게 "청와대는 미르·K재단을 절대 인정할 리 없다. 인정하는 순간 청와대가 궁지에 몰리니까, 끝까지 인정하려 들지 않을 것이다"라고 예견해줬던 상황 그대로였다. 청와대의 대응이 궁금했는데, '반응 없음의 반응'을 보고 예견이 맞아 들어가는 느낌을 받았다.

나는 청와대의 반응을 '의도적 무시'로 해석했다. 전략이 있는 '의도적 무시'가 아닌 다음에야 불쾌감이든 반박이든 기자들에게 반응을 내놓지 않을 리가 없었다. 매일같이 '청와대 정책조정수석' '경제비서관' '비선 실세' '비선 조직' '박근혜 대통령'이 언급되는 관련 기사들이 나가는데도 무심한 듯한 청와대의 태도는 분명 이상했다. 당시 정무수석 김재원은 8월 2일 기자들을 만나 '오프 더 레코드'를 전제로 '8·15 특사' '우병우 거취' '친박 핵심들의 공천 개입 녹취록' 등과 관련해선 여러 얘기를 했지만 미르재단은 아예 언급조차 하지 않았다. 해명하는 것 자체가 다른 언론의 관심을 끌 수 있으니, TV조선이 '오버'를 한 것처럼 만들어 유야무야 넘어가려는 전략으로 읽었다.

그렇다면 전경련은 몰라도, 청와대는 앞에 나서지 못할 것이라는 판단이 섰다. 안심하고 미르·K스포츠 관련 기사의 강도를 올려도 되겠구나 싶었다. 첫날 기사는 단어 하나하나와 조사까지 세밀하게 따졌지만, 그 다음날부터는 조금씩 과감해져갔다.

그 가운데 아마도 8월 12일 〈미르와 K스포츠 행사마다 등장하는 박 대통령〉 리포트는 청와대를 가장 끙끙 앓게 만드는 내용이었을 것이다.

사실상 미르·K스포츠 재단과 박근혜 대통령의 연결고리인 '최순실'만 쏙 빼놓은 상태인데, 청와대는 7월 16일 펭귄팀이 '최순실 기습 인터뷰'를 한 걸 알고 있었을 테니 '벙어리 냉가슴'이었을 것이다.

반면 청와대의 '의도적 무시'도 먹히고 있었다. 당시 기자들의 관심은 비리 의혹이 연일 보도되고 있던 우병우 민정수석의 퇴진 여부에 온통 모아졌고, 미르·K재단에 대해선 관심 밖이었다. 청와대 출입 기자들도 자신들과는 관련 없는 '전경련의 일'로 보는 경향이 있었다. 심지어 TV조선 내부에서조차 "기사도 안 되는 걸 연일 밀어붙이고 있다"고 뒤에서 불평하는 일부 기자들도 있었다.

펭귄팀 기자들이 "내부에서 이런 얘기가 돌고 있는데요"라고 전달해오면 "도와주지는 못할망정 어떤 놈들이 그래? 나중에 보면 다 알 테니, 그런 얘기 무시하고 흔들리지 말라"고 핏대를 세운 적도 있었다.

시작된 반격

보도를 경쟁하는 언론이 없으니 기사의 페이스는 내가 알아서 조절하면 그만이었다. 지금껏 탐사보도를 많이 해왔지만 당시 펭귄팀의 미르·K스포츠 재단 권력형 비리 의혹 보도는 수작으로 꼽을 만했다. 다른 언론사들이 따라오지 않아 외롭게 끌고 나가긴 했어도, 덕분에 치밀하게 차곡차곡 보도할 수 있었다. 취재 경쟁이 벌어지면, 뒤처진 쪽에선 만회하기 위해 확인이 미진하거나 설익은 내용도 내보내게 된다. 하지만 아무도 따라오질 않으니 탑을 쌓아가듯 밑에서부터 차근차근 올릴 수 있었다. 나중엔 어차피 다른 언론들도 따라올 수밖에 없다는 걸 알았기에, 서두르거나 조급해할 필요도 없었다. 미르재단 사무총장 이성한을 밀착 마크하는 이재중을 팀의 휴가중 '척후병'으로 남겨둔 상태라, 급한 일이 생기면 내가 나오면 될 일이라고 생각했다.

취재팀 분위기는 그랬지만 바깥은 뭔가 폭풍전야인 듯한 예감이 없었던 건 아니었다. 휴가 전 미르·K스포츠 관련 마지막 보도가 나간 8월 18일, 이석수 특별감찰관이 우병우를 직권남용과 횡령 등의 혐의로 검찰에 수사의뢰했다.

그런데 사흘 뒤인 8월 21일 청와대 관계자는 '부패기득권 세력과 좌파 세력이 합작한 대통령 흔들기'를 주장하고 나섰다. 이런 내용들은 8월 23일자 조간신문들에 실렸다. 여권 친박계 인사를 출처로 "내년 대선 정국과 관련해 친박 진영의 힘을 빼는 차원에서 특정 언론(『조선일보』)이 우병우 사퇴 공세를 펴고 있다는 게 청와대 인식이다"라는 분석도 나왔다. 청와대의 인식이 각종 지라시에 등장한 '보수정권 재창출 차원'이라는 음모론(조선일보가 4·13총선 패배 이후 정권 재창출의 가능성이 낮아진 친박 세력과 박근혜 대통령을 버리고 보수세력 재구성에 나섰다는 음모론)과 다를 바가 없었다.

8월 23일 『중앙일보』 1면 톱엔 「이석수, 대통령 측근 2명 더 감찰」이라는 단독기사가 실렸다. 기사를 보자마자 전화기를 붙잡았다.

"특별감찰관실 감찰 대상자 2명 중 1명이 안종범 수석일 가능성이 있는데, 이건 확인되면 기사 처리를 해야 할 것 같습니다. 필요하면 나가겠습니다."

당시만 해도 '우병우'에 관심이 집중돼 있던 터라, 다른 언론은 안종범은 염두에 두지도 않았을 상황이었다. 안종범이라면 '미르·K스포츠 재단' 보도가 단초일 걸로 판단해 본부장에게 전화를 한 것이다. 바로 며칠 전 검찰 간부 A는 "안종범의 미르·K스포츠 재단 개입은 특별감찰관실 감찰 대상이고, 감찰 진행중일 가능성이 있으니 알아보는 게 좋겠다"는

● 안종범은 당시 감찰 대상은 아니었지만, 실제 내사가 진행됐던 사실이 나중에 밝혀졌다. 내사는 미르재단의 강제모금에 개입했다는 TV조선 보도 직후, 이석수의 지시로 이뤄졌다. 감찰반원들이 기업관계자들을 찾아가 강제성 여부까지 확인했지만, 20여 일 뒤 이석수 특별감찰관이 '우병우 감찰 내용 유출' 논란에 휘말리면서 중단된 사실도 나중에 드러난다.

귀띔을 해주었다.●

그런데, 본부장 반응은 "나올 필요 없으니, 신경 쓰지 말고 잘 쉬라"며 아침 신문을 한번 보라고 했다. 같은날 『중앙일보』 5면엔 「부패기득권·좌파세력 합작한 대통령 흔들기가 본질」이라는 큼지막한 기사가 실려 있었다. 그 기사를 보는 순간, 탄식 같은 한숨이 삐져 나왔다. 준비된 기사들의 운명이 순탄치 않을 것 같다는 예감 때문이었다. 정국이 긴박하게 돌아갈 것 같았다.

반면 아침에 함께 온 『조선일보』엔 「'잡 노마드' 시대가 온다」는 기획 시리즈를 1면 톱과 4, 5면에 걸쳐서 써놓고 있었다. 돌아가는 정국에 비해 긴장감이 떨어져 있다는 느낌이었다.

휴가를 간 지 2~3일 만에 손써볼 틈도 없이 상황이 돌변해버렸다.

이후엔 정국이 급격히 '조선일보와 청와대의 싸움' 국면으로 흘렀다. 기자적 사명감에서 대통령과 비선실세의 권력 비리를 고발하는 기사들을 내놓아도 '청와대 공격용'이라는 오해만 불러올 형국이었다. '조선일보와 청와대의 전면전' 프레임에 말려들면 기사의 순수성은 잃을 수밖에 없었다.

실제로 다른 언론들의 반응을 보면 그런 '게임'의 틀에서 바라보고 있었다. 권력에 대한 언론의 정당한 비판이나 감시로 인식돼야 동참을 유발할 수 있는데, 일종의 공격 '카드'로 간주되면 나머지는 그저 싸움 구경이나 하게 되는 것이다.

복귀 이후 준비된 기사들을 쓸 수가 없으니 속이 타들어갔다. 어쩔 수 없이 '숨고르기'가 필요한 상황을 받아들여야만 했다.

"부패기득권·좌파 세력 합작한 대통령 흔들기가 본질"
(특정 언론 지칭)

청와대 측 "우병우 개인 문제 아니다"
여권 "청와대, 부패기득권 비리
공개 못할 모종의 단서 쥐고 있는 듯"

김진태 "실상시 논란 아예 없어
대통령, 사실 아닌 주장 거부하는 것"

청와대는 우병우 민정수석의 비리 의혹에 대한 보도를 빌미로 『조선일보』와의 전면전을 개시한다. 이는 미르·K스포츠 재단에 대한 관심을 돌리고, 관련 보도의 순수성에 먹칠하기 위한 고도의 프레임 전환 공작이었다.(중앙일보, 2016년 8월 23일)

휴가에서 복귀하면 다음 국면으로 '차은택 카르텔'을 알고도 방치했던 민정수석 우병우를 등장시키고 '최순실 정국'을 열 계획이었다. 하지만 숨고르기 국면으로 바뀌면서 준비된 기사들은 빛을 보지 못하고 있었다.

만약 나와 펭귄팀이 그 시점에 휴가를 가지 않았다면, 미르·K스포츠 재단에 이어 '최순실 보도'가 나갈 수 있었을까? 그리고 상황은 달라졌을까? 궁금한 부분이다.

『조선일보』의 오판

상황이 급박하게 돌아가기 전 『조선일보』가 고삐를 잡을 기회가 없었던 건 아니다.

7월 26일부터 8월 중순까지 TV조선이 몇날 며칠에 걸쳐 미르·K스포츠 재단 관련 연속보도를 해도 당시 『조선일보』는 눈길 한번 주지 않았다. 본부장 주용중은 『조선일보』는 말할 것도 없이 어느 언론 하나 따라오지 않자 답답했던지 8월 초쯤 관련자료를 『조선일보』에 건네주라고 했다. 쌍둥이 두 재단의 창립회의록을 비롯해 취재 과정에서 확보한 서류와 기사까지 복사해서 건네줬지만, 자료들은 신문 지면 구경조차 못했다. 편집국장이 휴가중이라는 이유였다.

본부장과 달리 나는 느긋한 편이었다. 최순실을 등장시킬 때나, TV조선이 제기했던 의혹들이 하나씩 '사실'로 드러날 수 있는 '국정감사' 때가 되면 쓰지 말라고 해도 이슈가 확산될 걸로 보고 있었다.

실탄은 충분했다. 쓸 수 있는 대략의 기사 아이템을 먼저 잡은 뒤 국정감사 시기를 예상해 역산해서 잡은 시작점이 7월 초였다. 그때 이후 준비해오던 아이템이 100개가 넘었으니 9월 중·후반 시작될 국정감사까지 얼마든지 단독으로 끌어갈 자신이 있었다. 7월 초부터 8월 18일까지 '단독'을 달고 보도한 아이템만 30개가 넘었다.

『조선일보』가 당시 왜 미르·K스포츠 재단을 외면했는지는 여전히 의문이다. 다른 이슈를 따라가기보다 '우병우 보도'에 더 집중해야 한다고 생각했을 수도 있다. 설령 그렇더라도 미르·K스포츠가 청와대의 지원으로 탄생한 '쌍둥이 재단'이라고까지 나온 상황에선 누가 봐도 기사거리가 됐다. 거의 모든 언론들이 우병우를 쫓느라, 본질인 미르·K스포츠 재단은 놓치고 있었던 셈이다.

그런 점에서 우병우를 내세운 '청와대와 조선일보의 싸움' 프레임은 성공을 거뒀다고 할 수 있다. 청와대가 '최순실'과 '미르·K스포츠 재단'에 대해서는 반박할 수 없으니, '우병우 보도'를 핑계로 몰아세웠고 꼼짝없이 그 프레임에 걸려들었다.

그러나 만일 TV조선의 미르·K스포츠 재단 보도 때 『조선일보』가 이슈 형성에 함께 뛰어들었다면, 박근혜와 우병우는 오히려 『조선일보』를 공격하지 못했을 것이라는 게 내 생각이다. 눈앞에 벌어지고 있는 소용돌이를 조망하듯 보고 판단한다는 게 그리 쉬운 일은 아니지만, 당시의 상황 오판으로 『조선일보』의 자존심과 위상도 상처를 받았다.

언론, '우병우 블랙홀'에 갇히다

청와대의 프레임 전환은 '머리 잘 돌아가는' 우병우의 계책으로 보였다. 2014년 11월 정윤회 동향 문건이 보도되면서 정윤회 게이트가 촉발됐을 때도 이런 프레임 전환으로 '선방'했던 게 당시 민정비서관 우병우였다. 우병우는 당시 '비선실세(정윤회)의 국정농단 사건'을 '청와대 문건 유출 사건'으로 프레임을 바꿔 박근혜 대통령으로 불똥이 튀지 않게 봉합하는 데 성공했다. 이 공으로 박근혜 대통령의 신임을 얻어 민정수석에 발탁됐다.

맛을 들였던 걸까. 언론들이 일제히 '우병우 비리' 보도를 하고 나오자, 우병우는 또 한 번의 프레임 뒤집기를 시도했다.

7월 18일 『조선일보』는 1면에 「우병우 민정수석의 처가 부동산… 넥슨이 5년 전 사줬다」는 기사를 싣는다. 『조선일보』 보도를 계기로 여러 언론들은 '우병우 아들 의경 보직과 국회 인턴 특혜 의혹' '가족회사 정강을 통한 횡령·탈세 의혹' '우병우 처가의 농지법 위반 및 차명 부동산 보유 의혹' 등 우병우 비리를 경쟁하듯 쏟아냈다.

이석수 특별감찰관실도 우병우 내사에 돌입한다. 그러자 당황한 청와대와 우병우는 '이석수 찍어내기'에 나섰다. 8월 16일 MBC 보도가 근거였다. 이석수 특별감찰관이 『조선일보』 기자에게 "'가족회사 정강을 조사하고 있다'는 감찰 내용을 흘렸다"는 보도였다. MBC는 『조선일보』 기자와 이석수 특별감찰관 사이에 오간 SNS 메시지를 입수했다고 했는데,

어떻게 입수했는지는 미스터리였다. 언론을 이용한 공작의 냄새가 풍겼지만, 그 뒤로도 밝혀지지 않았다.

MBC 보도 사흘 뒤 청와대는 "감찰 내용 유출은 특별감찰관의 본분을 저버린 중대한 위법행위이고, 국기를 흔드는 일"이라며 이석수를 거칠게 공격했다. 홍보수석 김성우가 발표한 청와대 입장문이었다. 홍보수석 차원이 아니라 대통령 박근혜의 판단으로 볼 수 있었다. '위법행위' '국기를 흔드는 일' 등의 용어들을 볼 때 틀은 우병우가 짠 걸로 의심됐다.

8월 18일 이석수 특별감찰관실은 가족회사 정강 관련 의혹과 장남 보직 특혜 의혹 등 2건과 관련해 우병우를 직권남용과 횡령 혐의로 검찰에 수사의뢰했다. 이에 맞서 우파 시민단체도 이석수를 '기밀 유출' 혐의로 검찰에 고발했다.

검찰은 '우병우·이석수 특별수사팀'을 구성하고 8월 29일엔 두 사람을 동시 압수수색했다. '우병우 처가 땅' 의혹을 보도한 『조선일보』 기자 이명진도 이날 출근길에 휴대폰을 압수당했다. 청와대와 검찰의 공세가 전방위적이고 파상적이었다.

특별감찰관실에 대한 공격만이 아니었다. 『조선일보』에 대한 공격은 검찰이 앞장섰다. 검찰의 대우조선해양 사장의 연임 로비 수사가 『조선일보』 간부를 겨냥하고 있다는 설이 파다했다. 그리고 나서 8월 26일 검사 출신 새누리당 의원 김진태는 "유력언론인이 대우조선에서 골프접대를 받았다"고 슬쩍 잽을 날렸다. 3일 뒤엔 송희영 주필이라고 이름까지 특정해 공격했다. 바로 송희영은 사퇴의사를 밝혔고, 당일 사표가 수리됐다. 이틀 뒤 8월 31일 『조선일보』 1면엔 사과문까지 실렸다.

전반적으로 우병우 내사에 나선 특별감찰관실은 '기밀 유출'로, 우병우 비리를 먼저 보도한 『조선일보』는 '부패 언론'으로 분위기를 몰아갔다. 그러자 언론들은 '우병우 블랙홀'에 빠져들었고, 청와대와 『조선일보』의 싸움에만 주목했다. 우병우를 사이에 놓고 청와대는 '부패 언론'으로 공격하고, 『조선일보』는 '언론 탄압'으로 맞서는 전선이 형성됐지만 『조선일보』가 밀리고 있었다.

청와대는 미르·K스포츠 재단 프레임으로 상황이 굴러가지 않도록, 일부러 우병우 의혹을 끌고 가면서 교묘하게 장막을 쳤던 것이다. TV조선이 연일 보도했던 미르·K스포츠 재단 보도를 이슈에서 멀어지게 만드는 효과를 거뒀다. 모든 언론들이 이 프레임에 갇혔고, 사실상 청와대와 우병우의 계략에 놀아난 것으로밖에 볼 수 없었다. 청와대의 성동격서(聲東擊西) 계책이 성공을 거둔 것이다.(우병우는 2017년 12월 재판에서 재판부가 "TV조선에 미르 보도가 나왔을 때도 미르재단 문제를 확인하지 않았느냐?"고 묻자 "내 코가 석 자였다"고 진술했다. 고의가 아니라 다른 일로 바빠서 직무를 하지 못했다고 해야 '직무유기' 혐의를 빠져나갈 수 있는 점을 잘 알아서였을 것이다.)

청와대는 『조선일보』를 향한 파상 공격이 '우병우 비리 보도' 때문인 것처럼 포장했지만, 실은 미르·K스포츠 보도가 더 진전되는 걸 막기 위한 전략이라는 게 당시 내 판단이었다. 지금이야 그 판단을 당연하게 생각할지 몰라도, 당시는 혼란의 와중이라 대부분 그렇게 생각하지 않았다. 결국 제2막인 '최순실 국면'이 열려야 할 시점 코앞에서 기사가 막혀버렸다.

본부장 주용중에게도 "우병우가 아니라 미르 보도 때문일 것이다"고 몇 차례 전달했다. 본부장이 "청와대가 왜 그런 것 같으냐"고 두세 차례 물어볼 때도 같은 대답을 했다. 몇 차례나 같은 질문을 던진 걸로 봐선 쉽게 판단을 못했던 것 같다.

송희영 주필과 관련한 사과문이 실린 날인 8월 31일 점심을 같이한

『조선일보』 편집국 간부에게도 "다들 청와대의 공격이 우병우 보도 때문으로 보는데, 실은 TV조선의 미르와 K스포츠 보도 때문일 겁니다"고 얘기한 적이 있었다. 이 간부는 "그건 당신이 미르·K스포츠 재단 기사를 써서, 그게 크게 보여서 그렇지. 그건 아니야"라고 말했다. 한마디로 아전인수식 해석 아니냐고 일축했다. "우병우 문제가 아니라 미르·K스포츠가 문제" "청와대의 아킬레스건은 미르·K스포츠"라고 주장해도 먹히는 분위기가 아니었다. 내부가 이 정도였으니, 밖에서 보는 시각은 굳이 말할 필요도 없었다.

당시 내가 판단한 청와대의 시나리오는, 청와대가 『조선일보』를 공격하면서 미르·K스포츠가 확산되지 않도록 시간을 벌면 그 사이 최순실이 도피하는 것이었다. 그 상황까지는 민정수석 우병우가 철벽 방어를 한 뒤, 최순실이 독일로 나간 다음 미르·K스포츠 건이 잠잠해지길 기다렸다가 우병우가 사퇴하면서 사태를 정리하려 할 것이란 예상이었다. 최순실이 박근혜와 긴박하게 조율할 걸로 추측됐지만, 취재망에는 걸려들지 않고 있었다.

8월 중순부터 최순실이 독일로 떠나려 한다는 소식이 들려왔으나 어떻게 막을 도리가 없었다. 검찰 간부 A에게 "어떻게 해야 출국금지가 되느냐"고 물어도 봤지만, 당시로선 뾰족한 방법이 없었다.

검찰 수사가 시작될 무렵 알게 되지만, 실제로 '우병우 정국'으로 흐르는 사이 최순실은 9월 3일 주목받지도 않고 독일로 도피할 수 있었다. 서둘러 내놓은 미승빌딩을 처분할 시간도 없이 급하게 떠났다.

필연적 우연이 필연의 역사를 만들다

미르와 K스포츠재단의 강제 모금 등 박근혜-최순실의 국정농단 사건 보도는 필연이었다. 두어 달 전부터 보도를 착착 준비해왔기 때문에 필연적으로 진행될 수밖에 없었다. 하지만 청와대와 『조선일보』의 싸움은 여러 우연이 겹쳐 일어났다.

7월 16일 이후 『조선일보』와 TV조선에서 일어난 상황은 우발적이었지만, 청와대나 밖에선 '계획적 시나리오'로 해석하는 시각이 많았다. 나중에 그 무렵 일어난 일을 순차적으로 복기해보니, 그런 해석이 나왔음직도 했다.

7월 16일 기습 인터뷰 이후 최순실은 김종·차은택에 이어 칼날이 자신을 향한다는 걸 알게 됐다. 우리는 우리대로 최순실에게 '취재하고 있다'는 게 노출이 됐으니, 파상 공세를 펴야 했다. 거대 권력을 고발할 때의 싸움은 반격의 틈을 주지 않아야 승산이 있다. 결정타들을 준비해 라이트 레프트 훅을 연달아 날리지 않으면 '되치기'가 들어오게 마련이다.

그런데 7월 18일 『조선일보』 1면 톱으로 「우병우 민정수석의 처가 부동산··· 넥슨이 5년 전 사줬다」 기사가 실렸다. 머리를 한 대 맞은 듯 '띵' 했다. '미르와 K스포츠재단을 파고 들어가면 최순실을 거쳐 우병우가 나올 수밖에 없는데, 우병우부터 먼저 나오다니···'라는 생각이었다. 그러나 또 한편으론 차라리 잘됐는지 모른다는 생각도 들었다. 미르·K스포츠 재단의 기사를 계속 써나가면 청와대나 최순실이 반격을 할 텐데, 그때 반격의 선봉장은 우병우가 될 가능성이 높았다. 『조선일보』 보도로 선봉장부터 꺾으면, 미르·K스포츠 재단 보도를 쉽게 막지 못할 것이라고 생각했다. 결국 사태 추이를 지켜볼 수밖에 없었다.

이뿐만이 아니었다. TV조선에선 또 하나의 특종이 대기중이었다. 갑자기 특종과 단독기사들이 몰려 특종 풍년이었지만 결과적으론 엎친 데 덮친 격이었다. 다름 아닌 친박 핵심의 4·13총선 공천 개입 녹취록 보도었다. 새누리당 의원 최경환·윤상현과 총선 당시 정무수석 현기환이 수도권의 한 예비후보에게 특정 지역 출마 포기를 종용하는 내용이었다.

최경환·윤상현·현기환은 박근혜정권에서 실세로 꼽히는 친박 핵심들이다. 어디서 구해왔는지 그 녹취록을 건네면서 주용중은 "내·외부엔 당신이 구해와 쓴 걸로 하라"고 했다. 그걸 받아들고 "제가 좀 안 했으면 좋겠는데요"라고 말했다. 준비중인 미르·K스포츠 재단의 기사들도 결국엔 여당 특히 정권 핵심을 코너로 몰 수밖에 없는데, 본 게임 기사가 나가기 전부터 친박 정치인들의 집중 견제를 받는 건 곤란하다고 생각했다.

"이것까지 했다간 친박들의 공적(共敵)이 될 텐데요…."

"아이 뭐. 그냥 이 부장이 가서 해."

그것 말고도 '미르재단' 기사 준비로 손이 딸리던 상황이었으나 주절주절 상황을 설명하기도 뭐해, 주저하다 그냥 받아들었다. 결국 우려했던 대로 나는 국정농단 사태 과정에서 친박계의 공적이 돼 있었다.

그런 상황에서 7월 18일 아침 『조선일보』에 우병우 관련 보도가 대문짝만하게 실린 것이다. 주용중은 개의치 않고 '친박 녹취록' 보도 2꼭지를 메인뉴스 '톱 블록'에 잡았다.

밖에선 『조선일보』와 TV조선이 한몸으로 엮여 매일 기사를 조율하는 것처럼 알지만, 전혀 아니다. 『조선일보』의 우병우 보도도 몰랐고, 『조선일보』 역시 공천 개입 녹취록 보도를 TV조선이 준비하고 있다는 걸 알지 못했다.

더군다나 『조선일보』는 TV조선에서 미르재단 기사를 준비해온 건 물론이거니와 7월 16일 밤 최순실을 카메라로 기습 인터뷰한 일은 전혀 알수가 없었다. '기습 인터뷰' 영상은 직접 보관했다. 본부장에게만 '최순실 얼굴을 잡았다'고만 보고했을 뿐이다. 분명한 건 『조선일보』도 그렇고, TV조선도 그렇고 양측이 뭘 협의하거나 조율한 바는 전혀 없었다는 것이다.

그런데 복기해서 보니 7월 16일, 18일, 19일, 26일 상황들이 『조선일보』나 TV조선 서로가 알 수 없는 상태에서 각각 따로 보도된 것이지만 밖에선 마치 준비된 작전처럼 해석될 여지가 있겠다는 생각이 들었다.

이 때문인지 진보 쪽에선 '보수정권 재창출을 위한 조선일보의 전략'이라며 음모론을 확산시켰다. 지라시 등엔 '조선일보의 전략' 어쩌고저쩌고 하는 '설'이 자주 등장한다. 언뜻 보면 그럴 듯하지만 쓴웃음이 나오는 일이 많다. 이 경우도 그랬다. 반면 청와대는 청와대대로 이런 음모론과 비슷한 시각에서 '조선일보의 대통령 흔들기'라며 총공세를 폈다.

7월 발생한 상황은 우연이 겹쳐 일어난 것이었다. 진짜로 조율됐다면 오히려 연이어 터져 나오지 않았을 것이다. 『조선일보』 상층부도 그 뒤 청와대의 공격이 다 '우병우 보도' 때문으로 알았다. 그러니 더 상황 파악이 안 됐던 것이다. 『조선일보』는 9월 1일자 사설에서 "우병우 문제는 개인의 일탈 의혹일 뿐인데, 정권이 명운을 건 것처럼 나서는 이유가 무언지 많은 사람이 이해하지 못하고 있다"고 썼다. '우병우 보도'만 보니 이해할 수 없는 게 어쩌면 당연했다. 큰 전략 아래 계획된 보도들이었다면 오히려 이렇게 상황 인식을 못하는 일은 없었을 것이다.

만약 7월 당시 『조선일보』와 TV조선의 보도가 전략적인 게 아니라 우연이 겹쳐 일어났다는 걸 청와대가 알았다면 청와대의 대응도 달라졌을지 모른다. 또 TV조선이 7월 초부터 8월 중순까지 국정농단 사태 조연들에 대한 보도와 미르·K스포츠 재단 보도를 연이어 했을 때, 『조선일보』가 따라왔다면 전개 양상도 확연히 달라졌을 것이다. 역사에 가정은 없지만 궁금해지는 대목이다.

　필연적인 우연들이 겹쳐 필연의 역사가 됐다고밖에는 생각되지 않는다.

7
『한겨레』의 참전

●●●●● '청와대와 조선일보의 싸움' 프레임이 작동하면서 준비했던 기사들을 내지 못해 속이 타들어가던 무렵, 『한겨레』 선임기자 강희철에게 전화가 왔다. 강희철과는 내가 『한국일보』에 있던 1990년대 말 함께 법조를 출입했고, 기자실에선 바로 옆자리에 앉았었다. 가장 가까운 자리에서 몇 년 붙어 있다 보니, 법조를 떠나서도 십수 년째 이따금씩 모임까지 하는 사이였다.

사회부장을 거쳐 문화부 출판 담당 선임기자를 하고 있었지만, 영락없는 '사건통' 법조기자 중 한 명이다. 발신인 강희철의 이름이 뜨는 걸 보고 '아 이것 때문에 전화했겠구나' 싶었다. 적중했다.

"이 선배 요즘 어때요?" 언론계에선 입사를 기준으로 같은 회사든 타사든 6개월 이상 먼저 들어오면 '선배'라는 호칭을 쓴다.

"뭐 그렇지."

강희철은 정작 알고 싶은 건 묻지 않고 슬쩍 분위기부터 물어본 거였다. 답변이 신통치 않자 본론으로 들어갔다.

"미르하고 K스포츠 보도 더 나올 건 없어요?"

"지금 더 써봐야 청와대 프레임에만 말릴 수 있잖아. 좀 기다려봐야지."

"아무래도 지금 상황은 그렇죠. 우병우보다는 미르·K스포츠가 자극한 것 같죠."

슬쩍 떠본 것이다. 대개는 '조선일보의 우병우 보도'가 청와대의 심기를 건드린 것으로 보고 있었다. 나와 펭귄팀 기자들 정도만 오롯이 '미르 K스포츠가 아킬레스건'이라고 생각하고 있을 뿐. 강희철도 나와 판단이 같았다. 나중에 또 나오겠지만 강희철의 이런 판단은 한 검찰 간부가 해준 말을 근거로 한 것이었다.

그날 강희철이 전화를 한 건 거슬러 1년 8개월 전 일과도 관계가 있었다. 2014년 12월 말쯤 과거 법조 출입을 함께 했던 기자들 몇몇이 모인적이 있었다. 이 가운데는 당시 『한겨레』 사회부장이던 강희철도 있었다. 2차 자리로 옮겨 폭탄주가 몇 순배 돈 뒤, 『한겨레』 기자 중 일을 잘한다는 소문을 들었던 몇몇 기자에 대해 물어봤다. 그리고 "똑똑한 기자 있으면 내일 나한테 보내봐"라고 했다. 몇 가지 취재 포인트를 알려줄 겸해서였다. 검찰에선 정윤회 동향 문건 유출 수사가 한창이던 때인데, 고영태를 통해 파악했던 최순실 관련 부분을 얘기해줄까 해서였다. 다른 언론들은 검찰이 발표하는 대로 '박관천의 허풍'으로 보고 있던 반면 『한겨레』는 '씩씩하게' 정윤회를 물고 늘어지고 있었기 때문이었다.

강희철은 알았다고 했는데, 다음날 연락은 없었다. 찾아오면 어느 수준까지 얘기해줄까 고민하다가 오지 않아 차라리 잘됐다 싶기도 했다. 나중에 물어보니, 강희철은 "후배 기자 한 명에게 가보라 했는데, 자존심이 상해서인지 안 가더라구요"라고 답했다.

강희철은 그때 그 일과 관련이 있다고 생각하고 나에게 전화한 것이었다. 말미에 강희철은 "김의겸 선배 알죠? 그 기사 관련해서 김 선배한테서 연락이 갈지도 모르겠네요."

"그러지 뭐. 연락하라고 하시오."

김의겸과의 약속은 그렇게 잡혔다. 김의겸은 경찰기자 시절에도 봤고, 과거 법조기자 시절 선·후배로 동고동락한 적이 있었다. 당시 법조기자들은 경쟁사 기자들끼리도 친하게 지내는 편이었지만, 김의겸과는 알고는 지냈지만 '찐하게' 어울렸던 기억은 없었다. 그래서인지 강희철을 통해 먼저 이야기를 전한 듯했다.

김의겸이 묻고 이진동이 답하다

9월 2일 종로 르미에르 빌딩 지하에 있는 ○○○할머니집에 마주 앉았다. 안주가 나오기 전부터 소주를 시켜놓고 원샷으로 몇 차례 쭉쭉 건배를 했다. 이미 강희철과 전화를 했던 터라 그가 왜 찾아왔는지는 묻지 않아도 알 수 있었다.

기자들 사이에선 취재원을 취재한 동료나 경쟁사 기자를 취재하는 걸 '기자 취재'라고 한다. 김의겸이 나를 찾아온 건 일종의 '기자 취재'였고, 나는 취재원이었다.

김의겸은 솔직했고, 빙빙 돌리지도 않았다.

"TV조선이 미르·K스포츠 재단 보도를 그렇게 많이 했는데, 모르고 있었어요. 솔직히 좀 부끄럽기도 했어요. 며칠 전 편집국장에게 '이거 따라붙어야 한다'고 했더니, '그럼 당신이 해보면 어떠냐'고 해 취재를 맡게 됐어요."라고 입을 열었다.

그때까지 TV조선이 보도했던 미르·K스포츠 재단 관련 리포트는 30

개 가까이 됐다.

"기사들을 보니 짚을 건 다 짚어서 더 들어갈 틈이 없는 것 같은데, 우리가 이어서 할 테니 이 에디터(그때 직책은 기획취재에디터 겸 기획취재부장이었는데, 김의겸은 꼬박꼬박 에디터 호칭을 붙였다)가 갖고 있는 걸 우리한테 주면 안 되겠어요?"

"그건 안 되겠는데요."

단숨에 잘랐다. 정권 핵심의 부패와 비리를 고발하는 싸움에서 다른 언론사들의 경쟁적인 보도는 큰 도움이 된다. 그걸 모르는 바는 아니다. 그렇지만 '팁'이나 '힌트'를 줄 순 있어도 손에 쥐고 있는 결정적 물건을 통째로 넘겨준다는 건 생각하기 힘든 일이다. 넘겨주는 것 자체가 자존심 상하는 일이다. 물론 '넘겨달라'고 얘기한 김의겸도 기자로서의 자존심을 굽히고 한 얘기였을 것이다.

나는 대신 "그동안 TV조선에서 이미 보도한 내용에 대해서 물어보면 백그라운드 설명은 해줄 수 있다"고 누그러뜨렸다.

"최순실 맞아요?"

"최순실이 뒤에 있는 건 맞아요."

김의겸은 두 재단 배후에 최순실이 있다는 것과 나에게 최순실 관련 영상이 있다는 걸 알고 찾아왔다. 하지만 어떤 영상인지는 잘 몰랐다. 미르와 K스포츠 재단 보도 전에 김종과 차은택 등 국정농단 사건에서 등장하는 인물들에 대한 보도를 했는데, 그들과 최순실과의 연관성도 잘 파악하지 못하고 있었다.

"최순실은 만났어요?"

최순실이 워낙 베일에 싸여 있던 인물이라 취재를 했는지부터 궁금해했다.

"지금은 때가 아니어서 잠자코 있는 거지, 최순실 인터뷰까지 다 했어요."

준비해놓고 여차하면 보도할 생각을 하고 있으니, 통째로 받을 생각은 말라는 취지였다.

"TV조선 기사 보면 안종범이 미르재단이 돈을 거둘 때 지원했다는 걸 부인하지 않던데, 안종범도 실제 인정했나요?"

김의겸은 '안종범이 그렇게 쉽게 인정할 리 없을 텐데'라고 생각하는 눈치였다. 소주잔이 빈번하게 오가면서 취재 에피소드라 생각하며, 안종범의 실토를 받아낸 노하우와 기업관계자들을 취재한 얘기들을 해줬다. 이미 훑었고, 기사까지 다 내보낸 사안이라 숨기고 말고 할 것도 없었다. 쉽게 얻은 게 아니라는 뜻도 담고 있었다.

안주는 더 들어오고 빈병은 늘어갔다. 술이 거나해졌을 무렵 김의겸이 물었다.

"이 에디터는 왜 그걸 하려고 하세요?"

내가 2008년에 국회의원 선거에 출마했던 걸 염두에 두고, 다른 정치적인 뜻이 있는지를 묻는 듯했다.

대답하기 전에 먼저 되물었다. "김 선배는 왜 하는데요?"

"나는 지금 정권이 바뀌기를 희망합니다."

내 차례였다. "전 기자이기 때문에 합니다. 이상도 이하도 아닙니다. 내가 알고 있는 걸 못 쓰면 무능한 기자이고, 알고도 안 쓰면 기자로서 직무유기라고 생각합니다." 자기최면을 걸 때 늘 해오던 얘기를 되풀이했다.

"정치인도 아닌데, 정치 지형의 유불리를 따지면 기사는 언제 씁니까."

전개될 정국을 염두에 두고 유불리를 따져 보도를 하는 건 아니라는 뜻이었다. 과거에도 정국이 요동치는 기사를 쓸 때면 정치적인 오해가 따라다녔지만, 늘 같은 생각이었다며 『한국일보』 기자 시절 얘기를 꺼냈다.

"김대중정부 때 '시경 캡(일선 경찰기자들을 지휘하는 팀장)'을 하면서 진승현·이용호·최규선 3대 게이트 취재를 주도하자 권력 내부에서 '호남 출신이 왜 그래?' 이런 소리가 들려오더라고요."

이들 3대 게이트 모두 국정원과 연관돼 있어 '국정원 게이트'라고도 했고, DJ의 세 아들 김홍일·김홍업·김홍걸 등이 각각의 사건에 연루돼 있어 '3홍(弘) 게이트'로도 불렸다. 3명 중 2명의 아들이 구속됐다. 연달아 불거진 3대 게이트는 DJ의 지지율을 바닥으로 끌어내렸다. 그러니 권력 내부에서 볼멘소리가 나올 법도 했다.

"조선일보로 자리를 옮긴 뒤, 2005년 안기부·국정원의 민간인 도청 사건인 '안기부·국정원 X파일' 사건을 특종했을 때도 그렇고, 2007년 대선을 앞두고 변양균·신정아 사건을 보도했을 때도 비슷했어요. 김대중-노무현 정권 때 권력 핵심부를 겨냥한 일들이라, 밖에선 기사 자체를 기사로 보려 하지 않고 늘 조선일보와 묶어서 정치적으로만 판단하려고 해요."

미르·K스포츠 재단 보도에 대해 세간의 시선처럼 '정치적인 의도'를 갖고 보는 것 같아 과거 썼던 기사 얘기를 들먹이며 장황하게 설명했다.

얘기 중간에 김의겸은 "조응천에 대해선 어떻게 생각하세요"라고 물었다.

"정보야 꽤 있겠죠. 정치권에 발을 담고 있어 저희 입장에선 전적으로 의존할 취재원은 아닌 것 같은데요."

조응천에 의지하지 않고도 헤쳐 나갈 수 있는데, 굳이 정치권에 몸담고 있는 조응천에 기대는 건 나중에 불필요한 잡음을 낳을 수 있다는 게 내 생각이었다. 그리고 이미 조응천의 대체재라고 할 수 있는 '박관천'을 취재한 상태였다.

그렇다고 조응천을 취재하지 않은 건 아니었다. 김의겸을 만나기 바로 전날인 9월 1일 조응천이 TV조선 시사프로에 출연해 있었다. 일부러 찾아갈 필요도 없이 자연스럽게 물어볼 수 있는 타이밍이었다. 부리나케 펭귄팀 박경준에게 전화를 걸어 조응천이 스튜디오에서 나오면 붙잡아 '최순실 배후' 얘기를 슬쩍 떠보라고 했다. 그때 두 사람 간 오간 대화는 이랬다. 박경준이 먼저 물었다.

"공직기강비서관 나오기 전에도 재단 만드는 이야기 혹시 나오지 않았나요?"

"그건 모르겠고 열심히 해야 돼. 대박이야 그거."

"아시는 게 있으면 조금만…"

"나도 없는데, 지금 조선 자존심 세울 건 사실 이것(최순실 건)밖에 없잖아. 주고받읍시다. 지금은 없어. 내가 면책특권 있을 때 할 수도 있으니까. 주고받읍시다."

"그 배후가 최순실이라는 이야기가…"

"나는 그렇다고 보지. 그것 말고는 설명이 안 돼."

뭔가를 알지만 지금은 아니고 면책특권이 보장되는 자리에서 얘기하겠다는 취지였다. '최순실 배후'야 이미 취재가 된 걸 한 번 더 확인받는 정도여서 "알았다"고 한 뒤, 나는 "그러잖아도 살얼음판인데, '조응천과의 주고받기'는 자칫 오해를 불러일으킬 소지가 있으니 더 이상 진척시키지 말라"고 했다.

김의겸이 조응천을 묻는 걸 보고, 전날 이야기가 생각 나면서 『한겨레』가 조응천과 공조를 하겠구나 싶었다. 김의겸은 조응천을 잘 아는 건 아니라고 했다. 내가 박관천 취재를 필요로 했던 것처럼, 김의겸도 최순실 취재라면 어느 순간엔 '조응천'이 필요하다고 느끼고 있었을 것이다.

그러다 요즘 기자들은 어떻고 저떻고 하며 함께 출입하던 시절 얘기까지 하다 보니 어느덧 시간이 꽤 흘렀다. 둘이 마신 소주만 9병이나 됐다.

그날 이후 며칠 연락이 없어, 궁금하던 차에 김의겸이 텔레그램 메시지를 보내왔다.

"미안하지만 미르재단 이성한 연락처 좀 알려줄 수 있을까요? 같은 기자로서 참 민망한 일이지만 우리 후배들이 영 길을 못 찾고 끙끙거리네요."

이성한은 전 미르재단 사무총장으로 녹음파일 등 '물건'을 쥐고 있는 취재원이다. 우리 쪽에선 이재중이 매일 따라붙으며 밀착 마크를 하고 있을 때이기도 했다. 그런 취재원의 연락처를 경쟁사 기자에게 주는 건 쉬운 결정은 아니었다.

'이제서야 이성한 연락처 찾고 있으니 한겨레도 고생깨나 하는 모양이다'는 생각이 들었다. 김의겸이 어지간히 속이 타들어갔으면 저럴까도 싶었다. 그래서 다른 사족 없이 딱 전화번호 11자리를 보내줬다. 이런 저런 토를 달면 김의겸의 자존심이 상할 것 같아 나름대로의 배려였다.

물론 본부장인 주용중과도 상의를 했다. 같은 방향을 보고 달린다고는 하지만 경쟁사에 핵심 취재원의 연락처를 주는 건 흔한 일은 아니다. 어차피 큰 국면에선 모든 취재를 한 언론사나 한 기자가 홀로 다 할 수는 없는 일이다. 경쟁을 하면서 가는 것도 나쁘지 않다고 봤다. 본부장 주용중도 비슷한 생각을 하고 오케이를 했을 것이다.

『한겨레』는 어떻게 알게 됐을까?

사실 김의겸의 연락이 갈 것이라고 중개한 강희철의 전화를 받았을 때 딱 떠오르는 사람이 있었다. "우병우가 아니라 미르·K스포츠가 본질이다"고 본 강희철의 얘기는 그렇게 생각하고 있는 누군가에게 들었기 때문이었을 것이다. 배후에 최순실이 있다는 걸 알고 있는 사람이었다.

특히 내가 직접 리포트를 한 것도 아닌데, 나한테 곧장 전화가 왔다는 건 누군가가 나를 지목해서 얘기를 해줬다는 의미였다. 파상공세처럼 미르·K스포츠 재단 보도를 했지만 밖에선 취재 소관 부서가 사회부인지, 정치부인지, 기획취재부인지 잘 알 수 없었다.

짚이는 사람이 있었다. 검찰 간부 A였다. 의상실 CCTV영상을 보도할 경우 감수해야 할 법적 리스크 등에 대해 자문을 했던 바로 그였다. 보나마나 그 검찰 간부가 김의겸과 강희철에게 얘기한 게 틀림없었다. 그때까지만 해도 검찰 간부 A 말고는 두 재단의 배후에 최순실이 있다는 걸 외부에서 알 만한 사람이 없었다. 나 또한 취재팀과 본부장 외엔 꺼낸 적이 없었다.

휴가 직전인 8월 18일과 8월 19일 검찰 간부 A와 통화를 했다. 특별감찰관 이석수가 『조선일보』 기자에게 감찰 내용을 흘렸다는 MBC 보도(8월 16일)가 나온 직후 급격히 '우병우 블랙홀'이 형성되던 시점이었다. 이때쯤엔 검찰 간부 A와도 하루 한 차례 정도는 통화를 했다.

"우병우가 이렇게 커지면, 결국엔 '우병우 판'에 휩쓸릴 텐데 걱정이네요."

지금까지 기사의 배경과 진행 과정을 아는 제3자라서 '최순실 기사'를 꺼내기에 적당한 시점인지를 물어본 것이었다.

"이게 다 미르·K스포츠 때문인데, 하여튼 지금은 좀 있어야 하지 않을까요?"

'청와대와 조선일보의 싸움' 프레임이 형성돼가는 국면이어서 A 역시 '최순실 기사'를 쓰기 어려운 상황이라는 분석이었다.

"다른 데 흘려주는 것도 방법이잖아?"

A는 '최순실'을 다른 언론에 알려주면 어떻겠느냐는 제안을 조심스럽게 했다.

"아직은 아닌 것 같은데요. 나중에 필요하면 얘기할게요."

A야 제3자니까 쉽게 쉽게 얘기하지만 '최순실'을 쓰기 위해 지금까지 그물치고 자락을 깔아왔는데, 최순실 게이트 부분에서 '배후가 최순실'이라는 '정점'을 다른 언론에 흘린다는 건 쉬운 결정이 아니어서 유보적인 입장을 피력했다. 그때만 해도 설령 A가 다른 언론에 흘린다고 해도 취재해서 쫓아오려면 한 달 정도는 걸릴 것으로 예상했기 때문에 A의 얘기에 대해 크게 신경 쓰지도 않았다.

그리고 휴가를 다녀온 첫날인 8월 28일 일요일에도 A와 통화를 했다. 『조선일보』에 대한 청와대의 공격도 노골적으로 바뀐 뒤였다. 휴가 전과는 또 다르게 국면이 판이하게 바뀌어 있던 시점이었다.

"어떻게 봅니까?"

"지금은 타이밍이 아닌데, '청와대와 조선일보 싸움'이라는 프레임에 말려들 수 있으니 기다리는 게 맞는 것 아닌가." '숨고르기'가 필요한 시점이라는 내 생각과 비슷했다.

전화로 이런 대화가 오갔던 터라, 보나마나였다. 그래도 김의겸을 만나기 전날 명확히 확인해둘 필요가 있어 A에게 전화를 걸었다.

"혹시 한겨레한테 얘기했어요?"

"뭐 별다른 얘기 안 했어요. 청와대가 조선일보에 난리치는 건 다들 우병우 보도 때문으로 알고 있는데, 미르가 본질이고 그 뒤에 미스 '최' 가 있다는 것밖엔." 미스 '최'는 최순실을 뜻했다.

"그럼 다 얘기 한 거네 뭐. 또 뭘 얘기했는데요?"

"정권의 명줄이 달려 있다고 했지."

"CCTV까지 얘기했어요?"

"CCTV라곤 하지 않고, '영상이 있는 것 같더라'라고만 했지."

어차피 A가 『한겨레』 쪽에 얘기를 뱉어버린 이상 주워 담고 말고 할 것도 없어 그냥 '알았다' 하고 끊었다. 그러니 김의겸이 찾아와서 "이 부장이 갖고 있는 걸 줄 수 없느냐"고 말한 건 오히려 A한테 들었다는 걸 자백하는 것이나 마찬가지였다.

미르·K스포츠 재단 배후를 최순실이라고 콕 짚어 얘기했다면 그건 사실 전부를 말해준 거나 마찬가지였다. 최순실을 꺼냈다면 그건 대통령 박근혜까지 연결되는 문제라고 알려준 거나 다름없었다. 기자들의 취재는 아는 것부터 시작된다. 물론 안다고 해도 그걸 입증하기 위해서는 상당한 품이 들어간다. 하지만 취재 과정에서 안다는 건, 무에서 유를 창조한 것과 다를 바 없다. 모르면 취재에 나설 리 없다는 점에서 취재는 몰라서 못하는 것이다. '미르·K스포츠 재단의 배후 최순실, 그리고 최순실과 박근혜의 관계' 라는 기사의 구도를 그대로 알려준 것이었다.

"그렇게까지 다 얘기했느냐"고 힐난하자, A는 멋쩍었던지 "잘 될 거예요."라고 했다.

'조선일보와 청와대의 싸움'의 프레임이 작동하는 한, A는 내가 쥐고 있는 CCTV영상이나 자료를 보도하기 어려운 상황이라고 본 것이었다. '잘 될 거다'라고 한 건 교착상태에서 『한겨레』가 길을 내주면 TV조선의 '운신의 폭'이 넓어지면서 보도를 할 수 있는 여건이 되지 않느냐는 논리였다. 그 당시 상황에선 논리상 틀린 얘기는 아니었다. 보도를 진전시키려면 어느 정도 그럴 필요가 있다고 본 것도 사실이고, 어떤 시점부터는 경쟁 언론과 함께 가야 한다고도 생각했다.

사실 A는 상당히 많이 알고 있었다. '알고 있었다'기보다는 '많이 알게 됐다'는 표현이 맞을 것이다. 당시엔 수사 부서에 있지도 않아 터 놓고 많은 걸 얘기했다. 법적인 '크리티컬 포인트'들에 대한 자문을 하다 보면 사실 핵심을 다 알 수밖에 없었다. 이 사람 저 사람에게 묻고 다닐 사안도 아니어서 A 한 사람하고만 수시로 전화 상담을 했다. 내가 먼저 전화를 걸면 "상담료 받아야 하는데…"라고 농담을 하면서 시간을 내주곤 했다.

7월 9일 토요일 저녁에도 교대 인근에서 만나 CCTV 영상을 잠깐 보여준 적이 있었다. 6월 12일 헤어질 때 구두로 물어본 데다, 전화 컨설팅만으론 불안해 보도하기 전에 최종적으로 '리스크' 여부를 확실하게 해둘 필요가 있어서였다. A는 영상이 CCTV가 맞는지, 설치자가 어떤 사람인지를 확인하더니, 별 문제 없겠다고 했다. 'CCTV 설치 안내판 미부착'으로 과태료를 받을 수도 있겠지만 법적으로 그 이상 책임을 물을 순 없다고 확언했다. 6월 12일 때 답변과 별반 다르지 않았다.

그날 이후엔 A가 어차피 영상을 본 터라, 최순실이 원단비 등을 현금 지불하는 장면에 대해서도 말로 설명하고, '뇌물'이 되는지 등 세세한 부분까지 법적 자문을 받았다. "대통령이 행사나 해외 순방 때 입는 옷인데, 청와대 비용으로 지불하면 안 되는 것이냐"고 물었을 때 "그럼 퇴임 때 옷을 두고 가? 갖고 가?"라고 반문해 "다 갖고 나가지 않느냐"며 '사적 용도'라는 점을 명쾌한 논리로 설명해준 것도 A였다. •

7월 26일 본격적인 최순실-박근혜 게이트 첫 기사인 〈청와대 안종범

수석, 미르재단 500억 모금 지원〉의 출고 직전에도 돌다리 두드리듯 꼬치꼬치 법적인 부분을 따졌다. '뇌물' 혐의가 쟁점이었고, A의 결론은 된다는 쪽이었다. 검찰 1차 특수본 수사 때는 제3자 뇌물수수를 빼고 강요죄만 적용했지만, 특검은 박근혜와 최순실을 뇌물수수 혐의로 기소했다. A의 자문은 이런 부분이었고, 법적 쟁점을 잘 집어내 설명했다. 미르재단과 K스포츠재단을 제2의 일해재단이라고 판단

● 특검은 실제로 이 옷값에 대해 뇌물혐의를 적용해 수사했고, 이후 검찰도 국정원에서 박근혜에게 건네진 특수활동비로 지불됐는지를 조사했다. 특검 수사 때 최순실과 박 전 대통령 측은 "옷값은 박 대통령이 지불했다"고 끝까지 주장했으나 재판과정에서 법원은 받아들이지 않았다. "옷값을 박 대통령이 냈다"고 증언한 행정관 이영선에 대해 법원이 위증죄를 인정한 것이다.

했던 것도 A의 자문을 받은 결과였다. 당시 A는 일해재단의 판결문을 찾아보라는 조언을 해줬다. 첫날 '미르재단, 일해재단과 닮았다'는 기사를 준비했지만, 너무 앞서간다는 인상을 줄 수 있다는 지적이 나와 실제 보도 땐 뺐다.

청와대가 어떻게 해명할지까지 전부 예상을 해서 하나하나 A의 조언을 들었다. 그래서 A는 TV조선에서 보도한 미르재단과 K스포츠재단의 권력형 비리 보도가 나온 배경을 상세히 아는 유일한 외부인이었다. 뿐만 아니라, 배후가 누구인지 앞으로 보도가 어떻게 전개될지도 충분히 가늠하고 있었다.

대형사건 수사를 해본 경험이 많아 전개될 파장도 잘 예측하는 편이었다. 그렇게 알게 된 정보 중 핵심 부분이 『한겨레』에 넘어간 것이다. 검찰 간부 A가 아니었으면, 『한겨레』의 '최순실 첫 보도'는 없었을지 모른다.

나는 그가 검사로서 정의감의 발로에서 움직였다고 생각한다. 박근혜 대통령과 청와대가 미르·K스포츠 재단의 수백억 원 강제 모금이라는 범죄적 행위를 덮기 위해 온갖 수단을 동원하는 정황들을 보면서 참기 어려웠을 것이라고 본다. 기자로서 '이건, 반드시 해야겠다'고 결단했을 때

의 내 심정과 비슷하지 않았을까 싶다. 첨언하자면 A는 국정농단 사건 수사팀이나 특검 수사팀과는 거리가 먼 사람이다.

강희철의 전화를 받고 '김의겸을 만나야 하나, 말아야 하나' 하고 잠시 고민을 안 했던 건 아니다. 하지만 어차피 『한겨레』가 알고 찾아오는 이상 적극적으로 대처할 필요가 있다는 판단이었다. A에게 듣고 온 내용만 확인해주면 되는 것이고, 취재는 『한겨레』 몫이라고 결론 내렸다. 『한겨레』가 '최순실'을 취재하려면 한 달 가까이 걸릴 테니, 그 안에 내가 먼저 묵혀놓은 '최순실 기사'를 쓸 수 있는 상황이 되면 좋고 설사 그렇게 안 되더라도 나쁠 건 없다고 봤다.

미르·K스포츠 재단 건을 비롯해 '그물치기' 작업으로 이미 TV조선이 길을 닦아놓았으니, 전체 구도에서 『한겨레』가 '최순실'을 쓰게 되면 '몸통'은 내주지만 다시 '머리'는 가져올 수 있다고 생각했다.

내가 생각한 '머리'는 최순실과 박근혜의 관계였다. 나에겐 두 사람의 관계를 보여줄 수 있는 CCTV영상과 청와대에서 최순실에게로 유출된 자료들이 있었기 때문이다.

"돌파구가 필요합니다"

김의겸과의 긴 낮술 자리를 파하고도 나름 긴장했던 탓에 정신줄은 잡고 있었다. 평시 같으면 낮술을 그렇게 할 수도 없지만, 준비한 기사들이 '올 스톱' 상태라 시간적으로는 여유가 있었다. 그러나 기사를 내려면 '청와대와 조선일보의 싸움'이라는 프레임을 깨야 했다. 그런데 상황은 녹록치 않았다.

8월 31일자 1면에 2단으로 전 『조선일보』 주필 송희영의 사과문이 나오자 '조선일보가 고개를 떨궜다' '청와대의 완승' '조선일보가 패배를 선언했다'는 내용의 기사들이 실렸다. 이후에도 청와대는 익명의 관계자 발로 "인사 청탁을 들어주지 않자, 조선일보가 우병우 보도를 했다"는 음모론까지 흘렸다. '공작정치'라는 비난에도 청와대는 거침이 없었다.

검찰 수사가 방상훈『조선일보』사장 주변까지 겨냥하고 있다는 루머가 돌면서『조선일보』는 뒤숭숭한 분위기였다. 보수 인터넷 뉴스인 '뉴데일리'엔 TV조선 주주인 어느 기업인이 원정도박과 횡령 혐의로 수사를 받을 때『조선일보』고위 관계자가 우병우 민정수석에게 불구속 수사 의뢰 청탁을 건넸다는 기사까지 등장했다. 지라시엔 내년 3월 TV조선이 종편 재승인을 받지 못할 것이란 전망도 돌고 있었다.

엘리베이터에서 방 사장을 마주친 기자들 입에서 "표정이 어둡더라"는 얘기가 나왔다. 기자들 사이에선 "무기력하게 당해야 하느냐"는 자괴감도 퍼져가고 있었다.

저녁 7시 압구정동 쪽에서 약속이 잡혀 있었다. 후배들은 책상에 붙어 있었지만 나는 먼저 일어섰다. 그리고 건너편 건물 4층 임원실로 향했다.

변용식 대표실로 곧장 들어갔다. "잠깐 드릴 말씀이 있어왔다"고 하고 마주앉았다. 김의겸과 낮에 마신 술이 덜 깬 상태라 술 냄새가 날게 분명했고, 발음 역시 새는 것 같았다. 들어가기 전부터 술주정으로 보이면 안 되니, 최대한 절제해서 말해야겠다고 속다짐을 했다.

"답답해서 점심 때 낮술 좀 했습니다"는 자백으로 말문을 열었다.

"이렇게 무기력하게 있을 순 없습니다. 돌파구가 필요한 시점 같은데, 대표께서 방상훈 사장을 만나 얘기하실 필요가 있을 것 같습니다. 미르·K스포츠 재단 기사가 어떤 정치적 의도를 가지고 쓴 건 아니지 않습니까. 대표께서는 늘 '특종'을 주문해왔고, 언론이라면 당연히 해야 할 일이니 정면승부로 맞서는 게 맞다고 봅니다." 이런 취지의 얘기였다.

교착 상태를 깰 돌파구가 필요한 시점이었고, 실제로 밀고 나갈 자신도 있었다. '최순실'을 쓰고 나면, 그 다음 국면에서 거침없이 질주할 수 있는 준비도 돼 있었다.

변용식 대표는 물끄러미 쳐다보며 "알았다"고 고개만 끄덕였다. 다른 말은 하지 않았다. 미르·K스포츠 재단 때문에 빚어진 걸 아는데, 자꾸 '우병우 블랙홀'에 빠져 허우적대고 있으니 내 속은 미어터질 심정이었다. 10여 분 되는 순간이지만 변 대표도 착잡한 듯했다. 사장에게 할 얘기들은 있지만, 당시 상황에선 '타이밍'이 아니라고 판단해 누르고 있다는 느낌을 받았다. 기회가 되는 대로 변 대표가 방상훈 사장과 터놓고 얘기를 나눌 거라 생각하고 나오는 수밖에 없었다.

다 던지다시피 취재하는 내 입장에선 무기력하게 가라앉은 분위기를 견디기 힘들었다. 당시 나는 '언론으로서의 정도'가 답이라고 생각했다. 권력이 언론을 궁지로 몰수록 언론이 '본분과 정도'를 무기 삼아야 한다는 것이었다.

정유라 학사 의혹을 흘려주다

김의겸을 만난 지 18일 뒤인 9월 20일 『한겨레』 1면 톱에 「대기업돈 걷은 K스포츠재단 이사장은 최순실 단골 마사지 센터장」이라는 기사가 실렸다. 4면과 5면 2개면을 통틀어 이어지는 기사를 썼다. 하지만 K스포츠재단 이사장 정동춘과 최순실의 관계를 증언한 이모 씨에 대한 취재 내용을 빼면 나머진 이전 TV조선 기사의 재탕이었다. 18일간이나 취재한 것치곤 손에 쥔 게 그리 많아 보이지 않았다. 그렇지만 '최순실' 이름을 치고 나온 건 큰 성과였다.

그리고 예감대로 『한겨레』가 '최순실' 이름을 들고 나오자, 조응천이

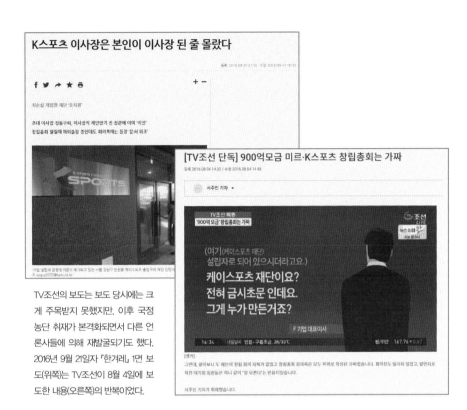

K스포츠 이사장은 본인이 이사장 된 줄 몰랐다

최순실 개입한 재단 '의지경'

초대 이사장 정동구씨, 이사장직 제안받기 전 정권에 이미 '직언'
창립총회 열말때 해외출장 중인데도 회의록에는 등장 '문서 위조'

TV조선의 보도는 보도 당시에는 크게 주목받지 못했지만, 이후 국정농단 취재가 본격화되면서 다른 언론사들에 의해 재발굴되기도 했다. 2016년 9월 21일자 『한겨레』 1면 보도(위쪽)는 TV조선이 8월 4일에 보도한 내용(오른쪽)의 반복이었다.

[TV조선 단독] 900억모금 미르·K스포츠 창립총회는 가짜

등록 2016.08.04 14:33 · 수정 2016.08.04 14:48

서주민 기자

(여기 (케이스포츠 재단)
설립자로 되어 있으시더라고요.)
케이스포츠 재단이요?
전혀 금시초문 인데요.
그게 누가 만든거죠?

F 기업 대표이사

서주민 기자가 취재했습니다.

오전에 시작된 국회 대정부 질문자로 나와 보도에 호응하며 '최순실 의혹'을 이어갔다.

다음날엔 『한겨레』에 뭐가 나올까 궁금해 서둘러 출근했다. 대문짝만하게 실린 기사가 뭘까 하고 봤더니 1면 톱이 「K스포츠, 총회 회의록도 정관도 위조했다」 기사였다. TV조선이 8월 3일에 했던 〈미르·K스포츠 창립총회는 가짜〉 보도 등 2~3개 리포트를 합친 재탕이었다.

나머진 더불어민주당 조응천이 국회 대정부질문에서 "우병우 민정수석의 민정비서관 발탁과 윤전추 행정관의 청와대 입성에도 최순실과의 인연이 작용했다"고 폭로한 내용 등 정치권발 기사였다.

둘째날 기사를 보고, 물꼬를 튼 걸 축하할 겸 김의겸에게 "김 선배 잘 돼갑니까" 하고 연락을 해봤다.

"그렇잖아도 실탄이 없는데, 실탄 있으면 좀 주세요." 실탄은 기사거리를 의미했다.

"하여튼 점심이나 하시죠."

종각 근처 다른 음식점에서 만나 이번엔 소주를 딱 1병만 시켜 한두 잔씩만 했다.

내가 먼저 '최순실 마사지사' 얘기부터 꺼냈다.

펭귄팀은 이미 미르재단 배후를 최순실로 연결시키는 정황은 갖고 있었다. 앞에서 언급한 '최순실의 이성한 협박 사건'과 '차은택'이 연결고리였다. 하지만 그때까지 K스포츠재단과 최순실의 연결고리는 못 찾았다. 김종이나 고영태를 연결고리로 의심하는 정도였다.

K스포츠재단 관계자들도 다 따라붙어 훑었지만, K스포츠재단 이사장 정동춘이 '최순실 마사지사'였다는 건 전혀 눈치 못 챘다. 정동춘이 운동기능회복(CRC)센터를 운영하다 문을 닫았다는 것까진 취재가 됐었다. 내가 궁금했던 건 우리 취재팀이 어디서 펑크를 냈을까였다.

김의겸은 정동춘과 CRC센터를 동업하다가 떨어져 나간 취재원 이모 씨를 찾아낸 과정을 설명했다. 구글링의 승리였다고 했다. 취재해 나온 결과만 보면 별것 아닌 듯해도, 실제는 생각을 떠올려서 이것저것 뒤져 찾아낸다는 게 보통 일은 아니다. 말로는 쉽지만 다 땀의 결정체이다. 보진 않았어도 충분히 '고생'이 느껴졌다. 더불어민주당 의원 조응천이 국회에서 최순실을 치고 나온 것도 타이밍이 절묘했는데, 예상대로 미리 손발을 맞춘 것이었다.

김의겸은 역시 실탄 얘기를 꺼냈다. 이번엔 지난번처럼 달라고 하진 않았지만, TV조선이 취재해놓은 걸 보도해주면 무조건 따라 쓰겠다고 했다.

김의겸 얘기대로 『한겨레』에서 취재된 내용과 진척 정도를 파악해볼 때 최순실을 뛰어넘어 박근혜 단계까지 가려면 아득해보였다. 『한겨레』가 쓰고, 또 준비하고 있는 정도의 기사로는 어림없을 듯했다. 청와대가 미르·K스포츠 재단을 '최순실과 박근혜의 재단'이라고 인정할 리가 없었다.

그래서 김의겸에게 최순실과 박근혜의 직접적인 연결고리까지 취재되지 않는 한 어느 선까지 기사를 쓸 건지, 어떻게 빠져나갈 건지도 생각할 필요가 있지 않겠느냐고 했다.

어차피 최순실-박근혜 단계의 국면을 열려면 내가 갖고 있던 CCTV영상을 공개하는 수밖에 없다고 생각했다. 미르·K스포츠 재단의 배후가 최순실이라는 걸 밝힌 다음엔 CCTV영상이 나와야 했지만, TV조선은 '청와대와 조선일보의 전면전'이라는 프레임에서 여전히 허우적대는 상황이었다. 관련기사가 한 달째 뚝 끊겨버렸다. 예상대로면 팀 전체가 휴가를 다녀오고 나서 2단계 '최순실 국면'이 열렸어야 했는데, 계속 '개점휴업' 상태였다. 내부 상황과 정치적 국면들을 봐가며 재개할 타이밍을 보고 있었지만, 가늠하기는 쉽지 않았다.

"그럼 언제쯤이나 쓸 수 있을 것 같아요?" 김의겸이 물었다.

"일단 동력이 떨어지면, 다시 불붙이는 데 시간이 좀 필요하겠지요"라고 나는 답했다. 김의겸이 미르·K스포츠 재단 취재가 갖는 의미를 어떻게 파악했는지는 알 수 없었다. 하지만 나는 박근혜정권의 명운을 가를 문제라고 보고 있었다. 그래서 5일 뒤부터 시작되는 국정감사도 공전될 것으로 봤다. 민감한 증인을 불러내느니, 차라리 여야 대치정국으로 가더라도 국정감사를 보이콧할 것이란 판단이었다. 국정감사는 정해진 날짜만 지나면 끝나니까 청와대와 친박은 어떻게든 버티려 할 것이다. 실제로 당시 새누리당은 국정감사가 시작되자마자 원천봉쇄 작전으로 나왔다.

국정감사 기간이 지나면 예산정국으로 이어질 상황이라 특별한 전기가 마련되지 않는 한 내년 초쯤 가야 할 것 같다는 생각이 들었다. 각 당의 대선 후보들이 꿈틀댈 때쯤에야 정국에 틈이 생겨 2차 시기가 열리지 않을까란 생각이었다.

김의겸은 오후에 기사 작성을 앞두고 있어서 내색은 안 했지만 자리 정리를 서두르는 듯했다. 종로 YMCA 부근에서 걸어 종각역 근처에 다다랐을 때 질문을 하나 던졌다. 급한 와중에도 짬을 내 종로까지 왔는데, 빈손으로 보내기가 미안했다.

"지금 국회 교문위에서 증인 채택을 새누리당이 안 해주는 거 알죠? (이대 총장) 최경희는 왜 안 해준다고 보세요?"

"그거야 이대 평생교육 단과대학 때문 아닌가요."

국감을 앞두고 그날도 교문위에선 야당이 신청한 증인 14명의 채택을 여당이 반대하고 있었다. 그중에 한 명이 최경희 총장이었다. 평생교육 단과대학 설립을 반대하는 학생들 시위가 계속되고 있어 다들 이화여대 분규 등과 관련한 증인으로 보고 있었다. 하지만 난 그렇게 보지 않았다. 정유라 때문으로 보고, 증인 채택 여부를 예의주시하고 있었다.

"그거 때문에 증인 채택을 안 할 이유가 없잖아요, 정유라 때문이에요. 정유라랑 연결시켜 보세요."

정유라가 학교를 한 번도 나가지 않았는데도, 2학년으로 올라가고 학적을 유지하고 있다는 내용도 후속기사로 준비된 것이었지만 PC 속에서 잠자고 있던 상태였다.

그로부터 6일 뒤인 9월 27일,『한겨레』는 1면에「딸 지도교수까지 바꾼 '최순실의 힘'」이라는 정유라 학사 특혜 의혹 기사를 실었다. 이날 아침『한겨레』에 기사가 실리고서야 교문위의 야당 의원들은 "이화여대 최경희 총장을 증인채택하려 들지 않은 이유가 드러났다"며 최경희의 증인 채택을 적극 요구하기 시작했다. 야당은 여당의 속셈을『한겨레』기사가 나오고 나서야 간파했던 것 같다.

『한겨레』의 이 기사는 이대생들의 시위에 기름을 끼얹었고, 최순실 사태에 대한 국민들의 공분을 일으키는 단초가 됐다. 이 문제가 국민들의 정서를 그렇게 크게 건드리리라곤 사실 나도 예상 못했다. 최순실을 등장시키고 난 뒤 쓸 '액세서리' 아이템 정도로만 보고 있었다. 큰 그림 속 '뇌관'을 놓친 것이다. '정유라 학사 특혜'를 먼저 끌어냈으면 어땠을까? 궁금해지는 대목이다.

비밀스러운 거래는 없었다

국정농단 사태 와중에 나돈 각종 지라시엔, 8월 말 이후 TV조선의 보도에 제동이 걸리자 내가 동향인『한겨레』기자에게 자료를 통째로 넘겨줬다는 설이 난무했다. 내가 호남 출신이라는 점을 부각해 국정농단 사건을 영·호남 대결 구도로 비틀려는 그 당시 음모론의 하나였다. '호남 출신 기자들이 뭉쳐 영남 정권을 흔든다'는 프레임을 만들기 위해 누군가 의도적으로 흘렸을 것이다.

김의겸의 고향이 전북 어딘가라는 걸 9월 2일 만났을 때 처음으로 알았다. 그때 어디 출신이라고 듣긴 했는데, 김의겸의 고향이 중요하지도 않아 실제 기억하지도 않았다.

언론인이라는 동류의식과, 같은 방향을 보고 취재하는 경쟁지 기자라는 점에서 큰 방향과 목표지점에 대해 팁을 주고 도움을 준 건 맞다. 『한겨레』가 아니고 『한국일보』든 『동아일보』든 다른 매체의 기자가 찾아왔어도, 고향이 어디었어도 마찬가지였을 것이다. 그리고 김의겸 기자가 아닌 다른 기자가 같은 문제로 찾아왔다 해도 역시 내 결정은 다르지 않았을 것이다. 대통령이라는 최고권력을 상대로 기자로서의 역할을 하겠다는데, 같은 기자로서 그 정도 범위에선 당연히 도움을 줄 수 있는 일이라고 생각했다. 과거에도 그랬다. 2005년 불법도청 사건 특종을 써놓고 새벽 1시쯤 나왔더니, 영남 출신의 『동아일보』 기자 C가 기다리고 있었다. 그때도 도청팀장인 '미림팀장'을 찾아낼 수 있는 길을 알려줬다.(펭귄팀의 미르·K스포츠 재단 보도 당시 C는 해외연수중이었는데, 국내에 있었다면 아마도 『한겨레』보다도 더 빨리 나를 찾아왔을 것이다.)

하지만 지라시에 나온 것처럼 자료를 통째로 넘긴 일은 없다. 김의겸에게 유일하게 알려준 팩트가 있다면 11자리 이성한 전화번호 하나다. 방향은 알려주되 나머지 팩트 개척은 『한겨레』 몫이라고 생각했다.

그보다는 오히려 『한겨레』에 준 도움은 이미 펭귄팀이 허허벌판을 개척해 길을 닦아 놓았다는 점에 있었다. 한치 앞도 보이지 않는 밀림에 방향표지판을 세우고 길을 닦아 국정농단 사건의 틀을 잡아 놓은 것 자체가 『한겨레』엔 엄청난 도움이었다. 김의겸은 한 미디어 매체와 인터뷰에서 "TV조선이 보도하지 않았다면 미르재단이 있었다는 사실을 몰랐을 것이다"고 말했다. 사실이 그랬다. 이 사안에서 가장 중요한 부분은 '배후는 최순실'이라는 한 가지였다. 이 얘기를 A가 김의겸에게 해줬지만, 그건 결국 나에게서 A로, A에게서 『한겨레』로 전달된 것이었다

김의겸은 첫 기사를 쓴 지 얼마 안 돼 9월 29일자 『한겨레』 칼럼에서

"취재를 하면 할수록 조선의 보도가 훌륭하다는 걸 깨닫게 됐습니다. 취재 그물은 호수를 다 덮도록 넓게 쳤는데도 그물코는 피라미 한 마리 빠져나갈 틈 없이 촘촘했습니다"고 적었다. 그러면서 '최순실' 이름은 조선이 남겨놓은 '까치밥'인지 모르겠다고 했다. 김의겸이 TV조선 보도를 왜 '조선'으로 표현했는지는 모르겠으나, 9월의 『한겨레』 마음이었다.•

그런데 나중에 가서는 이런 마음이 달라진 것도 같다. 『한겨레』 특별취재팀의 한 명이던 류이근이 취재 과정에 대해 『한겨레21』에 쓴 글을 우연찮게 본 적이 있었다. 2016년 11월에 나온 『한겨레 21』 (1135호)에 나온 글을 인용하면 이렇다.

● 김의겸은 2017년 『한겨레』를 퇴사한 뒤 6개월간 밖으로 떠돌았다. 그러다 2018년 1월에 청와대 대변인으로 임명된다. 그가 언론계에 남기를 바랐으나, 떠나야 했던 저간의 특별한 사정을 알고 있던 나는 아쉬움이 적지 않았다. 김의겸이 『한겨레』를 떠난 게 아니라, 『한겨레』가 김의겸을 잃었다.

서울 강남구 학동로 가구점을 겸한 한 커피숍에서 그를 처음 봤다. 후배 방준호 기자와 함께였다. 9월 7일 수요일이었다. 어렵게 잡은 약속이었다. 전화번호조차 따기 쉽지 않았다. 소주 10병을 마신 뒤 얻은 번호였다. 닷새 전 김의겸 선임기자는 누군가와 한낮부터 술을 마셨다. 깨어보니 서울 한복판이었다고 한다. 시간은 새벽 4시. 소주를 나눠 마신 이는 '술정' 때문인지 김 선임기자에게 번호를 일러줬다. 비밀스러운 거래를 들키지 않게 해달라는 단서가 붙었다.

이 글을 읽다가 얼굴이 화끈거렸다. '술정' 때문에 연락처를 일러줬다는 것과 '비밀스러운 거래'를 들키지 않게 해달라는 부분 때문이었다.

연락처는 아무것도 아닌 것 같지만, 핵심 취재원의 연락처는 취재의 시작점이고 연락처를 알면 취재의 7~8할을 했다고 해도 과언이 아니다.

기자라면 누구나 다 아는 사실이다. 김의겸이 오죽 답답했으면 자존심 구겨가면서까지 전화번호를 알려달라고 했을까. 그런데 취재원의 연락처를 술정에 못 이겨 경쟁사 기자에게 넘길 정도로 앞뒤 분간 못하는 기자처럼 써놓은 것이다. 누구는 소주 10병을 마셔가며 전화번호를 알아오고, 누구는 술정 때문에 공사 분간 못해 취재원 전화번호를 넘겨주고… 이렇게 받아들여져서 매우 불쾌했다.

『한겨레』는 당시 이성한을 만나서 나한테 전화번호를 받았다는 얘기까지 해버렸다. 연락처 도움을 받았으면 '소스'를 얘기하지 않는 게 취재의 기본인데,『한겨레』취재팀은 소스까지 노출시킨 것이다. 모르긴 해도 TV조선 펭귄팀과 이성한의 틈을 벌려놓으려는 의도 아니었을까 싶었다.

대통령이 연루된 국정농단 사건을 혼자, 한 언론이 다 독차지해서 풀어갈 수 없다고 생각하고 나름대로 결심을 하고 준 건데, 내가 마치 떳떳하지 못한 일이라도 한 것처럼 적어놓은 건 깎아내리려는 의도로 보였다. 당시 미행과 감시가 의심돼 신중하고 조심스럽게 김의겸을 만났지만 뒷거래하듯 "들키지 않게 해달라"고 한 적은 없다. 김의겸을 만났을 때 기자로서 떳떳하지 않게 행동한 적도 없다. 하지도 않은 말까지 각색해서 쓴 글을 보니『한겨레』기자 류이근에 대한 실망감이 들었다.

화장실 들고 날 때의 마음이 다르긴 다른 모양이었다.

8
막혀버린 기사

⬤●●●● 휴가를 다녀온 뒤, 펭귄팀은 '개점휴업' 상태가 됐다. TV조선 메인뉴스에서도 '미르와 K스포츠'란 단어가 감쪽같이 사라져버렸다. 6월부터 기관차처럼 달려오면서 일궈온 기사 아이템들도 줄줄이 내 PC 속 대기목록에만 올라와 있을 뿐이었다.

펭귄팀도 기존 하던 일은 계속했지만 기사가 나가질 않으니 어깨들이 축 처져 있었다. 이재중은 계속 이성한을 마크했지만, 취재원들이 내부 사정을 더 잘 아는 만큼 기사가 나가지 않으니 접촉을 피하는 듯했다. 나 역시 박관천이나 여명숙을 만나 얘기를 들어두긴 했지만, 신바람이 나질 않았다. 두 사람의 얘기를 차곡차곡 쌓아갈 뿐이었다.

『한겨레』에 '최순실 마사지사' 기사가 실리기 전, '최순실' 기사를 써야 한다고 위에다 요청을 해봤지만 '아직 아니다'였다. '최순실 게이트' 취재에 정작 정점인 '최순실'이 빠져 있었다. '최순실'로 넘어가는 국면의 첫 기사로는 8월 22일 이재중이 확인한 '최순실이 한강고수부지로 이성한을 불러내 회유했다'는 아이템을 대기시켜두고 있었지만, '최순실' 이름

석 자가 들어간 기사는 꺼내지도 못하게 했다. 답답하게 돌아갔다. 본부장과 상층부 간 어떤 얘기들이 오갔는지는 알 수 없었다. 다만 '청와대와 조선일보의 싸움'이라는 프레임에 갇혀 '청와대의 반격'을 상당히 심각하게 받아들이고 있던 건 분명했다. 무기력한 대응이 이어졌다.

『한겨레』의 '최순실 마사지사' 기사가 나온 뒤에도 '청와대와 조선일보의 싸움' 프레임은 기세가 꺾이지 않았다. 다른 언론들은 그동안 왜 TV 조선이 김종과 차은택 그리고 미르·K스포츠 재단 보도를 줄기차게 해왔는지는 따져보려고 하지도 않았다.

『한겨레』의 그 보도가 나온 다음날인 9월 21일 매체비평지 『미디어오늘』은 1면에 「청와대와 조선의 싸움, 7월부터 시작됐다」는 기사를 냈다. 우병우 비리 보도만이 아니라, 미르·K스포츠 재단과 관련한 일련의 기사들이 청와대 공격용이었다는 것이다. 그 많은 보도 중 〈청와대 경제비서관도 미르 관계자 만났다〉〈미르재단, 대통령 순방 TF에 참여…비선조직이었나〉〈박 대통령, 미르·K스포츠 행사마다 등장〉 등의 몇몇 기사만 집어내 청와대와의 싸움을 위한 기사처럼 포장했다.

"주용중 TV조선 보도본부장은 조선일보 정치부장 출신으로 지난 총선 직후 보도본부장으로 발령됐다"고 덧붙여 마치 정치적인 의도를 갖고 접근한 것처럼 썼다. 거기다가 TV조선 내 익명의 관계자를 인용해 "총선 직후 TV조선이 박근혜 대통령을 버렸다"고 해놓았다. 한마디로 TV조선의 미르·K스포츠 보도가 4·13총선 이후 보수정권 재창출을 위해 박근혜를 버리기 위한 카드에서 나왔다는 투였다. 취재 소스인 내부 관계자가 익명이라 실제 듣고 쓴 건지, 기자의 생각인지는 모르겠지만 터무니없는 억측이었다. 다만 TV조선이 미르·K스포츠 재단을 5공 시절 '일해재단'처럼 보고 있고, 비선실세와 대통령의 연루 의혹을 제기했다는 점을 드러내주긴 했다.

반면 같은 1면에 실린 사설 「박근혜와 최순실, 과연 누가 대통령인가」
는 취재 전선에서 뛰는 기자가 쓴 것도 아닌데 본질을 정확하게 꿰뚫고
있었다. 지금이야 재판까지 진행되면서 알려질 만큼 알려졌지만, 그때는
'최순실' 이름만 덜렁 등장한 때였다. 그러니 큰 틀에서 통찰이 없으면
쓰기 힘든 사설이었다.

최순실 같은 이들이 무능한 대통령의 뒤에서 호가호위하며 민주주의를 농
단하는 현실은 참담하기 짝이 없다.

이 사건은 단순히 측근 비리를 뛰어넘어 비선 실세들의 국정 농단 사건으
로 비화할 가능성이 크다. 최순실 등이 부당하게 권력을 남용하고 더욱 거대
한 이권 사업에 개입돼 있을 가능성도 배제할 수 없다. 이번 국정감사에서 반
드시 의혹을 규명해야 한다. 아울러 정윤회 문건을 둘러싼 석연치 않은 의혹
도 다시 규명돼야 한다. 이 사건은 박근혜 정부의 레임덕을 급속히 가속화할
것으로 보인다.

그날 1면 기사를 보고 당시 『미디어오늘』 편집국장 이정환에게 메시
지를 보냈다.

"TV조선의 미르·K스포츠재단 보도는 청와대 공격용이 아닙니다. 조
선일보와 청와대의 싸움으로 보는 시각은 청와대의 프레임이고, 그렇게
보는 건 오히려 본질을 희석시킬 뿐입니다. 최순실과 박근혜 대통령을
한 몸 관계로 보는 게 맞습니다. 사설의 시각이 옳습니다."

글은 '읽음' 표시였지만 답변은 오지 않았다. 사설을 쓴 사람이 궁금해
알아봤더니, 당시 『미디어오늘』 대표이사였던 신학림이었다.

다음날 『동아일보』 박제균 논설위원(현 논설실장)도 「'좌파 세력'과 '기득권 언론', 그리고 최순실」이란 칼럼에서 저간의 시각과 비슷한 프레임을 보였다. 전체 글은 박근혜 대통령이 잘못이 있으면 인정하고 정상적인 국정운영을 하라고 주문하는 내용이었는데, 글 내용을 보면 여전히 TV조선이 보도했던 미르·K스포츠 보도를 한낱 청와대 공격용으로만 간주하는 듯했다.

주필의 일탈로 보수 신문이 잠잠해지자 이번에는 청와대에 의해 '좌파 세력'으로 낙인찍힌 진보 신문이 나섰다. 보수 신문 자회사인 종합편성채널이 처음 보도한 미르·K스포츠 재단 논란에 최순실의 개입 의혹을 보탠 것이다. 청와대의 눈으로만 보면 '부패기득권 세력'과 '좌파 세력'의 '적대적 합작'이다.

여기서 진보 신문은 『한겨레』를 지칭한 것이다. 박제균은 『동아일보』 선배이긴 하지만 허물없이 만나는 사이기도 해서 『미디어오늘』 편집국장에게 보낸 글과 같은 취지로 메시지를 보냈다. 박제균은 "고생한 사람한테는 미안하네"라는 답글을 보내왔다.

9월 2일 김의겸이 찾아왔던 날부터 9월 20일 『한겨레』 보도가 나올 무렵까지 20일 가까운 시간 동안 '최순실'을 드러낼 1차 기회는 '싸움' 프레임에 갇혀 이렇게 흘러가버렸다.

세월호 청문회에 나가다

김의겸을 만나기 하루 전인 9월 1일엔 세월호 특조위의 청문회에 나갔었다. 세월호 청문회가 교착 상태의 돌파구를 마련하는 기회가 될 수도 있을 것도 같다는 생각에서였다. 정윤회 게이트 당시부터 '세월호 7시간'이 이슈였던 상태라 충분히 내가 원하는 질문이 나올 수 있지 않을까 싶었던 것이다.

'울고 싶으니 뺨 때려 달라'는 심정이었다. '세월호 7시간' 관련 언급이라도 있으면 그걸 기회로 '비선실세' 이야기를 꺼내고, "미르·K스포츠 재단이 대통령의 재단으로 보이는데, 그 재단의 배후 역시 비선실세인 최순실이다"는 식으로 폭로할 생각도 있었다. 세월호 청문회에서 증언으로 나온 발언이라면, 돌파구는 돌파구대로 열면서 회사가 져야 할 부담도 거의 없다고 생각하고 있었다. 3차 청문회에서 나를 증인으로 신청해놓은 상태였다.

세월호 특별법에 따른 청문회였지만, 이미 짜여진 틀에서 돌아가고 있었다. 청문회는 세션별로 나뉘어 있었는데, '유병언 보도 및 수사관련 등 언론 이슈 전환 및 왜곡' 세션의 증인이었다. 세월호 참사 이후 언론 보도 과정에서, 유병언 관련 보도에 치중해 본질을 희석시키지 않았느냐는 게 특조위의 시각이었다. 그런 '본질 희석 보도'를 종편, 특히 그중에서도 TV조선이 앞장서지 않았느냐는 자기 고백을 압박할 게 보나마나였다.

그런 상황이라 내부에선 굳이 나갈 필요가 있느냐는 시각이 많았다. 사실 나가봐야 좋은 소리 안 나올 건 뻔했다. 나를 포함해 7명의 언론인이 출석을 요구받았지만 그 가운데 김시곤 전 KBS 보도국장과 『한겨레』 노모 기자 정도만 출석이 예상됐다.

청문회 증인석에 앉자, 특조위원 권영빈 변호사는 "나와줘서 감사하다"는 인사를 했다. 당연히 안 나올 줄 알았던 모양이었다. 채택된 증인 대부분이 나오지 않았으니 그럴 법도 했다.

청문회 증인을 요구받고 내가 검토한 건, 증인에 대한 신분보장 조항이었다. 국회 청문회와 마찬가지로 세월호 특별법(35조 3항)에도 청문회에서 증인은 증언·진술로 인해 어떤 불이익도 받지 않도록 규정돼 있었다. 이 부분에 주목했다. 검찰 간부 A에게도 청문회에서의 증인보호 규정을 재차 확인했다. 무슨 뜻인지 아는 듯 A는 "그렇게까지 할 필요 있느냐"고 말렸다.

그런데 청문회는 특조위원들이 먼저 자신들의 입장을 피력하고 질문은 그걸 확인하는 식으로 진행되었다. 반론에 반론 등이 오갔지만 하고 싶은 얘기를 꺼낼 기회는 오지 않았다. 사전에 이런 답변을 하고 싶으니, 이런 질문을 해달라고 할 수도 없는 일이었다. 정국이 요동치는 기사는 취재 과정이 문제되면 나중에 더 큰 화를 부를 수 있기 때문이다. 다만 청문위원들이 묻는다면, 취재된 범위에서 답변할 생각을 하고 있었다. 증인보호 조항을 들여다본 건 아직 확인되지 않은, 취재 과정에서 들은 얘기를 증언했을 때의 리스크를 검토한 것이다.

그러나 '울고 싶은 아이 뺨 때리는 일'은 일어나지 않았다. 청문회 이후로도 한동안 돌파구가 안 열리자, 생뚱맞더라도 그때 폭로하고 와버릴 걸 그랬나 하는 생각까지 들기도했다.

오죽했으면 매맞는 청문회장을 선택했을까? 기자에게 '나가지 않는 기사'란 의미가 없다. 취재는 보도를 전제로 하는데, 함량 부족이 아닌 다른 이유로 기사화가 되지 않는다면 그것만큼 기자에게 상처를 주는 일도 없다.

"기자연합군으로 맞서볼까?"

심지어는 '기자연합군'이라는 구상도 해봤다. 그 무렵 미국 연수를 다녀온 『국민일보』 기자 하윤해가 얼굴이나 보자고 해 약속을 잡았다. 하윤해는 넉살이 보통이 아닌데다, 물불 가리지 않는 전투적 스타일의 기자였다. 9월 19일 종로 인근에서 법조 출입 당시 알던 『국민일보』 산업부장 노석철까지 낀 저녁자리였다. 오랜만이라 근황 얘기가 주된 대화였다. 그러다 기사 얘기로 옮아가자, 담배를 끊은 노석철을 잠시 두고 "담배나 피러 가자"며 하윤해를 밖으로 데리고 나왔다.

"'큰 취재' 한번 할 생각 있어?"

"저야 뭐 형이 얘기하시면 같이 하죠."

하윤해는 연수 가기 전부터도 잘 따르는 편이었고, 가끔씩 기사도 상의하곤 했다. 또 말에도 책임질 줄 아는 친구였다. 하윤해에게 그동안 TV조선에서 보도했던 내용들을 간단히 설명해주고 "'미르·K스포츠 재단'이 900억 원 가까운 돈을 걷었는데, 제2의 일해재단 같다"고 덧붙였다.

하윤해는 그때까지 두 재단의 이름도 듣지 못한 듯했다. 그 뒤에 최순실이 있고, 이 정권의 치명적 아킬레스건이라는 얘기까지 해줬다.

"연합군을 한번 만들어볼 생각인데, 혹시 어때?"

"저야 하면 하는 거죠. 똘똘한 기자들 좀 알아볼까요?"

『한겨레』 김의겸이 취재를 하고 있다고 다녀간 지도 보름이 넘었지만 기사는 나오지 않고 있던 때였다. 난항에 빠졌나 싶었던 참이었다.

"10년차 이상으로 기자적 사명감이 있는 기자들 서넛만 모아보자. 방송보다는 신문에 맞는 취재이니, 신문 기자들 중심으로 알아봐라." 소속된 회사에서 일은 일대로 하고, 밤과 주말에 과외로 따로 움직여야 하기 때문에 사명감 없인 할 수 없는 일이었다.

초유의 실험이 될 테니, 기자들을 모으려면 몇 가지 원칙이 있어야 했다. 무엇보다 기자들의 소속이 다르다는 게 문제였다. 전체적인 취재 흐름과 방향 설정은 내가 하고, 각자가 맡은 역할을 정해 취재해온 사람에게 먼저 보도의 우선권을 주는 식으로 해보자고 했다. 그러려면 뜻과 마음이 맞는 기자들이어야 했다.

하윤해에게 그동안 보도된 내용들을 숙지토록 하고, 다음날 얘기를 더 진전시키기로 했다. 그렇지만 바로 다음날 『한겨레』에 '최순실 마사지사' 기사가 턱 나오면서 그날 오갔던 얘기는 사실상 흐지부지됐다. 최순실이 부상한 상태여서, 언론사들끼리 취재 경쟁이 가열될 가능성이 높아서였다.

대통령 권력이 '언론'을 쥐락펴락 힘으로 눌러, 언론사들이 못 나서면 '기자연합군'이라도 만들어 맞서보겠다는 게 내 구상이었다. 언론사의 사주(社主)도 '언론'이라는 공익적 측면을 생각하지만, 기자는 직업적 속성상 사주보다 공익적 측면이 더 강한 편이다. 그래서 룰만 잘 정하면 '기자연합군'이 불가능하지는 않다고 생각했었다. 답답한 마음에 별별 구상을 다했던 것이다.

청와대의 사표 압력

하지만 보도에 대한 내 의지와는 달리 『조선일보』나 TV조선은 여전히 돌파구를 못 찾고 있었다.

그러던 중 10월 4일자로 나도 모르게 사회부장 발령이 났다. 인사 공고는 9월 30일에 붙었는데, 그전까지 따로 통보를 받지 못했다. 뜻밖이었다.

인사 며칠 전 본부장 주용중이 "어떻게 하면 좋겠느냐"고 의향을 물어 "(최순실 게이트 보도를) 시작했으니, 죽이 되든 밥이 되든 밀고 가겠다"고 답한 적은 있었다. 포기하지 않고 끝까지 내 손으로 마무리하겠다는 뜻이었다.

하지만 인사는 반대였다. 나는 이미 1년 10개월이나 사회부장을 거쳤다. 부장 직책을 '재수'하지 말란 법은 없지만, 당시는 전투중인 '야전사령관'이었다. 이동시키려면 적절한 이유가 있어야 했다.

사실 사회부장은 많은 인원들을 거느리고 있긴 하지만 중간 간부들이 많아 기동성 있게 '직할 병력'을 움직이는 건 쉽지 않다. 사회부장 밑으로 사건데스크와 정책데스크가 있고 그 밑엔 또 팀장이 있는데다, 매일 출입처 업무들이 일상적으로 돌아가는 상황에서 부장이라고 기자들을 임의로 빼기가 쉽진 않다. 부장은 사실상 큰 방향에서 부원들을 지휘하고 관리하는 정도였다. 더욱이 펭귄팀 기자들을 완전히 그대로 두고 부장만 바꾸는 인사였으니 말이다.

이 때문에 이 인사를 두고 어떻게 해석해야 할지 헷갈렸다. 해오던 국정농단 사건 취재에 사회부 인력을 활용하라는 의미인지, 국정농단 사건에선 손을 떼라는 건지 분간이 안 됐다. 한편으론 영화 〈베테랑〉에서 수사팀 해체를 위해 수사팀을 이끄는 팀장 오달수를 승진 발령 내리던 장면도 떠올랐다.

우여곡절 끝에 펭귄팀의 박경준 한 명은 데려올 수 있었다. 펭귄팀 기자들을 다 데려오고 싶었지만, 어쩔 수 없었다. 박경준은 막내라서 아직 '군기'도 빠지지 않았고, 빠릿빠릿해 확인 취재를 시키기엔 적격이었다.

마침 주용중은 시청자 제보를 담당하는 기자를 사회부에 별도로 두는 게 좋겠다고 했다. '시청자 제보 뉴스'를 만들자는 취지였다. 나는 그렇다면 법조팀 소속 하누리와 펭귄팀에서 데려온 박경준을 제보팀으로 차출해 제보 기사를 시키면서 틈틈이 내가 지시하는 취재를 하도록 운영할 계획을 세웠다. 궁여지책이었다.

그렇게 구성을 해뒀는데, 10월 4일 밤 사달이 났다. 메인뉴스가 끝난 뒤 부장회의에서 앵커를 돕는 앵커리포트 담당 기자로 그 두 사람을 쓰겠다는 것이 아닌가. 그것도 내가 통보받기 전에 두 기자에게 먼저 통보가 돼 있었다. 회의 도중에 그 이야기가 나와 '이런 분위기라면 못하겠다' 하고 회의실을 박차고 나와버렸다.

머리와 몸통을 분리시키고, 그나마 어떻게든 해보려고 기자 둘을 데려다놨더니 그마저도 제동을 건다고 생각했다. '이건 정말 아니다' 싶어 사표를 낼 생각으로 CCTV영상이 담긴 외장하드들을 포함해 중요한 짐들을 급하게 싸들고 나왔다. 그때는 'TV조선이 못하면 나라도 나서서 하겠다'는 생각이었다. 집 앞 포장마차로 와서 아내를 불러내 그만둬야 할 상황 같다고 말했다. 아내는 '당신 뜻대로 하라'였다.

한두 시간쯤 지나 본부장 주용중의 전화가 왔다. 잠시 망설이다 받았더니, 있는 곳으로 오겠단다. 사표를 낼 땐 내더라도 얘기는 들어봐야겠다 싶어 도착 전에 아내를 집으로 보냈다.

하누리·박경준 일에 대해선 오해가 있었다는 식으로 얘기를 했고, 취재도 계속해야 하지 않겠느냐는 게 요지였다. 주용중은 처음 미르·K스포츠 보도를 시작할 때 "두 사람은 서로 비밀이 없도록 잘 해보자고 하지 않았느냐"고 설득해왔다. 나는 그럼 보도를 계속 이어가겠다는 입장을 내비쳤고, 주용중도 '좋다'고 했다. CCTV영상과 최순실이 등장하는 부분도 보도를 해야 한다는 입장에 대해서는 "그건 좀 상황을 지켜보면서 하자"고 답했다. 국정농단 사건 취재와 최순실 보도 자체에 제동을 건다고 생각했던 오해는 풀렸다.

내 입장에선 고군분투보다야 TV조선에서 시작했으니, 어떻게든 TV조선에서 헤쳐 나가면서 매듭짓는 게 맞다고 봤다.

그래서 '회군'을 결정했고, 10월 5일 반나절을 쉬고 오후부터 다시 출근했다. 그리고 하누리·박경준에 김태훈·박성제 등 우선 4명을 '직할팀'으로 두면서, 정책팀도 국정농단 사건 취재를 분야별로 맡겼다. 9월 20일 『한겨레』의 '최순실 마사지사' 기사가 나간 이후 국정감사에서 나온 뻔한 얘기나 간헐적으로 나가다가 10월 6일부터는 국정농단 보도가 재개됐다.

주로 취재해뒀던 것에 새로 취재한 내용을 더해 단독 보도를 이어갔지만, '문화창조융합본부' '차은택' '송성각' '플레이그라운드' 등의 주변부 리포트였다. 국정농단 행위를 알리는 의미 있는 보도들이었지만 '앙꼬'인 '최순실'은 빠진 상태였다. '최순실'이 있어야 설명이 되는데, 이걸 빼고 리포트가 나가니 도무지 맥도 풀리고 기사의 긴장감도 크게 떨어졌다.

도저히 안 되겠다 싶어 이 무렵에도 'CCTV영상 보도를 하자'고 요청했으나 여전히 '좀 더 보자'였다. 애초에 7월 15일 주용중에게 "할 수 있겠느냐"고 의중을 물어본 것도 언젠가는 닥쳐올 격랑 때문이었다. 그런데 예상보다 더 빨리 본부장의 결기가 밀리고 있었다.

결국 『한겨레』 보도 전 최순실을 쓸 1차 기회를 놓쳤고, 이후 CCTV영상을 보도할 수 있는 2차 기회까지 흘려보내고 만다.

그 뒤로도 사회부장 재발령의 배경은 궁금한 사안이었는데, 박근혜 전 대통령에 대한 구속까지 이뤄진 뒤 주용중에게 "그때 사회부장 발령을 왜 냈느냐"고 물어본 적이 있다. 주용중은 "어차피 검찰 수사가 시작되면 사회부에서 취재를 맡아야 해서 사회부장 발령을 냈다"며 "보직 배제 요구가 있었던 것도 사실이고, 내부에서 사회부장 반대 의견도 있었지만 내가 고집했다"고 말했다.

사실 미르·K스포츠 재단 보도가 끝나고, 숨고르기 상태에 들어가 있던 2016년 9월 무렵 청와대가 『조선일보』와 TV조선 간부급 인사 몇 명을 딱 찍어 인사조치를 요구했다는 얘기들이 파다하게 '설'로 돌았다. 누구를 대상으로 하고 어떤 경로로 전달됐는지는 모르겠으나 대부분 '호남 출신' 기자들이었고, 그 가운데 나와 '우병우 기사'를 처음 쓴 『조선일보』 차장 이명진도 포함돼 있다고 했다. 실제 인사조치는 없어서 '지라시성 소문'인지, '사실'인지 여부를 그 당시엔 확인하지 못했다.

본부장 주용중의 답변으로 미뤄보면, 적어도 나에 대한 인사조치 요구는 사실이었던 것 같다. 역시 나중에 안 일이지만 또 다른 경로를 통해 당시 "청와대가 '이진동의 사표를 받으라'는 압력을 넣었다"는 말도 들었다. "사표만 받으면 뒤처리는 알아서 하겠다"는 말까지 있었다고 했다. 뒤처리의 의미는 어떻게든 옭아매 사법처리를 하겠다는 의미가 아니었을까 싶다. 당시 국정원 직원들은 '음해성 루머'를 퍼뜨리기도 했다. 국정원 직원에게서 이야기를 직접 들은 『조선일보』 기자가 경보음을 울려줘 알게 됐다. 후엔 『동아일보』의 한 기자도 국정원 직원들이 음해를 하고 다닌다는 얘길 해줬다.

9

붕괴 전조

░ ▪ ● ● ● ● "너, 이중스파이 노릇 그만해라."

10월 19일 아침 고영태에게 보낸 문자였다. 그날 『한겨레』에 「최순실이 세운 블루K, K재단 돈 빼돌린 창구」라는 1면 기사에 최순실이 한국과 독일에 세운 '더블루K'의 이사로 고영태가 등장했다. 『경향신문』도 「최순실 비밀회사 국내에도 있었다」 「'대기업 모금' 보도되자 쫓기듯 사무실 폐쇄…증거인멸 의심」 기사를 각각 1, 3면에 실었다. K스포츠재단 설립 전날 최순실이 '더블루K'를 세웠고, 미르·K스포츠 재단의 강제 모금 보도가 나올 무렵 사무실을 폐쇄했다는 내용이었다.

K스포츠재단의 이권 사업 창구로 최순실이 만든 더블루K를 고영태가 맡아 일해왔다는 걸 다른 언론의 보도를 보고 처음 알게 된 것이었다.

그 무렵 기사들은 끓어오르고 있었다. 9월 20일 『한겨레』가 '최순실'을 등장시킨 이후 관련 기사가 '폭발' 조짐을 보인 건 10월 17일부터였다. 그날 아침에 『경향신문』이 1면에 「'수백억 모금' K스포츠재단, 설립 후에도 한 대기업에 "80억 더 내라"」는 기사가 떴다. 『한겨레』 역시 「K

스포츠, 최순실 딸 독일숙소 구해주러 동행했다」를 1면에 실었다. 이렇게 가면 금방이라도 뭔가 터져 나올 것 같아 잔뜩 긴장하고 있었다.

'의상실 CCTV영상'을 손에 쥐고도 못쓰고 있으니 답답하기 짝이 없었다. 10월 17일 기사들을 보고 "CCTV를 보도할 때가 됐다"고 해도 "아직 아니다"는 답이 돌아왔다. 속만 타들어갔다.

10월 17일 JTBC는 최순실이 한강 고수부지에서 이성한을 만나 회유했던 상황을 담은 녹취파일을 보도했다. 이미 8월 22일 이성한과 고영태를 통해 그 상황을 파악해 쥐고 있던 내용인데, 이성한이 JTBC에 녹취록을 제공한 모양이었다. 할 수 없이 하루 늦은 10월 18일 메인뉴스에서 〈최순실, "조용히 있어라" 미르재단 전 사무총장 회유〉와 〈비밀 첩보 영화 장면 같았던 최순실의 행태〉 등 두 꼭지로 따라갔다. 두 달 전에 취재됐던 걸 경쟁 언론에서 나온 뒤 추종(追從) 보도를 하고 있으니, 속이 쓰렸다. 내색은 안 했지만 펄쩍 펄쩍 뛰고도 남을 판이었다. 당시 이성한에게서 직접 내용을 취재했던 이재중 역시 말은 안 했지만 마찬가지였을 것이다.

그런 상황에서 최순실의 한국과 독일의 비밀회사 더블루K가 등장했으니, 나는 어떻게든 CCTV영상을 보도할 수 있는 상황을 만들어야 했다.

드러난 고영태의 거짓말

그전까지 K스포츠재단에 대해 물어볼 때마다 고영태는 "최순실과 헤어진 뒤 만들어진 것이라 잘 모른다"고 둘러댔고, K스포츠재단 이사진들에 대해 물어봐도 연락처는커녕 "잘 모른다"는 답변만 했다. 한두 번 물어본 것도 아닌데 그때마다 천연덕스럽게 "잘 모른다"고 하고, 돕는 척하며 딴짓을 한 게 드러난 것이다. 7월 20일 녹음파일을 받기 위해 이성한과 만났을 때 미심쩍다고 생각했던 고영태의 태도가 왜 그랬는지도 파악됐다. '취재 훼방'이었다.

19일 기사에 나온 내용으로 보면, 고영태는 최순실 지시로 더블루K라는 스포츠 마케팅회사를 세워 실질적으로 운영했다. 직함은 상무였지만 최순실 대리인이나 마찬가지였다. 정부에서 지원하는 K스포츠클럽의 중앙센터를 K스포츠재단이 맡고, 더블루K는 스포츠클럽의 컨설팅 용역을 제공하는 형식으로 만들어 수익을 취하게 할 작정이었던 것이다. 그러니 고영태가 K스포츠재단을 모를 리 없었다.

'최순실 마사지사' 기사가 나오기 전인 9월 11일 김수현이 느닷없이 찾아와 고영태에 대한 정보를 흘리면서 "TBK를 보세요"라고 알려준 적이 있었다. 김수현의 의도는 알 수 없었지만, 당시 펭귄팀에 'TBK'나 '티비케이'의 법인 등기를 떼보라고 했다. 별로 연관성이 없는 회사만 나와 잠시 덮어두고 있던 상태였다. 이날 나온 『한겨레』와 『경향신문』의 기사를 보고서야 'TBK'가 더블루K의 이니셜이란 걸 알았다.●

또 이날 오후엔 국회 교문위 소속 국민의당 의원 송기석이 "최순실이 세운 더블루K를 지원할 목적으로 문체부가 GKL(카지노 사업을 하는 한국관광공사의 자회사)에 소속 장애인 펜싱팀과 더블루K가 계약하도록 압력을 넣었다"는 의혹을 제기했다.

그제서야 7월 17일 고영태를 만났을 때 '기업 펜싱팀'을 만들었다는 말이 떠올라 그게 GKL의 장애인 펜싱팀이었음을 알게 된다. 그리고 그날 "미르

● 검찰 수사기록에 나온 최순실과 류상영 그리고 김수현 간 오간 문자 메시지를 보면 김수현이 'TBK'를 흘린 이유를 짐작할 수 있다. 최순실은 TV조선 보도로 위기의식을 느껴 8월에 더블루K를 폐업하고, 더블루K를 대체할 '더 운트'라는 회사를 설립한 상태였다. 김수현은 최순실 지시로 나와 고영태를 이간질시킬 목적으로 찾아와 고영태가 이사로 등재된 TBK를 흘리고 간 것이었다. 취재를 다른 방향으로 돌리기 위해 우선 고영태를 먹잇감으로 던져준 것으로 추측됐다.

재단과 최순실의 연결고리가 차은택 아니냐"고 물었을 때 고영태가 "차은택은 그럴 능력이 안 된다"고 차은택과의 연관성을 부인하는 말을 했던 이유 역시 짐작이 됐다.

10월 18일과 19일의 보도에서 드러난 상황은 고영태를 최순실의 충실한 하수인으로 가리키고 있었다. 그러니 고영태가 이중스파이처럼 양쪽을 오가며 나를 완전히 속이고 있었다는 생각에 화가 치밀 수밖에 없었다. 그제야 6월 9일 이현정에게 고영태의 동향을 물었을 때 "최순실이 체육재단을 만들고, 고영태는 거기서 월급을 받고 있다"고 들은 것도 떠올랐다. 고영태의 말을 주로 듣다 보니 이 말에 주의를 기울이지 못했던 것이다.

고영태는 취재에 혼선을 주기 위해 일부러 거짓말도 했다. 대표적인 게 수도권 복합체육시설부지 1순위로 검토된 하남시 땅이다. 2014년 최순실 문건을 들고 찾아왔을 때는 분명히 최순실 땅 부근이라고 얘기했었다. 그런데 2016년 7월 29일 전화 통화에서 "예전 나한테 줬던 서류 중에 하남시 체육시설 부지, 거기 최순실 땅 부근 맞지?"라고 다시 물었을 때 "전혀 관련이 없다"고 거짓말을 했다.

'고영태의 착각인가' 하고 갸우뚱했다가, 국정농단 사건 수사가 진행되면서 그 이유를 알 수 있었다. 하남시의 검토 부지에 체육시설을 짓는다는 명분으로 K스포츠재단이 롯데에서 70억 원을 끌어들였는데, 롯데에 돈을 요구할 당시 K스포츠재단 박헌영과 함께 고영태도 현장에 있었다. 고영태의 거짓말은 이 돈을 받았다가 돌려준 사실을 숨기기 위해서였던 걸로 보였다.

고영태는 7월 16일 최순실의 집을 찾아내 카메라로 담았을 때 '제보자'로 지목돼 쫓겨났다고 했지만, 사실은 그렇지 않았던 것이다. 여전히 더블루K 일을 보며 최순실과 손발을 맞추고 있었다. 차은택의 이간질로 쫓겨난 동병상련의 신세라며 이성한에게 접근했을 때도 최순실과 손을 완전히 끊은 상태가 아니었다.

역시 나중에 알게 되지만, "이성한이 녹음파일을 갖고 있으니 만나서 해결하라"고 최순실에게 말해준 것도 고영태였다. 최순실은 재판에서 이성한을 만나 회유하게 된 경위에 대해 "이성한이 녹음파일을 공개하면 문제가 생길 수 있다고 고영태가 말해줘 이성한을 달래보려고 만났다"고 말했다. 적어도 이때까지는 고영태가 최순실과 관계를 유지하고 있었고, 최순실은 고영태를 통해 문제를 해결하려 했던 것으로 보인다.

폭발 직전의 분위기

'이중스파이 노릇 그만하라'는 문자를 보낸 지 30분 정도 지났을 때 한동안 연락을 끊었던 고영태가 전화를 해왔다. 전화를 받자마자 "임마, 이건 뭐냐"고 다그쳤다. 그 상황에서도 고영태는 "자기는 잘 모르고 이름만 빌려가 올려놓은 것"이라고 횡설수설 변명하면서 "이중스파이라고 해 서운하다"고 했다.

"나하고 최순실을 왔다갔다 했으면 그게 이중첩자지 뭐냐. 이따 저녁때 잠깐 보자."

밤 10시 30분쯤 집 근처 조용한 방이 있는 카페로 약속을 잡았다. 그날 JTBC에선 고영태가 "회장님은 대통령 연설문 고치는 게 취미"라고 했다는 내용이 보도됐다. 고영태는 '최순실'을 지칭하지 않았으나, 함께 있던 이성한이 "고영태가 말하는 회장님은 최순실"이라고 확인해줬다는 것이다.

또 "펜싱선수 출신으로 대통령 가방을 만들었다" "최순실과 20년 차이나 나는데 반말을 한다"는 기사들까지 나왔다. JTBC 뉴스를 듣고 열이 더 받은 상태가 됐다.

"야, 임마 JTBC랑 한겨레랑 보니 너 엄청나더라."

고영태를 보자마자 말 펀치를 날렸다. '네가 핵심인물인 줄 몰랐다'는 투로 빈정거린 것이었다.

고영태는 당황해하면서 "말씀드리기 뭐한데, 저도 이성한에게 뒤통수 맞은 거예요"라며 더듬더듬 변명을 시작했다. 고영태는 방방 뛰었다.

"JTBC 기자들에게 무슨 얘기했어?"

"이성한이 만나자고 해 끼어서 밥 먹었는데, 지들끼리 얘기하고 전 한 얘기 없어요."

"그럼 더블루K는 뭐야?"

"제가 더블루K를 왜 말씀 안 드렸냐면, 아무것도 한 게 없어서요. 전 더블루K에서 잘렸어요." 고영태는 다그칠수록 "최순실과 관계가 끊어져 모른다. 저는 진짜 한 게 없다"는 변명뿐이었다.

이성한이 JTBC 기자와 짜고 자신에게 덮어씌우고 있다는 것이었다. 이성한을 취재한 JTBC 보도를 보면, 고영태를 최순실과의 관계에서 차은택보다도 더 핵심에 위치시켜놓았으니 흥분할 만도 했지만, 궁색한 변명을 하려다 보니 '오버'를 했다.

나는 고영태의 흥분을 놓치지 않고 고영태에게 두 가지를 제안했다. 첫째는 TV조선 출연이었다.

"이성한이 너를 '최고 핵심 하수인'으로 만들어놨잖아. 내가 자리를 펴줄 테니, 나와서 네 할 얘기 하면 되잖냐. 내일 당장 출연해라."

JTBC, 『경향신문』, 『한겨레』가 기름을 끼얹은 기사 속으로 들어가려면 깔짝대는 기사로는 승부를 볼 수가 없었다. '고영태'를 출연시키면 자연스럽게 '의상실 CCTV영상 보도'로 이어갈 수 있다는 게 내 생각이었다. 고영태는 더블루K와 최순실 간 연결고리로 등장한 상황이라 주목도가 매우 높아진 상태였다. 나는 나대로 묶여 있던 CCTV영상 보도의 타개책을 만들고, 고영태는 고영태대로 자신이 억울하다고 느끼는 부분을 얘기할 수 있는 기회라고 판단했다.

"경향신문 봤지? 최순실이 독일에 '비덱'이라는 유령 회사를 만들어 호텔을 샀다는 보도가 나왔잖아. 그럼 '그 돈이 어디서 나왔느냐'고 이걸 시민단체가 고발하면, 수사 요건이 되는 거지. 그럼 수사가 확대되고 국정조사 가고 특검 받고 재판하면 내년 연말까지 가게 돼 있다. 그러니까 결단을 해라."

『경향신문』은 10월 18일자 1면에서 "최순실이 독일에 설립한 스포츠 마케팅회사 비덱이 국내 대기업에 80억 원대 투자를 제안했고, 이 비덱이 독일 현지에서 호텔도 운영중이다"고 썼다. 이 기사는 큰 흐름에서 정말 의미 있는 특종이었다. K스포츠재단과 최순실의 직접적인 연결고리를 보여주는 동시에 K스포츠재단이 거둔 돈을 독일로 빼낼 수 있는 구조를 찾아낸 것이었다. 갖은 핑계를 대며 뒷걸음질 치던 검찰도 재단 돈의 유출 구조가 나온 이상 더 이상은 미적거릴 수 없게 된 것이다.

고영태에게 앞으로 전개될 상황을 예측해준 뒤 결심을 촉구했지만, 고영태는 "(최순실을) 떠나는 게 맞는 건지, 남는 게 맞는 건지"라며 혼란스러워했다.

"내가 너라면 당장 최순실에게서 떨어져 나올 것이다."

"최순실과 떨어지면 최순실과 이성한이 양쪽에서 공격하게 될 텐데요. 그럼 제가 당할 수밖에 없어요."

고영태는 그때까지도 최순실에게 공격받을까봐 두려워하는 눈치였다. 내 제안을 충분히 받아들일 만도 했는데, 어떤 선택을 해야 할지 쩔쩔매더니 "일단 생각해볼게요"라고 답했다.

"혹시 혼자 출연하는 게 부담스러우면, 나라도 옆에서 거들어줄 테니 나와봐"라고 다시 재촉했다. 하지만 고영태는 "힘든 게 하나 있는데, 부모님이 촌사람들이라 잠을 못 잔다"며 슬금슬금 꽁무니를 뺐다.

"지금까지는 김종과 차은택이 최순실과의 연결고리로 타깃이었는데, 잘못하면 네가 '중간고리'로 굳어질 수 있으니 바로잡을 생각이면 출연해라. 시간이 별로 안 남았다. 내일하고 모레뿐이야."

기사들이 나오고 있는 기세로 봐서, 이어지는 20일 목요일과 21일 금요일이 넘어가면 효과가 없을 듯해서 기일을 준 것이었다. 그만큼 의상실 영상을 내놓을 타이밍이 임박해 있었다. 고영태는 "밖에 친구 노승일이 기다리고 있는데, 심장 같은 친구"라며 "상의하고 생각해본 뒤 연락 주겠다"고 했다. 그럼 "노승일한테 지금 이리 오라고 해라"라고 하자 고영태는 "멀리 있다"고 피했다. 사실, 당시 노승일은 근처에서 고영태를 기다리고 있었다.

또 하나의 제안은 "정윤회 카드를 쓰라"는 말을 최순실에게 전하라는 것이었다. 꽁꽁 숨어버린 '최순실'을 끌어내기 위한 전략이었다. 최순실이 코너로 몰려가는 상황이었기 때문에 '정윤회 카드'라는 얘길 들으면 '호기심'에서라도 나올 것이란 게 내 생각이었다. 최순실을 끌어내기만 하면 의상실 CCTV영상을 보도할 수 있는 여지가 생길 것으로 봤다. 최순실에게서 '정윤회의 국정개입＋알파'를 확인받은 뒤 최순실을 치고 들어갈 수도 있겠다는 생각이었다. 잘하면 덮였던 정윤회 사건까지 취재하는 1석2조가 될 듯도 했다.

당시는 최순실이 국내에 있는지, 해외에 있는지도 알 수 없는 상황이었다. 최순실이 만든 더블루K를 고영태가 맡아왔다면 충분히 연락이 되고 있을 것 같아서 한 제안이었지만, 나중에 알게 된 바로는 그 시각 최순실은 독일에 있었고 고영태와도 연락을 끊은 상태였다.

고영태에게 출연과 '정윤회 카드' 제안을 한 건 어떻게 해서라도 CCTV영상 보도의 물꼬를 트려는 몸부림 중 하나였다.

고영태에게 두 가지 제안을 해놓고, 다음날 본부장에게 "이제 CCTV영상을 정말 보도할 때가 됐다"고 한 차례 더 요청해봤으나 여전히 '아직 아니다'였다.

고영태는 이틀 뒤에서야 "출연도 힘들 것 같고 최순실이 연락이 안 된다"고 알려왔다. 만약 고영태가 제안을 받아들여 다음날 출연했다면, 고영태는 지금 진짜 '내부고발자'가 돼 있을지도 모른다.

결국 놓쳐버린 '클라이맥스'

기사들은 점점 최순실을 옥죄어 들어가며 폭발 직전으로 몰려가고 있었지만, 최순실과 박근혜의 관계를 입증할 결정적 '물증'은 여전히 나오지 않고 있었다. JTBC의 〈최순실, 대통령 연설문 고치는 게 취미〉라는 보도 정도였다.

같은 날인 10월 20일 박근혜 대통령은 수석비서관회의에서 "미르·K스포츠 재단의 자금 유용 등 불법행위를 저질렀다면 엄정히 처벌받을 것"이라며 "퇴임을 대비해 재단을 만들 이유도 없고 사실도 아니다"고 밝혔다. 사실상 검찰 수사의 가이드라인을 '자금 유용' 부분으로 못박고, 재단은 감독기관이 잘 감독하면 된다는 뉘앙스였다.

당시 보도를 주도하던 『한겨레』 『경향신문』 그리고 JTBC에 나온 팩트들은 사건을 크게 확대시키고 있었는데, 박근혜는 "퇴임 대비 재단이 아니다"고 윽박지르듯 축소시키는 모양새였다.

CCTV영상을 보도해야 한다고 해도 꿈쩍도 하지 않은 건 이런 박근혜의 강경한 입장에 움추러든 탓도 있었을 것이다. 휴가를 다녀와 '조선일보와 청와대의 싸움' 프레임에 말려들면 기사의 순수성을 잃는다는 측면에서 '최순실' 기사를 유보하는 데 처음엔 나도 일정 부분 동의를 했다. 하지만 문제는 그 족쇄가 계속 풀리지 않았다는 것이었다. 몇 차례 기회를 봐 요청을 해봤지만 번번이 '노'였다.

그러다 10월 24일 마침내 JTBC의 '태블릿PC' 보도가 터져 나왔다. 태블릿PC나 CCTV영상의 용도는 비슷했다. 세부 컨텐츠는 다르지만 큰 틀에서 보면 최순실과 대통령 박근혜를 하나로 이어주는 '사다리' 같은 역할이었다. 9월 20일 『한겨레』에 '최순실' 기사가 나왔을 때 '몸통'을 내주고 '머리'를 가져오면 된다고 위안 삼았는데, 결국 머리까지 내주고 만 것이었다.

TV조선 역시 '청와대와 조선일보의 싸움' 프레임이 진정될 때쯤 보도를 재개했어야 했다. 기사들이 끓어오르기 시작할 무렵인 10월 17일부터 일주일 사이가 마지막 타이밍이었다.

JTBC에서 태블릿PC 보도가 나온 다음에야 본부장은 "이럴 줄 알았으면, 썼어도 됐는데…"라는 말을 했다. 미안함의 표현이었겠지만 듣는 속은 정말 말이 아니었다. 왜 10월 24일 태블릿PC 보도 전까지 그토록 CCTV영상 보도를 반대했는지는 의문이다. 짐작해보면 CCTV영상을 보도하느냐 마느냐의 지점에서 기자들과 회사 상층부의 이해관계가 엇갈렸다고 생각한다.

개인적으로야 펭귄팀이 1막을 열고, 2막은 『한겨레』에 넘어갔으니, 3막의 문은 다시 펭귄팀이 열어야 한다고 보고 있었다. 그렇게 될 줄 알고 있었는데, 결과는 반대였다.

펭귄팀은 2016년 8월 말쯤에 이미 3막 국면까지 열어갈 취재도 충분히 돼 있었고, 기사거리도 차곡차곡 쌓아둔 상태였다. 밤낮과 주말을 가리지 않고 발로 뛰어 준비한 기사들을 갖고도 특종 기회를 경쟁 언론에 내준다는 게 얼마나 속 쓰린 일인지 기자라면 누구나 알 것이다.

돌이켜보면 나나, 보도본부를 책임졌던 주용중 본부장이 어찌해볼 문제는 아니었다고 생각된다. 정권과 언론사가 맞부딪치는 국면이었기 때문에 본부장으로서도 운신의 폭이 크지 않았을 것이다.

『조선일보』와 TV조선 상층부는 '박근혜정권을 조선이 앞장서 주저앉혔다'는 대목만은 피하고 싶었던 것으로 보인다. 이미 '식물 정권'의 조짐을 보이는 상태에서 결정적 일격까지 가하면 보수층의 이탈을 부를 수 있다는 점을 우려했을 수 있다.

그런 관점에서 보면 내가 아무리 발버둥을 쳤어도 CCTV영상이나 유출된 청와대 문건들을 TV조선이 먼저 보도하긴 어려운 상황이었다. 본부장 주용중 외에 직접 CCTV영상을 보여준 적도 없고 저장 장치를 건넨 적도 없다. 하지만 『조선일보』와 TV조선 상층부 역시 '박근혜-최순실의 관계'를 보여주는 결정적 물증이라는 것을 최소한 2016년 9월 20일 『한겨레』의 '최순실 보도' 이후쯤엔 알았을 것이다. 당연히 우리가 손에 쥔 '실탄'이 뭔지 상층부에도 보고됐다고 보는 게 합리적이다.

어찌됐든 뒤늦은 CCTV영상 보도는 버스 떠난 뒤 손 흔드는 격이었으니 안타까움은 이루 말할 수 없었다. '설득 노력이 부족했던 건 아닌가' 하고 스스로를 돌아봤고, 다음날부터 본격적인 기사 경쟁을 치루면서 쓰린 속을 달랬다.

10월 24일 밤 JTBC의 태블릿PC 보도가 클라이맥스였다면, 17일~24

일 낮까지 1주일은 숨막힐 듯 긴장이 고조되는 시기였다. 그런 점에서 고영태와 만난 10월 19일 밤은 돌이켜보면 '기회'의 순간이기도 했다. 고영태에겐 '내부고발자'가 될 수 있는 기회의 순간이었고, 나로선 클라이맥스를 장식할 기회를 잡을 수 있는 순간이었지만 둘 다 그걸 놓치고 말았다.

한편 상처난 자존심과 보도의 주도권을 다시 찾아야겠다는 '욕심'은 다음 특종으로 이어지는 원동력이 되기도 했다.

실기한 '스모킹 건'의 등장

10월 25일 아침 출근길 발걸음이 무거웠다. '6월부터 펭귄팀과 죽을 둥 살 둥 취재하면서 국정농단 세력 주변에 그물치기 취재를 했던 건 다 CCTV영상 보도를 위한 사전 포석이었는데…' 라는 생각이 밀려와 허탈감이 컸다. 자칫 허방이라도 짚는다면 '역풍'이나 '되치기'가 예상돼 초긴장 상태로 걸어온 취재 과정이 머릿속을 스쳐갔다. 팩트를 하나하나 확인하느라 진을 뺐던 시간이 '태블릿PC' 보도 한 방에 묻혀버린 듯했다. 내 판단 잘못으로 펭귄팀 일원들을 고생만 시킨 것 같아 기자들 얼굴을 볼 수가 없었다.

속이 좋을 리 없는 상태에서 부장회의 전, 본부장 주용중이 "CCTV영상을 오늘 보도하면 어떻겠느냐?"고 물었다. 나는 "어차피 태블릿PC 정국이라 묻힐 텐데, 며칠 있다 하는 게 나을 것 같은데요"라고 대답했다. 허탈하기도 하고, 치미는 화를 애써 누르느라 퉁명스럽게 답변했다.

주용중은 "아냐 오늘 써야 될 것 같아"라고 했다. 사실 맞는 말이었다. 펭귄팀의 그물치기가 1막이라면『한겨레』의 '최순실'이 2막, JTBC의 '박근혜와 최순실'이 3막이었다. 태블릿PC 보도는 3막의 신호탄이었다. 관심을 잃은 뒤 써봐야 소용없으니 호랑이 등에 함께 올라타 가는 게 맞았다. 그렇지만 손에 쥐고도 기회를 놓친 안타까움과 상한 자존심 때문에 답변은 "며칠 있다가 쓰죠"로 나왔다. '보도를 하자고 해도 안 하더니, 이제야 서두르느냐'는 불만 표출이기도 했다.

본부장 주용중은 아침 임원회의를 마치고 오자 "오늘부터 보도하기로 했다"며 "인력 보강이 필요하면 다른 부에서 끌어가라"고 했다. 타부서 인원 대여섯 명까지 파견받아 사회부 전체가 특별취재팀으로 구성됐다. 진즉 구성됐어야 할 국정농단 사건 특별취재팀이 그제서야 생겼다.

오전엔 '미르 K스포츠 재단 권력형 비리 보도'로 국정농단 사건과 관련해 언론사 가운데는 처음으로 펭귄팀이 한국기자협회의 '이달의 기자상'을 받았다. 시상식에 참석해 펭귄팀 기자들에게 '고생했다'는 격려와 자축을 했지만, 여유는 없었다. 울컥거리는 속을 '국정농단 사건의 본 게임은 이제부터'라는 생각으로 다스렸다.

마침내 서랍 속에 잠자던 CCTV영상과 '최순실 기습 인터뷰 영상'을 꺼내들었다. 이미 박경준과 영상취재부 기자 민봉기를 시켜 의상실 CCTV영상 속 최순실이 만든 옷과, 그 옷을 입고 박근혜 대통령이 나온 행사 등은 매치시켜둔 상태였다. 최순실 인터뷰도 7월 16일에 담아놓았다.

한 달 분량의 CCTV영상이 담긴 외장하드를 꺼내 날짜별로 나눠서 분석하라고 사회부 경찰기자 팀장인 정세영과 하누리에게 건넸다. 전체적으로 중요 영상들을 다 보긴 했어도, 한 달치 분량을 세세하게 보진 못한 상태라 꼼꼼한 분석이 필요했다. 하누리에게 기자 대여섯 명을 붙여 분석을 맡겼다. 곳곳에서 영상을 보는 기자들은 활기가 넘쳐났다.

한창 바쁘게 돌아가던 오후 4시 박근혜 대통령의 긴급 대국민사과 기

박근혜 대통령의 대국민사과는 민심을 가라앉히지 못했다. 더욱이 이 사과의 내용도 거짓이었기에 국민들의 분노는 더 커졌다. 최순실은 정권 초기에 일부 도움을 받은 것이 아니라 지속적으로 국정에 깊이 개입했다는 것이 언론에 의해 명백하게 밝혀졌기 때문이다.

자회견이 잡혔다. 바로 전날엔 2017년도 예산안 국회 시정연설에서 '임기 내 개헌' 카드로 국면 전환의 승부수를 던졌지만, 당일 저녁 태블릿PC 보도로 덮어버린 상황이었다. 변곡점을 찍고 내리막길이 아니라 낭떠러지에 들어선 모양새였다.

"정권 초창기 홍보물과 연설문에서 표현상 도움을 받았다"며 처음으로 최순실과의 관계를 소극적으로 인정하는 내용이었다. 결국 박근혜의 기자회견은 태블릿PC 보도를 사실상 '스모킹 건'으로 만들어준 셈이 됐다.

박근혜의 기자회견은 잠시 뒤 이어질 TV조선의 CCTV영상 보도에 대한 관심을 오히려 증폭시켜놓았다. 그리고 CCTV영상 보도는 '박근혜 기자회견은 거짓말'이라는 걸 적나라하게 보여주게 된다. 아마도 박근혜나 청와대가 TV조선이 '의상실 CCTV영상'을 쥐고 있었다는 걸 알았다면,

사과의 내용이 달라졌거나 사과회견이 더 미뤄졌을지도 몰랐다. 이날 "이거 찍지 마세요"라며 주차장에서 신경질적으로 카메라를 막는 '최순실 기습 인터뷰' 영상도 함께 공개했다. CCTV영상 속 최순실과 주차장 인터뷰 장면은 국정농단 사건 기간 내내 거의 모든 영상매체가 사용하는 '국민 영상'이 됐다.

'스모킹 건' 태블릿PC의 보도에 이은 CCTV영상 보도는 타이밍으론 차려진 밥상에 끼어드는 격으로 보이긴 했다. 하지만 막 타오르기 시작한 불길에 끼얹는 '기름'이기도 했다.

박근혜 '뇌물' 혐의의 근거가 된 CCTV

하누리 기자

CCTV영상에서 리포트로 묶어낼 카테고리부터 아이디어를 모았다.

최순실이 의상실에서 만든 옷이 박 전 대통령의 옷이었다고 누가 봐도 수긍할 화면부터 골랐다. 최순실의 행동과 청와대 행정관들이 최순실을 대하는 태도도 한 카테고리가 될 것 같았다. 영상 속 휴대전화기와 지갑, 옷 등도 따로 묶을 수 있었다. 무엇보다 의상비 지불을 위해 최순실의 지갑에서 나오는 현금에도 주목했다. 그 돈이 국가 예산이어도 문제, 최순실의 개인 돈이어도 문제였다. 각자 나눠서 보다가 특이하거나, 끄집어낼 수 있는 대목이 있으면 따로 아이디어를 내도록 했다.

방송기자로서 더할 나위 없이 좋은 기사를 제작할 기회였다. 뚜렷한 영상이 있고, 그 영상에 주요 인물이 있고, 스토리도 있었다. 국정농단 사건 국면에서 그날이 가장 생기 넘치는 순간이었던 것 같다. 오후에 돌연 대통령이 대국민 기자회견을 한다는 속보가 날아왔다. 전날 밤 최순실에 흘러간 문건을 담은 '태블릿PC 보도'가 있었던 상황이라, 박근혜의 기자회견을 예의주시했는데 거짓과 변명뿐이었다.

'정권 초창기 연설문이나 홍보물 표현의 도움'을 받고, '청와대 보좌 체계가 완비된 이후엔 없다'고 했는데, 우리가 지금 눈으로 보고 있는 영상은 2014년 말의 장면이었다. 그때도 최순실은 대통령의 의상을 만들고 있었다. 대통령의 옷도 옷이었

지만, CCTV영상을 처음 보는 순간부터 최순실이 '상전'이라는 걸 알 수 있었다. 대통령 부속실의 행정관을 '심부름꾼'이나 '수족'처럼 대했다. 대통령의 옷을 최순실이 만들어줬다는 것보다는 최순실의 행태를 잘 보여주는 게 중요했다.

최순실은 베일에 싸여 있어 그동안 영상으로 찍힌 건 하나도 없었다. '최순실 기습 인터뷰 영상'과 '상전 최순실의 모습이 담긴 CCTV영상'이 보도된 후 국민들의 반응이 궁금해지기까지 했다.

영상에서 최순실의 위상을 상대적으로 보여주는 건 이영선과 윤전추였다. 특히 이영선 행정관은 최순실의 비서처럼 행동하고 있었다. 대통령의 비서인지, 최순실의 비서인지가 헷갈릴 정도였다. 최순실이 얼굴도 쳐다보지 않은 채 돈을 던져두면, 이를 받아 나갔다. 외양은 드라마에서나 나옴직한 경호원처럼 번듯하고 늠름했지만, 행동은 최순실의 '수족'이었다.

그래서 이영선의 모습만 골라보자고 해 영상을 처음부터 다시 뒤져 찾아낸 게 '휴대전화를 건네는 이영선 영상'이었다. 이영선이 흰색 와이셔츠에 휴대전화기를 닦아 건네주고, 최순실은 돌아보지도 않고 건네받는 장면은 이후 '최순실' 하면 처음 떠올려질 정도로 국민들 뇌리에 박히게 된다. 영상을 찾는 과정에서 그 장면을 본 어떤 기자는 애잔하다고 했고, 어떤 기자는 분노가 치민다고 했다. 국민들의 분노에 불을 지핀 영상 중 하나였다.

이렇게 기자들 각자 자신이 맡은 영상을 '특기'를 살려 샅샅이 뜯어봤다. 명품을 잘 알아보는 윤우리는 대통령의 중국 순방 옷을 찾다가 돌연 최순실 가방에 꽂히기도 했다.

"와, 이거 진짜 비싼 건데 두 개나 번갈아 가며 들고 다니네."

최 씨가 의상실에 들고 온 가방이 수천만 원짜리 명품 '에르메스'인데, 색깔별로 들고 왔다는 것이다.

"보니까 에르메스랑 다른 명품 가방 하나를 더 갖고 다녀. 가방을 2개 가지고 다니는데 왜 그러지? 걸치고 다니는 것만 수천만 원이 움직이는 거야."

윤우리는 "에르메스는 돈만 있다고 살 수 없다"는 설명까지 했다. 과거에 에르메스를 산 내역은 물론, '어떻게 번 돈'으로 구매했는지까지 확인한다는 거였다.

청와대를 출입하는 김정우는 윤전추에 주목했다. 잠깐 윤전추가 꺼냈다가 펄럭이고 접은 옷을 보고서 그 순간을 놓치지 않았다.

"이거 연두색, 이거 늘품체조 옷이잖아. 다시 돌려봐봐. 맞지. 운동화도 이거야."

앞서 국민체조로 개발돼 시연회에 대통령까지 참석했는데, 온데간데없이 사라졌다고 7월 11일 메인뉴스에서 단독보도한 적이 있었는데, 미스터리가 여기서 풀렸다. 2년 동안 개발된 '코리아체조'를 묵살하고 듣보잡 '늘품체조'를 국민체조로 끼워 넣은 보이지 않는 손이 '최순실'이었다. 늘품체조 선정부터 옷까지, 최순실의 손을 탔던 것이다.

보도가 나가자 영상이 진짜냐, 언제 것이냐, 취재원이 누구냐는 팩트 확인부터 '영상을 달라'는 요청이 밤새 이어졌다. 밤이 늦어서야 저녁을 때우러 광화문 거리로 나갔다.

나중에 안 일이지만 늦은 저녁을 먹던 그날 밤 독일에 있던 최순실은 새벽까지 박근혜와 통화했다. 이때도 두 사람 모두 대포폰이었다. 나중에 특검 수사 결과를 보면, 박근혜 대통령은 이날 최순실에게 귀국을 종용했다고 한다. 나흘 뒤 최순실은 영국을 통해 한국에 왔고 검찰에 출석해 체포된다.

이날 보도로 입증된 건 '정부 초반에만 도움 받았다'는 박 대통령의 거짓말뿐이 아니었다. 최순실이 의상비를 대납한 모습은 박근혜와 '뇌물' 범죄 공모를 입증하는 근거로, 대통령 순방일정표를 갖고 있었던 건 '기밀유출 혐의' 근거로, 영상 속 구형 휴대전화기는 대포폰을 찾는 근거가 됐다. 피고인 박근혜가 여전히 부인하고 있는 '팩트'들이다.

자존심 굽힌 『조선일보』

JTBC의 태블릿PC 보도와 이어진 박근혜 대통령의 1차 대국민사과는 TV조선과 『조선일보』에는 '갈등'의 해소 국면이었다. 일단 '청와대와 조선일보의 싸움' 프레임이 한 순간에 깨졌다.

사안의 특성상 나는 우리가 갖고 있던 CCTV영상을 먼저 보도했어도 '싸움' 프레임은 깰 수 있다고 봤었다. 하지만 TV조선이나 『조선일보』 상층부는 '박근혜의 임기 내 개헌' 발표 등 마지막까지 던지는 '승부수'에 신경을 곤두세웠던 것 같다.

『조선일보』는 10월 25일자 신문에서도 「임기 내 개헌…정국 뒤흔든 박 대통령」이 1면 톱기사였다. 「김수남 검찰총장 '최순실 수사팀 확대'…진상 철저 규명」 기사가 하단 3단으로 들어갔고, 「최순실, '통일 대박 연설문' '청 비서실장 교체문건' 미리 받았나」 등 JTBC의 태블릿PC 보도는 2면에 자리 잡았다.

이런 『조선일보』의 기류는 10월 25일 아침부터 돌변한다. 임원회의를 다녀온 본부장 주용중은 "조선일보도 특별취재팀을 만들었으니, TV조선과 조선일보 취재팀을 다 당신이 지휘하라"고 얘기했다. "내가 지휘까지 할 일은 아닌 것 같고요, 그쪽 팀하고 회의를 해 자료를 서포트하겠다"고 말했다. TV조선이 7~8월 두 달 동안 '김종' '차은택' '미르·K스포츠 재단' 관련 보도를 써대도 꿈쩍 않던 『조선일보』가 드디어 움직이기 시작한 것이다.

TV조선이 미르재단 첫 보도를 낸 지 거의 두 달 만인 9월 23일에 가서야 『조선일보』는 미르·K스포츠재단 의혹 보도를 처음 냈다. 「대기업들은 왜 신생재단 2곳에 774억원을 냈나」 등의 타이틀을 달았지만 밋밋한 기사였다. 이미 『한겨레』에 「K스포츠재단 이사장은 최순실 단골 마사지 센터장」이라는 기사가 나온 뒤였는데도, '최순실'은 아예 언급조차 없었다. 그날 신문을 받아본 나는 이 정도라면 『조선일보』가 지면을 왜 할애했는지가 더 궁금했다.

『조선일보』는 그러다 10월 1일 무렵부터 야당발 '미르·K스포츠 재단 의혹'을 보도했다. 대부분 야당의 의혹 제기를 옮겨놓은 기사였다. 그러다 보니 TV조선이 두 달 전 제기했던 내용을 그대로 확인하는 수준이었다. 당시 TV조선 기사들은 국정감사의 교본처럼 활용되고 있었다.

심지어 『조선일보』 독자권익보호위원회에서도 "미온적인 미르·K스포츠재단 보도가 '청와대와 화해' 의혹을 부르고 있다"는 지적이 나왔다. "두 재단이 뭘 잘못했는지 청와대와의 연결은 어느 정도인지를 밝혀줘야 한다"고 촉구했다. 하지만 이후 한동안도 그 지적을 따라가지 못했다.

'최순실' 이름도 야당 의원들이 의혹 제기할 때만 쓰고, 자체 취재는 눈에 띄지 않았다. '최순실' 기사들이 끓어오르기 시작한 10월 17일 이후에서야 야당발 의혹 제기지만 그나마 지면이 할애된다. 경위나 곡절이 어떻든 그 동안엔 '최순실' '박근혜' 앞에서 뒷걸음치는 『조선일보』였다. 물론 TV조선 역시 펭귄팀이 휴가에 돌입한 8월 21일부터 10월 중순까지는 '최순실 보도 암흑기'였다.

그런데 10월 25일을 기점으로 암흑기의 빗장이 풀렸다. 사회부를 중심으로 구성된 TV조선 특별취재팀과 『조선일보』 취재팀에게 CCTV영상과 '최순실 기습 인터뷰'를 비롯해 그동안 취재해뒀던 문건들을 재고 방출하듯 쏟아냈다. 보도할 '소스'를 공유해 TV조선이 메인뉴스에 보도하면 다음날 『조선일보』가 보도하는 식으로 진행하기로 했다.

10월 25일 TV조선 메인뉴스는 '최순실 관련'이 절반을 넘었고, '특종' '단독보도'를 단 꼭지만 10개나 됐다. 〈최순실, 민정수석 인사에도 개입

했나〉〈정부 각료, 최순실에게 현안보고·인사청탁〉〈최순실 손에 순방일정표, 대통령 옷 맘대로 결정〉〈청와대 행정관, 최순실 상전 모시듯〉〈최순실 포착…"이런 거 찍지 마세요" 격한 반응〉 등 풍부한 영상과 문건을 바탕으로 한 리포트들이었다.

이런 갑작스런 '급변 사태'에 대비해 문건의 출처들은 미리 확인해뒀다. 최순실이 갖고 있었다고 해서 다 '청와대 문건'은 아니기 때문에 보증할 수 있는 '취재원'이 필요했다. 그래서 미리 박관천을 만나 청와대 문건이 맞다는 걸 확인해뒀다.

하지만 『조선일보』측에 설명하는 게 문제였다. 『조선일보』측에선 내부 기자들이 직접 취재한 게 아니라 "뭘 근거로 청와대 문건이라고 보느냐"고 자꾸 물었다. 당연히 파악해야 할 내용이지만, 청와대 출신 관계자로부터 확인했다는 것 외엔 달리 해줄 말이 없었다. 취재원에 관한 문제였기 때문이다. 그래서 『조선일보』엔 '박관천'이라고 얘기할 수가 없어 "믿고 써도 된다"고만 했다.

『조선일보』는 26일 아침자부터 내리 3일을 TV조선 보도로 1면 톱을 만들었다. 주요기사 타이틀 밑에는 작은 제목으로 'TV조선 보도서 드러나' 'TV조선 입수 문건 보도' 'TV조선 문건 공개' 'TV조선, 최순실 의상실 CCTV영상 분석' 등이 붙었다. 같은 계열이긴 하지만 『조선일보』 입장에선 '뼈아픈 시기'였을 걸로 짐작됐다. 그나마 다행인 건 미리 대비하지 않은 다른 언론사처럼 속수무책으로 당하지는 않았다는 것이다.

박근혜 대통령의 사과는 25일 오후였고, 『조선일보』와 TV조선의 움직임은 오전부터였지만, 모양새는 25일 낮 박근혜 대통령의 사과가 나온 뒤 '최순실 보도'로 돌아선 것처럼 됐다. 그 때문에 'CCTV영상'과 '최순실 기습 인터뷰' 모두 JTBC의 태블릿 PC보도가 없었다면 보도하지 않으려 했던 것 아니냐는 비난들이 쏟아졌다. TV조선도 TV조선이지만, 나 역시 억울하더라도 그 비난을 감수해야만 했다. 하여튼 다른 언론에 비해 『조선일보』는 타이밍을 잘 잡았고, 발 빠르게 대응했다.

빗장이 열리고 고삐가 풀리자 언론은 무한경쟁으로 돌입했다. CCTV 영상과 문건, 그리고 최순실 인터뷰 등 그동안 축적해놨던 '아이템'들이 방전될 무렵, JTBC에게 뺏긴 '주도권'을 만회하기 위해 나는 또 다른 '작품'을 준비했다. 바로 '김영한의 청와대 업무일지'였다.

'잠금해제'된 청와대 유출 문건

이제 박관천과의 만남에 대해서 이야기할 때다. 내가 2014년 말 고영태로부터 받아 손에 쥐고 있던 '최순실 문건'들을 잠금해제시킬 수 있는 열쇠를 준 이가 박관천이었다. 박관천이 석방되기를 기다렸던 것도 바로 이 문건들의 출처를 확인하기 위해서였다. 현직 청와대 관계자나 정권 핵심 인사에게 잘못 들이밀었다가 'NO'라는 답변이 나오면 기사가 빛을 보기도 전에 '산통'이 깨지고 만다. 확실하게 확인을 해줄 수 있고, 그래도 크게 부담을 지지 않는 인물로 박관천을 잡은 것이다. 이전부터 그에게서 여러 차례에 문건을 확인받고 취재를 거쳤기에 하루 사이 돌변한 정국에서 발빠르게 기사를 쏟아낼 수 있었다.

박관천과의 인연은 7월 6일 국정농단 사건의 첫 보도 〈"올림픽 출전 말라" 김종 차관 부적절 종용〉 기사가 나가기 10여 일 전쯤 시작된다.

박관천 취재를 맡았던 이상배가 6월 19일 "2시간 동안 만나고 돌아왔습니다"고 보고했다. 전날인 토요일 이상배와 박성제는 도봉구 박관천의 집 앞까지 가서 막걸리 잔을 나누고 왔다. 박관천도 이날 상황을 잘 기억하고 있었다. 박관천은 2017년 11월 30일자 『아시아경제』 칼럼에서 "미르·K스포츠 사태가 터지기 며칠 전 집으로 찾아온 한 방송사 기자들이 최순실·정유라·김종 차관·미르재단·K스포츠 재단 얘기를 꺼내 손이 떨려 '더 이상 할 말이 없다'고 등을 돌렸다"고 기억했다. 박관천은 칼럼에서 "박근혜 정권의 둑이 무너지는 소리를 처음 들은 건 JTBC의 태블릿PC 보도 3~4개월 전 TV조선의 미르·K스포츠 보도를 접할 때였다"고 적었다.

당시 두 사람의 첫 보고는 "아직은 할 얘기가 없답니다"였다. 어느 정도 예상했던 일이었다. 박관천은 500여 일간 옥고를 치르고 나온 지 채 두 달도 안 된 상태였다. 입을 열 타이밍이 아니었다.

이상배는 박관천을 상대하기가 버거웠던지 "아무래도 부장이 한번 만나시는 게 좋겠다"고 했다. 앞으로 기사를 써 나가게 되면 자주 접촉해야 될 인물이라, 스타일을 직접 확인해보고 싶었다. 내가 '최순실의 국정농단'을 보도할 수 있는 여건 중의 하나로 박관천의 석방을 언급했던 건 그만큼 박관천을 중요한 취재원으로 봤기 때문이었다.

6월 24일 대학로의 한정식 집에서 점심 자리가 잡혔다. 첫 대면인 탓에 취재라기보다는 핵심은 두고 변죽만 울리는, 서로 '간을 보는' 자리였다고 하는 게 맞을 듯하다. 내가 쥐고 있던 '미르' 'K스포츠' 이런 얘긴 꺼내지 않은 채 박관천의 권력서열 강의 얘기부터 물었다. 왜 최순실이 권력서열 1위라고 생각하는지, 그 근거는 갖고 있는지 등등을 다른 얘기들과 섞어 슬쩍슬쩍 떠봤다. 말하자면 '기승전최순실'식이었다. 박관천의 답변은 "잘 모릅니다" "(청와대) 나오면서 다 지웠습니다"였다.

그 자리엔 이상배도 동석해 있었다. 내밀한 얘기들이 오갈 수 있는 분위기도 안 됐다. 둘만 얘기해도 '새가 듣고, 쥐가 듣는다'는데, 셋이 있는 자리에서 그것도 정보를 다뤘던 사람이 절대 입을 열 리 없었다. 나갈 때부터 그러려니 하고 나갔고, 어떤 사람인지 알아보자는 차원이었다. 예상대로 소득은 없었다.

점심 자리를 마치고 음식점 바깥에 나와 담배를 한 대씩 나눠 물면서야 "최순실과 관련해 결정적인 기사를 쓰면 도와줄 수 있느냐"고 본론을 꺼냈다. 역시 "저는 잘 모릅니다"였다. 다만 "혹시라도 기사를 써서 소송이 걸리면 그때는 도와줄 일이 있을지도 모르겠다"고 했다. 그리고 곧바로 헤어졌지만 '됐다' 싶었다. 지금 당장은 아니지만, 사건 전개 과정에서 여건이 되면 도움을 줄 수도 있지 않겠느냐는 암시로 읽혔다.

그 뒤 8월 중순 미르·K스포츠 재단에 대한 보도가 거의 다 끝나고, '배후 최순실'의 가면을 벗기는 국면으로 나가야 할 상황에 '청와대와 조선일보의 싸움' 프레임에 갇혀버렸다.

'한강 둔치에서의 이성한 협박' 사건을 통해 미르재단의 배후가 '최순실'이라는 정황은 드러났지만, 최순실과 안종범을 연결하는 끈을 발견할 수 없었다. 그런데 두 사람 사이에 박근혜를 매개로 놓으면 자연스럽게 설명이 됐기에, 이 가설이 맞다는 걸 박관천을 통해 확인하려 했다. 한편으론 박관천 취재를 하면 프레임의 교착상태를 깨는 돌파구가 생길 수 있지 않을까라는 생각도 있었다.

약속은 8월 19일 휴가를 떠나기 직전 박관천에게 카카오톡 메시지를 보내 미리 잡아둔 상태였다. 박관천은 약속에 응하겠다면서도 "노파심에서 죄송한 말씀 드리자면 취재는 아니시죠? 세상사는 당분간 피하고 싶습니다"라는 답문을 보내왔다.

"그러시죠. 소주나 한잔 하죠"라고 했지만, 박관천이 알리바이성으로 그냥 해보는 얘기라고 생각했다. 대법원에 재판이 넘어가 있던 상태인데다, 그땐 '우병우를 앞세운 공포정치' 시기라 박관천은 카카오톡 메시지에도 상당히 조심하는 눈치였다.

세월호 청문회 이틀 전인 8월 30일 박관천과 두번째로 마주했다.

만나자고 하면 박관천이 100% 나올 것으로 생각했다. 정윤회의 국정 개입을 보고했다가 '화'를 당한 조응천이나 박관천은 누구보다도 '김종-차은택-김종덕-김상률-미르재단-K스포츠재단'으로 이어지는 TV조선 기사들을 예의주시했으리란 점에서였다. 두 사람은 펭귄팀의 취재가 '최순실과 박근혜'를 향하고 있다는 것까진 몰라도 '이렇게 가면 최순실이 나올 수밖에 없겠구나'라고 예상했을 것이다. 두 사람 중 확실한 사람 한 명이면 충분했다. 나는 조응천이냐 박관천이냐를 놓고 고민하다 '박관천'을 선택했다. 조응천이 정당에 몸담고 있다는 점 때문이었다.

지금 생각해도 이때의 판단은 옳았다. 만약 조응천의 도움을 받았다면 헌재의 탄핵심판 과정에서 태극기세력이나 일부 극우매체들로부터 더 심한 공격을 받았을지도 모른다. '정권 탈취 공작' 운운하는 얘기까지 나왔을지 모르겠다.

말은 '소주 한잔'이었지만, 이 기회를 놓치면 확인이 안 될 수도 있는 자료들을 꼼꼼하게 비닐 파일에 하나씩 준비했다. 인사동의 한정식집을 골라 둘만 들어갈 수 있는 방을 미리 잡았다. 박관천도 궁금한 점이 많을 테니, 얘기 소재는 걱정하지 않아도 됐다. 어차피 정보라는 게 주고받는 건데, 해줄 얘기가 많으니 받을 것도 많다고 생각했다. 자신은 '비밀'이라고 생각했던 걸 상대방이 다 알고 있는 것 같으면 털어놓는데 부담도 안 생기는 법이었다.

박관천은 기자들이 다 알고 있는 인물이기도 했지만, 이때부터 숨겨진 취재원 중에 한 명이 됐다.

"미르·K스포츠 재단 관련 보도 다 봤죠?"

"어떻게 그걸 알아냈습니까? 그거 보고 놀랐습니다."

"그런데, 진짜 궁금한 게 도대체 박근혜는 무슨 배짱으로 기업들한테 왜 그랬다고 생각해요?"

소주 한두 잔을 주거니 받거니 하고 이렇게 시작된 대화는 빨리 본론으로 들어갔다. '미르·K스포츠 재단 강제모금'을 핵심으로 보고 있던 박관천도 첫 대면처럼 '간'을 볼 자리는 아니었다.

박관천은 먼저 공직기강비서관실에 있을 때 맡았던 친인척 대상자들을 쭉 나열했다. "박지만, 서향희, 박근령, 신동욱, 최필립, 정윤회, 최순실, 정수장학회, 육영재단, 박지만 회장 회사 EG, 요걸 제가 다 관리했습니다."

"정윤회, 최순실도요?"

"그렇죠."

재밌는 건 바로 정윤회와 최순실이었다. 박관천은 이 두 사람을 친인척의 범주에 넣어 관리했다는 것이다. 그러니 조응천이 나간 뒤 공직기강 업무와 친인척관리 업무까지 인계받은 민정수석 우병우가 최순실을 몰랐다는 건 손바닥으로 하늘을 가리는 애기나 마찬가지였다. 조응천 역시 정윤회와 최순실 문제를 잘 알고 있었을 것이다.

"박근혜 대통령은 아버지(박정희) 때문에 기업들이 다 먹고 살게 됐지 않느냐는 이런 의식이 아주 강해요. 그건 웬만한 참모들은 다 압니다."

내 첫 질문에 대한 대답이었다. 이 대목은 국정농단 사건 전개 과정에서 방송에 출연했을 때 '박근혜 대통령은 왜 그랬을까'라는 질문을 받고, 인용해서 답변으로 써 먹은 적도 있었다.

두번째 질문으로 들어가 품고 있던 의심을 그대로 쏟아냈다.

"박근혜 대통령은 최순실과는 왜 친하죠? 최순실 위딩이 내 귀에 들어오면 그 얘기가 대통령 입에서도 그대로 나오더라고요. 한 몸처럼 밀착 돼 있지 않고선 그럴 수 없는 것 아닌가요?"

고영태가 최순실이 했던 얘기라고 들려줬던 내용들이 대통령 입에서 그대로 나오거나 청와대가 그런 방향으로 움직이는 배경이 뭐냐고 물어본 것이다.

"모르겠습니다. 그건 묻지 않았으면 좋겠습니다."

박관천은 나름대로 결론이나 아는 게 있었지만 답변을 피했다.

"모르고 물은 것도 아니고, 이 정도면 거의 다 접근한 것 같은데 얘기하시죠."

직설적인 질문을 던지고 답변을 채근했지만 박관천은 "내가 입을 다 물고 있는 이유가 있다"며 또 피했다.

저녁 7시부터 시작된 술자리는 2차 맥주집을 거쳐 낙원상가 포장마차까지 3차로 이어져 거의 새벽 2시쯤 돼서야 끝났다. 7시간가량 얘기했으니, 오갈 얘기들은 거의 다 나왔다. 그 가운데는 자연스레 두번째 질문에 대한 답변을 유추할 수 있는 부분도 들어 있었다. 박관천은 최순실을 지칭하진 않았지만 '뿌리가 깊어 떼내기 힘든 티눈'의 비유를 들었다. 그걸 떼어내려면 "스스로 손가락 발가락을 다 잘라야 하는데, 떼는 게 쉽겠느냐"는 말로 답변을 대신했다.

"스스로가 못 떼는 티눈이니, 언론이 나서서 뽑으면 되지 않을까요?"

술자리 내내 나는 이런 논리로 설득했지만 구체적인 부분으로 더 나가진 않았다. 소주잔을 주거니 받거니 하는 상황이라 기억이 희미한 부분도 있었지만 그 다음날 거의 대부분 복기할 수 있었다.

이날 술자리가 길어지게 된 건 미리 준비해간 자료들 때문이었다. 1차에서 대략 1시간쯤 지나서였을까. '조선일보와 청와대의 싸움'이 주제로 올랐고, 친박 의원 김진태가 『조선일보』 주필 송희영을 공격했던 자료의 출처를 놓고 '청와대 민정수석실' 쪽으로 의견이 모아졌을 때다.

"말 나온 김에 이거 하나만 물어볼 게요"라며 불쑥 문건 내용이 비치는 비닐 파일 하나를 서류 봉투에서 꺼내 내밀었다. '민정수석실 추천인 및 조직도'였다.

"이거 청와대 문건 맞죠? 곽상욱 감사위원을 추천했는데, 홍경식 민정수석 후임 자리 추천하는 문건 같은데요. 맞죠?"

"이거 어디서 구했습니까?" 박관천은 대답 대신 따지듯 물었다.

나 역시 대답 대신 "청와대 것 맞죠? 공직기강실에서 한 건가요? 브이아이피(대통령)한테 올라간 것 같은데?"라고 답변을 압박했다.

그는 여전히 "모르겠습니다"고 답변을 피했다.

"그럼 좋아요. 청와대 문서 양식은 맞죠?"

"차라리 그 문서 양식을 만든 사람이 누구인지 물어보시죠?"

"박 국장인가요?"

딱히 박관천의 호칭도 없고 해 청와대 비서관 바로 아래 직책인 '국장' 호칭을 붙여 되물었다.

박관천은 "그러지 말고 소주나 먹읍시다"며 피하더니 "아니 어떻게 이런 걸 갖고 있습니까"라는 한탄조의 물음으로 사실상 시인했다. 내친 김에 「푸드트럭 허용 관련 후속조치 내용」이라고 적힌 문건을 하나 더 꺼내 식탁에 올렸다.

"아니 원본인데, 어떻게 이걸 갖고 계세요?"

내용은 청와대에서 다룰 만한 사안이 아닌 듯해 혹시나 하고 내밀어봤는데 박관천이 오히려 깜짝 놀라며 되묻는 것이었다.

"아니, 어떻게 원본인지 아닌지 알죠?"

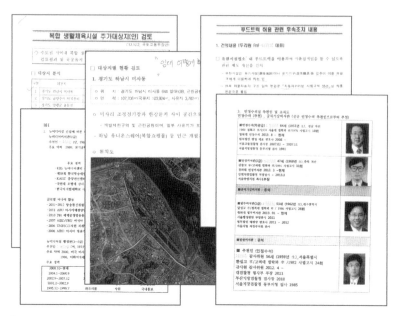

청와대에서 유출된 것으로 의심되는 문건들을 2016년 8월 말 박관천으로부터 확인받을 수 있었다. 이 문건들은 2014년 말 고영태에게서 받았지만, 당시로서는 출처나 진위 여부를 판단할 수 없어 확인해줄 사람이 나타나길 기다리고 있었다. 그러나 8월 말 이후 TV조선에서 최순실 관련 보도가 막혀버리면서, 10월 24일 태블릿PC 보도 이후에야 기사를 낼 수 있게 된다.

역질문으로 답변을 대신하자 박관천은 "그 양식을 내가 다 만들었어요. 잉크 색도와 글자 폰트만 보면 바로 알 수 있습니다"고 말했다.

박근혜 청와대의 대통령 보고 문건은 3가지 양식이 있는데, 중요도에 따라 보고서 제목에 검은색 줄 파란색 줄 빨간색 줄을 쓴다고 했다. 그날 가져간 '푸드트럭' 문건과 또 하나 「복합 생활체육시설 추가대상지(안) 검토」 문건은 모두 제목 글씨 배경으로 파란색이 사용됐다.

박관천은 "제가 있는 동안에 빨간색 줄 보고서로 올린 건 몇 개 안된다"면서 '비선실세 정윤회 동향보고' 문건 등 몇 가지를 예로 들었다. 내가 가져간 문건에 빨간색이 들어간 건 없었다.

그리고 나서 "저의 답변은 '답변할 수 없습니다'입니다. 그런데 한심스럽고 자괴감이 드네요"라며 소주 두 잔을 연거푸 '원샷'으로 들이켰다. 박관천이 공식적인 답변은 하지 않았으되, 내 입장에선 '청와대 문건'임을 확인한 것이나 마찬가지였다.

문제는 이런 문건들이 어디서 최순실에게로 샜느냐는 것이었다. 다른 문건들은 몰라도 민정수석 추천 문건은 '민정수석실' '김기춘 비서실장실' '대통령 부속실' '박근혜 대통령' 이 4곳 중 하나로 추정됐다. 이 중에서도 김기춘과 박근혜 두 사람을 강하게 의심했다. 청와대 문건들이 하나도 아니고 소관 수석실이 다른 문건까지 여러 개가 흘러가려면 비서실장이나 대통령이 관련되지 않고서야 어렵기 때문이었다.

박관천은 이에 대해 "브이아이피가 얼굴을 많이 봐 사진을 왼쪽에 붙였다"고 말했다.

대통령에게 간 문건이라는 건 확인이 됐는데, 내가 가져간 문건은 사진들이 오른쪽에 붙어 있었다. 청와대 문건이라는 건 알겠는데, 박관천의 이 대답 때문에 어디서 샜는지는 종잡기 어려웠다. 그로부터 두 달 뒤에서야 어디서 샜는지를 확인하게 된다.•

하여튼 새벽까지 이어진 술자리에서 골간이 되는 얘기들은 거의 다 이뤄졌다. 복기된 내용 중 의심되는 것들은 정리해뒀다가 이후 십여 차례를 더 만나면서 묻고 또 물어 두 번 세 번씩 확인하는 과정을 거쳤다.

박관천 취재를 통해 '박근혜와 최순실은 한 몸 같은 관계'라는 가설은 점차 확신 단계로 나가게 됐다. 당시 박관천과의 만남은 '궁금증'이 풀리기도 하고 다른 '궁금증'이 또 쌓이기도 하는 취재였다. 헤어질 때쯤엔 같은 방향을 보고 가는 '동지'가 돼 있었다.

• 박관천은 두 달 뒤 박근혜 대통령이 사진이 오른쪽에 있는 걸 보기 편하게 여겨, 대통령에게 전달될 때는 사진만 다시 오른쪽으로 옮겨 붙였다고 사실대로 말했다. 박관천은 당시에는 그 얘기를 하면 대통령이 유출한 문건이라는 게 바로 드러나 거짓말을 할 수밖에 없었다고 양해를 구했다.

10
점입가경 국정농단

●●●●●● 다시 거슬러 올라가 볼 대목이 있다. 취재팀 집단휴가 전날인 8월 19일 금요일, 아침부터 서주민을 재촉했다.

"지금 며칠째인데, 아직도 그놈의 전화번호 하나 못 찾느냐?"

서주민은 그 다음주 월요일부터 3개월간 국내 연수가 예정돼 있어 풀어질 만도 했지만, 전화통을 계속 붙잡고 있었다. 며칠 전부터 김영한 전 민정수석에게 연락해보라고 시켰는데도 감감 무소식이었다.

서주민은 어제 전화번호를 받아 연락중인데, 아직 받지 않는 중이라고 했다. 연수 전 마지막 근무일이라 서주민에게 "어떻게든 찾아놓고 가라"고 닦달했다. 김상률(청와대 교육문화수석)과 김종덕(문체부 장관)을 자리에 앉힐 때 청와대의 검증단계에서 각각 차은택의 외삼촌이고 스승인 걸 파악했는지 여부를 취재하기 위해서였다.

김영한은 세월호 참사 직후인 2014년 6월부터 2015년 1월까지 청와대 민정수석을 지냈다. 세월호 사고와 정윤회 문건 파동을 청와대가 어떻게 '수습'했는지를 지켜본 인물이었다.

김영한은 2015년 1월 정윤회 게이트가 불거졌을 당시 비서실장 김기춘이 국회 출석 요구에 응하라고 지시하자 김영한은 "나쁜 선례가 될 수 있다"며 곧바로 사의 표명을 했다.(이후 2015년 9월 대구대 석좌교수로 임명됐다.) 김영한이 물러나고 뒤를 이은 민정수석이 바로 우병우다.

김영한은 공안검사 출신으로 보수적이지만 성격만큼은 대쪽이었다. 청와대 관계자들 사이에선 김영한이 김기춘과 우병우 사이에 끼어 마음고생이 많았다는 얘기가 들려오곤 했다.

오후에서야 서주민이 확보한 연락처로 전화해보니, 김영한의 어머니가 받았다. 김영한의 어머니는 "아들이 지금 대구에 있으니, 그리 전화해보라"고 했다고 한다. 그럼 "어머니한테 물어봐야 될 것 아니냐. 아들 휴대폰 번호 모르는 어머니도 있느냐"고 몰아붙였다.

서주민은 그렇게 해서 얻어낸 연락처로 저녁 늦게까지 통화를 시도했지만 김영한과는 끝내 연락이 닿지 않았다.

그런데 휴가기간 중 그렇게 연락을 시도했던 김영한의 사망 소식이 보도됐다. 8월 25일자 「김영한 전 민정수석 간암으로 별세」라는 1단짜리 기사였다. 21일 급성 간암으로 사망하고, 바로 다음날 장례를 치렀다는 소식이었다. 고인의 유지에 따라 외부엔 알리지도 않았다고 돼 있었다. 그래선지 사망 소식은 장례를 마치고도 사흘이나 늦게 보도됐다.

이해가 가지 않았다. 8월 19일 오후 서주민이 모친과 통화할 때만 해도 대구에 잘 있다고 했는데, 이틀 만에 그것도 간암으로 숨졌다는 게 납득되지 않았다. 아무리 급성이라도 그렇지, 믿기가 어려웠다. 숨지기 이틀 전에 모친이 어떻게 모를 수 있는지, 왜 하루 만에 서둘러 장례가 치러졌는지 등 김영한의 죽음을 둘러싼 의문이 꼬리를 물었다. 혹시라도 죽음에 곡절이 있는지 취재해봐야겠다고 생각했다.

그렇지만 알아보려면 어차피 시간이 좀 필요했다. 너무 허망한 죽음이라 유가족들의 슬픔이 클 텐데, 장례식을 치른 지 얼마 되지도 않아 이것저것 물어보는 건 예의가 아닌 것 같았다.

차일피일 미루던 중 의문을 다시 상기시켜준 건 박관천이었다.

9월 8일 잠원동의 낙지구이집에서 1차로 몇 잔 걸친 뒤 근처 바에 2차 자리를 잡고 이런 저런 걸 묻고 답했다. 맥주를 몇 잔 들이킨 뒤 "이상한 일이 있다"며 김영한 얘기를 꺼냈다. "김영한 전 민정수석이 갑자기 급성 간암으로 사망했어요. 지위상으로나 시기적으로 상당히 많이 알고 있을 것 같은데…. 그렇게 갑자기 사망할 수 있는지 궁금한데요."

그러자 박관천은 메모지를 꺼내 이름 하나를 적었다. 사망하기 직전에 3명이 술을 함께 마셨는데, 그중 한 명이라고 했다. 그리고 나선 이름이 적혀 있던 메모지를 바로 불태웠다.

사인이 급성 간암인데 술을 마셨다니 이해가 되질 않았다. 박관천의 행동도 예사롭지 않았다. 들어갔던 술이 확 깨는 듯했다. 박관천은 딱 거기까지였다.

박관천이 적은 이름은 강남의 한 법무법인 소속 김모 변호사였다. 다음날 오전 김 변호사와 같은 사법연수원 동기생들을 찾았다. 김 변호사를 접촉하기 전에 스타일을 사전에 파악할 필요가 있었다. 김 변호사와 동기생인 이모 변호사는 "솔직하게 얘기하는 성격이니, 그 양반이라면 바로 물어도 좋을 것 같다"고 했다.

곧바로 그 법무법인으로 전화를 돌려 김 변호사와 연결이 됐다.

"김영한 민정수석이 사망하기 전 가까운 시일에 만난 적 있다고 들었는데요?"

"한 달 전에 식사 한번 했어요. 그리고 돌아가신 날이 있는 그 주쯤에 만나기로 했는데…."그는 말을 하려다 말고 얼버무렸다. "요즘 하도 보이스피싱이 많아서…." 난데없는 질문이 의심스러운 모양이었다.

"보이스피싱 아니니 걱정하지 않으셔도 됩니다"라고 한 뒤 질문을 이어갔다. "그 주에 만나기로 하셨다고요? 약속이 언제였는데요?"

"그게 아니고, 한 달 전쯤 연락이 와 점심 식사를 같이했는데, 그때 그 양반이 밥값을 내서 돌아가신 날 무렵에 내가 사려고 했다는 거지. 약속은 안 됐어요. 갑작스런 (사망)소식에 나도 깜짝 놀랐어요."

"정확히 언제 식사를 하셨는데요?"

"8월 15일 전이니까, 지금부터 한 달 전쯤인가 그래요."

박관천의 말대로 김 변호사가 김영한을 만난 건 사실이었지만, 술자리는 아니고 점심 식사자리였다. 셋이 모였다는 것도 맞았다. 김영한과 같은 법무법인 소속 변호사 한 명도 그 자리에 있었다.

"그때 보시기에 건강해 보이지 않으셨나요?"

"글쎄 1시간쯤 만났나. 일식집이라 어둡고 그래서 건강은 잘 모르겠어요. 밥자리에서 누가 그런 걸 물어보나."

혹시 '보이스피싱'이라고 생각해 그냥 돌려 말하는가 싶기도 했다. 취재팀 박경준에겐 김영한을 치료했던 의사를 만나보고, 간 독성 전문 교수들에게 급성 간암이면 순식간에 악화될 수 있는지도 알아보도록 주변 취재를 시켰다.

9월 18일에 박관천을 만나 다시 확인했다.

"술자리 아니고 점심 식사 자리라고 하던데?"

"그래요? 하여튼 김 변호사가 좀 알 텐데요."

9월 20일 김 변호사와 같은 법무법인 소속 정모 변호사와 약속을 잡아 점심을 한 뒤, 자연스럽게 법무법인에 들렀다. 보이스피싱을 의심하는 것 같아 직접 만나면 다른 얘기가 나올지 몰라서였다. '가는 날이 장날'이라고, 그날따라 나갔다고 했다.

어쩔 수 없이 9월 22일 전화를 다시 돌렸다. 김 변호사가 뭔가 숨기는 건 아닌지 다시 확인해볼 참이었다.

"김영한 수석 건 때문에 다시 전화했다"며 "그때 병색은 없었냐"고 물었다.

"한두 달 전쯤 식사 한번 한 적밖에 없어요. 그냥 탕 한 그릇 하는데, 그걸 알 수가 없지. 사실 나도 충격이었다니까."

김 변호사는 "내밀한 부분을 알 정도로 가깝지는 않았으나 영한이 형을 인간적으로 좋아하고 존경한다"는 말도 했다. 사법연수원 동기이지만, 나이로는 두 살 위여서인지 이름 뒤에 '형' 호칭을 붙였다. 김 변호사의 답변은 열흘 전쯤 전화했을 때와 비슷했다. 말이 일관된 걸로 봐선 숨기는 건 없어 보였다.

일단 정공법을 쓰기로 했다. 박경준에게 재산공개 내역을 뒤져 김영한 전 민정수석의 집 주소를 확보하라고 했다. 부동산 등기부등본을 뒤진 끝에 반포동 서래마을에 있는 한 아파트까진 찾았지만 동·호수가 없어 박경준은 그 단지의 아파트 하나하나를 뒤져야 했다. 총 12층짜리 4개동 414세대 중 김영한의 주소는 4동 9층이라 거의 끝무렵에야 찾아냈다. 쉽게 풀리는 일은 없었다.

10월 4일자로 사회부장 발령을 받아, 기획취재부장으로서 출근은 10월 3일이 마지막이었다. 오전 11시쯤 느지막이 나왔는데, 내리쬐는 햇빛은 아직도 한여름이나 다름없었다. 김영한의 죽음에 대한 의문을 오늘 확인하지 않으면 내일부턴 짬을 내기 쉽지 않을 상황이었다.

택시를 잡으려다, 김영한의 집으로 발길을 돌렸다. 걸어서 20분 정도의 거리였다. "여기 ○○○호 김영한 수석 사시던 곳 맞죠. 인터폰 좀 할 게요." 경비원이 인터폰을 눌렀지만 반응이 없었다.

"지금은 할머니가 혼자 있는데, 요즘 통 안 보이시는 거 보니 어디 가서 안 계시나봐요."

돌아서든 기다리든 해야 할 상황인데, 출근도 해야 할 상황이라 멈칫 멈칫 했다. 돌아서면 다시 올 기회는 없을 것 같았다.

"혹시 모르니, 직접 한번 올라가보고 안 계시면 그냥 내려올게요."

인터폰 연결이 안 됐던지라, 정말 혹시나 하고 초인종을 눌렀다. 그러자 노모(老母)가 문을 빼꼼히 열고 누구시냐고 물었다. 올라와보길 잘했다고 생각하면서 "수석님 대학교 후배인데 소식 듣고 와봤습니다"라고 얘기했다. 언론사에서 왔다고 하면 거부감을 가질 수 있을지도 모른다고 판단했다. 실제로 김영한과는 법조 출입을 할 당시 대학 동문 검사와 기자들 모임에서 본 적도 있고, 대검 공안과장을 할 때는 방에도 자주 들러 한때는 친밀하게 지냈었다.

"들어가서 얘기하는 게 좋겠다"고 해 신발을 벗고 들어가는데, 입구 바로 왼편 방문이 열려 있었다. 책들이 꽂힌 책장과 책상이 있고, 뭔가 문서 더미 같은 것들이 눈에 들어왔다. 일단 방을 뒤로 하고 소파에 걸터 앉으니, 맞은편 TV 받침 위엔 영정사진이 놓여 있었다.

"갑작스런 소식에 저도 놀랐습니다"라고 입을 열자 노모는 "얼마나 억울했겠어요. 김기춘을 만나서 '이래 생사람 죽어서 되겠느냐'고 물어보고 싶다"며 김기춘을 향한 원망부터 쏟아냈다.

"자기가 나가야 하는데, 민정수석보고 나가라 그런 것 아니에요. 이건 억울하다고요."

2015년 1월 당시 대통령 비서실장인 김기춘이 김영한 민정수석에게 국회 운영위 출석을 지시했던 일을 말하는 것이었다.

"그러게요. 근데 8월 19일 돌아가시기 직전에 전화를 드렸었는데, 그 때도 위급한 상황을 모르고 계셨나봐요?"

취재팀이 휴가에 돌입하기 바로 전날 서주민이 전화했던 상황을 상기시키자, 노모는 대번 "신문사에서 왔어요?"라고 묻는다. 애통함을 달래느라 경황이 없어 보이긴 했어도, 85세라는 나이가 믿기지 않을 정도로 사리판단이 빨랐다.

"네, 맞습니다. 그런데 수석님과 원래 알던 후배라 도무지 믿기지 않아 무슨 일이 있었나 싶어 와봤습니다."

"(영정을 가리키며) 이 사람이 잘못한 게 뭐가 있어요. 그건 청와대에서 알아야 해요. 바른 길 가는 사람이고 조금이라도 경우에 틀리면 못 참는 사람이에요."

노모는 장례를 치른 뒤 청와대 행정관이 박근혜 대통령의 조의금을 가져왔을 때도 "왜 생사람 죽이느냐"고 항의를 했다고 했다.

"내 아들은 이미 가버렸고…. 돌아오는 일요일 9일이 49재인데, 영가(靈駕)가 떠돌고 있다고 해서 영정을 놔두고 있는 거예요. 한마디 없이 그냥 가버린 게, 그게 아쉽습니다."

노모는 말을 하다 말고 흐느껴 울기를 벌써 여러 차례였다.

"얼마나 억울했으면, 매일같이 술을 마셨다잖아요. 집에선 술 한 잔도 안 하는 사람이 들이부었던가 봐요."

김기춘을 언급할 땐 분을 누르지 못했다.

"그놈이 나쁜 놈이다. (아들이) 사표를 내고 와선 두 달을 고민했다고 하더라."

2015년 1월 국회운영위의 출석 요구에 사표를 냈지만, 실은 그전부터 마음고생이 누적돼 있었다는 것이다. 사표 내기 전 두 달이라면 정윤회 게이트 사건과 시기가 딱 들어맞았다. 당시 민정수석 김영한을 제치고 민정비서관 우병우와 비서실장 김기춘이 직거래를 했다는 건 정설이었다. 검찰 출신으로 대쪽 같은 성격의 김영한 입장에선 청와대가 검찰을 앞세워 진상을 호도하는 방향으로 사건을 끌어가는 걸 못마땅해했을 가능성이 높았다.

원망의 화살은 박근혜 대통령에게도 향했다.

"대통령도 답답해요. 김기춘이 민정수석한테 (국회 운영위에) 나가라 했어도 말렸어야지."

중간에 노모는 말을 하다 말고 "기사 내진 마세요. 이렇고 저렇고 거론되는 거 원치 않습니다"며 혹시라도 아들 명예가 손상되는 일이 생길까봐 걱정하는 듯했다. 그런데다 계속 흐느끼는 바람에 사망 경위를 묻고 싶어도 번번이 타이밍을 놓쳤다.

들어올 때 봤던 입구 왼편 방에 들어가 문서 등을 보고 싶은 마음은 굴뚝같았다. 하지만 아들을 먼저 떠나보낸 슬픔을 가누지 못하는 노모에게 차마 그런 요청을 할 수 없었다. 아무리 기자라는 직업이 그런 것이라 해도 경우가 아닌 것 같아 그냥 나오기로 했다.

자리를 일어설 때 노모는 "진실이든 잡음이든 없도록 해달라"며 간곡하게 부탁했고, 나는 "그건 걱정 마시라. 그런 일 없도록 하겠습니다"고 약속을 하고 문을 나섰다. 일단 49재도 안 치른 상황이라, 김영한의 방이 눈에 밟혔지만 잠시 묻어두기로 했다.

김영한 업무일지를 손에 넣다

JTBC의 태블릿PC 보도를 기점으로 검찰은 '최순실 게이트'에 대한 본격 수사에 착수하고, 대통령 박근혜의 퇴진을 요구하는 여론은 촛불시위로 타올랐다.

각 부에서 인원도 보강돼 사회부 전체가 국정농단 사건 취재에 매달렸다. 진즉 우리가 이렇게 했다면, JTBC가 보도한 태블릿PC가 아니라 TV조선의 의상실 CCTV영상과 청와대 문건 등이 '스모킹 건'이 됐을 것이다. 아쉬움은 끝도 없었지만 취재를 진두지휘하는 입장에서 부원들에게 그걸 표출할 순 없었다. 국정농단 사건의 문을 열고 보도 흐름을 다 잡아놓고도, '최순실 기사'는『한겨레』에 내주고, 또 최순실-박근혜 관계를 먼저 드러낼 타이밍도 놓쳤으니, 밑그림을 그린 당사자로서 펭귄팀의 주도권 회복이 필요한 시점이었다.

태블릿PC나 CCTV영상에 버금가는 '소재'를 생각하다가 떠오른 게 김영한의 아파트에서 봤던 입구 왼편 방의 문서 더미였다. 그동안엔 노모가 슬픔을 삭일 시간이 필요하다고 생각했다. 그 방은 김영한 전 민정수석이 혼자 썼던 데다, 갑작스런 사망이어서 그 안에는 '다이어리'나 '업무일지', 미처 정리하지 못한 청와대 문서 등이 있을 게 틀림없었다.

10월 25일부터 최순실 관련 기사 아이템만 매일 10~15개가량을 쏟아붓자, 재고 기사도 이미 바닥이었다. 2차 촛불시위가 있던 11월 5일 사회부 기자 하누리를 불러 김영한 집에 가면 분명 '다이어리'가 있을 테니, 가져오라고 취재지시를 했다. 내가 갔을 당시 상황을 설명하고, 노모를 설득해 왼편 방에서 문서를 다 가져올 수 있으면 가져오라는 특명이었다.

며칠 전 애기를 했는데, 자꾸 뜸을 들이는 눈치여서 다시 재촉했다. 사실 아들을 잃고 슬픔에 빠진 노모를 취재하면서 뭘 가져온다는 게 선뜻 내키는 일은 아니었을 것이다. 그래도 하누리는 기사 감각, 취재원을 설득하는 능력을 두루 갖추고 있어서 무슨 일을 시켜도 기대 이상이었다. 어디에 내놔도 '에이스' 역할을 할 수 있는 기자였다.

"노모가 비서실장 김기춘에 대한 원망이 크니, 김기춘의 잘못을 알리려면 수석님이 남기신 것들을 저희가 꼭 봐야 한다"고 말하면 분명히 설득에 도움이 될 것이라는 팁까지 줬다.

다음날인 일요일 오전 하누리는 김영한의 노모를 찾아갔다. 오후엔 뭔가 큼지막한 물건이 들어올 수 있겠구나 싶었는데, 기대는 빗나갔다. 하지만 얘기가 잘 돼서 "1주일 말미를 주면 생각해보겠다"는 말을 했단다.

"1주일씩이나? 너무 오래 생각하면 안 돼. 이틀 뒤에 같이 가보자."

어차피 생각할 시간인데, 1주일 말미를 얘기했다면 이틀이면 충분하다고 봤다.

11월 8일 저녁 9시쯤 김영한 전 수석 집 근처에서 하누리를 만나 함께 올라갔다. 집에 들어서자, 노모는 TV가 안 나온다며 봐달라고 했다. 전선 연결엔 이상이 없는데 인터넷 연결이 문제인 듯했다. 노모 혼자 살다보니, 요금 납부가 안 돼 끊겼나 싶어 내가 직접 통신사에 전화를 걸어 다음날 오전 수리요청을 잡아주고서야 자리에 앉았다.

처음 왔을 때보단 많이 진정돼 있었다. 그래서 처음부터 솔직하고 알아듣기 쉽게 얘기하는 게 좋겠다 싶었다. 불과 이틀 전 하누리가 다녀간 상황이라 더 길게 설명할 필요도 없었다.

"지금 이런 국정농단을 책임져야 할 사람이 김기춘 실장인데, 아랫사람들만 책임지고 김 실장은 빠져나가면 정의가 아니지요. 도움이 될 만한 게 있나 해서 왔습니다."

"내가 도움 될 게 있나?"

"수석님 가지고 계셨던 것 중에 볼 만한 게 있나 해서요."

"뭐가 있는지는 모르나, 민정수석 일지가 있더라고요. 필요하면 보시겠어요?"

노모는 내가 봐뒀던 입구 왼편, 김영한 전 수석이 쓰던 방으로 안내했다. 처음 왔을 때와는 달리 치워져 있었고, 문서 더미도 보이지 않았다.

"지난번엔 여기에 서류 같은 것들도 쌓여 있던데요?"

"49재 지내고 나서, 방을 다 치웠어요. 업무일지는 그래도 보관해야 할 것 같아 여기 꽂아놨고요."

그러곤 책꽂이에서 두 권의 일지를 빼 건네줬다. 이른바 '김영한 업무일지' 2권을 손에 쥐게 되는 순간이었다. 처음 간 날부터 한 달 넘게 걸렸다. 다른 문서를 정리했다는 소리에 '49재 지나고 나서 바로 왔어야 했는데' 하는 아쉬움이 밀려왔다. 김영한의 문서를 손에 넣고 싶었던 이유는 청와대의 '세월호 대응'과 '정윤회 게이트 때 대응'을 파악할 수 있을 것 같아서였다.

다시 거실로 나와 자리를 잡고 한 권은 내가 보고, 다른 한 권은 하누리에게 훑어보라고 건넸다. 첫 눈에도 그 자리에서 다 읽거나 필사하기란 쉽지 않아 보였다.

업무일지 첫 장을 넘기자 2번째 페이지에 "야간의 주간화" "휴일의 평일화" "가정의 초토화" "라면의 상식화"라고 적혀 있었다. 민정수석 임용 첫날인 2014년 6월 14일에 김기춘의 '복무지침'을 받아 적어놓은 듯했다. 1970~1980년대 유신과 군사정권 시절이 떠오르는 내용이었다. 살벌하고도 맹목적 충성을 강요하는 이런 토양 때문에 박근혜-최순실의 국정농단이 가능했겠구나 싶었다. 권위주의적 사고로 똘똘 뭉친 김기춘의 스타일상 청와대 비서진들에게 대통령을 제왕으로 떠받들도록 했을 것 같았다.

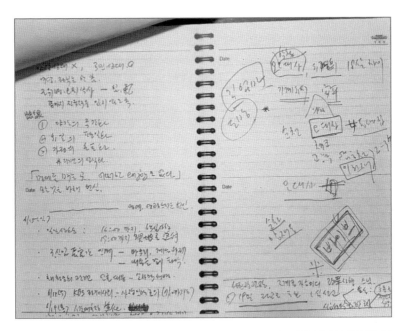

김영한 민정수석의 업무일지는 국정농단의 광범위한 양상과 함께 박근혜정권 시기 청와대의 살벌한 분위기를 역력히 보여주었다. 여기에 적힌 문화계 블랙리스트, 언론사 사찰, 사법부 통제, 삼성 경영권 승계 개입 등에 대한 기록은 특검과 재판에서 중요한 증거로 활용되었다.

띄엄띄엄 봤는데도 그동안 청와대가 어떻게 돌아갔는지 그려졌다. 언론의 비판에 대해 '회피'나 '부인'으로 일관하거나 심지어 '둘러대기'까지 하면서 억압적 국정운영 행태를 보인 이유들이 보였다. 노모는 민정수석 임용 직전 김기춘이 따로 불러 '대통령에게 충성하겠느냐'며 충성 맹세를 먼저 요구했다고 들려줬다.

업무일지를 받아든 순간부터 '이건 가져가야겠다'고 생각했다. 하지만 받자마자 갖고 가겠다는 말이 안 나와 시간이 좀 흐르기를 기다렸다.

"너무 많은데, 가져가서 보고 도로 갖다놓을게요. 분명히 말씀드리는데, 김기춘 실장과 관련된 것만 하겠습니다. 억울한 것, 맺혔던 것 다 풀어드리도록 할게요. 수석님한테 해되는 일은 하지 않겠습니다."

노모가 거절하지 않도록 간곡한 어조로 설득했다.

"망인에게는 상관없겠죠. 뭔가 얻으면 언론사도 좋은 일이고, 다 좋은 일이잖아요. 사실 억울한 죽음이잖아요."

이걸 얻으려 괜스레 한 달을 기다렸나 싶을 정도로 노모의 결정은 일사천리였고 시원시원했다. 아무래도 그 무렵 언론에 연일 보도된 국정농단 사건 뉴스들이 영향을 미친 듯했다.

아들을 보낸 지 두 달 넘게 지났지만, 김기춘에 대한 분은 여전했다.

"청와대에 사표 내고 나왔을 때 '김기춘이 (국회 운영위에) 나가지 왜 너를 떠밀었대냐'고 물으니까, '자기(김기춘)가 살려고 그랬지'라고 대답을 해요. 김기춘 만나서 당신이 떠밀어 죽였다고 따지고 싶어요."

노모는 당시 "아들이 '내가 거기(국회 운영위) 나갔다면 나라가 큰일난다'고 하더라"라고도 했다. 죽은 사람은 말이 없어 '큰일 날 일'이 뭔지는 모르지만 정윤회 게이트와 관련됐을 것으로 짐작됐다.

처음 찾아왔을 때 묻지 못했던 사망 경위도 얘기해줬다.

"8월 19일 저녁 늦은 시간에 연락이 와 20일 하루 병원에 있었는데, 간암이라 눈을 못 떴어요. 하루 만에 숨을 거두고, 다음날인 22일 장례를 치렀는데 아무도 안 왔어요. 이 사람이 연락하지 말고 조용히 지내라고 했다고 해요. 그렇게 허망하게 가버렸어요."

하누리를 보내고 업무일지 2권과 그 안에 끼여 있던 문서 두 건, 메모지 등을 가져온 나는 그날 밤을 꼬박 새며 전체 내용을 머릿속에 담았다. 기사 작성이나 제작이야 기자들에게 시키겠지만 취재지시를 내리려면, 미리 내용을 꿰고 있어야 했다.

멀쩡한 사람이 불과 며칠 만에 사망할 수 있는지에 대한 의문은 여전히 남아 찜찜하기는 했다. 궁금한 걸 그대로 두고선 직성이 안 풀렸다.

김영한 업무일지 내용이 보도될 만큼 보도된 뒤 국회에서 박근혜 대통령 탄핵안이 가결되기 하루 전인 12월 8일 점심시간을 이용해 김영한이 사망하기 한 달 전에 만났다는 김 변호사를 또 찾아갔다. 앞서 두 번의 통화 때와 얘기가 달라진 건 없었다.

"나도 궁금하더라. 그런데 누가 나를 잘못 짚었어요. 건진 게 없어서 어떡해요."

갈비탕 한 그릇으로 만족해야 했다. 삼세 번을 확인했으니, 물러서기로 했다. 그렇지만 허망한 죽음의 수수께끼를 푸는 과정에서 손에 넣은 김영한의 업무일지는 박근혜의 국정농단을 입증하는 '스모킹 건'이 됐다.

이때 발굴하지 않았으면 김영한 업무일지는 역사에 묻혔을 가능성이 높다. 처음 찾아간 10월 3일 이후 느긋하게 기다릴 수 있었던 이유 역시, 누구도 '김영한 업무일지의 존재'를 생각하기 쉽지 않을 것이라 봤기 때문이다.

태블릿PC에 이어 등장하는 바람에, 김영한 업무일지가 갖는 위력은 제대로 조명되지 못했다. 하지만 헌법재판소의 박근혜 대통령 탄핵심판이나, 특검 수사에서 박근혜·김기춘·조윤선 등 박근혜정권 심장부의 국정농단을 밝히는 결정적 증거 중 하나가 됐다.

'김영한 업무일지' 보도가 나가자 검찰 간부 A에게서 전화가 와서 "천하의 김기춘이 김영한의 업무일지에 발목이 잡히겠네"라고 말했다. A의 예측은 정확했다. 검찰의 1차 특수본 수사 때는 김영한 업무일지를 들여다볼 여력이 안 됐지만, 특검에선 블랙리스트(문화계 지원 배제 리스트) 수사의 단초가 됐고 김기춘에 대한 기소와 재판에서 증거자료로 활용됐다. 청와대의 세월호 수사 방해, 감사원의 세월호 감사 때 '청와대와의 조율'

혼적 등도 모두 김영한 업무일지를 통해 드러났다.

'최순실 게이트'에서 '박근혜-최순실 게이트'로

김영한 업무일지는 박근혜 대통령의 국정농단 정황에 대한 기록 같았다. 찬찬히 들여다보면 곳곳에서 과거 독재정권처럼 통제하려 했던 증거들을 쉽게 찾을 수 있었다. "강철 같은 의지로 대통령 보위" "호위무사" "가치중립적 타협이나 화합은 없다" "모든 것을 바쳐 헌신"…….

김영한이 청와대 입성 첫날 김기춘에게서 받아 적은 살벌한 어휘들이 첫 페이지부터 시작됐다. 김영한 업무일지를 보지 않고 김기춘 비서실장 치하 청와대의 운영 방식을 말로만 들었다면 믿지 않았을지도 모른다. 군사정권이나 북한에서나 나올 법한 강요된 충성맹세였다. '왕실장' '기춘 대원군'으로 불렸던 호칭이 다 그만한 이유가 있었다.

박근혜정권의 국정농단은 통상의 정권이라면 이해가 가지 않는 측면이 많다. 역대 정권에서도 '측근 비리'는 존재했다. 하지만 정권 출범부터 몰락까지 운명을 같이하면서 그렇게 광범위하게 국정농단이 이뤄진 적은 없었다. 김영한의 업무일지를 보면서 그 답을 유추해볼 수 있었다. 한 사람의 '제왕'을 떠받들면서 청와대 수석비서관을 손아귀에 쥐고 군림했던 김기춘이 큰 몫을 했다. 김기춘 치하 청와대의 권위주의적 통치 도구의 중심엔 민정수석실이 있었다. 국정원·검찰·경찰·민정수석실·특별감찰반 등 사정기관을 총동원한 '찍어내기'와 '공포정치'가 브레이크 없는 국정농단의 토양을 만든 것이다. 김영한의 업무일지에 그 흔적들이 고스란히 담겨 있었다.

김영한 업무일지를 손에 넣은 다음날 원본은 보관하고 복사본 4부를 만들어 데스크진과 하누리에게 넘겨줬다. 하누리에겐 꼼꼼하게 훑어보고 놓치는 기사거리가 없도록 찾으라고 했다.

매일매일의 기록이 짧은 메모 형식이라, 해석을 하려면 앞뒤 정황을 살펴야 해서 한꺼번에 보도하기엔 무리가 있었다. 이 또한 의상실 CCTV 영상처럼 복사본 없이 펭귄팀만 쥐고 있는 유일한 자료였기 때문에 굳이 서두를 이유도, 다른 언론과 경쟁할 이유도 없었다. 오로지 업무일지에 담긴 국정농단의 증거와 팩트를 놓치지 않는 게 중요했다.

이름 석 자만 있는 경우도 있어 그 상황에 왜 메모가 돼 있는지를 알려면 전후 맥락을 되짚어야 했다. 처음엔 넘어갔다가 나중에 보면 '아 이거였구나' 하고 해석됐던 부분도 적지 않았다. 나 역시 몇 차례씩 들춰보면서 기사 아이템을 찾아냈지만, 하누리는 처음 며칠 동안은 통째로 들고 가 밤 새워 보고 오는 듯했다.

11월 10일 문화계 블랙리스트의 정황이 담긴 〈예술계 좌파 책동, 투쟁적 대응해야〉, 사법부와 시민단체 통제 정황을 담은 〈법조계도 길들이려 했나〉 〈시민단체도 입맛대로 이용〉과 〈대한민국 좌우한 '왕실장' 김기춘〉 등 5꼭지의 아이템으로 '김영한 비망록' 정국을 열었다. 문화계 블랙리스트는 의혹으로만 떠돌았으나, 김영한 업무일지를 통해 블랙리스트의 작성 및 지시 정황이 처음 드러나게 된다.

펭귄팀 기자들은 이후 대통령 수석비서관 회의 등 청와대의 일상에서 드러난 언론 탄압, 사찰, 사법부 간섭, 검찰통제 등 박근혜정권의 민낯을 낱낱이 기사로 작성했다. 펭귄팀이 주도한 김영한 업무일지 보도는 '비선실세 최순실의 국정개입'에서 '박근혜 게이트'로, '박근혜-최순실의 국정농단'으로 사건의 성격을 크게 확장시키는 계기가 됐다.

당시 김영한 업무일지 보도를 시작한 첫날 나는 아침 부장회의에서 '태블릿PC 이상의 자료'라고 의미를 부여했다.

박근혜정권의 민낯이 기록되다

하누리 기자

'김영한 업무일지' 보도가 나가자 다음날 신문사 딱 3곳이 받아썼다. 『한겨레』와 『경향신문』 그리고 『조선일보』였다. 블랙리스트를 앞세운 곳도 있었고 사법부를 통제하려 한 정황을 문제 삼은 곳도 있었다.

예상보다 언론의 반향이 적었던 이유는, '업무일지 실물'이 없어서였을 것이다. 기자 본인이 확인할 수 없는 것을 쉽게 쓸 수는 없는 법이다. 보도 다음날부터 '사본을 좀 달라'는 전화가 빗발쳤다. 부장은 "보도한 부분만 보내줄 수 있다"는 지침을 세웠다.

안에 든 내용들이 전부 기사거리인데, 보도하기도 전에 그걸 통째로 넘긴다는 건 있을 수 없는 일이다. 또 인사와 관련한 정보가 곳곳에 있었고, 사생활 침해가 될 부분도 적지 않았다. 김영한 수석 어머니와의 약속도 있었다. 고인에게 누가 되지 않도록 박근혜와 김기춘과 관련된 부분에 국한해서 보도하겠다고 다짐하고서야 넘겨받았는데, 다른 언론에 넘어가면 그 약속이 지켜지리란 보장을 할 수도 없었다.

업무일지를 통해 2014년 말 정윤회 문건 파동 당시 청와대가 나서 직접 사건을 축소한 정황들도 드러났다. 청와대를 비판하는 언론에 고소·고발로 대응하고, 정윤회 문건을 보도한 『세계일보』를 세무 조사하는 방안을 미리 짰다는 내용 등이 메인뉴스에 보도됐다.

청와대가 언론 통제를 했다는 부분도 상세하게 다뤘다. 종편, 공중파, 신문사, 출연하는 패널 할 것 없이 모두 검열 대상이었다. 언론 사찰에 대한 보도가 나가자 각 언론사 노조들의 문의가 잇따랐다. 자신들의 언론사가 탄압 대상에 포함됐는지 물어온 것이었다.

부장이 고민 끝에 이 부분은 해당 언론사들에게 알리자고 했다. 언론 탄압은 헌법 위배였고, 또 같은 언론사로서 알려야 한다는 생각이었다. 이렇게 여러 언론사가 함께 힘을 합쳐야 '왕실장' 김기춘에 대한 수사가 시작될 수 있다는 계산도 있었다. 김기춘은 국정농단의 큰 책임이 있는 인물임에도 그때까지는 특검수사에서 뒤로 밀려 있었다. 결국 김기춘도 언론을 탄압한 혐의로 고발됐다.

'김영한 업무일지' 보도가 이어지자 최순실 사태 국면은 좀 더 넓은 범위로 뻗어갔다. 최순실에 집중했던 언론도, 결국 '박근혜의 청와대가 문제'라는 근본 원인을 찾기 시작했다.

'우병우팀'이 꾸려져 민간인 사찰이 이뤄졌다는 내용부터, 청와대가 최태원 SK 회장과 이재현 CJ 회장 사면을 논의한 것, 세월호 7시간 의혹을 덮으려고 한 것, 각종 수사에 관여한 것 등 박근혜정권의 수많은 국정농단 행위가 일지에 담겨 있었다. 메모를 보고 맥락을 파악해서 관련자를 상대로 한 추가 취재들이 연일 계속됐다. 마침내 정치권도 반응하기 시작했다.

국민의당은 '김기춘 헌정파괴 진상조사위원회'를 만들었고, 각 당에선 김기춘 조사를 촉구하는 성명을 냈다. 김기춘과 전 민정수석 우병우가 행했던 구시대적 통제를 비난하는 각계의 성명도 이어졌다. 이유를 모른 채 배제됐던 '블랙리스트' 문화인들도 거리로 나왔다. 문화인들이 개인 자격으로 김기춘을 고소·고발하기도 했다.

2016년 말, 국정농단 청문회에서 김영한 업무일지는 '결정적 증거'이자 '단골 주제'로 나왔다. 의원들마다 업무일지를 들고 김기춘 실장과 우병우 수석을 꾸짖었다. 펭귄팀은 회사에 모여 취재를 하다가도, 청문회에서 업무일지가 나오면 우두커니 서서 텔레비전을 응시했다. 비서실장의 지시는 '長(장)'이라고 선명하게 써놓았던 기록 앞에서 왕실장은 어떻게 피해갈까 궁금했다.

뻔뻔하게도 김기춘은 '모르쇠'였다. 오히려 업무일지에 적힌 청와대의 지시와 실행을 고인인 김영한에게 돌리기까지 했다. "그렇게 얘기한 일 없습니다. 작성자의 주관적 생각이 가미된 걸로 생각합니다." 김기춘은 김영한 업무일지의 마지막 페이지에 '격무로 힘들었다'는 취지로 적힌 게 있다면서 "어떤 경위로 저에게 오해를 해서 불쾌한 감정을 가졌는지 몰라도 수첩 자체만 보면 본인에 대한 원망이 아니라는 것을 참고해달라"고 말하기도 했다.

함께 일한 동료이자 먼저 간 후배에 대한 예의가 저 정도인 것인지 넌더리가 났다. 혐의를 벗으려면 저토록 차가울 수밖에 없는 것인지, 아니면 청와대에서도 저런 모습이었기에 모든 것을 좌우 잣대로 갈랐는지….

그렇지만 김기춘이 끝까지 책임을 회피할 순 없었다. 업무일지엔 '실장'의 명령과 수석 본인이 할 일이 명확히 구분되어 적혀 있었다. 확실한 증거였다. 특검이 첫 수사 대상으로 '문화계 블랙리스트' 건을 손댄 이유이기도 했다.

펭귄팀은 '국정농단 사건의 진상 규명' 차원에서 우선 특검에 '김영한 업무일지' 사본을 전달했다. 이 때문에 특검은 수사 착수와 동시에, 블랙리스트 관련자들을 소환할 수 있었다. 김기춘 전 실장과 조윤선 당시 문화체육관광부 장관부터 전현직 차관, 문체부 공무원, 문화계 인사들까지 수사는 빨랐다. 이후 김영한의 가족을 통해 원본을 입수해 증거로 삼았다.

'나는 아무것도 모른다'고 한 김기춘 전 실장과 조윤선 장관은 특검 조사를 받았고, 이어 구속됐다. 평생 영광 속에 승승장구하며 살아온 두 인사의 구속에 모든 언론이 집중했다. 특검 관계자는 "김기춘 실장이 블랙리스트 지시를 했다는 사실을 본인은 물론 지시를 받은 조 장관도 부인해, 김영한 비망록이 없었다면 수사가 불가능했다"고 전했다.

박 전 대통령도 '블랙리스트' 공범으로 구속 기소됐고, '블랙리스트' 지시를 수행하지 않은 죄로 좌천됐던 공무원들은 제자리로 돌아왔다. 하지만 여전히 재판에서는 이 업무일지를 두고 공방중이다.

김영한 업무일지는 뇌물공여와 횡령 혐의 등으로 구속기소돼 1심에서 징역 5년을 선고받은 이재용 삼성전자 부회장 재판에서 유죄의 증거로 받아들여지기도 했다. 업무일지엔 김기춘이 "삼성의 경영권 승계과정을 모니터링하라"고 지시한 부분도 나온다. 박근혜 대통령이 삼성과 이재용 부회장의 핵심 현안이 '경영권 승계'라는 점을 알고 있었다는 정황증거로 받아들여진 것이다.

헌법재판소는 대통령의 탄핵 소추 사유를 최순실 등 비선조직에 의한 국정농단에 따른 국민주권주의와 법치주의 위반, 대통령 권한 남용, 언론의 자유 침해, 생명권 보호의무 위반, 뇌물수수 등 형사법 위반 등 5가지로 정리했다. 여기에서 '언론의 자유 침해'는 김영한 업무일지를 근거로 했다.

시간이 좀 흘러 대검찰청 고위 관계자가 솔직하게 말을 건넸다. 대검에서 김영한 업무일지를 간부들이 모두 복사해서 돌려보도록 했다는 것이다.

"청와대가 우리 검찰과 수사 상황을 이렇게 샅샅이 들여다보고 있었다는 것도 문제였지만, 그것은 그럴 수 있도록 우리 중 '누군가' 조력했다는 증거였으니까요. 스스로 반성하고 경계할 수 있도록 모두 정독하게 했습니다. 그것은 우리의 치부이기도 했고, 박근혜 정부의 민낯이기도 했죠. 그걸 드러내주신 겁니다."

11

언론이 만든 '촛불'

●●●●● 박근혜정권 붕괴의 변곡점은 2016년 10월 24일이다. 이날 이후 급격하게 힘을 잃어 사실상 식물 상태에 빠지게 된다. 최순실을 둘러싼 국정개입 의혹이 걷잡을 수 없이 확산되자 박근혜 대통령은 10월 24일 국회 시정연설에서 '임기 내 개헌'을 발표했다. 최순실 의혹을 차단하기 위해 정국을 '개헌 블랙홀'로 만들려 했던 것이다. 위기 탈출용 '꼼수'였다.

하지만 불과 하루도 못 가 JTBC의 '태블릿PC' 보도가 집어 삼키게 됐고, 25일엔 대국민사과 기자회견을 해야 했다. '개헌 블랙홀'이 아니라 '최순실 정국'이 펼쳐지고 촛불시위가 점화되면서 이때부터 정권 붕괴는 가속화하기 시작했다.

돌아보면 정권 붕괴의 전조는 이미 6월부터 있었다. 2016년 4·13총선으로 여소야대 국면이 펼쳐지자 검찰은 6월 초 롯데그룹 전방위 수사에 돌입했다. 비슷한 시기에 대검 부패범죄특수단은 대우조선해양을 압수수색했다. 대기업은 물론 지난 정부 고위 인사 이름까지 오르내렸다.

사정 정국을 끌어가면서 임기 후반의 레임덕을 용인하지 않겠다는 의도였을 것이다. 과거 권위주의 정권이 쓰던 수법 그대로였다. 펭귄팀의 국정농단 사건 취재는 거의 비슷한 무렵 시작된다.

캐내려는 자와 막으려는 자

이때부터 국정농단 사건을 캐려는 언론과, 막으려는 박근혜정권 간에 사실상의 치열한 물밑 '수' 싸움이 전개됐다.

7월 16일 최순실 기습 인터뷰로, 최순실은 물론 박근혜정권이 TV조선의 취재 사실과 취재 방향을 모두 알았을 것이다. 최순실이 8월 19일 한강둔치에서 전 미르재단 사무총장 이성한을 만나, 그날의 인터뷰에 대해 "그 새끼들이 결정적인 순간에 써먹으려고…"라는 말을 했던 걸 보면 펭귄팀의 취재가 자신을 향한 칼날임을 충분히 인지했다고 볼 수 있다. 박근혜정권은 이 무렵부터 '아킬레스건'이 드러나지 않도록 안간힘을 쓰기 시작했다.

박근혜정부와 비선실세들이 준비 태세에 들어간 사이, 펭귄팀은 기습 인터뷰 열흘 뒤인 7월 26일부터 미르재단과 K스포츠재단 보도를 시작했다. 우연히도 비슷한 시기 『조선일보』는 '우병우 처가와 넥슨의 강남역 땅 거래 의혹'을 보도한다. 국정농단 세력의 호위무사 역을 자처했던 민정수석 우병우에 대한 '첫 공격'이 시작된 것이다. 그리고 특별감찰관 이석수는 7월 25일 우병우에 대한 특별감찰에 돌입한다.

위기를 감지한 걸까. 8월 전당대회에서 친박은 이정현을 새누리당 대표로 앞세우며 '도로 친박당'을 만들어 친정체제 구축에 나섰다. 그리고 정부는 아킬레스건이 터져 나오지 않도록 '언론 옥죄기'에 들어갔다. 미르·K스포츠 보도를 막기 위해, TV조선이 아닌 『조선일보』를 공격했다.

이슈를 호도하는 '프레임 바꿔치기'였다. 이 무렵 청와대가 『조선일보』 측에 '호남 출신' 기자들의 정리를 요구했다는 소문도 돌았다.

『조선일보』와 박근혜 정부의 이 같은 핑퐁게임에 '우병우 비리를 보도한 데 대한 청와대의 반격'이라는 지라시가 돌았다. 이후 박근혜 대통령이 직접 나서 "부패기득권 언론"이라고 공격 신호를 보내자, 친박 의원 김진태가 총대를 메고 주필 송희영의 실명을 공개 거론한다.

나중에 드러난 실상은 'TV조선의 미르·K스포츠 보도 입막음용 몸부림'이었다. 실제로 청와대와 최순실은 물밑에선 TV조선의 미르 관련 보도에 대비하는 대책을 진행하고 있었다. 그렇지 않고서야 정권 초반부터 꾸준히 정기적으로 받아왔던 국정원 특수활동비를 중단시킬 리가 없었다. 미르 보도가 나온 직후, 위기의식이 들자 박근혜에게 전달되던 특수활동비 지급을 중단해 8월부터 9월까지 돈을 받지 않았다. 최순실 역시 K스포츠재단에서 일감을 받도록 만들어놓은 더블루K를 폐쇄하고, 대신 같은 역할을 하는 유령회사 '더 운트'를 설립한다. 만일을 대비한 일종의 '회사 세탁'이었다.

더블루K가 정리된 직후인 9월 3일, 최순실은 독일로 출국했다. 박근혜가 도피시킨 걸로 추정은 되지만, 도피 경위는 확인되지 않았다. 9월과 10월 사이 박근혜와 최순실은 무려 127번이나 통화를 했다.

9월 9일 북한이 5차 핵실험을 하자 '안보 위기' 조성에 나섰다. 거기다 TV조선의 보도에도 브레이크가 걸리자 한동안은 안도했을 것이다. 하지만 보도는 다시 불붙기 시작했다. TV조선의 바통을 이어받은 『한겨레』가 9월 20일 K스포츠재단의 배후 최순실을 들고 나왔다. 청와대와 친박은 노골적으로 반발했다. 표면적인 이유는 김재수 농림축산식품부 장관 해임건의안 통과였다. 9월 26일부터 이정현 새누리당 대표가 단식에 들어가면서 정세균 국회의장 사퇴를 요구했다. 온 언론이 이정현 대표의 단식에 집중했다. 사실은 국정감사 보이콧을 노렸을 것이다.

청와대에서 정무수석을 지낸 이정현은 모르긴 해도 미르·K스포츠 재단의 배후에 최순실과 박근혜 대통령이 있다는 걸 알았을 확률이 높다. 박근혜 대통령은 수석비서관 회의에서 "비상시국에 난무하는 비방과 확인되지 않은 폭로성 발언"이라며 TV조선의 미르·K스포츠 보도와 『한겨레』의 최순실 보도 무마에 나섰다. 그 사이 전경련은 재단 자료를 파쇄하고 미르재단 해산 결정을 내린다.

청와대와 친박들의 안간힘에도 불구하고 야당의 공세로 힘겹게 열어간 국감은 미르·K스포츠 재단 의혹에 집중됐다. 그리고 9월 28일 국감에서 최순실의 딸 정유라가 이대에 체육특기생으로 입학한 과정에 특혜가 있었다는 의혹이 제기된다. 여기에 이화여대가 바로 불을 지폈다. 평생교육 단과대학 사업 반대로 시작한 이대생들의 집회가 정유라 특혜 의혹에 대한 반발로 이어졌다. 교수들까지 합세해 최경희 총장 사퇴를 요구한다. TV조선과 『한겨레』의 보도에 이어 야당의 공세에 여론까지 가세되기 시작했다. "부모 잘 만난 것도 실력이다"는 정유라의 글은 이대생들은 물론 국민들의 분노에 불을 질렀다.

10월 18일, 『경향신문』은 독일의 최순실 회사 '비덱'을 꺼내들었다. 최순실이 K스포츠재단 돈을 독일로 빼돌려 딸 정유라의 승마훈련을 지원하려고 한 정황이 드러나면서, 최순실 의혹은 걷잡을 수 없이 커졌다.

박근혜 대통령은 또 한 번의 방어에 나선다. 10월 20일 수석비서관 회의에서 작심한 듯 "의미 있는 사업에 대해 의혹이 확산되고, 도가 지나치게 인신공격성 논란이 이어진다"고 했다. 그동안 청와대는 미르·K스포츠 재단과 관계없다는 듯 '모르쇠'로 일관하다가 돌변해 '의미 있는 사업'으로 포장하고 나온 것이다. 인신공격이라는 건 최순실을 염두에 둔 발언이었다.

이어 청와대는 '개헌 블랙홀'로 방어했다. 박 전 대통령은 10월 24일 국회 시정연설 자리에서 "임기 내 국민 여망을 담은 개헌안을 마련하겠다"며 나름 '깜짝' 발표를 했다. 당시 홍보수석 김성우는 나중에 검찰에서 "개헌 연설은 국면전환용이었고, 언론이 모두 쫓아가기에 '신의 한 수'라고 다들 말했다"고 진술했다. 하지만 반나절도 안 된 그날 저녁, JTBC는 태블릿PC 보도를 했다. 정작 '신의 한 수'는 태블릿PC 보도였고, 개헌은 '꼼수'라는 게 곧바로 드러났다.

국회 예산안 시정연설에서 의기양양하게 '임기 내 개헌'을 발표했던 박근혜 대통령은 하룻만에 소침한 표정으로 대국민사과를 했다. 극적인 반전이었다. 사과 기자회견에서 박근혜 대통령은 "선거 때와 임기 초반에만 최순실이 일을 도왔다"고 했다. 하지만 몇 시간도 안 돼 거짓말 사과로 결론난다. 그날 아침 일찍부터 TV조선은 이미 '박근혜 의상실 CCTV영상 보도'를 준비하고 있었다. CCTV영상이 기록된 시점은 임기 중반이었다. TV조선의 보도로 대국민사과가 거짓말이라는 게 탄로났다. 박근혜 대통령은 이미 '양치기 소년'이 돼 있었다.

이후 전 언론사가 박근혜–최순실 국정농단 취재에 뛰어들었다. 최순실이 국정 전반에 개입한 흔적들을 찾아 나섰고, 많은 기자들이 독일 현지까지 가서 최순실과 정유라를 찾기 시작했다.

10월 27일, 검찰은 결국 최순실 의혹 특별수사본부를 만들었다. 9월 29일 투기자본감시센터가 TV조선의 미르·K스포츠 보도를 근거로 최순실과 안종범을 고발했는데, 미적거리다가 박근혜정권에 대한 여론이 최악으로 치닫고서야 수사에 착수한 것이다. 이때까지만 해도 검찰 고위 관계자들은 "정치문제 아니냐. 수사할 게 아니다"라며 국민들을 바보 취급하는 발언까지 했다.

수사본부가 꾸려지고 있던 그 시각, 안종범은 전경련 상근부회장 이승철을 불러 '검찰 조사 대비'를 시켰다. 미르재단 설립에 청와대가 개입하지 않았다는 허위 진술을 종용했다. 압수수색에 대비해야 한다는 지시를 내리고, 휴대전화 파쇄 방법까지 알린다. 이러면서도 청와대 비서진 일괄 사표 제출로 돌파구를 마련하려고 했다.

10월 29일, 국정농단 사태와 관련한 첫 대규모 촛불집회가 서울 광화문에서 열렸다. 그리고 다음날 우병우 민정수석 사표가 수리됐다. 우병우까지 쫓겨난 뒤 청와대는 한발 물러서는 듯했다. 박 대통령은 최순실에게 귀국 명령을 내렸고, 최순실은 순순히 들어와 체포된다. 최순실에게 관심을 집중시키기 위한 포석이었다. 11월 4일, 대통령은 2차 대국민사과를 하면서 최순실의 개인비리로 몰았다. 그러면서 또다시 "안보가 매우 큰 위기다" "경제도 어려운 상황이다"며 '안보'를 볼모 삼아 위기 국면을 넘기려 했다. "내가 이러려고 대통령을 했나 하는 자괴감이 든다"는 말도 이때 나왔다. 이날 국민의 국정지지도는 5%였다.

대통령의 엉뚱하고도 솔직하지 못한 대응에 여론은 더 돌아앉았다. 여기에 기름을 부은 건 '우병우 팔짱 사진'이었다. 『조선일보』는 우병우가 검찰 조사를 받으며 팔짱을 낀 채 웃는 사진을 보도했다. 새누리당도 손 쓸 수 없는 지경에 이르자, 여야는 '최순실 특검'에 합의한다.

이어 국회에서 대통령 탄핵소추안 발의도 급물살을 탔다. 그러자 11월 29일, 박근혜 대통령은 3차 대국민사과를 발표했다. "대통령 임기 단축을 포함한 진퇴 문제를 국회 결정에 맡기겠다." 탄핵을 막기 위한 조건부 퇴진, 2선 후퇴안을 제시한 것이다.

3월 10일 "피청구인 대통령 박근혜를 파면한다"는 헌법재판소의 판결로 7월부터 시작된 박근혜-최순실 국정 농단 사건은 기나긴 대장정의 막을 내린다. 언론과 촛불, 그리고 진실의 승리였다.

여당인 새누리당은 '4월 퇴진 당론'을 정했다. 탄핵을 어떻게든 막아보자는 것이었다. 하지만 비박계까지 탄핵 표결 참여 의사를 밝히자, 대표 이정현이 박 대통령과 회동했다. 박 대통령은 '4월 퇴진, 6월 대선을 받아들이겠다'고 했다.

그러나 여론을 되돌릴 순 없었다. 12월 9일 마침내 국회는 탄핵안을 가결했다. 특검도 시작됐다. 김기춘 전 비서실장 등 핵심 인물부터 출국금지됐다. '삼성 뇌물'이 핵심으로 떠오르며, 21일 삼성 경영권 승계에 관여한 국민연금관리공단을 압수수색하기에 이른다.

그러나 청와대는 방어를 포기하지 않았다. 대통령 직무가 정지됐는데도 2017년 1월 1일 신년 기자회견을 열고 기자들을 불러 모았다. "나를 엮었다"고 토로했지만 여론은 곱게 듣지 않았다. '세월호 7시간' 동안 1시간 넘게 '올림머리'를 하고 있었다는 것이 밝혀지면서 대통령이 받았다는 각종 시술 등 대통령의 숨겨졌던 청와대 생활이 속속 공개되기 시작했다.

새누리당마저 등 돌린 상황에서 박근혜는 '국민' 대신 '친박 세력'을 택했다. 1월 25일, 정규재TV에 나와 모든 혐의를 부인하고 끝까지 변명으로 일관했다. 그러면서 태극기 집회에 대해 "촛불시위 두 배 넘는 열성"이라고 평가하며 "고생도 무릅쓰고 나오신다는 걸 생각하면 가슴이 미어지는 심정"이라고 태극기 집회를 부추겼다.

박근혜 대통령과 국정농단 세력을 떠받친 '친박'의 9개월에 걸친 방어전략과 안간힘도 진실을 막기엔 역부족이었다. 3월 10일 헌법재판소는 재판관 전원일치 의견으로 탄핵 결정을 한다. 박근혜정권에 대한 공식적인 사망선고였다.

언론이 촛불을 만들고, 촛불은 박근혜를 심판했다

"전국경제인연합회가 주도하여 만든 것으로 알려져 있던 재단법인 미르와 재단법인 K스포츠가 설립될 때 청와대가 개입하여 대기업으로부터 500억 원 이상을 모금하였다는 언론 보도가 2016년 7월경에 있었다."

2017년 3월 10일 "피청구인 대통령 박근혜를 파면한다"고 결정한 헌법재판소의 결정문 첫 문장이다.

헌재는 2016년 7월 26일 〈안종범 수석, 미르재단 500억 원 모금 지원〉 등 펭귄팀의 미르·K스포츠 재단 의혹 제기를 국정농단 사건의 문을 연 첫 보도로 봤다. 그로부터 석 달 뒤인 10월 29일 2만 명이 모이는 첫 광화문 촛불시위가 열린다.

1차 촛불시위가 있은 지 한 달여 만인 12월 3일 6차 촛불시위에선 전국적으로 무려 처음의 100배가 넘는 230여만 명이 쏟아져 나와 거리를 '박근혜 퇴진' '박근혜 하야' 목소리로 뒤덮었다. 매주 이어진 촛불시위는

2017년 3월 10일 마침내 '탄핵 결정'을 끌어내기에 이른다.(주최측인 박근혜 퇴진 비상국민행동은 3월 11일 20차 촛불시위까지 누적인원 1600여만 명이 참여한 걸로 추산했다.) 법적으론 헌법재판소의 탄핵 결정이지만, 정치적·내용적으로는 광장의 촛불 민심이 만들어낸 결과였다.

촛불을 발화시킨 건 언론이었다. 과거 대통령 측근들이 연루된 대형 게이트 사건의 보도는 통상 사정기관으로부터 시작됐다. 사정기관들이 미적거리거나 미봉한 사안에 언론이 다시 의혹을 제기하면서 점차 확대되는 식으로 전개됐다. 하지만 이번 사건은 과거 대통령의 아들이나 친인척 등이 연루됐던 측근 비리와는 차원이 달랐다. 대통령 본인이 직접 관련된 국정농단 행위라는 점에서 파장도 전례 없었다.

검찰·감사원·국정원·경찰 등 대통령 권력 아래 있는 사정·정보기관은 작동되지 않았다. 이들 기관들은 대통령을 등에 업은 청와대 민정수석 우병우의 위세에 눌려 있었다.

박근혜정권에선 검증을 무시한 '할매 인사'라는 게 있었다. 정윤회나 최순실의 줄을 잡아 박근혜 대통령을 통해 내려오는 인사였다. '문고리' 안봉근이 이를 전달하면서 '할매 지시'라는 사인을 줘 '할매 인사'로 불렸다. 할매 인사의 특징은 검증을 싹 무시했다는 점이었다. 인사 검증에서 '불가' 판정을 받아도 통과였고, 통상 일주일씩 걸리는 인사 검증을 요식행위로 서너 시간 만에 끝냈다.

2014년 5월 민정비서관에 임명됐던 우병우가 대표적이다. 최초 인사 검증에서 '불가' 판정인 'C'를 받았으나, '할매 지시'라는 한마디에 '다소 부담'인 'B'로 바뀐 뒤 발탁됐다. 헌법상 대통령으로부터 독립적이어야 사정기관장도 검증을 무시한 '할매 인사'로 결정됐다. '할매 지시'가 내려오자 이 사정기관장의 인사 검증은 단 4시간 만에 끝났다.

성접대 의혹을 받은 법무부 전 차관 김학의는 원래 검찰총장 후보로도 거론됐다는 게 당시 검증작업에 관여한 청와대 관계자의 얘기다. 허나 당시 사정당국 내에선 '성접대 의혹'이 공공연한 비밀이었던 탓에 청문회가 없는 차관 자리에 낙점됐다고 한다. 누구의 지원을 받았는지는 밝혀지지 않았으나 김학의도 확실히 '할매 인사'였다는 게 당시 관계자들의 얘기다.

그러니 잘못을 잡아내야 할 사정기관들은 오히려 박근혜-최순실의 국정농단 행위의 보호막 역할을 하는 도구에 지나지 않았다. 우병우의 기세가 등등한 이유나 세월호 사건에 대한 감사원 감사가 청와대 지침을 좇을 수밖에 없었던 이유가 다 있었다. 우병우와의 연계 속에 특별감찰관 이석수를 사찰했던 국정원 국장 추명호도 초기 청와대 민정수석실에 있다가 국정원에서 정보수집을 총괄하는 요직을 맡았다. 검찰은 검찰 출신 우병우에 의해 좌지우지됐다.

친인척 관리를 해야 할 민정수석, 독립적이고 중립적으로 움직여야 할 사정기관, 그리고 국정원·검찰 등의 핵심 요직을 '할매 인사'나 '우병우 인사'들로 채웠으니 국정농단은 예고된 일이나 다름없었다. 사정기관 인사만 잘했어도 박근혜정권이 몰락하는 일은 없었을 것이다.

이런 상황에서 언론의 경쟁적인 '박근혜-최순실 게이트' 보도는 기자들의 역할이 뭐고, 왜 이 사회에 기자가 필요한지를 새삼 일깨우는 계기가 되었다. 언론이 다 잘했다고 할 순 없지만, 정권 내에서 작동되지 않은 최고권력에 대한 감시와 견제 역할을 언론이 떠맡았다고 자부할 만한 일이었다. 미국의 워터게이트 사건에 비견할 만했다. 옳고 그름의 문제였던 만큼 언론은 보수·진보 등 지향하는 방향이나 성향에 관계없이 뛰어들어 촛불의 원동력이 됐다.

박근혜정권은 국회의 탄핵 소추와 헌법재판소의 판결이 있기 전에 광장의 촛불로 이미 심판받았다. 국회의 탄핵 표결이 있기 전 12월 3일 열린 촛불시위에는 전국적으로 230만 명이 참여하면서, 민심이 바라는 바를 정치권에 분명히 보여주었다. 이 거대한 촛불의 흐름을 촉발시킨 것은 언론의 보도였고, 그 보도의 문을 연 건 TV조선의 '펭귄팀'이었다.

　팩트를 발굴해낸 기자 한 명 한 명의 직업적 소명의식이 촛불을 만들어냈고, 거대한 촛불의 물결이 권위주의적 통치행태에 대한 심판을 불러왔다. 박근혜는 현직 대통령에서 영어(囹圄)의 몸으로 급전직하했다. 많은 기자들의 열정과 용기, 자제력을 잃지 않았던 촛불, 그리고 헌법과 법률 절차가 '명예혁명'을 이끌어낸 것이다. 이렇게 신속하고도 평화적으로 현직 대통령을 파면시키고 사법절차로까지 나간 건 우리 헌정사에서도 초유의 일이지만, 세계사에도 유례 없는 일이었다.

　당시 국민들은 대통령 박근혜와 최순실의 어이없는 국정농단에 대해 "외국에서 알면 창피하다"는 말들을 했다. 대통령에 의해 떨어진 국격을 바로 세워놓은 건 언론과 촛불민심이었다.

12
특종 이후에 오는 것들

●●●●● 박근혜-최순실의 국정농단 사건 전반을 취재하는 과정에서 큰 도움을 줬던 취재원을 꼽으라면 박관천과 여명숙이다. 박관천이 박근혜-최순실의 관계나 최순실 주변 취재에서 큰 도움을 줬다면, 여명숙은 초기 문화창조융합본부와 차은택 등의 취재에서 '내부고발'을 했다.

아직은 국정농단 사건을 아무도 주목하지 않던 초기 발아(發芽) 과정에서 두 사람과 각각 인연을 맺은 뒤 쭉 '동지적 관계'라고까지 할 정도로 가깝게 지냈다. '정의감'과 '상호 신뢰'가 연대의 바탕이었다. 취재원은 서로 붙어서 만나지 않는다는 나름의 원칙 때문에 국회에서 박근혜 대통령 탄핵안이 가결되기 전까진 한꺼번에 만난 적은 없었다.

탄핵안 가결 이후인 2016년 12월 26일 "송년회는 한번 하고 넘어가야지 않겠느냐"고 제안해 재동의 한적한 음식점에서 셋이 대면한 적이 있었다. 두 사람은 각각 자신들만 오는 줄 알고 왔다가 그 자리에서 서로 처음 인사를 나눴다.

모이고 보니 공교롭게도 셋 다 1966년 말띠생이었다. 여명숙은 농담 삼아 셋을 '말띠 방화범들'이라고 불렀고, 이후에도 두세 차례 모여 술잔을 기울이기도 했다.

국정농단 사건이 본격화한 이후 두 사람은 나에게 '기사 창고' 같은 역할을 했다. 두 사람의 말을 토대로 아예 새롭게 취재해서 기사로 썼기 때문에 다른 기자들이나 외부에선 어디에서 단독 기사들이 나오는지 알지 못했다. 어떤 부분이 소스가 됐는지 일일이 밝힐 수 없지만, 수시로 정보를 주고받았다. 두 사람은 국정농단 사건 청문회에 나오거나, 방송에 출연해 직접 관계된 사안을 적극 설명했는데, 이 책에선 그 범위 안에서만 거론했다.

여명숙은 12월 7일 열린 국정농단 사건 2차 청문회 때는 시원한 '사이다' 발언을 했다는 평가를 받았다. 자신의 사임에 대해서도 "형식상은 사임이지만 실질적으로는 사직명령을 받았고, 김종덕 장관으로부터 '대통령이 전화를 해서 내보내라는 지시를 했다'는 얘기를 들었다"고 밝혔다.

누구나 그렇듯 박관천에 대한 평가는 엇갈렸다. 일부 기자들은 과장이 많다고 비판을 한다. 그렇지만 나는 박관천을 신뢰했다. 박관천의 말이 사실에서 빗나가는 경우도 있었지만, 이건 정보 업무의 특성 때문이다. 더불어민주당 의원 조응천은 '정윤회 게이트' 수사 당시 민정수석실 정보의 신뢰도는 70~80%라고 얘기했다. 이건 10개 중 팩트가 7~8개 또는 10개 보고사항 중 7~8개가 정확하다는 뜻이 아니라 그야말로 신뢰도를 의미하는 것이다. 정보의 신뢰도가 70~80% 수준이면 굉장히 높은 편이다. 강제 수사로 사실관계를 확정지은 뒤에 나오는 게 아니라, 기본적으로 관련자들에 대한 탐문을 통해 정보가 생산되기 때문이다.

박관천은 진행중인 재판 때문에, 여명숙은 현직이라는 이유로 국정농단 사건 초기 드러내놓고 나서진 못했지만 그들은 '숨은 영웅'이었다. 불이익을 받을 수 있는 여건에서도 충분하고도 솔직한 제보와 정보 공유를 해줬다. 여명숙은 내 취재에 응하기 앞서 이미 차은택과 문화창조융합본부, 그리고 미르재단의 문제를 국정원 직원에게 고발했다. 공직자라는 신분을 감안하면 용기 있는 최선의 '내부고발'이었던 셈이다. 여명숙의 고발을 상부에 전달한 국정원 직원은 이유도 모른 채 아프리카로 좌천을 당해야 했다.

농단의 하수인들

이런 숨은 영웅들보다 국정농단의 하수인들을 치켜세우는 정치권과 일부 언론을 보면서 안타까운 생각도 들었다. 엄밀하게 얘기하면 고영태와 노승일 이 두 사람은 최순실의 하수인들이었다. 그들이 최순실에게 '막말 대접'을 받았고, 청문회에서 앞다퉈 최순실을 고발했다 해도 '내부고발자'가 아니라 '하수인'에 가깝다는 걸 부인할 순 없다. 최순실이 기업에 설립을 요청한 스포츠단 종목이 왜 하필 '펜싱'과 '배드민턴'이었을까? 이상하지 않은가?

최순실은 문체부 차관 김종과 전 경제수석 안종범을 루트로 GKL과 포스코에 각각 펜싱팀과 배드민턴팀 설립을 시도했다. 고영태가 펜싱 선수였고, 노승일이 배드민턴 선수였던 경력과 무관하지는 않았을 것이다. 고영태와 한국체대 동기인 노승일은 고영태의 소개로 K스포츠재단 일을 하게 됐다. 안종범이 포스코 회장 권오준에게 연락해 배드민턴팀 창단 비용 46억 원을 요구할 당시 포스코측을 만난 사람도 다름 아닌 노승일이었다.

국정농단 사건이 고영태와 노승일 때문에 밝혀진 게 아니다. 국정농단 사건이 밝혀지지 않았다면, 그들은 K스포츠재단을 숙주로 한 GKL 펜싱팀과 포스코 배드민턴팀의 에이전트 사업을 하고 펜싱클럽과 배드민턴 클럽을 만들어 운영하며 이득을 챙겼을 것이다. 초기 고영태가 '펜싱클럽'을 만들고 있다며 취재를 제지하려 했던 이유도 바로 여기에 있었다.

검찰 수사 기록에 나타난 최순실 등의 문자메시지를 보면, 고영태는 더블루K가 폐업할 무렵인 8월 말까지는 최순실측에 붙어 있었다. 최순실이 8월 27일 류상영에게 "고(고영태), 집도 정리하라고 하세요"라고 보낸 걸로 미뤄 이때쯤부터 갈라선 걸로 보인다. 문자메시지를 보면 10월 초까지도 최순실측과 연락은 됐지만, 최순실측에선 9월 초부터 본격적인 고영태 '왕따' 작전을 편 것으로 나온다. 노승일은 속마음은 어땠는지 모르나 최소한 10월 초까지도 최순실측에 있었다.

그들이 입장을 바꾼 시점은 대세가 기울어 검찰 특별수사본부가 가동돼 수사에 나선 이후였다. 나중에 청문회에서 공개돼 유명해진, 최순실이 노승일에게 위증을 지시하는 전화통화 역시 수사가 진행되던 중인 10월 27일에 검사가 노승일에게 요청하여 이뤄진 것이었다. 이미 대세가 기울어 있는 상황에서 '최순실 고발'로 방향을 튼 것이다. 고영태·노승일이 국정농단 청문회에 나와 잇따른 '사이다' 발언을 한 건 사실이다. 하지만 검찰 특별수사본부에 불려나가 어차피 진술한 내용을 한 달여 뒤 청문회에 와서 증언한 건데 '내부고발자'로 추켜세우는 건 너무 나간 것이다. 그들이 청문회에 나와 증언한 시점은 국회에서 대통령 박근혜에 대한 탄핵 의결을 불과 이틀 앞둔 시점이었다.

그런데 고영태는 기자들이 뒤쫓는 인물이 되고, 청문회에 나간 뒤엔 '사이다 발언' 등으로 인터넷에서 화제를 모으자 스스로 '붕' 떠버렸다. 일부 국회의원들이 데리고 다니며 사진을 찍어 올리고, '의인'이라고 띄웠으니 그럴 만도 했다.

국정농단 청문회에 나갔다 온 직후 고영태의 '영웅심리'가 위태롭게 보여 "잘못하면 '정' 맞을 수 있으니, 조용히 겸손하게 지내라"라는 메시지를 보냈다. 취재원이라고 생각하고 조언을 해준 건데, 고영태는 그 뒤로 나와의 연락을 끊었다.

고영태의 심리를 잘 보여주는 대목이 '고영태 파일' 가운데 2016년 7월 11일에 김수현과 나눈 통화 내용에 있다. "그 공을 이진동에게 돌리고 싶은 생각은 없어. 그렇게 얘기했는데, 영상을 쓰네 안 쓰네 마지막에 쓰겠네, 그런 식으로 얘기하는 거 보니까 더 큰 걸 달라는 거지. 아무리 생각해도 그 영상이 효과가 없거든."

여기서 영상은 의상실 CCTV영상을 말한다. 마음의 준비를 시키기 위해 CCTV영상을 보도할 상황이 온다고 얘기해준 걸 놓고 갖가지 해석을 하며, 아전인수식으로 '효과가 없다'는 결론까지 냈다. '공'이란 걸 어떤 의미로 말했는지 모르겠지만, 고영태는 '공'에 대한 집착이 컸던 것으로 보인다.

고영태는 청문회에서 "JTBC가 보도한 태블릿PC가 본인 게 맞느냐"는 질문에 "내 것이었다면 거기 놓지 않았을 것이다. 왜냐면 그런 자료를 모으고 있었기 때문에 책상에 놓고 올 바보는 아니다"고 말했다. '최순실 자료'를 모았다고 했는데, 7월 이후 오히려 숨기는 게 많았을 뿐 가져온 자료는 없었다. 고영태가 언론이나 검찰에 넘긴 최순실 관련 핵심 자료가 있다는 얘기도 들어보지 못했다.

국회 청문회를 다녀온 뒤 자신을 영화 〈내부자〉의 '이병헌'으로 착각하는 듯했으니 내가 보낸 충고의 문자가 눈에 들어올 리 없었다. 게다가 일부 정치인은 마치 자신들이 국정농단 사건을 처음 고발한 듯 포장하려고 고영태를 이용했다. 국정농단에 가담했던 이들을 '내부고발자'인 양

'영웅'처럼 띄웠지만 그건 '정의'가 아니다.

국정조사 청문회를 전후한 시기에 뒤늦게 접하다보면 그렇게 보일지는 모르겠으나, 전 과정을 아는 내 입장에서 볼 땐 그들은 침몰하고 있는 '최순실'에게서 단지 먼저 등 돌렸을 뿐이다. '내부고발'의 전제는 자발성인데, 그들이 자발적으로 했다고 인정하긴 어렵다.

그나마 미르재단 사무총장 이성한은 그보다 나았다. 이성한은 재단 주도권 싸움에서 차은택에게 밀려난 뒤, 재단 정상화를 한답시고 안종범과 내통했다. 그러나 그래도 이성한은 검찰 특별수사본부의 수사가 시작되기 전에 언론에다 폭로했다. 고영태는 이성한처럼 조용히 지내든지, 최소한 진심에서 우러나는 반성부터 먼저 했어야 한다. 검찰이 구속까지 시킨 건 과했다는 생각이지만, 모르긴 해도 고영태가 반성하는 겸손 모드였다면 최소한 구속은 피했을 것이다.(고영태는 수사 과정에서 관세청 인사에 관여해 뒷돈을 받은 혐의로 구속됐다가 보석으로 풀려났고, 재판이 진행되고 있는 중이다.)

사실 이성한은 한때 내밀한 정보를 전하는 취재원이었지만, 특정 시점엔 돌아섰다. 돌아섰다기보다 자신의 이해관계에 따라 움직이다 보니 길이 달랐던 것이다. 이성한은 미르재단의 정상화와 자신의 사무총장 복귀가 목표였다. 미르재단의 불법적 모금과 미르재단의 권력 배후를 밝히려는 나의 취재 목적과는 애초부터 방향이 같을 수가 없었다.

이성한은 '기자의 취재'를 무기 삼아 안종범에게 재단 정상화와 재단 사무총장 복귀를 압박했다. 언론이 접촉하고 있으니, 입을 막으려면 미르재단 사무총장으로 복귀시키라는 '은근한 협박'이었던 것이다. 7월 12일 이성한을 처음 만났을 땐 나를 떠보기 위해 재단 정상화를 주장하는 줄 알았다. 그런데 몇 번 만나보니 그게 아니었다.

"태생부터 불법이라 재단 정상화는 가능하지 않다"고 아무리 얘기를 해줘도 그는 막무가내였다. 막대한 재단출연금을 움직이며 사업할 수 있는 사무총장의 권한에 취한 게 아닌가 싶었다. 사무총장을 맡으면서 스스로 1억7000만 원을 연봉으로 책정했다가 다소 감액은 됐지만 상당한 연봉을 받은 것도 나중에 알게 됐다. 거기다 법인카드 등의 지원까지 받았으니, 웬만한 '공사'의 사장급에 준하는 처우였을 것이다.

이성한은 TV조선이 7월 26일 〈안종범 수석, 미르재단 500억 모금 개입〉을 보도한 이후에 안종범에게 사죄의 메시지를 보낸다. 자신으로 인해서 안종범이 곤란을 겪는다고 생각한 것이었다. 7월 28일과 8월 16일 두 차례에 걸쳐 한 언론사 간부와 전화통화를 하며 안종범에게 사과의 뜻을 전달해달라고 하는가 하면, 8월 29일에는 같은 사람을 통해 반성문도 낸다.

"미르재단과 관련된 어떤 정보도 외부에 유출하지 않을 것임을 맹약합니다. 현 이슈 관련해 많은 어려움이 저로부터 시작됨을 사과드립니다." 더 이상 언론에 발설하지 않겠다는 각서였다. 이성한이 사적인 이해관계에 따라 움직이지 않고서야 안종범에게 "입 다물겠으니 신뢰해달라"는 취지의 반성문을 갖다바치는 뒷거래를 했을 리가 없었다.

나중에 이성한의 입이 국정농단 사건을 확산시키는 계기가 된 건 일정 부분 맞다. 하지만 그땐 이미 전세가 기울어 재단 정상화가 불가능한 상황이었다. 안종범이 손쓸 수 없을 정도로 정권도 기울어가던 시기였다. 이성한이 『한겨레』와 JTBC에 '보따리'를 풀어놓은 시점은 TV조선 보도로 미르·K스포츠 재단이 공론화된 상태에서였고 '최순실' 이름까지 등장한 뒤였다.

이성한은 이 무렵부터 매체를 특정해 기사를 흘리는 언론플레이로 대응하면서도 공개적으론 앞에 나서지 않았다. 이성한이 고영태처럼 영웅이 된 듯 나섰다면 모르긴 해도 이성한 역시 '정 맞는' 일이 있었을지도 모른다.

유출된 내부 정보

국정농단 피고인들에 대한 재판, 특검수사, 탄핵재판이 동시에 진행되면서 그동안 물밑에서 국정농단 세력과 내통한 언론인이 있었다는 사실이 드러났다. 그 모(某) 언론인은 이성한과 안종범 사이에서 메신저 역할을 하고, TV조선의 동향이 전달되는 통로가 되기도 했다.

어느 정도 내부 정보가 흘러나갈 가능성이 있다고 판단해 '보안'을 강조해왔지만, 내부 동향이 안종범에게 건너가고 있을 줄은 몰랐다.

재판 과정에서 검찰은 이성한을 신문하면서 "증인께서 아까 본 8월 29일자 반성문, 그것도 안종범 피고인에게 증인이 작성해준 게 아니고 증인이 모 언론사 간부 통해 전달한 거죠?"라고 묻는다. 이성한은 이 언론인을 중간다리로 앞에서 언급된 각서를 안종범에게 전달했다.

앞서 미르재단 기사 3일째인 7월 28일 저녁 메인뉴스가 끝난 직후 모 언론인은 26분여간 이성한과 통화를 했다. 이성한은 "TV조선에 안종범 수석이 거론되고 있지만, 내가 재단설립과 재단 인사에 개입한 사실을 부인하고 문화 행사 등을 도와준 것에 불과하다는 입장만 유지하면 문제가 없을 것이다"고 향후 대응방안을 논의했다. 이성한은 또 "(청와대가) 나를 공격하지 않는 이상 녹음파일을 외부에 공개하는 일은 없을 것이다"고 보호막을 쳤다. 이 통화내용 역시 녹음돼 그대로 안종범에게 보내졌다.

7월 29일 이성한을 밀착 마크하고 있는 이재중에게 "이성한이 자포자기 심정으로 녹음파일을 다 공개할지도 모르니 잘 붙어봐라"라고 당부했는데, 이성한은 하루 전날 오히려 안종범에게 "입 다물겠다"는 맹세를 하고 있었던 것이다.

펭귄팀은 어렵게 취재하면서 한발씩 실체에 다가섰는데, 모 언론인은 이미 8월 중순 무렵에 이성한에게 미르·K스포츠의 배후가 '최순실'이라는 얘길 들었다. 내가 기사로 쓸 수 있을 정도의 '최순실 배후 정황'을 확보한 것보다 6일이나 더 빨랐다. 8월 16일 이성한은 모 언론인과 15분 가까운 통화에서 "(내가 갖고 있는) 녹취파일이 공개되면 최순실·차은택이 재단 설립과 운영에 관여한 사실이 부인할 수 없을 정도로 명확히 밝혀질 것이다"며, "하지만 안종범 수석이 신뢰를 주면 목에 칼이 들어와도 녹취파일이 유출되는 일은 없을 것이다"고 말한다. 이 통화 역시 녹음파일로 안종범에게 전달됐다.

당연히 안종범은 전달받은 내용과 당시 상황을 정리해 박근혜 대통령에게 보고하고, 민정수석 우병우 등과 상의했을 개연성이 크다. 맹목적 충성을 보인 '돌쇠형' 스타일상 안종범이 언론인에게 전달받은 메시지를 혼자만 알고 묵살할 리가 없었다. 당시 급박하게 돌아갔던 정국 상황을 감안하면, 청와대 내에서 협의가 이뤄졌다고 보는 게 상식적이다.

그리고 5일 뒤인 8월 21일 청와대 관계자의 "부패기득권 언론" 발언 등이 나오면서 청와대의 『조선일보』에 대한 공격이 거세졌다. 이면의 상황은 모른 채 나는 8월 18일 "김상률 전 교육문화 수석은 차은택 외삼촌"이라는 '차은택 카르텔' 아이템을 휴가 전 마지막 보도로 선택했다. 2개월 전 퇴임한 교육문화수석까지 끌어들였으니 청와대 입장에선 더 초조해졌을지도 모른다.

그렇게 본다면 전후 상황상 모 언론인을 통해 안종범에게 전달된 메시지가 『조선일보』에 대한 청와대의 반격을 노골화시키는 계기가 됐을 개연성도 없지 않다.

간혹 회사 내부의 기사 동향이 출입처나 취재 대상에게 유출되는 일이 생긴다. 취재원이나 출입처와의 관계에서 자신과는 크게 관련이 없는 다른 기자들의 동향이나 기사 내용을 미리 귀띔하는 것이다.

그래선 안 되지만 일부 기자들은 이 같은 일을 취재 편의나 출입처에서 다른 정보를 얻어내는 수단으로 삼기도 한다. 자신이 알고 있는 정보를 주고서, 상대의 호의를 얻고자 하는 것이다. 별 죄의식 없이 저지르는 '일상의 악'일 수 있다.

펭귄팀에 대한 정보를 흘린 모 언론인이 어떤 의도로 그렇게 했는지는 모를 일이다. 아마도 불가근(不可近) 불가원(不可遠)을 넘어선 취재원과의 '관계'에서 비롯됐을 것으로 이해는 되지만, 그의 행동은 국정농단 사건 보도를 망칠 뻔했다. 그 모 언론인도 아마 지금쯤은 스스로를 돌아보고 있을 걸로 생각한다.

극렬 인터넷매체와 친박 인사들의 공격

취재 당시에 내부에서 이런 진통과 곡절이 있었다면, 취재 이후에는 외부에서 극심한 음해가 일어났다. 국정농단 사태가 커지고 박근혜 대통령의 탄핵이 이루어지면서, 나는 친박과 '태극기세력'의 공적(共敵)이 되었다.

박근혜 대통령은 직무가 정지돼 탄핵심판을 기다리는 상태에서 2017년 1월 25일 당시 『한국경제』 주필인 정규재의 개인방송 '정규재TV'에 나와 단독 인터뷰를 했다. 취임 이후 한 번도 없었던 언론 인터뷰를 정규재의 개인 인터넷방송에서 한 것이다. 정규재는 이 인터뷰를 계기로 나를 공격하기 시작한 것으로 보인다.

박근혜는 1월 1일 청와대 신년 기자간담회에서 "완전히 엮은 것이다"는 말을 했다. 그리고 정규재가 인터뷰에서 "배후로 지목되는 구체적인 인물이라도 있습니까"라고 묻자 "말씀드리기 좀 그렇습니다만 우발적이 아니라는 생각이 듭니다. 오래전부터 기획된 것이 아닌가 하는 느낌을 지울 수 없습니다"고 답했다. 억울하게 엮이고 배후 인물이 있다는 뜻이었다.

인터뷰가 끝나고 정규재가 따로 구체적인 인물이 누구냐고 묻자 나를 지목했다는 얘기가 그날 밤 여기저기서 들려왔다. 이 때문인지 정규재는 2월 16일 자신의 방송에서 실명까지 거론하며 나를 공격했다. 먼저 정규재가 들려준 7월 4일자 김수현과 류상영 간 대화 녹음파일이다.

새누리당 안에 지금 친박, 비박, MB계들 다 각자 지분을 갖고 싸움을 하고 있잖나. 정권을 잡으려고. 거기 중에서 친박연대가 아닌 비박연대 쪽 새로운 사람한테 줄을 대서 이거는 친박 세력 죽이는 용으로 쓰고 내부에서⋯ 거기 서 정권이 이양이 되면 거기서 자리를 받으려고 하는 거 아닐까?

이 내용을 들려준 뒤 정규재가 직접 해설을 했다.

"친박연대 죽여버리고, 다음 대권주자가 되면 거기서 자리를 받는 거다. 이모(某)가 그런 계획을 하고 있다고 서로 얘기하고 있습니다. 이모는 TV조선의 이진동 사회부장입니다. 거기에 답을 해야 됩니다. 왜 TV조선이 그런 보도를 했는지에 대해서 답을 해야 됩니다."

전후 맥락도 없이 고영태 녹음파일의 일부분만을 떼 내가 새누리당 내 '비박'에 접근해 자리를 받을 의도로 보도를 한 것인 양 몰아갔다.

이 대화의 배경은, 앞에서 언급한 김수현을 TV조선 건물로 데려와 인터뷰하려고 한 일이었다. 나도 나중에 '고영태 녹음파일'을 듣고 알았지만 김수현은 당시 생각지도 못한 인터뷰를 시키려고 하자 매우 당황했던 모양이었다.

김수현은 7월 3일에 인터뷰를 못하겠다고 하고 돌아간 다음날 "하마터면 인터뷰를 당할 뻔했다"고 전날 상황을 설명하는 통화를 일당들과 나눈다. 그러면서 내가 보도하려는 이유에 대해 서로 억측하는 대화를 한다. 류상영과는 대화는커녕 얼굴 한 번 본 적이 없었다. 김수현의 추측을 받아 그 역시 추측을 재생산한 것뿐이었다.

그런데도 정규재는 류상영의 억측을 들려주고선 실명까지 써가며 내가 그런('비박'에 자리를 받을) 계획을 하고 있다고 왜곡했다. 그러면서 자신은 빠져나가기 위해 "두 사람이 그런 얘기를 하고 있다"고 인용하는 것처럼 했다. 당시엔 그래도 합리성을 추구한다고 생각했던 정규재의 일방적 매도를 보고 '경륜 있는 언론인이라면 저럴 수 없을 텐데…'라는 아쉬움과 안타까움이 많았다.

정규재TV는 인터넷 방송이지만 이 방송을 100만 명 넘는 사람이 클릭했다. 민·형사 책임에서 벗어나기 어려운 중대한 명예훼손이었다. 정규재는 "왜 TV조선이 그런 보도를 했는지" 답변까지 요구했는데, 뒤늦었지만 여기에서 답변을 한다.

"'박근혜와 한 몸처럼 움직인 최순실의 국정농단을 제대로 고발하지 못하면 기자도 아니다'는 생각으로 취재하고 보도했습니다. 답변이 됐나요?"

어쨌든 탄핵 반대세력과 극렬 인터넷매체는 이 같은 김수현과 류상영의 터무니없는 억측을 공격 근거로 삼았다. 나중엔 심지어 매체비평지인

『미디어오늘』조차도 나를 가리켜 '빅브라더였나?'라고 하면서, 국정농단 사건들을 고발하는 기사들이 '비박(非朴) 보수정권 재창출'이라는 의도에서 쓴 것 아니냐는 논리로, 나와 초기 보도를 흠집 내려고 했다.

탄핵 법정에서도 박근혜 대통령 측 대리인들은 정규재의 논리를 그대로 들고 나왔다.

2017년 2월 14일 박 대통령측 손범규 변호사는 "이진동이라는 존재는 '김수현 녹취파일'에 보면 핵심인물들을 훤히 들여다보는 '빅브라더' 같은 존재이고 이 사건이 세상에 나오게끔, 대통령 입장에서는 기습적인 언론보도를 나오게 한 배후 인물"이라고 말했다. 이어 손 변호사는 "이진동은 트로이의 목마처럼 김수현을 최순실과 고영태에게 보낸 사람"이라며 "기획적인 폭로 공작이 오래전부터 있었고, 그래서 순수하지 못한 동기에 따라 언론보도도 상당 부분 조작해서 여기까지 왔다"고 말했다.

모든 일이 일어날 것을 알고 마치 김수현을 고영태에게 보내 탄핵을 기획했다는 논리 전개인데, 그게 그에게는 가능한 일인 모양이다. 2014년 말 고영태가 찾아오기 전까지 고영태라는 인물을 아예 몰랐는데, 누구를 심어놓는 일이 가능이나 할까.

박 대통령 대리인단은 일어날 수도 없는 얘기를 탄핵 반대 논리로 내세우고 있었다. 핵심 인물들을 직접 만나서 취재하고, 취재 대상과 기사의 순서 등 밑그림을 그려 취재를 지시하는 역할을 한 건 맞다. 그렇지만 전부 국정농단 행위들을 고발하기 위한 것일 뿐이었다. 탄핵은 국정농단의 결과로서 발생한 것이고, 국정농단은 최순실과 그 일당들이 기획한게 아닌가. 언론이 탄핵을 어떻게 기획할 수 있다는 건지 묻고 싶다.

'태극기세력'이나 박 전 대통령 모두 탄핵심판에 이르게 된 잘못을 내부에서 찾는 게 아니라, 자꾸 외부 탓으로 마치 국정농단을 고발한 언론이 탄핵을 불러온 양 호도한 것이다. 박 대통령측이 제대로 된 법 논리보다는 재판에 대한 신뢰를 훼손하고, 선동쪽에 기울어 있었던 건 탄핵심판에서 마이너스로 작용했다.

보고 싶은 것만 보려고 하는 극렬매체들은 어쩌면 알면서도 '선동'을 위해 왜곡을 일삼았을 것이다. 극렬 탄핵 반대세력은 '이진동·고영태 체포특공조'까지 만들었다. '자유통일해방군'이니 '육탄십용사'니 하는 극렬 우익단체들이 테러를 부추기는 소동까지 벌였다. 소꿉놀이 같은 행태에 허탈한 웃음밖엔 안 나왔다.

나중엔 내가 문재인 대선후보 캠프로 간다는 소문까지 퍼졌다. 극렬 인터넷매체에 글을 쓰는 한 기자가 국정원 직원에게서 들었다고 취재하는 척 소문 확산에 앞장섰다. 실제 국정원 직원들이 퍼뜨린 건지, 그 기자가 '국정원 직원'을 소스로 둘러대며 퍼뜨린 건지는 모르겠다. 하지만 나를 흠집 내려는 의도는 분명했다.

작은 도둑들의 음모

정규재가 인용한 '고영태 녹음파일'은 탄핵심판이 진행되어가면서 태극기집회의 세를 불리는 데 활용됐다. 앞서 말했듯 이건 김수현이 대화나 전화통화를 녹음해놓은 총 2391개의 녹음파일인데, 내가 취재하는 과정에서 나눈 대화나 통화도 포함돼 있었다.

태극기집회 단체들은 취재 당시의 대화를 '탄핵 모의'로 몰아가며 무슨 범죄꾼들인 것처럼 '○○○ 일당'이라고까지 불렀다. 최고권력자 박근혜가 저지른 국정농단을 누가 모의했다는 건지 어불성설이었지만, 태극기세력에겐 먹혀들어간 듯했다.

내 목소리가 담긴 파일은 2391개 중 모두 19개였다. 직접 대화가 녹음된 건 2016년 6월 18일 고영태와의 저녁 자리 하나였다. 김수현이 몰래 녹음해뒀던 것이다.

고영태는 그 당시 최순실 밑에서 K스포츠재단의 이권을 챙기는 걸 도우면서, 최순실 빌딩에서 펜싱클럽을 운영하려고 준비하고 있었다. 당시 나는 그걸 까맣게 몰랐다. 그때까지 두 사람을 '2014년 말의 순진했던 제보자'로 착각하고 있었다. 2014년 찾아올 땐 협조적이었던 이들의 태도가 180도 달라졌던 이유를 '고영태 녹음파일'을 듣고서야 알았다. '최순실' 기사가 보도되기 시작하면 자신들의 계획이 물거품이 될 상황이어서 기를 쓰고 취재를 못하게 했던 것이다. 그래서 고영태와 김수현은 나를 만나러 오기 하루 앞서 전화로 대책을 세웠다.

김수현: 이진동 위원장 무서운 건 그 부분이에요. 기자고 생각보다 위험한 사람입니다. 이상한 건 파고드는 습성이 있어요.

고영태: 아 진짜 이렇게 하면 XX. 인생에 도움이 X도 10원짜리 하나 안 돼요.

김수현: 형이 먹고 사는 문제 해결해야 한다고 하고, '이건 안 됩니다'고 얘기하면 들어줄 사람인 건 맞아요. '영태도 가방 잘 해서 먹고 살면 되지, 왜 거기(최순실)에 붙어 있냐'고 했거든요. 그래서 먹고 사는 것 때문에 조그만 일을 하려고 하는데, 막아달라고 하면 들어줄 사람이에요.

고영태: 아니라고 하면 한판 붙어야 되니까.

김수현: 막 이것저것 쏟아지는데 형 자리 잡아 사무총장 들어가고 딱 장악하고, 그 다음에 우리가 어떻게 되든 다른 것 다 할 수 있는데….

고영태: 나에게 제일 좋은 그림은 뭐냐면 이렇게 틀을 몇 개 짜놓은 다음에 빵 터져가지고 날라가면 이게 다 우리 거니까. 그 그림을 짜고 있는 거니까.

태극기집회 세력과 극렬매체들은 고영태의 "빵 터져서 날아가면 우리 거니까"라는 말을 근거로, 탄핵을 '고영태 일당의 음모'라고 주장했다. '녹음파일'로만 보면 고영태는 최순실 하수인 노릇을 하면서 한편으론 재단을 장악하려는 꿍꿍이가 있었던 것으로 볼 수 있다. 하지만 그건 큰 도둑(최순실)의 물건을 작은 도둑들(고영태와 김수현)이 다시 훔치려는 모의에 지나지 않았다. 최순실 밑에서 뭘 배웠겠는가. 이들의 욕망은 큰 악당 최순실을 통해 실현되는 구조였을 뿐, 직접 뭔가를 실행할 수 있는 능력이 없는 인물들이었다.

이들의 꿍꿍이는 김수현이 인터뷰를 거절한 직후 돌아가 고영태와 한 전화통화에서도 다 드러난다. 나중에 보도가 나와도 자신들이 부인하면 "이진동을 바보로 만들 수 있다"고 딴에는 나름의 대책까지 세웠다. 취재를 피하고 막을 방법을 궁리한 것이다. 그러면서 그들이 처음 나를 찾아와 건넨 CCTV영상(박근혜 의상실 CCTV영상과는 다른 것으로, 최순실이 고영태 집에 들어가 1억 원을 가져갔을 때 건물 출입구에 찍힌 CCTV영상)이 나오면 최순실에게 꼼짝없이 자신들 소행으로 들키게 되는 걸 염려하기도 한다.

K스포츠재단 관계자 강모 씨와의 통화에서도 김수현이 걱정하는 대목이 나온다.

"X발 먹고 살려고, 상영이 형도 들어가고 이젠 내 차례구나(K스포츠 재단에 들어갈 차례라는 뜻) 하고 있는데, 나서지도 못하고 씨. 만약 제가 인터뷰를 따였어요. 그러면 제가 어딜 가겠어요? 집에 가야 돼요. 그럼 제가 재단에 어떻게 들어가요. 솔직히 그럼 전 완전 안녕이지."

김수현은 당시 나에게 K스포츠재단 관련 내용은 철저히 함구하면서 뒤로는 K스포츠재단에 들어가 일할 계획을 세워놓고 있었다. 그런데 K스포츠재단이 한창 활성화될 찰나에 '최순실' 취재가 들어오자 최순실을 돕던 '일당'들이 적잖게 당황했던 것이다.

그런데도 태극기세력은 펭귄팀의 보도가 어떤 음모에 따라 진행된 듯 왜곡하고, 나를 '탄핵기획세력'으로 몰아갔다. 내가 『한겨레』에 기사를 넘겨주고, JTBC에게도 대통령 연설문이 담긴 USB를 넘겨줘 JTBC의 태블릿PC 보도를 나오게 했다는 식의 밑도 끝도 없는 '빅브라더 음모론'이 기승을 부렸다.

'음모론'의 선동이 통했는지 2월 18일 토요일 태극기세력의 탄핵무효 집회는 인파가 시청 앞 광장에서 남대문까지 들어찰 정도로 불어났다.

내부 조사를 받다

그 무렵 『조선일보』의 고정 독자들이 뭉텅이로 떨어져 나가자 상층부의 시름이 깊다는 얘기도 들려왔다. TV조선은 이미 집회 생중계 때 '촛불 반' '태극기 반'으로 기계적 균형을 맞춰가고 있었다. 국회에서 탄핵 의결이 되고 촛불이 광화문 광장에 넘쳐나던 시기, 특종을 축하하고 '큰 포상'에 부국장 승진까지 주어졌던 그런 분위기는 잠시였다.

그런 상황에서 2017년 2월 20일 오전 호출이 와 갔더니, 『조선일보』와 TV조선의 보도 관련 간부진이 있었다.

앉자마자 "혹시라도 취재 과정에 문제될 게 있느냐"는 질문이 들어왔다. "취재윤리에 어긋날 만한 일은 없습니다"라고 답변하고, CCTV영상 입수 경위도 간략히 설명했다.

결론은 밖에서 태극기세력들이 '기획 폭로'라고 제기하고 있으니, 깔끔하게 해놓을 필요가 있다는 것이었다. 외부인을 포함한 조사위원회를 구성해 철저히 조사하는 것이 어떻겠느냐는 얘기가 나왔다. 조사위원회 구성은 내가 동의하고 안 하고의 문제도 아니었지만, 나는 '동의한다'고 답변했다.

'촛불'과 '태극기'의 첨예한 갈등 상황이 되자, 극렬매체들이 '탄핵기획'이라고 주장하는 부분에 대해 적어도 방어적인 차원에서라도 뭔가 조치가 있을 걸로 예상은 하고 있었다. 내 이름까지 들먹이며 '탄핵기획' 음모론이 나왔을 때, 경위를 설명하는 자료를 이미 전달한 상황이기도 했다.

그날 자리에서는 첫번째로 '취재원 보호'에 대한 얘기가 나왔다.

고영태의 경우만 해도 10월 19일 "최순실 취미가 대통령 연설문 고치는 것"이라는 기사에 실명으로 등장하기 전까진 기사의 소스를 전부 '최순실의 한 측근'으로 넣어 노출되지 않도록 했다. 기자라면 기사의 정확도를 드러내기 위해 실명을 쓰고 싶은 유혹이 뒤따르지만, 취재원으로서 고영태를 보호하기 위한 나름대로의 배려였다. 언론에 실명이 등장한 뒤에도 TV조선 리포트에선 '최순실의 측근'으로 처리한 기사가 많았다. 고영태가 호스트바에서 일한 사실이 알려져 뉴스와 시사프로의 소재가 됐을 때도 TV조선만큼은 자제를 하거나, 최소한 선정적으로 흐르지 않도록 애를 썼다.

고영태와 김수현에게 "CCTV영상을 쓸 상황이 됐다"면서 대략 흐름을 알려준 것 역시 '취재원 보호' 차원이었다. 취재원에게 불리하게 작용할 보도가 나간다면, 미리 알려주는 게 일반적이고 취재윤리에도 어긋나지 않는다. 보도되면 큰 곤욕을 치를 수 있다는 점을 알려줘서 향후 감수해야 할 부분에 대한 마음의 준비를 시키는 건 취재 과정에서 흔히 있는 일이다. 실제 고영태에겐 의상실 CCTV영상이 보도되면 검찰을 비롯해 청문회나 특검에 불려다녀야 하는 상황이 올 수 있다고 몇 번씩 설명했다. 나야 각오를 하고 직접 기사를 쓰는 당사자니까 피해를 입어도 괜찮지만, 취재원에겐 불똥이 튀지 않도록 차단해줄 필요가 있었다.

취재원에게 "휴대폰을 버리라고 했느냐"는 질문도 받았다. 나는 "취재에 앞서 휴대폰 정리를 권유한 건 맞다"고 했다. 수사가 거꾸로 진행된 정윤회 게이트 사건 예를 들어, 핵심도 아닌 주변부 취재원들이 공연한 '화'에 엮이지 않도록 몸조심시키는 차원이었다고 설명했다.

CCTV영상을 가지고 있었으면서 왜 얘기를 하지 않았느냐는 지적도 나왔다. "정보보고 형식으로 보고한 적은 있었다"며 자세한 답변은 안 했지만 이 역시 나올 법한 질문이었다. 아예 기사를 쓰지 않으면 몰라도, 보도를 하게 되면 시점에 대한 의문이 생기는 건 당연했다.

이건 취재가 완료되거나 보도할 타이밍이 됐을 때까지 내가 쥔 물건을 드러내지 않는 취재 스타일의 문제였다. 누군가에게 미리 내놓으면 계획이 흐트러질 수 있기 때문이었다.

과거 내가 했던 대형 특종의 경우 몇 년씩 걸리는 취재들도 있었다. 앞부분에서 언급한 2001년 진승현 게이트도 그렇지만, 2005년 '안기부 국정원 불법도청' 특종 역시 마찬가지였다. 2001~2002년 진승현·최규선 게이트를 취재하면서 '민간인 불법도청'의 정황을 잡았지만, 물증이 없어 실제 기사는 4년 뒤 '안기부 미림팀장'을 직접 찾아낸 뒤에야 쓰게 된다. 중간중간 국정원을 퇴직하고 나온 간부들을 취재해 '정황'들을 모아뒀던 덕분에 2005년엔 불과 열흘 만에 취재를 할 수 있었다.

통상의 언론 환경에선 이해가 안 될 수 있겠지만, 큰 물건일수록 '스모킹 건'을 찾을 때까지, 그리고 확신이 설 때까지 기다리는 습성이 있었다.

회의에선 탄핵 무효를 주장하는 쪽의 외부 인사가 참여하는 조사위원회 방안도 언급됐지만, 태극기집회 인사를 포함시킬 경우 선동에 이용될 수 있다는 우려가 나왔다. 결국 쓸데없는 오해를 부르지 않도록 외부엔 함구하되, 객관성 보장 차원에서 『조선일보』 간부와 논설위원실 논설위원, TV조선 간부 3명으로 구성됐다.

나는 즉시 부서에 와 있던 인턴들을 시켜 2391개의 녹음파일 전체를 녹취하라고 했다. 직접 녹음되거나 언급된 파일을 포함해 모든 녹취록을 내부 조사위원들에게 제공했다. 녹음을 푸는 작업은 기자들에게 맡기고 전혀 관여하지 않았다.

어떻게 조사했는지는 모르나 일주일쯤 걸려 끝났다는 얘기를 들었다. 고영태는 전적으로 취재 목적에서 만났기에 별 걱정은 없었다. 내부 조사가 어느 정도로 밀도 있게 진행됐는지는 모르겠지만, 외부 인사들이 진행하는 조사였다고 해도 당당히 응할 생각이었다.(몇 달이 지나서 조사 결과를 간접적으로 통보받았다. 취재 방식과 기자윤리 그리고 외부 정치세력과의 유착 여부 등을 중점적으로 살펴봤다고 했다. 결과는 통상의 취재 방식을 벗어나지 않았고, 기자윤리를 어긴 흔적을 찾을 수 없었다는 것이었다. 외부 정치세력과의 결탁 운운은 최순실 일당들끼리 일방적으로 해석한 내용들로 전체 맥락을 보면 문제가 없는 것으로 결론났다고 했다.)

애초에 박근혜-최순실 국정농단 사건의 핵심인 '미르·K스포츠 재단 의혹' 보도는 고영태·김수현과 전혀 별개로 취재가 시작된 사안이었다. 2016년 7월 26일부터 8월 18일까지 보도된 미르·K스포츠 재단 관련 기사는 30여 건이었지만, 고영태에게 의존한 경우는 없었다.

미르·K스포츠 재단 의혹 취재는 펭귄팀의 땀방울로 빚어낸 결과물이었다. 탐사보도의 길을 따라 한발 한발 앞으로 나가는 과정이었다.

그런데 2년이라는 시간을 한꺼번에 거슬러 올라가면서 왜곡이 일어났다. 취재의 전개 과정을 도외시하고 결론에서 시작점을 바라봤기 때문에, 고영태의 의도나 제보로 미르·K스포츠 재단 취재가 진행된 것인 양 왜곡되게 비쳐진 것이다.

아쉬웠던 건 내부 청문회나 내부 조사를 하려 했으면 취재 과정만 들여다볼 게 아니라, 2016년 7~10월의 보도 상황도 되짚어봤어야 했다는 것이다. 특히 TV조선에서 미르·K스포츠 재단 의혹을 집중보도할 때 『조선일보』는 왜 나서지 않았는지도 한 번쯤 살펴볼 필요가 있었다.

나중에 타사 간부들에게 물어보면 "같은 조선미디어 계열인 『조선일보』도 안 쓰는데…"라거나 "그땐 최순실이 안 나오지 않았느냐"고 말했다. 그럼 '안종범이 기업들 팔 비틀어 돈 받으면 괜찮고, 최순실이 해야만 문제'란 건가? 핑계라고 생각했다. '셀프 면죄부'를 주기 위한 변명으로 들렸다.

청와대가 어떻게 살벌하게 조여왔는지는 모르겠다. 하지만 9월 이후엔 이상하게도 '최순실'이 등장하지 않는 방송이 돼버렸다. 의상실 CCTV영상 보도도 기약 없이 미뤄졌다. 10월 24일 태블릿PC 보도가 나오기 전주에는 '최순실'에 대한 의혹이 광범위하게 증폭되던 상황이라, 적어도 그 무렵엔 보도했어야 했다. 태블릿PC 보도보다 최소한 2~3일만 앞서 썼더라도 CCTV영상을 묵혔다는 비난은 많지 않았을 것이다.

그런 부분에 대한 복기와 깊은 성찰 차원에서라도, 조사위원회든 청문회든 절차가 한 번쯤은 있었을 법도 한데, 그렇진 않았다.

특종의 후유증

TV조선이 앞장서 역사의 큰 물줄기를 바꾸는 '퍼스트 펭귄' 역할을 했다는 자부심에는 변함이 없지만, 그 뒤 TV조선의 대응 역시 안타까운 점이 많았다. 물론 나 역시 TV조선 보도를 일정 부분 책임지는 사람으로서 책임의 몫도 있고, 비판을 피하고 싶은 생각은 없다.

스스로도 자괴감이 들어 뼈아픈 심정으로 돌아봤다. 2005년 『조선일보』에서 '안기부·국정원 민간인 불법도청 보도'를 했을 때는 취재가 완료되고 주요 기사가 마무리됐는데도 열흘 이상 보도가 나가지 않았다. 매일 아침 출근하면 편집국장에게 "지금이 타이밍이다"며 왜 써야 되는지를 설득하는 메일을 보내 편집국장을 움직였다. 그러고도 당시 사회부장이 자리를 거는 보증을 해야 했다. 과거엔 그렇게 치열하게 상층부를 설득했다. 하지만 이번엔 "CCTV영상을 써야 한다"는 얘기를 몇 차례 꺼내면서도 그때만큼 절박하게 하지는 못했던 것 같다.

촛불과 태극기의 세 대결 양상이 벌어지자 TV조선은 시청률과 『조선일보』의 충성도 높은 보수 독자를 고려해 태극기집회측의 터무니없는 주장도 그대로 생방송에서 내보내곤 했다. 시청자층을 고려한 고육지책이었겠지만 떨어진 시청률은 쉽사리 오르지 않았다.

추락하는 시청률에 대한 진단도 달랐다. 나는 방향을 잃는 바람에 더 떨어졌다고 보고 있었다. 사드 배치 갈등 등 보수·진보가 팽팽하게 갈리는 지점에선 명확하게 보수 목소리를 내되, 국정농단 사건만큼은 옳고 그름의 문제로 봐야 한다는 게 내 입장이었다. 하지만 내부는 그렇지 않았다. 간부들 사이에선 국정농단 사건에 비중을 두었기 때문에 고정 시청자가 떨어져 나간다는 시각이 팽배해갔다. 극히 일부 간부는 시청률 하락이 그동안 국정농단 사건 보도를 하면서 '친박'의 기분을 너무 상하게 했기 때문이라는 주장까지 했다.

뉴스에선 그나마 찬·반 출연자를 함께 출연시켰지만, 낮 시사프로에선 눈에 띄게 태극기나 박근혜측 변호사가 일방적으로 출연하기도 했다. 박근혜측 법률대리인이었던 손범규는 TV조선 메인뉴스에 출연해서도

"여기 있는 이모 씨"라고 나를 지칭하며, '탄핵 음모론'을 주장할 정도였다.

국정농단 사건 보도 과정에서 동지가 됐던 박관천은 TV에 출연한다면 "무조건 이 부장 때문에 TV조선부터 먼저 나가겠다"고 약속했다. 나는 "그동안 나에게 했던 얘기를 당신이 출연해서 다 말할 수 있다면 나도 손발을 맞춰주겠다"고까지 했다. 그런데 어느 날 박관천은 "JTBC에서 제안이 왔는데, 아무래도 나가야 할 것 같다"며 "미안하다"는 말을 꺼냈다. 서운한 생각이 들었지만, 박관천의 입장을 충분히 이해할 수 있었다. 약속 위반이라고 탓할 수도 없었다.

심지어 『조선일보』와 TV조선 내에선 탄핵심판이 기각될 것으로 예상하는 간부도 있는 눈치였다. 청와대가 탄핵 결정 전날 밤까지도 워낙 탄핵 '기각'을 확신한 탓에 오도된 정보가 입력됐던 것 같았다.

그럴 리는 없었겠지만 태극기집회가 촛불을 누르는 상황이 오면, '희생양'이 될 가능성도 없지 않다고 봤다. 내부의 한 선배는 "대비할 필요가 있다"고 걱정해주기도 했다.

펭귄팀의 시초 보도가 없었다면, 언론 보도의 확산에 이어 광장의 촛불을 만들어내는 계기 자체가 생기지 않았을 것이란 게 내 생각이다. 촛불의 물결은 보수·진보를 떠난 옳고 그름을 가르는 흐름이었지만, 그 속엔 보수 색채의 TV조선과 『조선일보』를 공격하려는 진영적 경향도 있었다. 펭귄팀의 시초 보도는 그런 움직임에 빌미를 주는 걸 차단하는 역할을 했을 수 있다. 그런데 덕수궁의 태극기 함성이 커지면 커질수록 『조선일보』와 TV조선의 고민은 깊어갔고, 펭귄팀을 이끌어왔던 나는 고립돼갔다.

여기에 종편 재허가 문제까지 겹쳤다. 당시 야당 추천 방통위원은 보수 색채 종편이라며 현미경을 든 '시어머니' 같았고, 여당 추천 방통위원은 '앙갚음'이라도 하듯 굴며 애를 먹였던 모양이다. TV조선은 TV조선대로 양쪽에 끼어 운신의 폭이 크게 줄었다. 결론은 혹독한 '조건부 재허가'였다.

그러니 국정농단을 고발하는 문을 열고, 미르·K스포츠 재단 권력형 비리 의혹, 김영한 업무일지 보도 등 대형 특종을 하고도 갈수록 특종을 했다고 말하기가 어려웠다. 탄핵심판이 나고 박근혜가 구속되고 나서도 보수 시청자층을 돌려세우는 쪽에 집중하다 보니 큰 반전은 없었다.

대형 특종은 늘 후유증이 뒤따른다. 대형 사건 자체가 정치세력 판도 변화에 영향을 미치기 때문이다. 여야와 보수·진보를 가리지 않고 보도로 인해 불리해진 쪽에선 늘 정치적으로 공격을 해왔다. 2005년 불법도청 사건 때도 그렇고, 2007년 변양균·신정아 사건 때도 그랬다. 그때마다 꿋꿋이 버텼다.

압박감이나 스트레스는 과거보다 훨씬 컸지만 충분히 버텨낼 수 있을 정도로 단련은 돼 있었다. '숙명이라면 감당해내야지.' 이렇게 생각하니 훨씬 편해졌다.

아직도 남은 의혹들

　팩트에 좌와 우, 진보와 보수가 없듯이 기자는 진영 바깥에 있어야 한다는 게 나의 소신이다. 기자들이 진영에 갇히면 언론의 정파성이 더 강화될 뿐이다. 언론의 자유를 옥죄는 건 정치권력과 자본권력만이 아니다. 진영적 정파성도 언론 자유를 억압하는 요소다. 정파성이 뙤리를 튼 곳에선 직업적 소명의식으로 일하는 기자들의 설 자리는 점점 축소되고 만다. 만약 정치권이나 다른 언론이 국정농단 사건의 문을 연 TV조선의 보도를 정파적으로 보지 않았다면, 다른 언론들의 동참도 훨씬 더 빨랐을 것이고 진실도 더 빨리 밝혀졌을 것이다. 물론 정파성을 깨야 하는 것도 언론의 몫이고, 기자들의 몫이 클 것이다. 하지만 외부에서도 언론을 진영적 편가르기 틀로 보는 시각에서 벗어날 때 언론 본연의 저널리즘 회복에 도움을 줄 수 있다고 생각한다.

　언론과 기자들에 대한 신뢰가 날개 없이 추락하고 있지만, 2016년의 국정농단 사건 보도는 그래도 우리 사회에 왜 언론과 기자가 필요한가를 분명히 보여주었다. 그래서 이 책에서는 기자들의 역할과 기능을 조금이라도 더 드러내려고 했다. 비록 알량하긴 하지만 취재 노하우, 취재 스킬

등도 상세히 담으려고 욕심을 많이 냈다. 취재를 하다 보면 전략을 노출하는 실수도 있고, 헛다리를 짚기도 하는 등 무수한 일들이 일어난다. 이 책에서 그런 패착이나 실패담도 살리려고 애썼다. 나름대로는 방송저널리즘을 출판저널리즘으로 연장시키려는 노력이기도 했다.

국정농단 사건 보도 과정이 보여주듯 언론과 기자들은 경쟁하면서 협력하고, 상호 비판을 하기도 한다. 노하우든 실패담이든 현장의 동료 기자들에게 조금이라도 도움이 됐으면 하는 바람이다. 그런 의미에서 미처 다 풀지 못한 국정농단의 퍼즐을 여기 남겨둔다. 이 또한 어느 기자가 됐든 확인해야 할 부분이기 때문이다.

① 정윤회의 국정개입, 있었나 없었나?

정윤회의 국정개입 의혹은 박근혜-최순실의 국정농단 범주에 들어가지만, 2014년 말~2015년 초 검찰의 손을 한번 탄 탓인지 특검 역시 선뜻 나서지 않았다. 검찰 내부를 들여다봐야 하는 문제여서 '뜨거운 감자'라고 생각했던 것 같다.

나는 최순실의 전 남편 정윤회와 '십상시'들이 자주 모임을 가졌다는 강남의 음식점을 사정기관 정보 관계자를 통해 수소문했다. 정윤회가 그곳 여사장과 친분이 두터워 자주 갔다는 단골집이었는데, 2014년 검찰 수사 당시엔 빠져 있었던 곳이다.

2017년 출근 첫날인 1월 2일이었다. 음식점인데, 혼자 가려니 멋쩍어 스포츠부장 문승진과 하누리를 데려갔다. 따로 예약을 하지 않았지만 다행히 빈 방이 있었다. 들어갈 때 보니, 주방에서 직접 음식을 하는 여성이 '주인'인 것 같았다. 소주폭탄주를 몇 순배 돌린 뒤 "사장님 좀 들어오시라고 하시죠"라고 청해 여사장이 방으로 들어왔다. 너스레와 술로 긴장을 푼 뒤 취재에 들어가자 답변은 의외로 술술 나왔다.

"여기 정 실장 자주 오죠?"

"정윤회 씨?"

"친하시죠?"

"네…. 오래 됐죠. 안 지 5년 됐어요."

이 여사장은 처음에는 '정윤회 씨'라는 호칭을 쓰다가 대화가 계속되자 자연스럽게 '윤회 오빠'라는 호칭을 썼다.

"최순실도 아세요?"

"제가 다니는 사우나에 오니까 만난 사이죠. 이런 자리에선 안 만났고요."

"최순실은 어떤 사람이던가요?"

"교양이 아주 없는 여자예요. 정윤회 씨는 자기 와이프를 막고자 노력을 했어요. 지금의 국정농단 사건이 터지기 전부터 정윤회는 예견을 하고 막으려고 했는데, 못 막아 다 터진 거예요. (2014년 말) 문건 유출 사건 때는 무마됐는데, 결국 그게 터진 거죠."

"초반에는 국정에 관여를 많이 안 했나보죠?"

"아니죠. 시작부터 (국정개입이) 어마어마했죠."

정권 초기부터 정윤회와 최순실의 국정개입이 간단치 않았다는 증언이었다. 2014년 '정윤회 국정개입 의혹' 땐 검찰이 총대를 메고 '문건 유출'로 무마했는데, 이후 최순실이 광범위하게 개입하고 나오자 정윤회도 막지 못했다는 얘기였다.

"정윤회와 십상시는 왜 자주 왔어요?"

"이권 걸린 문건 들고 기업인들 매일 만나는 거예요. 100억 200억 이거 만들어줘 했거든. 성사되면 몇 프로씩 챙기는 거예요. 나도 그래서 화장품 많이 얻었어요."

검찰이 2014년 정윤회 국정개입 의혹 사건 당시 '허위 지라시'로 규정했던 정윤회와 십상시들의 모임이 실제 있었던 정황이 확인된 것이다.

정윤회가 대한항공 여승무원 출신 김모 씨와 왔을 때의 이야기도 나왔다. 정윤회는 2014년 8월 박 대통령의 공식 팬클럽인 '호박가족' 회원들과 함께 독도에서 열린 '보고싶다 강치야'라는 독도콘서트에 참석한 적이 있는데, 김 씨는 이때 동행했던 인물이다. 여사장은 김 씨를 ○○언니라고 호칭했다. 호칭으로 봐 정윤회와 가끔 들렀던 것으로 보였다.

"○○언니가 여기 처음 왔을 때, 그때 윤회 오빠하고 ○○언니하고 MBC사장이 함께 왔었어요. 정윤회 씨는 MBC 사장이나 다름없었죠. 2년 전까지."

정윤회가 MBC 사장을 앉혀놓고, MBC를 좌지우지하며 이용했다는 내용이었다. 정윤회 국정개입 의혹 사건 당시 MBC사장이었던 안광한의 이름을 대자 여사장은 '시크릿'이라며 그날은 답하지 않았다.

다음날 하누리에게 오갔던 애기들을 전부 정리해두라고 했다. 이 역시 그곳을 아는 사람들이 없었기 때문에 서두를 이유는 없었다. 그런데 생각지도 못한 일이 생겼다. 1월 4일 채널A가 정윤회를 단독 인터뷰하고, 다음날 아침자 『동아일보』 2면에도 기사가 실렸다. 인터뷰 내용을 보니, 선제적 방어였다. 한정식집 여사장이 나에게 해줬던 애기를 마치 다 알고 미리 반박하는 느낌이었다. 인터뷰 내용이 이랬다.

"박관천 전 경정이 '허위 기록(비선실세 정윤회 동향 보고서)'을 했다는 사실은 이미 판명이 났다. 검찰에서 조사받을 때 박 전 경정과 대질해서 '왜 그랬느냐'고 물으니 답을 못하더라. 문고리 3인방과는 대선 전에도 그렇지만 연락을 하지 않고 있다. (2014년) 문건 사건 당시에 딱 한번 연락했다. 박 대통령과도 2007년 이후 연락 안 한다. 나는 다 내려놓고 시골에서 여생을 조용히 살고 싶을 뿐이다."

한정식집 여사장에게 명함을 주고 온 상황이라 이 여사장이 내가 다녀간 다음날 정윤회에게 오간 대화 내용을 알려준 게 틀림없어 보였다. '정윤회의 꼼수'가 읽혔다. 『동아일보』 보도 당일, 스포츠부장 문승진에게 "한잔하러 가자"고 해 3일 만에 다시 가서 따졌다.

"나도 손님인데, 손님하고 오간 대화를 그대로 정 실장에게 옮길 수 있느냐?"

답변이 없어 "어떻게 전달됐는지 알아야 할 것 같은데, 뭐라 했는지나 들어봅시다"고 물고 늘어졌다. 그러자 "(정윤회가) 입 놀리지 말고 다물고 있으라는 말만 해"라고 한마디만 했다. 추측이 맞았다. 여사장의 말을 토대로 기사를 쓰게 될 경우를 가정해 방어용으로 선제적 인터뷰를 했던 것이다. 몇 가지를 추가로 더 물었다.

"정윤회가 다닐 때 기업인들 많이 줄섰다고 했잖아요. 특별히 무슨 얘기들을 했어요?"

"각 기업마다 법무팀하고 홍보팀에서 '회장'이 감방에 있으면 빼내야 하니까…. 그러면 나한테 부탁해요. 그래서 ○○오빠도 나왔잖아. 나오자마자 두부를 싸갖고 왔어요."

정윤회가 기업인들의 석방이나 사면에도 관여했던 정황으로 보였다.●

다음날 하누리를 불러 정윤회가 2014년 같이 왔다는 MBC사장이 안광한이 맞는지를 다시 한번 확인시켰다. 며칠 뒤 하누리는 "안광한이 사장되고 나서부터 보도 통제하려고 정윤회가 친하게 지냈다"는 얘기를 여사장에게

● 사실관계 확인을 시도했지만, 미진해서 기사화되진 않았다. 나중에 특검 수사에선 이 기업인측이 '석방' 사실을 미리 알았던 정황은 나왔지만 '로비 혐의'는 밝혀내지 못했다.

서 듣고 왔다. MBC사장 안광한에게 직접 전화 통화를 해 해명까지 받으라고 했다. 예상대로 '부인'이었다.

이렇게 해서 1월 11일 〈정윤회 국정농단, 십상시 모임 진짜였다〉〈십상시들 이권 개입 논의했다〉〈MBC사장 정윤회와 독대했다〉는 세 꼭지의 기사를 내보내게 된다.

내가 부서 기자들을 시키지 않고 이 한정식집을 굳이 직접 취재했던 건 나름대로 이유가 있었다. 2014년 박관천이 구속된 직후 '정윤회·최순실의 국정개입'이 사실일 가능성이 농후하다는 걸 알게 됐지만, 당시는 취재 역량이 못 미쳐 지켜보고만 있었던 데 대한 마음의 빚 때문이었다. 술자리에서 박관천에게 "미안하다"고 사과는 했지만, 그 당시 정윤회 국정개입 의혹이 실체와 부합했다는 정황을 한번은 취재해야 할 것 같았다. 박관천은 내가 취재한 내용을 알려주자 "특검에게 진상규명 의지가 있으면 밝혀지지 않겠느냐"고만 할 뿐, 말을 아꼈다.

● 보도 이후 MBC는 '안광한 사장 방어'를 위해 TV조선을 비난하는 리포트를 며칠씩 해댔다. 그리고 이것도 모자라 1년차도 안 되는 기자부터 하누리, 사회부장(필자), 본부장 그리고 변용식 대표까지 모조리 명예훼손 혐의로 형사고소했다. 검찰 조사가 2017년 8월까지 이어졌는데 "공적 관심사이고 사실이라고 믿을 만한 정황이 있다"는 취지로 전부 무혐의 처분됐다. TV조선 보도를 근거로 '안광한'이라는 이름을 썼던 매체비평지 기자들도 고소를 당했다가, 함께 무혐의 처분을 받았다.

보도가 나가자 조응천은 페이스북에 〈정윤회 국정농단, 십상시 모임 진짜였다〉기사를 링크하고는 "TV조선이 제대로 한건 했네요. 2014년 12월 당시 중앙지검 수사팀에서 왜 이 사건을 말아먹었는지, 말아먹는 데 누가 주도적으로 관여했는지 특검에서 수사할 일만 남았습니다"라는 글을 올렸다.

2014년 서울지검 수사의 문제점도 기사로 여러 차례 지적했지만, 특검도 결국은 손을 대지 못했다. 정윤회의 국정개입 의혹은 여전히 들춰지지 않았다.

② 미르·K스포츠 재단은 왜 만들었을까?

두 재단을 왜 만들었는지에 대해선 지금도 박근혜와 최순실이 입을 다물고 있다. 검찰의 특검 수사에서 드러난 여러 정황상 두 사람이 '재단' 설립에 함께 발을 걸친 건 맞지만, 처음 누구의 아이디어에서 시작됐는지도 여전히 불분명한 상황이다. 아무리 대통령이라곤 하지만 백주대낮에 그 많은 기업들의 팔을 비틀어 돈을 뜯어내고도 무탈할 것이라고 생각했다는 것 자체가 상식적으로 납득이 안 되는 대목이다. 취재를 하면서 '제2의 일해재단'이라고 설명을 해도, 많은 사람들이 '요즘 세상에 그럴 리가?'라는 반응이었다. 사고가 유신시대에 머물러 있지 않다면 일어날 수 없는 일이었다.

지금까지 드러난 정황만으로 유추해보면 미르재단은 '퇴임 후'를 염두에 둔 재단이고, K스포츠재단은 정유라를 위한 재단으로 생각된다.

미르재단은 사업비로 마음대로 쓸 수 있는 운영자금이 386억 원이나 됐고, 미르재단이 아프리카 원조사업인 '코리아에이드'를 맡으려 했던 점은 퇴임 후 활동과 연관됐을 가능성이 높다. 코리아에이드를 통해 아프리카에 새마을운동을 보급하려 했던 것 같고, 미르재단을 그 창구로 만들어 놓으려 했던 것으로 보인다. K스포츠재단은 독일 더블루K와 연결된 것으로 봐서 정유라의 '승마 지원용'으로 추측해볼 수 있다.

사실 미르·K스포츠 재단을 이용한 범죄는 미완의 범죄다. 박근혜와 최순실은 돈이 고스란히 남아 있다는 점을 들어 사익추구용이 아니라고 주장하지만, 정황을 보면 TV조선에서 보도가 빨리 나오는 바람에 미처 집행하지 못했을 뿐이다. 그리고 돈을 쓰지 않았다고 뇌물죄 또는 강요죄가 성립되지 않는 것이 아니라, 이미 돈을 거둔 순간부터 범죄 혐의는 성립된다.

박근혜는 K스포츠재단 이사장의 월급을 현실화하는 문제를 경제수석 안종범에게 지시하고, 심지어 임대 장소까지 알아보라 했다고 한다. 대통령의 관심치고는 사소하고 도를 넘은 것이었다. 정유라를 위한 '삼성 승마지원 압박'도 마찬가지였다.

아마도 '박근혜-최순실-정윤회-정유라'의 베일에 싸여진 관계들이 드러나야만 두 재단을 왜 만들었는지가 풀리지 않을까 싶다.

③ '세월호 7시간'의 행적

세월호 참사 당일 박근혜 대통령의 행적은 아직도 미스터리다. 검찰과 특검수사, 헌법재판소의 탄핵 심판까지 거쳤지만 2014년 4월 16일 대통령의 행적은 나오지 않았다.

다만 특검 수사에 와서야 오후 행적이 추가로 밝혀지긴 했다. 2014년 4월 16일 오후 2시 53분 이영선 경호관은 박근혜 대통령의 올림머리를 담당하는 정송주에게 "출발하시면 전화 부탁드립니다. 많이 급하십니다"는 문자를 보낸다. 오후 3시 20분 정송주는 서울 안국동쪽에서 이영선을 만나 청와대로 들어간다. 그리고 올림머리를 한 뒤 중대본(중앙재난안전대책본부)에 도착한 시간은 오후 5시 15분. 그러니 약 2시간가량의 행적은 나온 셈이다.

그래도 나머지 5시간가량의 행적은 아직 오리무중이다. 오전 10시 15분에서 10시 30분 국가안보실장(2차례)과 해경청장에게 구조 독려 지시를 했다고 하지만, 통화기록이 제출된 건 아니었다.

분명한 건 그날 저녁까지 박근혜가 집무실을 비워뒀다는 것이다. 심각한 재난 상황이 벌어졌는데도 대통령이 집무실에 없었다는 것은 납득 못할 일이다. 그런 점에서 올림머리를 하느라 허비한 2시간을 빼고도 나머지 시간의 행적 역시 밝혀져야 할 부분이다.

세월호 7시간과 관련해선 '정윤회와의 밀회설'이 끊이지 않았다. 박근혜는 2017년 1월 25일 정규재TV에서 "대통령 취임하기 오래전에 돕던 일을 그만두고 만난 적이 없다"며 "터무니없는 얘기"라고 밝힌 적이 있었다. 하지만 정윤회와의 관계가 투명하게 드러나지 않았다. 앞서 한정식집 여사장은 "정윤회는 박근혜의 호위무사였다"며 "박근혜가 좋아해서 '정윤회 게이트' 때는 정윤회가 막을 힘이 있었다"고 말했다.

최순실과 정윤회가 별거하다 이혼했는데, 왜 정윤회는 박근혜와 멀어졌는지도 궁금한 대목이다. 정윤회는 세월호 참사가 날 당시 최순실의 남편이기도 했지만, 대선에서 삼성동팀을 이끌며 혁혁한 공을 세운 '공신'이었다. 그 뒤 최순실과 갈라섰다는 이유만으로 박 대통령이 그를 매몰차게 내친 것 자체가 뭔가 설명이 부족하다. 정윤회는 박근혜가 정치활동을 시작한 1997년부터 '비서실장'을 자처하며 지근거리에서 수행한 최측근이다. 그래서 박근혜의 '밤의 비서실장'이라는 별칭을 얻었고, '정실장'으로 통했다. 1998년 4월 박근혜가 대구 달성군 국회의원 보궐선거에 출마할 무렵 합류한 '문고리 3인방' 정호성·안봉근·이재만을 이끌었던 이도 정윤회였다.

2014년 4월 16일 오전, 정윤회는 청와대와 가까운 평창동에 있었다.

④ 국방사업, 최순실-정윤회의 손 안 탔을까?

공군은 박근혜정부 초기인 2013년 8조 원을 들여 차세대 전투기 60대를 도입하는 차세대 전투기(FX) 3차 사업을 진행했다. 보잉의 F-15SE, 록히드마틴의 F-35A, 유럽 EADS의 유로파이터가 3파전을 벌였다.

첫 입찰에서는 3기종 모두 탈락했고, 2013년 8월에 열린 두번째 입찰

결과 보잉의 F-15SE가 후보 기종으로 선정됐다. 록히드마틴의 F-35A는 가격을 맞추지 못했고, 유로파이터는 서류에 문제가 생겨 탈락했다.

남은 건 김관진 장관을 위원장으로 하는 방위사업추진위원회(이하 방추위)의 의결뿐이었다. 여당에서조차 F-15SE가 스텔스 기능이 약하고, 한국 외에는 구매국이 없다는 점에서 재검토해야 한다는 지적이 많았지만 공군이나 당시 김관진 장관은 관철 의지를 피력했다. 이변이 없는 한 F-15SE가 FX 3차 사업의 승자로 굳어져갔다.

그러나 9월 24일 열린 방추위에서 이변이 생겼다. F-15SE를 FX 3차 사업 기종으로 하는 안건이 부결된 것이다. 표면적인 이유는 주변국이 스텔스 기종을 도입하고 있고, 국민 여론도 스텔스기를 원한다는 것이었다. 방추위가 개최되기 일주일 전쯤 역대 공군 참모총장이 F-35A를 도입해야 한다며 탄원서를 낸 것도 한 가지 이유였다.

F-15SE를 부결시킨 군은 두 달 뒤인 2013년 11월 말경에 작전요구성능(ROC)에서 스텔스 비중을 높이기로 했다. 이 요건에 맞는 기종은 F-35A밖에 없었고, 군은 이듬해인 3월 F-35A를 미국과의 정부 대 정부 계약으로 도입하기로 결정했다. 경쟁 입찰이 아닌 일종의 수의계약이었다. 대신 도입 대수는 부족한 예산 때문에 60대에서 40대로 줄였고, 나머지 20대는 나중에 예산이 확보되면 추진하기로 단서 조항을 달았다.

차세대 전투기 사업은 무기 도입 사업 중에서 가장 규모가 크기 때문에 군 통수권자의 의중이 반영될 수밖에 없다는 게 군 내부의 중론이다. 그러나 방추위를 일주일여 앞둔 상황에서도 박근혜 대통령은 규정대로 진행하라고 지시한 것으로 알려져 있다. 역대 공군 참모총장들의 탄원서에 오히려 불쾌감을 표시했다고 전해졌다. 그런데도 기종이 변경됐다는 건 박근혜 대통령의 마음을 일주일 사이에 누군가 바꿨고, 그게 최순실-

정윤회 부부 중 한 명일 것이라는 게 F-35A를 둘러싼 의혹이다.

이 의혹엔 무기 로비스트로 알려진 린다 김도 등장한다. 린다 김은 평소 주변에 박근혜 대통령과의 오랜 인연을 자랑했고, 박근혜가 국회의원으로 처음 당선된 후 미국에 갔을 때 정윤회와도 만난 것으로 알려져 있다. FX 3차 사업 때는 록히드마틴 쪽에서 뛰었다는 게 방산업계의 애기다.

린다 김이 갑자기 마약 투약 혐의로 구속이 됐는데, 당시 경찰에서 수사를 받을 때 'F-35 관련 일을 한다'는 말을 했다. 결국 최순실-정윤회 부부와 린다 김이 F-15SE를 F-35A로 바꾸는 데 모종의 역할을 했다는 것이 의혹의 핵심이다. 특검도 이런 의혹을 가졌지만, 시간 제약상 손을 대진 못했다.

박근혜정부 첫 국방장관에 내정됐다가 청문회 문턱을 넘지 못하고 낙마한 김병관(전 한미연합사 부사령관)의 인사를 최순실이 챙긴 정황도 나온다. 내정 이후 무기중개업체에서 일한 경력 등이 논란이 돼 사퇴 요구가 빗발치자 김병관은 2013년 3월 12일 사퇴 거부 기자회견을 한다. 주변에선 사퇴 입장을 밝힐 것으로 봤는데, 거꾸로 '사퇴 거부'를 표명하는 상황이었다. 그런데 최순실은 하루 전날 '사퇴 거부 회견문'을 미리 받아봤다. 김병관의 사퇴 거부가 최순실의 뜻이었을 가능성이 있었다. 김병관도 검증과 상관없이 통과시키는 '할매 인사' 대상 중 한 명이었다고 한다. 그 당시는 FX사업의 입찰이 시작됐을 무렵이다.

김병관은 독일 군수업체의 한국 중개업체에서 비상근 고문으로 일한 경력이 문제가 됐다. 정황상 최순실이 국방사업에 관심을 갖고 김병관 인사에 개입한 것으로 의심해볼 수 있는 대목이다.

국정농단 사건 와중에 지방에 있는 한 제보자를 만난 적이 있었다. 그는 '최순실'을 '최 여사님'이라고 불렀다. 최순실의 수많은 호칭상 '최 여사'라고 부른다는 건 잘 안다는 뜻이었다. 자신의 신원 공개는 꺼렸지만, 정윤회-최순실-린다 김-록히드마틴의 얽힌 관계에 대해선 언급을 했다. 리베이트 언급까지 있었지만, 확인되지 않은 얘기들이라 기사화하진 못했다.

린다 김은 펭귄팀 하누리가 직접 접촉했지만 입을 다물고 있고, 록히드마틴측은 린다 김과의 관계를 전면 부인한 상태다.

⑤ 최순실 재산 형성 의혹

미르·K스포츠 재단 기사가 일단락되면서 박근혜-최순실 관계를 추적하기 위해 매달렸던 취재는 최태민 일가의 재산 문제였다. 8월 말부터 펭귄팀 박경준에게 전담시켜 파악 가능한 부동산의 등기를 떼고 부동산을 둘러싼 소송의 판결문들을 분석하라고 시켰다.

결론부터 말하면, 딱 꼬집어 얻어낸 성과는 없이 의혹만 확인했다. 무엇보다 최순실과 언니 최순득이 부동산을 매입할 때의 나이가 20대 후반에서 30대 초반이었다는 것이다. 또 최태민의 5번째 부인이자 최순실의 어머니인 임선이와 순득·순실 자매가 부동산을 집중적으로 사들인 시점은 1985년이었다. 분명 재산 형성과 관련해 1985년에 뭔가 일이 있었지만, 찾아내진 못했다.

'최순실 빌딩'으로 불리는 미승빌딩(현재 정유라가 거주하는 곳)을 최순실이 매입한 건 1988년이다. 최순실 나이 32살 때다. 이 빌딩은 원래 3층짜리 유치원 빌딩이었는데, 2003년 7월 지하 2층 지상 7층 규모의 건물로 지어 지금 형태가 됐다. 시가는 200억~250억 원대로 추정된다.

미승빌딩 바로 건너편 한 저축은행이 입점한 건물도 원래는 최순실 소유였다. 최순실은 29살이던 1985년 9월 신사동 대지 357.8㎡(108평)를 공동매입해 지상 4층 건물을 지었고, 2년 뒤엔 공동지분까지 사들여 단독 소유주가 된다. 초이종합학원, 초이유치원이 입주해 엔젤빌딩으로 불렸던 이 건물은 2008년 85억 원에 한 저축은행으로 매각된다.

미승빌딩 외에 언론에 자주 언급됐던 최순실의 재산은 올림픽 개최지 평창의 땅 7만 평이다. 2005년 최순실은 이 땅을 남편인 정윤회와 함께 사들였다. 이후 6년 뒤 둘은 일부 지분을 딸 정유라(당시 정유연)에게 증여했다. 이듬해 박근혜는 대통령에 당선됐고, 둘은 얼마 지나지 않아 이혼했다. 딸의 승마와 정윤회의 목장 경영을 위한 땅이란 소문이 돌았다. 정유라는 독일로 승마훈련을 떠나며 이 땅을 담보로 30만 유로를 은행에서 빌리기도 했다. 최순실과 정유라는 지금도 이 땅을 갖고 있다. 독일에도 최순실 재산이 있을 걸로 추정은 됐지만, 여기까진 손길이 미치지 못했다.

젊은 나이에 매입한 빌딩들이라 자금 출처가 늘 의심이었다. 최순실은 "유치원 사업 등을 해서 모은 돈으로 구입했다"고 해명했지만, 곧이곧대로 받아들이는 사람은 거의 없었다.

젊은 나이에 부동산 부자가 된 건 최순실뿐만 아니라 그 자매들 역시 마찬가지였다. 최순실의 언니인 최순득 역시 30대이던 1985년 남편 장석칠과 함께 강남의 7층짜리 빌딩을 매입했다. 이 건물의 시중 평가액은 400억 원 이상이다. 이 빌딩 매입의 원천 자금 출처 역시 의혹이었지만, 확인할 순 없었다. 이 빌딩 이름은 두 자식 장승호와 장유진(장시호로 개명)의 이름 가운데 글자를 딴 승유빌딩이다. 당시 이들의 나이는 각각 7살과 8살이었다. 미리 몫을 확실하게 하기 위해 아들 딸 이름을 넣어 지은 게 아닐까라는 의심은 들었다.

승유빌딩의 특이한 점은 1988년 5월 최순실·최순득 자매의 어머니 임선이가 지분 1/3가량을 사들였다는 것이다. 그러다 최태민이 사망한 1994년 최순득 부부는 명의신탁 해지 방식으로 임선이의 지분을 다시 가져온다. 1988년에 임선이가 지분을 매입한 것처럼 꾸몄던 이유는 파악되지 않으나, 처분을 못하게 할 목적으로 보였다.

임선이가 직접 사들인 건물도 있었다. 임선이는 1985년 삼성동의 다세대주택 2채를 샀다. 20가구가 넘는 다세대 주택을 구입한 임선이는 이를 바탕으로 임대사업을 했던 것으로 추정된다.

최순실과 최순득 자매가 각각 수백억 원대 재산을 형성하게 된 원천 자금이 최태민에서 나왔을 것이라고 생각은 됐지만, 의심의 영역에 머무를 수밖에 없었다. 국정농단 사건이 박근혜-최순실의 관계에서 비롯됐다면 그 뿌리는 박근혜-최태민의 관계이다. 지나간 일이긴 하지만 박 전 대통령과 최태민의 관계는 더 드러나야 한다. 그래야 이 모든 국정농단 사태가 설명될 수 있지 않을까 싶다.

이렇게 진행되었다: 사건 및 보도 타임라인

이진동 및 펭귄팀		주요 사건과 언론보도
	2014. 4.	16일/ 세월호 참사
고영태와 첫 만남('최순실' 언급)	**2014. 10.**	
11월 초/ 박근혜 의상실 CCTV 설치됨	**2014. 11**	28일/ 『세계일보』 정윤회 문건 보도
12월 중순/ 의상실 CCTV영상 입수 12월 중순~ 2015년 1월초/ 1차 최순실 취재	**2014. 12**	20일/ 청와대 문건 유출 혐의로 박관천 구속
17일/ 고영태에 "나중에 때를 보자" 통보	**2015. 1.**	
	2015. 10.	27일/ 미르재단 설립
	2016. 1.	13일/ K스포츠재단 설립
	2016. 4.	13일/ 총선에서 새누리당 패배, 여소야대 형성, 29일/ 박관천 석방

5월 말/ 미르재단과 어떤 체육재단에 대해 인지

28일/ 기획보도에디터로 발령

2016. 5.

1일/ 기자 3명 배속

2일/ 'K스포츠재단' 이름 확인(두 재단의 배후로 최순실 의심)

9일/ 본부장에게 '최순실 취재' 보고

10일/ '최순실' 프레젠테이션(최순실의 국정농단 취재 방향 공유)

21일/ 미르재단에 청와대 개입 정황 의심

24일/ 박관천 첫 대면

28일/ 여명숙 첫 대면에서 협조 약속

2016. 6.

6일/ 〈김종 차관, 박태환 올림픽 출전 포기 종용〉 보도

7일/ 〈국가브랜드 연구개발에 68억원 '펑펑'〉 등 보도

11일/ 〈대통령까지 시연한 늘품체조 사라졌다〉 보도

12일/ 미르재단 전 사무총장 이성한 첫 취재 (녹음파일 입수 시도)

13일/ 〈문화계 황태자 차은택 행사마다 대통령 등장〉 보도

16일/ 최순실 주차장 기습 인터뷰

21일/ 이성한, 녹음파일 협조 최종 거부(12일, 15일, 20일 세 차례 대면 취재)

26일/ 〈안종범 수석, 미르재단 500억 모금 지원〉 보도

27일/ 〈문화계 황태자 차은택 '미르재단' 좌지우지〉 보도

28일/ 〈안종범, 미르재단 사무총장 사퇴 종용〉 보도

2016. 7.

18일/ 『조선일보』, 우병우 비리 의혹 보도

2일/ 〈또 다른 재단에도 380억 모아줬다〉 등 보도

3일/ 〈미르·K스포츠 회의록 판박이…배후는 동일인?〉 등 보도

4일/ 〈K스포츠·미르재단, 대통령 행사 동원〉 보도

11일/ 〈미르재단, 대통령 순방TF 참여…비선조직이었나〉 보도

2016. 8.

9일/ 새누리당, '친박계' 이정현을 대표로 선출

12일/ 〈미르·K스포츠 행사마다 등장하는 박 대통령〉 보도

18일/ 〈靑 교문수석은 외삼촌, 문체부 장관은 스승…차은택 카르텔〉 보도

20~27일/ 펭귄팀 전체 휴가

22일/ '최순실의 19일 이성한 회유 사실' 포착 (최순실이 미르재단 배후 확인)

25일/ 김영한 사망 보도 접함

30일/ 박관천 두번째 대면 취재(청와대 유출 문건 등 확인)

2016. 8.

16일/ MBC 〈특별감찰관실 감찰 내용 유출〉 보도

18일/ 이석수 특별감찰관, 우병우 검찰 수사 의뢰

18일/ 우파 시민단체, 이석수 기밀유출로 고발

21일/ 최순실, 이성한 한강둔치서 만나 회유

21일/ 청와대 "부패기득권세력의 대통령 흔들기" 공세

29일/ 김진태 의원, 송희영 『조선일보』 주필 호화 출장 폭로

29일/ 송희영 사퇴

31일/ 『조선일보』 사과문 게재

1일/ 세월호 특조위 청문회 참석

2일/ 『한겨레』 김의겸 취재하러 오다(최순실이 미르 배후임을 알려줌)

20일/ 최순실측 김수현 동향 파악차 찾아옴

21일/ 김의겸과 두번째 만남(정유라 이화여대 학사 문제 귀띔)

2016. 9.

3일/ 최순실 독일로 도피

20일/ 『한겨레』 「K스포츠 이사장은 최순실 단골 마사지 센터장」 보도

27일/ 『한겨레』 '정유라 학사 특혜 의혹' 보도

29일/ 투기자본감시센터, 미르·K스포츠재단 관계자 고발

3일/ 고 김영한 전 민정수석 집 1차 방문(청와대 문건 존재 정황 파악)

4일/ 기획취재부장에서 사회부장으로 발령

18일/ 〈최순실, 미르재단 전 사무총장 회유〉 보도

19일/ 〈고영태가 최순실과 차은택의 연결고리〉 보도

20일/ 〈최순실·고영태, 고원기획 합작 설립했다〉 보도

25일/ 박근혜 의상실 CCTV영상 및 최순실 기습 인터뷰 영상 보도

26일/ 〈수천억 문화융성 사업 최순실이 틀짰다〉 등 보도

28일/ 〈최순실 주먹구구로 써넣은 예산 실제로 반영〉 등 보도

29일/ 〈문화융합벨트는 최순실 차은택 놀이터〉 보도

31일/ 〈최순실 계획대로 안종범·차은택 UAE 갔다〉 보도

2016. 10.

5일/ 검찰 미르·K스포츠 재단 비리 수사 착수

18일/ 『경향신문』 「독일회사 '비덱'은 최순실 회사」 보도

19일/ 정유라 "부모 잘 만난것도 실력" 글 드러나

24일/ 박근혜 대통령 "임기 내 개헌"

24일/ JTBC 태블릿PC 보도

25일/ 박근혜 대통령 1차 대국민사과 "임기 초기만 최순실 도움"

29일/ 1차 촛불집회, 집회 참여인원 2만 명

30일/ 최순실 귀국

3일/ 〈우병우 인사검증 당초엔 '불가'…대통령 지시
　로 등급 올라〉 보도

6일/ 김영한 전 민정수석 집 2차 방문(하누리)

7일/ 〈최순실 보관 '민정수석 추천' 문건은 대통령 보
　고용〉 보도

8일 김영한 집 3차 방문, 청와대 업무일지 입수

10일/ 문화계 블랙리스트, 사법부 통제 등 김영한 업
　무일지 관련 보도 시작

14일/ 〈靑 "비판언론 불이익 가도록" 언론통제〉 〈靑,
　세계일보 세무조사하고 압수수색도 검토〉 보도

20일/ 〈미르 · K스포츠 재단 특종보도 모두 사실로〉
　보도

23일/ 〈청와대, '미운털 검사' 리스트 있었다〉 보도

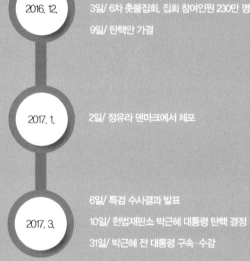

2016. 11.

3일/ 최순실 구속

4일/ 박근혜 대통령 2차 대국민사과 "이러려
　고 대통령 했나 자괴감 들어"

12일/ 3차 촛불집회. 집회 참여인원 100만 명

29일/ 3차 대국민사과 "진퇴문제 국회에 맡
　기겠다"

30일/ 박영수 특별검사 임명

1일/ 〈최태원·이재현 사면거래 있었나?〉 보도

5일/ 〈국정원 직원 아프리카 발령, '미르 재단' 보고
　때문에…〉 보도

8일/ 〈박 대통령 의상비 누가 냈나…뇌물·횡령 성립
　여부 관심〉 보도

2016. 12.

3일/ 탄핵 소추안 발의

3일/ 6차 촛불집회. 집회 참여인원 230만 명

9일/ 탄핵안 가결

11일/ 〈정윤회 국정농단 '십상시'모임 진짜였다〉 보도

2017. 1.

2일/ 정유라 덴마크에서 체포

2017. 3.

6일/ 특검 수사결과 발표

10일/ 헌법재판소 박근혜 대통령 탄핵 결정

31일/ 박근혜 전 대통령 구속·수감